자살의 이해

Kay Redfield Jamison 저

박 민 철 옮김

圖書出版 하나醫學社

NIGHT FALLS FAST

by Kay Redfield Jamison

This Korean edition was published by HANA MEDICAL PUBLISHING CO. in 2012 by arrangement with Alfred A. Knopf, an imprint of The Knopf Doubleday Group, a division of Random House, Inc. through

KCC(Korea Copyright Center Inc.), Seoul.

역자 서문

언제부터인가 우리나라가 자살이란 심각한 문제에 놓이게 되었다. OECD 국가 중 자살률이 가장 높고 또한 자살 증가율이 가장 높다. 유명한 정치가 대통령이 자살하고, 유명한 경제인 재벌 총수가, 유명한 예술가 배우가 갑자기 자살로 생을 마감했다고 우리들을 놀라게 한다. 어떻게 그런 분들이 자살할 수 있었을까 도무지 이해가 되지 않지만 그것이 우리의 현실이다. 한 때는 우리에게 많은 희망을 주고 감명을 주었던 아주 인상적인 그 분들이었지만 스스로 목숨을 끊음으로서 생을 마감했다. 되새기고 싶지 않은 일이다. 우리 사회문화는 반드시 이를 극복하고 이겨내야 한다.

유명한 누군가가 자살했다면 방송이나 신문에서 상당기간 자주 유명인사의 자살을 알려 우리들의 마음을 어수선하게 만든다. 물론 유명한 분이 죽었으니 동정을 가지고 슬퍼하는 것은 당연하겠지만, 그렇다고 오죽이나 힘들었으면 죽었겠느냐, 자살자를 미화하거나 지나치게 애도하는 것은 베르테르 효과처럼 어려움이 있는 많은 사람들에게 자살 충동을 더 느끼게 할 수 있다. 우리들의 생을 우리들 스스로가 마감할 수 있을까? 인생은 고해란 말이 있듯이 우리들에게는 많은 어려움이 있다. 그러나 우리 주변에는 아무리 힘들어도 어떻게든 이겨나가는 사람들이 훨씬 더 많이 있다. 신문이나 방송은 이 어려움을 극복하면서 살아가고 있는 사람들을 보도하여 아무리 어렵더라도 죽음보다는 삶을 이겨나가는 인간 승리의 모습을 더 많이 보여주어야 한다.

대부분의 자살은 우울증 같이 아파서 이를 이겨내지 못한 병의 결과이다. 그래서 자살하지 않게 하려면 관심을 갖고 어떻게든 치료적 도움을 구할 수 있도록 도와주어야 하고, 그 치료의 길을 보다 쉽게 찾고 구할 수 있도록하는 제도적 장치가 필요하다. 그런데 이런 병을 갖고 치료받는 데는 극복해야 할 편견과 낙인이 우리 사회에 아직도 많이 있다.

이를 극복하기 위한 하나의 방법으로 최근 우리나라는 정신질환에 대한 인식 개선과 편견 극복을 위해 정신과를 정신건강의학과로, 정신분열병을 조현병(調絃病)으로 개명하였다. 정신질환에 대한 사회의 편견을 해소함으로써 국민의 정신건강을 증진시켜야 한다는 절박한 필요성과 사명감 때문이다. 국민의 1/3은 살아가는 동안 정신질환을 경험한다. 신체 질환이 가벼운 감기부터 난치병인 암까지 다양하듯이 정신질환도 쉽게 낫는 병도 있고 치료가 어려운 병도 있다. 이처럼 정신질환은 '일부가 걸리는 난치병' 이 아니라 '누구나 걸릴 수 있으나 잘 치료되는 병' 이라는 인식 전환이 일어나야 정신건강의 위기에서 벗어날 수 있다. 심각한 우울증에 걸려 자살하려는 상태에서도 편견과 낙인이라는 문제 때문에 정신과의 문턱을 넘지 못하는 분들이 아직도 적지 않다. 마음이 어려울 때 상담할 수 있고 올바른 치료의 길로 보다 쉽게 들어서도록 돕기 위해 정신건강의학과로 개명되었다.

그리고 조현병의 조현은 현악기의 줄을 고르다는 뜻으로, 현악기의 줄이 적당히 긴장을 유지하고 있어야 제 기능을 발휘하듯이, 인간의 정신도 적절하게 튜닝이 되어야 제 기능을 유지할 수 있는데 조현병은 이런 정신기능의 조율과 조화에 문제가 생긴 병이라는 의미이다. 정신분열, 마음이 분열되고 갈라지는 병, 인격이 와해되고 극도로 퇴행된 행동을 보이는 무서운 질병이라는 오해와 낙인으로부터, 체면을 중시하는 우리 문화적 특성으로부터 그 부정적 의미의 고통을 줄이고자 개명되었다.

우리나라는 교통사고로 인한 사망 원인이 1992년 4위에서 2010년에는 9위가 되었다. 교통질서 지키고, 안전띠 매기, 음주운전 단속 등 많은 캠페인과 교통안전 문화 조성을 위해 우리 사회가 많은 노력을 기울인 결과일 것이다. 이제 자살이라는 문제도 자살예방과 생명존중 문화 조성을 통해 극복할 수 있어야 한다. 우리 사회는 2005년 생명 지키기 7대 선언을 계기로 2011년 자살예방 및 생명존중 문화 조성을 위한 법률이 제정되었고 각 시도에는 자살예방센터들이 설립되어 활동하도록 되어 있다.

자살은 우리 사회가 반드시 해결해야 할 중요한 문제이다. 자살 문제로 고민하고 있는 분들과 자살예방 영역에서 일하고 있는 분들에게 어떻게 자살을 이해하고 이겨내며 예방할 수 있는 좋은 자료가 없을까, 고심하던 중 하나의학사 오무근 사장님으로부터 이 책의 초역원고를 받고 아주 기쁜 마음으로 다시 정리했다. 저자는 내 생각을 잘 대변하고 있었고, 자신의 인생에서 우울하여 자살하려고 했을 때 도움을 받고 극복했던 일, 다른 유명한 시인, 작가, 과학자, 철학자 연예인들의 자살 문제를 어떻게 이해하고 다루어야 하는지를 잘 설명하고 있었다. 정말 좋은 책이라고 권하고 싶어서 몇 번을 다시 읽으면서 정리했다. 그리고 책의 내용에는 자살과 관련된 저자가 연구한 많은 자료들, 예술가, 작가들, 역사적 사건 등이 많이 등장한다. 독자들의 이해를 돕기 위해 작은 글씨로 간단한 설명을 첨부했다. 또한 우리나라의 자살 현황, 자살 예방을 위한 응급구조 체계, 도움을 받을 수 있는 방법 등을 부록으로 첨부했다.

항상 번역을 하다 보면 더 적절한 표현이 없을까 하고 고심하게 된다. 되도록 쉽게 이해되도록 표현하려고 노력했다. 보다 좋은 표현이 있다면 지적해 주시면 좋겠다. 마음 깊이 감사드릴 것이다. 끝으로 이 책이 나올 때까지 격려를 아끼지 않으신 친구 하나의학사 오무근 사장님께 감사드리고, 아무쪼록 우리 사회가 자살이라는 문제에서 벗어나 '건강한 정신, 함께 하는 행복한 사회'가 되었으면 좋겠다.

2012. 4

동산동 교수연구실에서

깊은 사랑을 담아

남편 리처드 제드 와이어트에게

그리고

어두운 밤 곁을 지켜준

오빠 딘 재미슨에게

벌써 밤이 찾아온다.
오늘은 이제 지나간 시간

저 어두운 언덕에서 여기 내 문앞까지
바람에 날려온
눈송이 셋, 넷,
아니 더 많은 눈송이들이…

– 에드나 빈센트 밀레이 –

목 차

프롤로그

베벌리 힐스의 비스트로 가든스에서 보낸 여름 저녁은 길고 나른했다. 내가 로스앤젤레스에 살던 무렵에는, 잭 라이언과 자주 그곳에서 시간을 보냈다. 난 항상 게 요리와 스카치를 주문했고, 잭은 기회만 있으면 결혼하자는 얘기를 꺼내곤 했다. 그러나 우리에게 결혼은 너무나 확실한 비극의 씨앗을 품고 있다는 것을 우리 둘 다 너무나 잘 알고 있었기 때문에 몇 번이나 반복되는 그의 결혼 신청을 그다지 진지하게 생각하지 않았다. 하지만, 우정은 우리에게 진지한 문제였다.

그날 밤, 남은 게살을 마지막 한 점까지 싹싹 해치운 나는 위스키 잔의 얼음을 초조하게 계속 흔들어대고 있었다. 잭과 이야기를 나누면서 어딘지 불안하고 불편한 기분을 느끼고 있었다. 그때 우리는 자살에 대해 이야기를 했고 굳은 약속을 했다. 만약 한쪽이 또 다시 자살 충동에 사로잡히게 되면, 그때는 케이프 코드에 있는 잭의 별장에서 만나서, 자살 충동을 느끼지 않는 사람이 일주일 을 보내면서 자살을 단념시키도록 상대편을 설득하자는 맹세였다. 자살 충동은 리튬 복용을 중단한 탓일 테니(우리는 둘 다 조울병을 앓고 있었고, 다른 사람의 판단이 더 정확하고 때로는 명백한데도, 걸핏하면 리튬을 끊으려 하곤 했다.) 왜 다시 리튬을 복용해야 하는지

우리가 생각해낼 수 있는 모든 이유를 들려주자고 했다. 또 그 일주일 동안 어떻게 해서든 병원에 데리고 가고, 자살이 우리 가족에게 얼마나 큰 고통과 상처를 남기게 될지 생각해보라고 양심에 호소하자고도 했다.

우리는 그 일주일 동안, 해변을 걸으면서 그 절망의 벼랑 끝에서, 다시 돌아와 삶을 선택할 수 있도록 이야기를 나누자고 했다. 우리는 그 벼랑 끝에 서 있었다. 그러니 아슬아슬한 삶의 마지막 순간에 상대편이 다시 돌아올 수 있도록 제대로 도와줄 수 있을 것이라고 믿었다. 우리는 저마다의 방식과 경험으로 자살을 잘 알고 있었고, 사망진단서의 사망 원인란에 자살로 기입된 채 생을 끝내지 않으려면 어떻게 해야 하는지 충분히 알고 있다고 생각했다. 우리는 삶을 설득하기에 일주일이면 충분하다고 합의를 보았다. 만약 설득에 실패하더라도, 충분하게 노력은 해봐야 하니까. 그리고 그동안 몇 번이고 돌발적인 충동에 시달렸던 경험이 있었기에 우리는 일단 자살 충동에 사로잡히면, 사람이 얼마나 갑작스럽게 치명적인 행동을 하게 되는지 잘 알고 있었다. 그래서 절대로 총은 사지 말자고, 그리고 무슨 일이 있어도, 우리가 생활하는 그 공간 안에는 어느 누구도 총을 둘 수 없도록 하자고 맹세했다.

'건배!' 우리는 동시에 외쳤고 얼음과 유리잔이 부딪쳐 달그락댔다. 그렇게 우리는 계획과 이성이 지배하는 이 세계 속에 자살 충동을 봉인했다. 하지만 여전히 내 마음속에는 의구심이 남아 있었다. 나는 잭의 자세한 이야기들을 들었고, 몇 가지 확실하지 않은 부분들을 짚어서 분명하게 하고, 남은 위스키를 마시며, 정원을 밝히고

있는 작고 하얀 불빛들을 바라보았다. 도대체 우리는 왜 이런 거짓말을 하고 있는 것일까? 지금껏 우울증이 재발할 때마다 엄습했던 자살 충동과 싸우면서, 수화기를 들어 친구에게 도움을 청한 적이 한 번이라도 있었던가? 아니 그래야겠다는 생각이 떠오른 적이라도 있었던가? 없었다. 단 한 번도. 그런 내가 자살 충동을 느낀다고 잭에게 전화를 하고, 비행기 좌석을 예약하고, 공항에 가고, 렌터카를 빌려서 케이프 코드에 있는 그의 별장까지 찾아간다니, 그런 일이 있을 수 있을 거라고 생각하는 게 말이나 되나? 잭의 경우도 나와 별다를 것 없었다. 이 모든 것을 생각하면 생각할수록, 점점 더 회의감이 밀려왔다.

하지만 디저트로 수플레가 나왔을 즈음에는 잭도 나도 그 계획이 모든 것을 해결해 줄 것이라고 확신하고 있었다. 이 자기기만은 조증 상태에 있는 조울병 환자 특유의 설득력 넘치는 자신감과 증폭된 에너지와 열기에서 비롯된 것이었다. 문제가 생기면 잭은 나에게, 나는 잭에게 전화를 걸 것이고, 우리는 힘을 합쳐서 체스판에서 '흑기사'를 물리치고 내쫓아버릴 것이라고 우리는 자신을 속이고 있었다.

그러나 설령 그런 선택이 가능했다고 하더라도, 흑기사는 그렇게 간단히 무대에서 사라져주는 존재가 아니었다. 그리고 우리의 경우도 그랬다. 여러 해가 흘렀다. 잭은 벌써 몇 해 전에 결혼을 했고, 나는 워싱턴으로 이사를 왔다. 그러던 어느 날 나는 캘리포니아에서 걸려온 전화를 받았다. 잭이 머리에 총을 쐈어요, 그의 가족이 말해주었다. 그가 자살했다고.

케이프 코드에서의 일주일도 없었고, 말려볼 기회도 주어지지 않았다. 미국 국방성의 호크 지대공 미사일과 스패로 대공 미사일 시스템에서, 전 세계 수백만 아이들의 장난감에서, 미국의 모든 가정에서 사용되고 있는 설비들까지 다양한 분야를 넘나들며 수많은 기계와 장치들을 개발하여 1,000건에 가까운 특허권을 가질 정도로 다채로운 재능을 가졌던 예일 대학 졸업생, 삶을 사랑하고, 성공한 사업가였던 잭, 그토록 빛나는 창의력과 상상력의 소유자였던 잭조차도 스스로 자초한 난폭한 폭력적인 죽음을 대신할 해결책을 찾아낼 만큼 창의적이지는 못했다.

잭의 죽음에 큰 충격을 받기는 했지만, 놀라지는 않았다. 잭이 전화를 주지 않았다는 사실도 별로 놀랍지 않았다. 비스트로 가든스에서 그 맹세를 한 후에도 여러 번 심각한 자살 충동에 사로잡혔지만, 나 또한 한 번도 잭에게 전화를 하지 않았다. 아니, 그럴 생각도 하지 못했다. 자살은 하루 저녁 약속 따위에 얽매이지 않으며 맑은 정신일 때 좋은 의도를 가지고 세워놓은 계획에 귀를 기울이지도 않는다.

나는 이런 자살의 성질을 불행하게도 잘 알고 있었다. 자살은 20년도 넘은 내 직업상의 관심 분야였으며, 그보다 훨씬 오래 전부터 개인적인 관심사였다. 괴로웠던 나의 경험을 통해 자살이 얼마나 인간을 무력화하고, 지배하고, 속이고, 황폐화시키며, 파괴하는지 잘 알고 있다. 이런 자살의 위력에 이제 거의 존경심마저 품을 지경이다. 임상가, 연구자, 선생으로서 내가 만나고 상담했던 사람 중에는 목을 매거나, 자기 몸에 총을 쏘거나, 자신을 질식시켜 죽음에 이른 사람들이 있다. 계단이나 고층건물, 또는 고가도로에서 투신한 사람들, 독극물이나 유독가스, 처방약을 한꺼번에 먹어 자살한 사람, 손목이나 목의 동맥을 끊어 세상을 떠난 사람도 알고 있다. 친구, 대학원 시절의 동료, 동료의 자녀 중에도 이런 식의 방법으로 자살한 사람들이 있다. 그 대부분은 아직 젊었고, 마음의 병을 앓고 있었다. 그리고 그들의 죽음은 유족을 비롯한 주위 사람들에게 상상할 수 없는 고통과 지울 수 없는 죄책감을 남겼다.

조울병을 앓고 있는 많은 사람이 그렇듯이, 나 역시도 더욱 은밀하고 끔찍한 형태의 자살이 어떤 것인지를 알고 있었다. 더 이상 견딜 수 없을 만큼 깊어져 버린 정신적 고통을 해결해 줄 유일한 방법으로 처음 자살을 떠올렸던 그날, 내 안의 천진난만함은 영원히 사라졌다. 그날이 오기 전까지, 나는 변덕스러운 성격에, 인생에 대해 크나큰 기대를 품고 있는 내 자신을 무척 사랑했고, 심한 감정의 기복도 대수롭지 않게 생각했었다. 내게 죽음이란 어디까지나 추상적인 개념에 불과했다. 계획하거나, 스스로 원해서 죽음에 이르는 사람들이 있다는 것은 상상도 하지 못했다. 처음 겪는 우울증과 싸우며, 사춘기 시절과는 다른 방식의 자살에 대해 알게 된 것은 열일곱 살 때의 일이었다. 고등학교 졸업반이었던 나는 몇 달 동안이나 자살을 해야 할 것인지, 한다면 언제, 어디서, 어떤 방법으로 할 것인지 생각하며 하루하루를 보냈다. 사람들 앞에서는 그런 속마음과는 정반대되는 얼굴을 보일 수 있었다. 그러면서 가까운 고층빌딩 중 비상계단에 안전철책이 없는 건물을 두, 세 채 찾아 놓았고, 아침에 차가 가장 속력을 내며 달리는 도로가 어디인지 확인했고, 아버지의 총을 장전하는 법을 배웠다.

나의 나머지 삶 -스포츠, 학교 공부, 글쓰기, 친구들, 대학진학을 위한 계획 -은 순식간에 어둠 속으로 사라져갔다. 주위에서 일어나고 있는 모든 일은 참을 수 없이 어리석은 연극처럼 보였다. 세상 모든 사람이 거짓 인생을 필사적으로 살아가려는 공허한 존재로 보였다. 하지만 아주 서서히, 우울의 장막이 한 겹 한 겹 벗겨지면서 기분은 나아져 갔고, 졸업 댄스파티와 졸업식 몇 달 전부터 별문제 없이 잘 지내게 되었다. 머릿속의 어두운 구석 끝으로 밀려난 자살을 다시 떠올리는 일은 없었다.

그 악몽은 내 머릿속에서만 진행되고 있었기 때문에 아무리 가까운 사람이라도 나를 괴롭히는 심리적인 문제의 실체를 알아차리지 못했다. 내 마음속에서 휘몰아치는 감정과 밖으로 표현되는 감정 사이에는 엄청난 거리가 있었다. 그 정도로 나는 속마음을 잘 감출 줄 알았다.

그 후 내 조울병은 점점 악화되었고, 젊은 나이에 자살로 생을 마칠지 모른다는 가능성은 내 인생의 밑바닥에 뿌리를 내렸다. 28세 때, 정신병적인 조증에 이어 시작된 그때까지 경험하지 못했던 길고 위협적인 우울증에 시달리던 나는 엄청난 양의 리튬을 집어삼켰다. 죽고 싶다는 내 감정에는 조금의 망설임도 없었다. 그리고 그날 그 벼랑 끝에서 돌아오지 못할 뻔했다. 그때부터 자살로 인한 죽음은 내 인생의 '숙명'은 아닐지라도, 있을 수 있는 현실로서 내 곁에 머물렀다.

그동안 나는 대학에서 정신의학을 가르치는 젊은 교수가 되었다. 그러나 이런 상황 속에서 자신의 개인적 경험과 임상적 과학적 연구는 서로 멀리 떨어져 있지 않았다. 나는 내 병에 대해 가능한 한 모든 것을 공부했고, 자살의 심리학적, 생물학적 결정요인에 대한 문헌을 닥치는 대로 읽었다. 호랑이 조련사가 호랑이의 마음과 움직임을 배우듯이, 비행사가 바람과 공기의 역학을 배우듯이, 나는 내가 앓고 있던 병과 그 종착점에 대해 배웠다. 나는 죽음을 부르는 그 어두운 기분들에 대해, 내가 할 수 있는 최선을 다해, 배울 수 있는 모든 것을 배웠다.

제 I 부

땅 위에 묻힌 사람들

– 자살의 소개 –

수천의 위험에 둘러싸이고,
수천의 공포에 지쳐 쓰러질 듯 떨면서….
나는… 육체의 무덤 속에,
땅 위에 묻혀 있노라.

– 윌리엄 코퍼(영국 시인) –

영국의 시인 윌리엄 코퍼(1731~1800)는 몇 번에 걸쳐 독약과 칼로 자살을 기도했고, 스스로 목을 매려 한 적도 있었다. 그 자신이 '광기에 시달리면서 쓴 시'라 표현했던 이 시는 자살미수 후 쓴 것이다.

제1장

죽음은 바로 손 닿는 곳에 있다

– 자살의 역사와 개요 –

작은 칼날 하나로 목의 이음새를 잘라 내리라. 머리와 목을 잇는 그 연결선이 끊어지면 육중한 몸뚱이는 허물어져 내리며 바닥에 쌓이리라. 그 영혼이 아무리 깊이 숨어 있은들 무슨 소용 있으리. 그 뿌리를 잘라낼 칼날이 없어도, 생명의 조각 찾아 몸 깊숙이 헤집지 않아도, 죽음은 가까이 그 손끝에 닿아있으리니…

밧줄로 목을 조르든지, 물로 숨을 막히게 하든지, 딱딱한 땅에 부딪혀 두개골이 으깨지든지, 들이마신 화염으로 숨통이 녹아버리든지, 결과는 오직 하나. 찰나의 종말이리니.

– 세네카(로마 철학자) –

예리한 부싯돌로 자신의 목을 그은 최초의 사람은 누구였을까. 한 움큼 독초를 집어삼킨, 전쟁터에서 일부러 창을 자신의 몸에 찌른 최초의 사람은 누구였을까. 깎아지른 절벽에서 충동적으로, 혹은 고심 끝에 몸을 던진 사람, 식량도 없이 눈보라 속으로 사라진 사람, 바다 속으로 돌아오지 않을 길을 걸어 들어간 사람이 최초로 누구였는지 우리는 알지 못한다. 세네카의 말처럼 죽음은 언제나 우리 곁에 있었다. 하지만 인류 최초의 자살자가 스스로 목숨을 끊어야 했던 그 이유는 여전히 수수께끼로 남아있다. 갑작스러운 충동? 만성적인 지병을 비관해서? 죽음을 선택하라는 내면의 목소리가 들려와서? 어쩌면 치욕이나 적의 포로가 될 위험을 피하기 위해서였을지도 모른다. 절망이나 피로 때문이었을까? 식량과 영토와 같은 공공의 자원을 아끼려는 주위의 압력? 알 수 없는 일이다.

자살을 생각했거나, 이를 실행에 옮긴 최초의 존재가 호모 사피엔스일 가능성은 별로 없는 듯 하다. 자살을 호모 사피엔스 고유의 행위라고 보는 진화론적인 관점은, 원시 인류의 정교함을 고려할 때 사실 너무 자의적인 판단일 수 있다. 크로마뇽인은 뛰어난 사냥꾼이었고, 날붙이와 창을 만들 줄 알았으며, 새끼를 꼬고 불을 사용했다. 이들은 놀라운 예술형식과 장례의식을 개발해 낼 정도의 사고력과 독창성을 가진 존재였다. 그전에는 네안데르탈인이 있었다. 이 네안데르탈인으로 진화한 것은 침팬지처럼 수렵이 능한 유인원이었는데 이들은 적극성과 사회성뿐 아니라 도구들을 만들어 낼 수 있는 수준의 복잡한 인지능력이 있었다.

인류의 뇌가 자기인식 활동을 시작한 시점은 언제였을까? 극단적인 무모함과 충동에 이끌려 위험한 모험을 하다가 목숨을 잃는 존재였던 인류가 도대체 언제부터 자신의 의지에 의해, 의식적이고 의도적으로 죽음을 선택하게 된 것일까? 폭력과 무모함, 심각한 사회적 고립, 자해(自害)는 인류만의 특징은 아니다. 하지만 자살은 인류만이 지니고 있는 특징인지도 모른다.

우리는 인류 최초의 자살자가 누구인지(그가 여성이었는지 남성이었는지도 포함하여), 그 동기와 방법은 결코 알 수 없을 것이다. 하지만 자살이 일어났고 주위 사람들이 이를 인식했으며 그 행위가 되풀이되어 일어났다는 것은 거의 확실하다. 그 자살의 원인과 방법을 제공한 심리적, 물리적 환경이 그대로 남아있는 데다가, 동물과 인간은 행동의 상당 부분을 모방을 통해 배우기 때문이다. 위험천만하게도 자살은 전염된다. 정신적으로 궁지에 몰려 있는 사람들에게 자살은 마지막 해결책처럼 치명적인 매력을 발산하기 때문이다.

당연한 얘기지만 자살에 대한 기록은 그 최초의 발생시기보다 훨씬 후에 나타나기 시작했다. 문학작품이나 법률, 종교 규범 등에 나타난 당시의 사회적 태도들을 통해 우리는 자살에 대한 사람들의 집단적 반응을 엿볼 수 있다. 또한 이 기록들은 자살에 대한 사회의 인식이 어떻게 변화해 왔는지 그 역사적 관점을 제공해 준다. 자살이 때로는 사회적으로 허용되는 가치 있는 선택이라고 인식되기도 했지만 죄악이나 범죄로 규탄 받았던 적도 있고, 불우한 상황이나 병적 정신상태의 결과라고 받아들여지기도 했다.

또한 자살은 문화권에 따라 매우 다양한 모습으로 해석되었다. 예를 들어 에스키모인, 스칸디나비아 원주민, 사모아인과 크로우 인디언들은 병들고 늙은 부족민의 '이타적인' 자기희생을 허용했을 뿐만 아니라 장려하기까지 했다. 세인트 로렌스 섬의 유트 에스키모들은 누군가가 자살 의사를 세 번 표명하면 친척들이 그의 자살을 도와줘야 했다. 자살을 하려는 사람은 죽음의 의례복을 갖춰 입고 자살을 위해 따로 마련된 '죽음의 땅'에서 죽음을 맞았다. 다른 문화권에서도 공동의 식량 자원을 보존하기 위해, 또는 자유롭게 이동하며 유목생활을 하기 위해 암묵적으로 병자나 노인의 자살을 허용했다.

구약성서에 기록된 자살들이나 신약성서의 유일한 자살자인 가롯 유다의 죽음에 대한 묘사를 볼 때 자살이 처음부터 문화적 또는 종교적 규제를 받는 대상이 아니었음을 알 수 있다(자살을 죄악으로 보기 시작한 것은 초대 교회 시절부터이다.). 이런 죽음들은 호머(그리스 시인)가 묘사한 고대 그리스인의 자살과 마찬가지로 명예와 관련된 선택, 즉 적군에게 사로잡히지 않기 위해서, 그릇된 행위의 속죄로서, 또는 자신의 종교적 또는 철학적 원칙을 고수하기 위한 수단으로 받아들여졌다. 예를 들어 한니발(카르타고 장군)은 치욕스러운 포로가 되는 대신 독약을 마셨고, 데모스테네스(그리스 정치가), 카시우스(로마 정치가), 브루투스(로마 정치가), 카토(로마 장군이자 정치가) 등 수많은 사람이 같은 길을 선택했다. 소크라테스(그리스 철학자)는 자신의 교육관과 신념을 지키기 위해 독미나리 즙을 마시고 자살했다. 로마의 검투사들은 남들의 결정에 따르느니 자기 자신이 죽음의 때와 방법을 선택하기 위하여 목구멍에 나무 막대나 창을 쑤셔 박았고, 달리는 수레의 바퀴살에 머리를 들이밀기도 했다.

고대 그리스인들은 자살에 대해 매우 다양한 신념을 가졌다. 스토아학파와 에피쿠로스학파는 죽음의 때와 방법을 선택할 권리가 모든 개인에게 있다고 믿었다. 하지만 이 믿음이 모든 그리스인에게 공유된 것은 아니었다. 테베와 아테네에서는 자살이 위법 행위는 아니었지만 자살자의 장례식은 금지되었고, 자살자의 손은 자살에 쓰였다는 이유로 절단되었다. 아리스토텔레스(그리스 철학자)와 피타고라스(그리스 수학자, 철학자)는 자살을 국가에 대한 반역이자 비겁한 행동이라고 여겼다. 하지만 헤라클레이토스(그리스 철학자)에 따르면 피타고라스는 굶어서 자살했다고 하니 아이러니한 일이다. 한편, 로마는 법으로 자살을 금했으며, 자살자의 재산과 영토는 자손에게 상속될 수 없었다. 가톨릭교회는 초기부터 자살에 반대했다. 6세기에서 7세기에 걸쳐, 스스로 목숨을 끊은 자는 장례식을 치를 수 없으며 파문 당한다는 원칙을 확립함으로써 그 입장을 분명히 밝혔다. 성 아우구스티누스(로마 말기 신학자)는 교회를 옹호하는 논증을 펼치며, 자살은 십계명 중 여섯 번째 계명인 '살인하지 말라' 에 어긋나므로 절대로 정당화될 수 없다고 강조했다.

유대의 관습에서는 자살한 사람을 위한 추도사를 금지했다. 상복을 입어서도 안 되었고, 자살자는 묘지의 가장 외진 구역에 매장되는 것이 일반적이었다. '악인이 의인 곁에 묻히지 않도록' 하기 위한 조치였다. 죽음과 애도에 대한 랍비 경전인 세마쇼트에는 '의식적으로 자기 자신을 파괴한 자의 장례식에는 어떤 식으로든 관여하지 않는다. 애도하기 위해 옷을 찢지도 않고, 맨 어깨를 드러내지도 않으며, 그 자를 위해 송덕문을 읊지 않는다.' 라고 규정하고 있다. 시간이 흐르면서 마음의 병으로 인한 자살에 대한 동정과 이해도 커지게 되었다. 유대교 전통을 연구하는 한 학자에 따르면 '자살로 인한 죽음 앞에서 사람들은 유족을 찾아가 위로하고, 함께 슬퍼함으로써 그들에 대한 법도를 표시하지만, 죽은 자에게는 매장 이외에 어떠한 의식도 행하지 않는 것이 유대인들의 일반적인 관습' 이었다. 이슬람의 율법에 따르면 자살은 살인과 동급으로 어쩌면 살인보다도 더 중대한 범죄였다.

자살을 종교적 또는 법적 규제로 엄격하게 제재하는 것은 놀랄 일이 아니었다. 사실 사회가 이토록 극적이고, 설명하기 어려우며, 두렵고, 난폭하며 또한 잠재적으로 전염되는 죽음의 방식인 자살을 방치한다면, 그것이 더욱 놀라운 일일 것이다. 약 700년 전, 단테는 《신곡》 중 지옥편에서 자살을 저지른 자들이 겪는 비참한 운명을 그려냈다. 하늘의 심판을 받아 일곱 번째 지옥에 떨어진 자살자들의 영혼은 나무의 모습으로 바뀐 채 영원히 안식을 찾지 못하고 끝없는 고통에 몸부림치며 피를 흘린다. 그리고 그 피를 하르피이아(그리스 로마 신화에 나오는 처녀의 얼굴을 가진 괴물 새)가 무자비하게 빨아먹는 것이다. '광란' 에 사로잡혀 스스로 목숨을 끊은 자들은 다른 지옥 사람들과는 달리 인간의 모습을 유지하는 것조차 허락되지 않았다. 자살자의 시체를 모독하는 행위도 흔한 일이었다. 이는 물리적으로 시체를 외진 곳에 매장하여 잠재적으로 위험한 영혼과 육체를 억압함으로써 자살이 전염되는 것을 막기 위한 '산 자들' 의 방책이었다. 많은 나라에서 스스로 목숨을 끊은 사람들의 시신은 한밤에 네거리에 매장되었다. 다른 길보다 네거리의 교통량이 많기 때문에 '시신을 끊임없이 눌러둘 수 있다'는 것과, 망자의 영혼이 길을 잃어 자기 집을 찾아갈 수 없게 될 것이라고 믿었기 때문이다. 매사추세츠 주의 초기 정착민 사회에서는 자살자의 시체를 묻은 네거리에 수레 마차 몇 대 분의 돌을 쌓아놓는 풍습이 있었다. 자살자의 심장에 말뚝을 박는 것도 드문 일은 아니었다. 이 풍습을 두고 일부 학자는 얼마 전 스웨덴의 토탄 늪에서 발견된 14세기 살인자가 받았던 형벌과의 유사성을 언급하기도 했다. 살인자를 체포해 죽인 사람들은 그 시체가 '걷지' 못하게 하려고 자작나무 말뚝을 그의 등과 옆구리, 그리고 심장에 박은 후 네 개의 교구가 만나는 지점의 늪에 던져 넣었다. 이것이 그 살인자의 탈출을 막을 수 있는 길이라고 믿었기 때문이었다.

핀란드에서는 산 자와 죽은 자가 평화롭게 공존할 수 없으며, 그 중에서도 자살은 급작스러운 죽음이기 때문에 자살자의 영혼은 특히 더 불온하며 무섭다고 믿었다. 그렇기에 자살자의 시신은 신속하면서도 신중하게 처리되었다.

> 죽은 자는 최대한 빨리 염을 한 후 수의를 입혔다. 죽은 자가 남성인 경우에는 남성이, 여성인 경우에는 여성이 시신을 처리했다.
>
> 간질병이나 정신질환이 있었거나, 자살을 한 사람의 시신은 닦지 않았으며, 임종 시 입었던 옷 채로 입혀서 매장했다. 이들의 시신을 관에 넣을 때는 부지깽이를 사용하고, 절

대로 맨손으로 만지지 않았다. 왜냐하면 그 시신에 남아있는 질병과 저주가 가족에게 옮겨 붙을 수 있기 때문이었다.

1900년대 초반까지, 자살자는 어떠한 장례절차도 거치지 않고 매장되었다. 이들의 무덤은 교회 부지 밖에 있었으며, 많은 경우 숲 속의 외진 곳에 위치했다. 사람들은 자살자의 시신이 더 무겁다고 믿었고, 자살자의 관이 너무 무거워서 말이 끌어도 꿈쩍도 하지 않았다는 등의 소문이 퍼지곤 했다.

프랑스에서는 자살자의 시신을 질질 끌고 마을을 한 바퀴 돈 후 교수대에 매달았다. 17세기 후반의 프랑스 형법은 자살자의 시신을 교수형에 처한 다음 하수관이나 쓰레기장에 버리도록 규정하고 있었다. 성직자들은 자살자의 장례식에 참석하지 않았기 때문에 그 시신은 축성 받지 못한 땅에 묻힐 수밖에 없었다. 독일의 일부 지역에서는 자살자의 시신은 나무통에 넣어져 강에 버려졌다. 이렇게 함으로써 자신의 고향 땅으로 돌아오지 못하도록 하기 위해서였다. 노르웨이에서는 자살자의 시신을 다른 범죄자들의 시체와 함께 숲에 묻거나, '바다와 푸른 잔디가 만나는 바닷물 속에 묻도록' 법으로 규정하기도 했다. 단적으로 말하자면 자살은 너무나도 '돌이킬 수 없는 파멸적인 행위' 였던 것이다.

시간이 흐르면서 자살에 대한 종교적이고 법률적인 규제는 완화되었다. 비록 많은 신학자들이 여전히 '자살은 가장 용서받지 못할 죄 중 하나' 라고 주장했지만 말이다. 예를 들어, 마틴 루터 킹(미국의 침례교회 목사이자 흑인해방운동가)은 '자살을 악마의 소행'이라고 간주했고, 청교도의 종교 지도자들은 자살에 대해 혐오스럽고 비열하며 '사탄에 굴복한 개인의 행위'라고 규탄했다. 존 웨슬리(영국의 종교개혁가)는 스스로 목숨을 끊은 자들의 육체는 '교수대에 매달고… 썩어가도록 방치해야 한다.'고 주장했다. 존 로크나 장 자크 루소, 좀 더 후대인 키르케고르와 같은 철학자들은 사회적으로나 종교적으로나 모든 형태의 자살을 받아들여서는 안 된다고 강력히 주장했다. 그러나 사법 제도와 대중의 인식 속에서는 자살이 개인의 죄나, 나약함의 결과가 아니라 비정상적인 마음에 의해 초래된다는 것으로 확산되었다. 자살자의 시신은 더 이상 네거리에 매장되지 않았고, 대신 교회 묘지 중 북쪽 구역에 묻히는 경우가 많아졌다. 고립의 저주에 고통 받는 대신, 이제 자살자의 시신이 교회에서 파문당한 사람이나, 비기독교인, 세례를 받기 전에 죽은 아기, 그리고 처형당한 흉악범 등 사회 부적응자들과 같은 곳에 묻히게 된 것이다.

로버트 버턴은 1621년에 발표한 그 유명한 《우울증의 해부학》에서 광기와 우울함 그리고 자살은 밀접한 관계가 있으며 자기 목숨을 끊지 않을 수 없을 정도로 깊은 절망과 초조함 속에서 고통 받았던 이들에게 자비를 베풀어야 한다고 주장했다. 그로부터 25년 후, 자살에 대한 인식의 이정표를 세운 《자살론》이 출판되었다. 이 책의 저자인 존 던은 런던 성 바오로 성당의 이름 높은 주임사제였다. 시인이기도 했던 그는 책에서 자살은 상황에 따라 정당화될 수 있으며, 이를 인간적으로 이해할 수 있어야 한다고 선언했다. 이는 자기 자신에게 보내는 메시지이기도 했다. 그는 책의 서문에서 이렇게 고백했다. '괴로움이 덮칠 때마다 나는 마음의 감옥을 열 열쇠를 손에 쥐고 있다는 생각을 하곤 했다. 이 괴로움을 끝낼 유일한 해결책은 내 손으로 내 심장에 칼을 찔러 넣는 일이라고 말이다.'

최근에는 두 유명한 자살 연구가가 미국과 영국에서 자살에 대한 사람들의 인식과 법제도에서의 비슷한 변화를 추적했다. 마크 윌리엄스는 《고통의 절규》에서 17세기 중반 영국에서는 옳은 정신이 아닌 사람, 혹은 정신이상이 원인이 된 자살자는 10%도 채 되지 않았지만, 1690년대에는 그 수치가 30%까지 올랐고, 1710년에는 40%에 달했다고 보고하고 했다. 1800년에는 본질적으로 모든 자살은 정신이상 때문에 일어난다고 생각했다.

매사추세츠의 청교도들과 초기 식민주의자들은 일반적으로 자살자는 죄인일 뿐 아니라 범죄자라고 보았지만, 시간이 지나면서 사회적 인식과 법률에 변화가 나타났다. 하워드 쿠쉬너가 《미국의 자살》에서 정리했듯이, 1730년에서 1800년까지의 70년 동안 보스턴 사회의 검시 배심원들의 평결을 보면, 정신이상 자살과 범죄적 자살의 평결 비율은 1:2 또는 1:3이었지만 1801~1828년에는 이 비율이 뒤집힌다. 정신이상 평결이 범죄적 자살 평결의 두 배 이상에 이르게 된 것이다. 19세기 말에는 영국과 마찬가지로 미국에서도 자살은 정신이상에서 비롯된다는 평결이 일반화되었다(역사적으로 흥미로운 것은, 메이플라워호의 승객이자 훗날 플리머스 정착민 사회의 총독이 된 윌리엄 브래드퍼드의 아내였던 도로시 브래드퍼드가 매사추세츠 주의 초기 영국 이주민 중 최초의 자살자로 추정된다는 점이다. 그녀는 케이프 코드 항구에 정박해 있던 배에서 '사고로' 바다에 빠져 익사했다고 기록되어 있지만, 사무엘 엘리엇 모리슨을 비롯한 역사학자들은 그녀의 죽음이 불운한 재난이라기보다는 의도적인 행동의 결과라고 믿었다. 브래드퍼드 역시 매사추세츠 정착촌에 대해 이야기할 때 아내의 죽음에 대해서는 한 번도 언급하지 않았다.).

대부분의 유럽 국가들은 18세기에서 19세기에 거쳐 공식적으로 자살이 범죄가 아님을 표명했다. 하지만 영국과 웨일스에서는 1961년까지, 아일랜드에서는 1993년까지 자살은 범죄로 취급되었다. 자살에 대한 일반인의 이해는 최근에 크게 높아졌지만, 의학과 심리학 분야의 연구로 밝혀진 그 수준까지에는 미치지 못하는 것이 사실이다. 수백 년 동안 이어져 내려온 자살을 바라보는 가혹한 심판은 지금도 여전히 사회 정치학적으로, 또 개인적으로도 영향을 미치고 있다. 예를 들어, 내가 가지고 있는 '일반 기도서'의 장례의식 기도문을 펼쳐보자. '나는 부활이요, 생명이니… 네 재앙이 어디 있느냐.' 이렇게 이어지는 장례 기도문은 깊은 위로와 연민으로 가득 차 있다. 그런데 이 기도문에는 고대의 금기와 배제를 일깨우는 단서가 붙어 있다. '망자의 매장식을 위한 절차'에 이렇게 명시되어 있다. '세례를 받지 못했거나, 파문당했거나, 스스로 자신의 목숨에 난폭한 짓을 한 자에게는 절대 사용되어서는 안 된다.'

역사 속에 나타난 사회의 법제도와 인식의 변천은 자살이 얼마나 복잡한 문제인지를 보여주는 한 가지 예에 불과하다. 자기 자신을 해치는 자살이라는 행위는 타인의 삶에도 폭력적인 힘으로 작용한다. 젊은이의 자살은 받아들이기 힘들며, 노인의 자살은 두려움을 느끼게 한다. 또한 건강하거나 성공한 사람의 자살은 도무지 이해하기가 힘들며, 그 반면에 아프거나 실패한 사람의 자살은 너무 간단히 치부되 버리고 만다. 자살에는 명쾌한 이론이 존재하지 않는다. 그렇다고 이를 예측할 수 있는 확실한 알고리즘이 존재하는 것도 아니며, 이 끔찍한 결과 속에 남겨 진 유족들의 마음을 달래고, 안정시킬 수 있는 방법조차 제대로 밝혀지지 않았다.

하지만 자살에 대해 밝혀진 사실도 많이 있다.

스스로 목숨을 끊는 사람들의 공통된 성향은 널리 알려져 있다. 그것은 유전적 특징이나 심각한 정신질환, 충동적 또는 폭력적인 기질 등이다. 또한 이런 취약성들을 끔찍한 결과로 연결하는 도화선이 되는 일련의 상황들이나 사건들이 있다는 것도 잘 알고 있다. 사랑의 실패나 상황의 급격한 변화, 경제적 어려움 또는 실업, 법정싸움, 불치병이나 장애를 일으키는 병, 수치스러운 상황이나 무분별한 약물이나 알코올 남용 등이 이런 도화선 들이다. 또 '어떤 사람' 이 자살을 하는지에 대해서도 많은 정보가 제공되고 있다. 가장 취약한 연령대와 사회적 배경, 가장 위험도가 높은 성별도 알려져 있으며, 자살을 주로 언제, 어디서, 어떻게 하는지에 대해서도 잘 알려져 있다.

그렇지만 그들이 '왜' 스스로 목숨을 끊었는지는 여전히 수수께끼이다. 심리학적 상태나 복합적인 동기들, 그리고 미묘한 생리학적 차이들을 밝혀내기란 산 자에게는 너무 어려운 과제들이다. 이런 요소들의 존재를 확인하고, 이것들이 자살자에게 어떤 영향을 미쳤는지를 밝혀내는 것은 또 다른 문제이다. 자살에 대한 연구 문헌들이 이런 복잡성과 모순성, 그리고 규명되지 않은 부분들을 드러내고 있음은 필연적이라 할 수 있을 것이다. 또 '자기 살인' 이라고 하는 이 설명할 수 없는 행위를 설명하려는 수백 년에 걸친 시도 역시 이 문헌들에 포함되어 있다. 지난 30년 동안만 보더라도 15000건에 달하는 과학적이고 임상적인 논문들과 수백 권이 넘는 책들, 모노그래프들이 발표되었다. 이를 자세히 읽어본 사람이라면, 그 지식의 깊이와 폭에 감탄하지 않을 수 없을 것이다. 이 역사적인 문헌들 또 과학과 심리학 분야의 가장 획기적인 최신 논문들을 책 한 권에 아니 다섯권에 담아내기란 불가능한 일이다.

나는 이런 현실인식과 또한 선배 연구자들과 저자들이 이루어낸 업적에 깊은 존경심을 가지고 이 책을 썼다. 나는, 자살의 심리학적 측면을 강조하고, 실제로 자살을 계획했거나, 실제로 실행한 사람들의 말과 경험을 소개함으로써 개인적인 관점을 유지하면서, 정신병리학, 유전학, 정신약물학과 신경생물학 등 과학적 학문의 연구결과로 이를 뒷받침하려 했다. 개인의 삶과 죽음에만 너무 초점을 맞추다 보면, 최신 과학 및 의학 분야의 눈부신 발전의 성과들을 이용하여 고통을 완화시키고, 생명을 구할 수 있는 길을 그냥 스쳐 지나가 버릴 수가 있다. 마찬가지로 유전자 추적이나 뇌영상, 세로토닌 경로 등에 너무 정신을 빼앗기게 되면 영국의 시인이자 비평가인 A. 알바레즈가 말했듯이, 자살이 '지독히 민감하고 혼란스러운 주제' 일 뿐 아니라, '신경과 감각을 통해 느껴야 하는' 문제라는 점을 잊게 된다.

이처럼 의학, 심리학, 과학 분야의 풍부한 문헌이 존재하는 20세기 말에 굳이 인문학과 개인의 복잡성을 임상적이나 과학적인 이해와 분리하여 생각해야 할 이유는 없다고 본다. 각각의 요소들이 매우 밀접한 관계를 맺으며 유기적으로 연결되어 있다는 것이 밝혀졌기 때문이다. 그러나 여전히 그 경계선이 존재한다는 것은 부정할 수 없다. 많은 사람에게 이 복잡성의 미학 즉, 사회문화적 측면의 설명이 곁들여진 심리학적 증례들은 검시보고서나 DNA 겔에서 찾아낸 통계적인 결과보다 훨씬 큰 설득력이 있기 때문이다.

그러나 정신병리학적, 유전학적, 또는 다른 생물학적 요인들에 대한 이해를 무시한 채 이런 심리학적 복잡성에만 초점을 맞추는 것은 개인의 경험이나 행동, 능력 그리고 기질적 차이를 초래하는 생물학적 원인이나 그 차이에 대한 해석을 고려하지 않는 것이나 마찬가지라 할 수 있다. 기본적인 관심사가 예술과 인문학인 사람들에게는 자살을 둘러싼 심리학적 갈등이나 사회적 결정요인에 대한 문헌들을 읽는 것이 훨씬 더 흥미로울 것이다. 물론 이런 문제들은 자살을 이해하는 데 매우 중요하지만, 이런 요소들만으로는 사람들의 예기치 못한 죽음을 예측하거나 예방하는 데는 한계가 있다.

자살은 철학자나 작가 또 신학자들에게 매우 핵심적인 문제이다. 이 문제는 우리가 무엇을 믿고 무엇을 믿지 않든지 상관없이 대부분의 사람에게도 중요한 의미를 가진다(알베르트 카뮈는 '삶이 살 만한 가치가 있다, 없다라고 하는 것은 철학의 기본적인 질문에 대한 대답이나 마찬가지다.' 라고 믿었다.). 그러나 이 책은 주로 자살의 심리학을 다루고 있지만 동시에 자살을 의학적이고 사회적인 문제로 다루고 있다. 특히 어째서 자살이 일어나고, 어째서 이 자살이 인류의 가장 중요한 건강 문제 중 하나이며, 그리고 이를 어떻게 예방할 수 있는지에 관해 이야기 할 것이다.

이 책은 40세 미만의 젊은 층의 자살을 주로 다루고 있지만, 그렇다고 해서 40세 이상의 자살문제를 가볍게 보는 것은 아니다. 우울증은 모든 연령층에서 가장 중요한 자살 원인으로 지적되고 있는데, 특히 노인의 경우 우울증 치료가 제대로 이루어지지 않고 또 자살률도 아주 높다는 사실을 그동안 많은 연구에서 보여주고 있다. 그런 만큼 고령자의 자살을 주제로 삼은 책들도 많이 발표되고 있다. 하지만 대부분의 경우, 자살을 노인문제의 맥락에서 파악하고 있으며 특히 신체적 장애나 생명을 위협하는 질병을 가진 경우에 행해지는 '이성적' 자살이나 의사의 도움을 받은 안락사 등에 초점을 맞추고 있는데 이는 젊은 층의 자살과는 동떨어진 것들이다.

지난 45년 동안 세 배 이상 증가한 젊은이들의 자살이 현재 공중보건의 가장 심각한 문제 중 하나라는 점에 이의를 제기할 사람은 없을 것이다. 자살은 미국 젊은이들의 사망원인 중 3위이며, 대학생들의 경우에는 2위였다. 1995년, 미국질병통제예방센터에 의해 시행된 미국 대학생 건강위험행동 조사에 따르면, 대학생 열 명 중 한 명은 최근 1년 동안 심각하게 자살을 생각해본 적이 있으며, 이 중 많은 학생이 실제로 계획을 세우기까지 했다고 대답했다.

1997년, 고등학생을 대상으로 실시했던 조사결과는 더욱 걱정스럽다. 고등학생 다섯 명 중 한 명은 최근 1년 동안 심각하게 자살을 고려한 적이 있다고 대답했으며, 대부분의 학생이 자살계획을 세웠다고 했다. 10%에 달하는 학생들이 최근 1년 동안 실제로 자살을 기도했다고 대답했다. 자살을 기도한 경험이 있는 학생 중 30% 이상이 진료를 받아야 할 정도로 심각했다. 고등학생들 대상으로 했던 1997년 조사 결과는 1995년과 1993년 조사와 대체로 비슷했다.

물론 자살에 대해 생각하거나 계획을 세우는 것과 실제로 자살을 실행하는 것에는 큰 차이가 있다. 마찬가지로 자살을 기도한 것과, 그로 인해 목숨을 잃는 것은 엄청난 차이이다. 하지만 그렇다 하더라도 자살기도는 자살을 예측할 수 있는 가장 확실한 지표이며, 자살은 젊은이들의 목숨을 앗아가는 주요 요인이다. 이 수치들에 심각한 우려의 목소리가 쏠리는 것도 이런 이유 때문이다.

지난 40년간 미국 젊은이들의 주요 사망원인 1, 2위는 베트남 전쟁과 후천성 면역결핍증이다. 이로 인한 사망자 수와 자살자 수를 비교하면, 청년 자살의 심각성이 극명하게 드러난다. 다음 그래프는 이 세 가지 사망원인에 의한 35세 미만 남성의 사망자 수를 나타낸 것이다. 자살과 전쟁, 에이즈 때문에 엄청난 수의 젊은이들이 목숨을 잃었다는 것을 잘 보여주는 그래프이다. 물론 젊은이의 죽음은 어떤 이유든 간에 끔찍한 일이다. 그것이 전쟁으로 인한 것이든, 질병이나 그 자신의 손에 의한 것이든 말이다. 베트남 전쟁은 엄청난 희생자를 낳았지만, 그 기간은 국한되어 있다. 1966~1970년까지의 5년 동안, 베트남 전쟁은 어떤 사망원인과도 비교할 수 없을 정도로 많은 희생자를 남겼다. 하지만 미국이 베트남 전쟁에

개입했던 12년 간(1961~1973년)을 통틀어 보면, 35세 미만의 미국 남성 중 자살자 수(101,732)가 전사자의 두 배(54,708)에 달한다.

후천성 면역결핍증과 자살로 인한 사망자 수 비교도 비슷한 결과를 보여준다. 1987년부터 1996년까지 10년 동안 자살로 목숨을 잃은 청년층의 수는 에이즈로 인한 사망자보다 1만 5천 명이나 더 많았다(이 기간에 자살한 에이즈 환자들도 있지만, 그 수는 비교적 소수였다.). 최근 항레트로바이러스 약물치료가 가능해지고, 보건

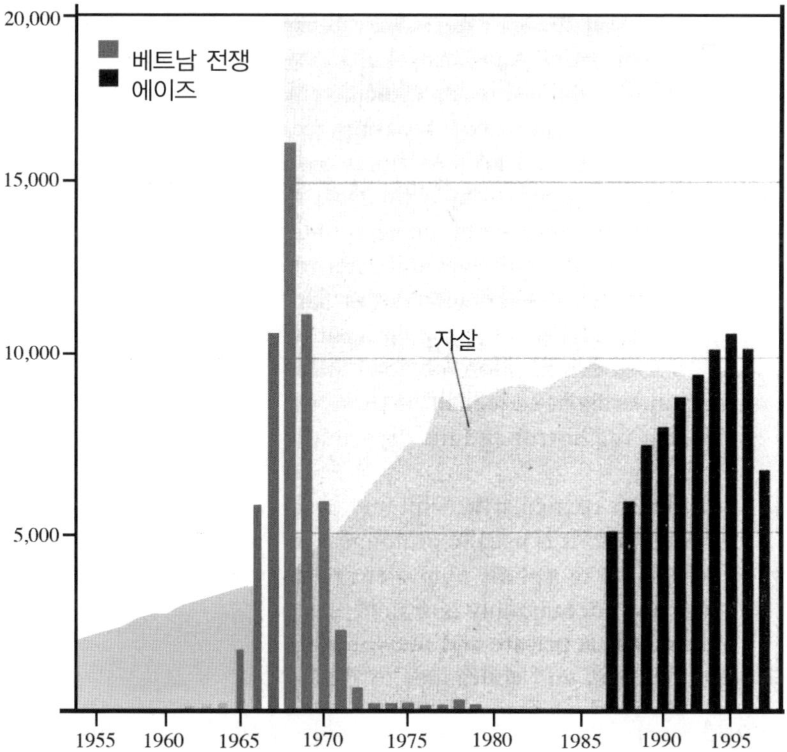

남자 사망자 수 (35세 이하)

교육 운동이 성과를 올리면서 미국에서 에이즈 치사율이 낮아졌다 (참고로, 1995년의 대학생 건강위험행동 조사에 따르면, 대학생 중 50%가 후천성 면역결핍증 예방을 위한 교육을 받은 반면, 자살예방교육을 받은 학생은 20%도 되지 않았다.).

이에 비해 자살은 여전히 그 기세가 누그러지지 않으며, 감소경향을 보여주는 증거는 거의 찾아볼 수 없다. 오히려 그래프는 1950년대 중반부터 청소년과 청년 자살이 급격하게 증가하고 있다는 것을 보여준다. 그 증가된 가능한 이유로는 검시나 의학적 조사를 통해 자살자에 대한 보다 정확한 정보를 얻을 수 있게 되었고, 총과 같은 살인적 무기를 보다 이른 나이에 손에 넣기가 쉬워졌으며, 술이나 약물에 손을 대는 나이가 어려졌고, 심각한 정신질환이 나타나는 연령이 빨라졌으며, 그리고 우울증 환자의 증가 등을 들 수 있다. 이에 대해서는 뒤에서 다시 자세하게 다룰 것이다.

매년 3만 명의 미국인이 스스로 목숨을 끊으며, 50만에 육박하는 사람들이 응급실에서 처치를 받아야 할 정도로 자신에게 심각한 상해를 입히며 자살을 기도한다.

전쟁은 발발했다가 종식되고, 전염병도 유행했다가 종식된다. 하지만 자살은 적어도 지금까지는 우리 곁에 머물러 있다. 그 이유는 무엇인가, 그리고 이를 해결하기 위해서는 무엇을 해야 하는가. 이 질문들이야말로 이 책의 핵심이다. 어째서 사람들이 스스로 목숨을 끊는지, 그리고 의사나 심리학자, 학교와 대학, 부모, 그리고 사회가 이를 막기 위해서는 무엇을 해야 하는지 이해하고자 하는 것이다. 전쟁과 에이즈로 인한 죽음은 큰 사회적 반향을 일으켰고, 그 결과 효과적인 대책이 마련되어 왔지만, 자살에 대한 사회적 대응은 지금까지 미비한 수준이다. 그러나 전사자나 에이즈 환자와 마찬가지로 자살하는 사람들도 엄청난 공포와 절망 속에 죽어간다.

자살은 모든 죽음 중에서도 특히 더 끔찍하다. 자살을 생각하는 사람들이 겪는 정신적인 고통은 대부분 지속적이고 격렬하며, 좀처럼 완화되지 않는다. 그들에게는 이 극심한 고통을 완화시켜 줄 모르핀도 존재하지 않으며 자살은 때때로 난폭하고 섬뜩하다. 자살을 생각하는 사람들은 형언할 수 없을 정도로 엄청나게 큰 개인적인 고통을 겪으며 죄책감과 뭐라 표현할 길 없는 상실감을 가족과 친구들, 동료에게 안겨준다. 자살은 이렇듯 형언할 수 없는 파괴력과 혼란을 남긴다

자살자의 장례식을 금하는 영국 성공회의 기도서에는 '세상이 줄 수 없는 평화 속에 잠들라' 라는 구절이 나온다. 바로 이 평화야말로 자살자가 꿈꾸는 것이다. 《우울증의 해부》에서 로버트 버튼은 이렇게 적었다.

> 이 (우울한) 기분에는 불꽃의 씨앗이 있다…… 낮 동안 그들은 끔찍한 대상에 사로잡혀 놀라고, 의심과 두려움, 슬픔과 불만, 수치, 분노 등의 감정으로 갈기갈기 찢긴다. 많은 야생마들이 그렇듯이 그들은 한 시간 아니 일 분도 얌전히 있을 수 없다. 하지만 그들은 자신의 의지와는 달리 끊임없이 그 감정을 생각하며, 그 감정에서 벗어나지 못한다. 그렇기에 그 감정들이 그들의 영혼을 낮에도 밤에도 갉아

> 먹으며 영원히 그들을 괴롭히는 것이다……. 이 불결함과 추악함 속에서, 그리고 이런 짜증스러운 나날 속에서 그들은 마침내 안식도 없고 해결책도 없는 뒤틀린 삶을 버리고 죽음으로 자유로워지는 길을 구하게 된다……. 스스로를 도살하고자 스스로를 처형하고자 한다.

현재 우리가 알고 있는 지식만으로도 이 살육을 멈출 수 있는 해결책과 안식을 제공할 수 있다. 모두는 아니더라도 대부분의 자살은 막을 수 있다. 비록 언제나 그 과정이 순탄치는 않을지라도 말이다. 그러나 우리가 알고 있는 바를 행하지 않는다면, 보다 많은 치명적인 결과가 초래될 것이다.

제2장

마음의 어려움을 평가하자

– 자살의 정의와 강도 –

해야 할 일은 이것

피트 자로 번개를

캘리퍼스로 마음의 어려움을 재란 말인가

– 노먼 맥캐이그(스코틀랜드 시인) –

자살의 정의나 분류가 간단할 것으로 생각하는 사람은 아마 없을 것이다. 그리고 실제로도 그러하다. 자살은 과학자들처럼 딱 떨어지는 분류를 통해 구분할 수 있거나, 철학자나 언어학자들처럼 난해한 설명으로 정의하기는 힘들다. 왜냐하면, 밝혀지지 않는 동기와 복잡한 심리학적 측면들, 그리고 모호한 상황들이 너무 복합적으로 얽혀 있기 때문이다. 하지만 아무리 자살의 정의가 모호하다 하더라도, 헨리 로밀리 페든이 1938년에 지적했듯이, '자살의 경계선을 명확히 밝히는 것' 은 중요하다. 그의 말처럼, 남편의 장례식에서 그 미망인까지 같이 화장해버리는 인도의 사띠

(Sati)를 '다락방에서 목매달아 죽은 외로운 한 남자의 죽음과 같이 보아서는 안 된다.'

초기 그리스인들은 자살행동을 묘사하는 데 매우 능동적이고 확고한 의미를 갖는 단어를 사용했다. 자신을 죽이는 행위는 '삶을 깨뜨리는 일', '죽음을 붙잡거나 움켜쥐는 일', '자신에게 스스로 폭력을 가하는 일', '빛에서 멀어지는 일'이라 했고, '자기 도살'을 저질렀다고도 표현했다. 하지만 그리스인들은 이 행위를 묘사할 수 있는 단어는 만들어내면서도, 이를 정의하려는 노력은 하지 않았다. 수 세기 동안 기록된 서적과 학술서를 보면, 다양한 자살의 정의와 분류방법이 있었고, 논란도 많았으며, 새로운 방법이 계속해서 제안되었다는 것을 알 수 있다. 수백 권에 이르는 의학, 철학, 그리고 사회학적 분류 방법들을 모두 읽다 보면, 지적인 마비 상태를 느끼기 시작할 것이다.

자살의 분류법과 명명법은 정도의 차이는 있지만 모두 조금씩 결함이 있다. 그러나 그와 동시에 거의 모든 방법들은 독창적이고 뛰어난 장점을 최소한 하나 이상 가지고 있다. 안정성과 명확성 때문에 나는 미국 질병통제예방센터(미국 애틀랜타 소재의 공중보건서비스 기관)의 자살 사망 진단서 분류 기준을 사용해 왔는데, 이 기준은 과학자와 공공 보건정책 행정관들뿐 아니라 검시관들도 이용하는 기준이다. 자살은 '사망자 자신에 의해 초래된 부상, 음독 또는 질식에 의한 죽음을 말하며, 스스로 목숨을 끊으려는 의도가 있었다는 증거(분명하든 암시적이든)가 있는 경우로 정의된다.' 자살에 관한 많은 국제적인 연구에 이용되는 세계보건기구(WHO)의 정의는 이보다도 더 간결하다. 자살이란, '치명적인 결과를 낳는 자살적 행위' 이며, 자살행위란 '다양한 정도의 죽음 의지를 보여주는 자기위해 행위' 인 것이다.

사회, 의학계와 가족들은 비자연적인 죽음이 사고인지, 살인인지, 자살인지를 정확하게 가려내고자 한다. 가족은 될 수 있는 한 많이 그 자살의 진실을 알아야 하는데, 이는 그래야 비로소 그 사실과 타협하는게 가능할 뿐만 아니라 혹시 중대한 의학적 유전적 정보를 얻게 될 경우 죽은 이와 가까운 혈족 관계가 있는 사람에 대해서도 대책을 세울 수 있기 때문이다. 또 명확한 기준이 없으면 재산권이나 의사결정 능력평가와 같은 법적, 재정적 문제도 복잡해진다. 생명보험이나 연금, 근로자 보상, 의료과실, 제품 책임과 관련된 논쟁이 제기될 수도 있다.

정확한 자살자 통계는 질병과 사망의 상관관계와 경향을 파악해야 할 책임이 있는 공중보건 연구원들에게 반드시 필요한 정보이다(초기 자료에 따르면, 검시관이 제공한 정보를 토대로 한 자살률은 실제보다 25~50%나 낮았다고 한다. 보다 최근의 연구들에 따르면 실제 수치와의 오차는 10% 미만이다.).

자살 판정이 항상 까다로운 것은 아니다. 총이 가까이 있었고 확실한 가루의 흔적이 발견되었거나, 유서가 남아있고, 정신과 진료기록이나 과거의 자살기도 기록이 남아 있는 경우처럼 확실한 증거가 있을 경우에는 쉽게 판단을 내릴 수 있다. 하지만 그렇지 않은 경우도 있다. 부검, 독극물 조사, 심리 수사와 사망자 가족의 증언, 또는 사망 현장의 목격자 진술 등 증거들을 종합하여 사망자 자신이 죽음을 야기하는 행동을 스스로 행했다는 것이 증명되고 또 그 의도성이 증명되어야만 자살이라고 판정을 내릴 수 있다.

대부분의 법의학자(미국)들과 검시관(영연방)들이 주로 판단에 사용하는 것은 과학적인 공중 보건 지침인데, 그 골자는 사망자 스스로 목숨을 끊으려 했거나, 죽기를 원했다는 증거가 있어야 한다는 것이다. 여기서 말하는 증거에는 스스로 목숨을 끊으려는 의도를 정확하게 말이나 행동으로 표현했다고 하는 명시 증거뿐 아니라, 암시적이거나, 간접적인 증거도 포함된다. 즉, '그때까지 생활과는 전혀 어울리지 않게 갑자기 죽음을 준비했다거나, 작별 인사를 했다거나, 죽고 싶다는 말을 했다거나, 또는 죽음이 임박했음을 알고 있었다거나, 희망이 없다는 말을 했거나, 감정적 또는 육체적 고통이나 어려움이 크다고 내비치거나, 죽음의 방법이 될 만한 것들을 구해 놓았거나, 이런 수단에 대한 정보를 모으고 있었거나, 치명적인 행동들을 예행연습하거나, 구조되는 일이 없도록 미리 조치를 취해놓았다던가, 사망자가 죽음을 초래할 치명적인 행위들의 잠재적인 능력을 알고 있었다는 증거가 있는지, 자살을 기도했던 적이 있는지, 자살을 암시한 적이 있는지, 또 스트레스가 심한 사건이나 심각한 상실(실제로 상실이 있거나, 혹은 그럴 위기감을 느꼈거나) 경험, 심각한 우울증이나 정신장애'가 있었다면, 모두 암시적이고 간접적인 증거로 간주된다.

그런데 이런 의학적, 심리학적 판단 기준 외에도, 자살 통계의 정확도에 영향을 미치는 다른 많은 요인들이 있다. 예를 들어, 사망원인을 판단하는 정보 제공자가 법의학을 전공한 법의학자나 검시관 또는 선거로 선출된 공직자인데, 특히 공직자의 경우는 유족의 종교적인 염려(자살자는 죄인이라고 하는), 공동체의 잠재적인 낙인이나 비난, 산 사람들에게 미칠 경제적 영향력 등에 크게 좌우될 수 있다. 종교적 배경 역시 검시관이나 법의학자들의 결정에 영향을 미친다(캐나다의 연구에 따르면, 가톨릭 신자인 검시관이 비신자인 검시관에 비해 자살이라고 결론을 내리는 경우가 적었는데, 이는 비자연적인 죽음이 사고사인지 자살인지를 판단하는 검시관의 임무에 종교관이나 종교적 제재가 여전히 영향을 미치고 있을 가능성을 보여준다.).

문화적 태도와 관습 역시 자살 판정에 영향을 미친다. 한 조사에 따르면, 같은 사건의 증거들을 놓고 덴마크의 검시관들과 영국의 검시관들이 판단했을 때, 덴마크 검시관들이 그 죽음을 자살로 판정하는 경우가 훨씬 많았다. 조사관들도 인정하듯이, 덴마크에서는 죽음의 원인을 법적 맥락보다는 의학적 증거로 판단하는 점, 또 영국에서는 1961년까지 자살이 범죄행위로 간주되던 것에 반해 덴마크에서는 1866년부터 이런 인식이 없어졌다는 점 등이 이런 차이의 배경이 되고 있을지도 모른다. 또한 덴마크에서는 자살의 원인이 되는 우울증이나 조울병, 조현병 등의 정신질환을 영국인들처럼 사회적으로 냉대하는 경향이 적기 때문에 자살을 꺼림칙하게 생각하는 검시관이 적다고 볼 수 있다.

죽는 방법도 판단의 중요한 근거가 된다. 예를 들어 검시관들과 법의학자들은 목을 매거나, 자동차 배기가스에서 나오는 일산화탄소를 흡입하여 죽은 경우, 비닐봉지를 이용한 질식사, 또 손목이나 경동맥에 치명적인 상처를 입힌 경우 등은 자살이 거의 확실한 증거라고 본다. 이에 비해 익사는 자살일 수도 있지만 사고나 살인에 의한 것일 수도 있기 때문에 의견이 나누어지는 경우가 많다. 대부분의 익사는 사고사이지만 이런 변사체에 대한 수사는 사실 상당히 까다롭다. 이 때문에 관할 경찰서 간의 '책임 전가' 공방이 벌어지는 경우도 많아서, 시체가 하트 게임(카드 놀이에서 여왕패를 가지게 되면 가장 불리하기 때문에 그 패가 들어오면 옆사람에게 돌린다)의스페이드 여왕처럼 이쪽 구역에서 저쪽 구역으로 왔다갔다 하는 상황이 벌어지는 것이다. 그 모습을 사회학자 맥스웰 아트킨손은 이렇게 묘사했다.

> 보통은 목을 매달아 죽은 사람을 보고 자살 이외의 가능성을 생각하기 힘들지만, 물에서 시체를 건져 올리는 순간은 실수로 미끄러지거나 높은데에서 떨어지거나 심지어 누군가 밀어서 물에 빠지는 사람의 모습을 떠올리기도 한다. 이런 상황에서 수사를 진행하고 최종 판단을 내리기란 쉽지 않다. 바로 이러한 어려움이 한 경찰관한테 들은 관행이 생기는데 일조하지 않았나 생각한다. 얼마 전 두 경찰서의 관할 경계 지점에 위치한 하천의 제방에서 수사를 하던 한 경찰관에게 이런 이야기를 들었다. 강에 변사체가 떠오르면 그 수사가 워낙 골치 아프기 때문에 상대편 경찰서에서 처리하라고 그쪽 관할지역으로 시체를 흘려보내는 일이 흔하다고 한다. 하지만 상대편 역시 비슷한 생각에서 비슷한 행

동을 하기 때문에 이런 '책임 전가' 가 몇 번이나 반복된 후 에야 비로소 시체가 수습되어 수사가 시작된다는 것이다.

자동차 한 대가 관련된 사고거나 크기 차이가 많이 나는 차량 간의 정면 충돌로 인한 죽음 역시 사망 원인을 둘러싼 해석들이 모호하며, 달리는 자동차 앞에 뛰어들거나, 추락사도 자살의 가능성을 염두에 두고 조사가 이루어진다. 무엇보다 사망원인 판정이 가장 어려운 경우는 바로 약물남용이나 음독으로 인한 사망이다. 왜냐하면 매우 다양한 요인들이 복합적으로 작용하기 때문이다. 음독자살은 목매달기나 익사, 총상 또는 추락에 의한 사망과는 달리 변사(變死)로 보이지 않는 경우도 있다. 이런 특징 때문에 이런 죽음들은 검시관이나 법의학자들의 주의조차 끌지 않을 수도 있다. 예기치 못한 죽음이 아니라면(예를 들어 젊은이의 돌연사) 약물 과다 복용으로 인한 죽음은 자연사로 보일 수도 있다.

이러한 약물과다 복용으로 인한 죽음에서는 스스로 죽으려는 의지가 얼마나 개입되었는지 확인하기가 매우 모호하다. 우울증과 같은 정신질환으로 정신상태가 흐려져 실수로 너무 많은 약을 먹었을 수도 있고, 딱히 죽으려고 했던 것은 아니지만, 약물의 치명적인 효과를 과소평가했거나, 약물 혼용 또는 알코올과의 혼합이 일으키는 결과를 예상하지 못했을 수도 있기 때문이다. 이런 죽음들은 다른 미궁의 사망원인 분석과 마찬가지로, 사망자의 삶과 죽음을 거꾸로 따져 올라가는 후향적 조사를 실시한다. 심리부검(psychological autopsy)이라 불리는 이 조사를 통해 사망자의 의도와 정신상태에 대한 중요한 정보를 얻어낼 수 있다.

이 심리 부검은 검시관 또는 '자살전담반'이 사망자의 가족과 친구, 주치의, 동료들을 대상으로 광범위한 면담을 실시함으로써 죽음의 의도성(있다고 한다면)과 사망자가 어느 정도까지 그 죽음에 책임이 있는지를 밝혀내는 것이다. 이 기법은 자살했던 뉴욕시 경찰관들의 정신분석 연구를 위해 그레고리 질부르그가 고안해 낸 것으로, 초기 양식은 지금보다 더 개방형 질문의 면담 형식이었고, 덜 체계적이었다.

미국에서 개발된 이 심리부검 기법은 미국 내에서 폭넓게 사용되고 있는데, 유럽과 남미, 호주, 아시아의 연구자들도 또한 활용하고 있다. 1950년대에는, 워싱턴 의과대학의 정신건강의학과 의사인 엘리 로빈스가 보다 표준화된 면담 양식을 개발하여 세인트루이스에서 발생한 134건의 자살에 대해 지역사회를 기초로 후향적인 연구를 실시했다. 이제는 정신의학의 고전으로 자리 잡은 이 연구는 자살자 모두에게 어떤 식으로든 정신질환이 있었음을 확실하게 입증한 연구로 지금도 높게 평가되고 있다.

이렇듯 임상적이고 과학적인 검사 방법의 일환으로서 심리부검이 가장 활발하게 이루어졌던 것은 1950년대에서 60년대에 걸친 시기로, 그 대부분은 로스앤젤레스 자살예방센터의 노만 파베로, 로버트 리트만, 에드윈 슈나이드만과 당시 로스앤젤레스 카운티의 수석 법의학자이었던 테오드르 커피의 공동 작업으로 이루어졌다. '사망원인 조사'라 불렸던 이 심리부검의 목표는 사망자가 죽음에 이르기까지 어떤 정신상태에 있었는지를 재구성하는 것이었다. 자살전담반 멤버들은 사망자의 친구, 가족, 그리고 주치의를 만나 매우 폭넓은 주제에 대해 면담을 했다. 예를 들면, 사망자의 신체적, 정신적 병력, 가족 배경, 사망자의 성격과 생활습관, 스트레스에 대한 주된 반응, 감정의 기복, 정신적으로 불안해지는 시기, 초조함, 압박, 긴장 또는 죽기 전 몇 달 동안 인간관계나 일로 문제가 생겼을 때 어떻게 대응했는지, 알코올이나 약물이 생활이나 죽음에 어떤 영향을 미쳤는지, 인간관계가 어떠했는지, 사망자가 가지고 있던 환상이나 꿈, 생각 또는 생전에 죽음이나 자살에 대한 예감 등을 표현한 적이 있는지, 개인적인 습관이나 업무 습관, 식사 패턴이나 성적 행동에 변화가 있었는지, 또 그의 인생이 호전되고 있었는지, 성공한 상태였는지, 또 어떤 계획이 있었는지, 자살의도가 어느 정도나 있었는지 자살을 암시하는 행동이나 이에 대한 생각이 어느 정도였는지 등급을 매기는 것 외에 면담을 받은 사람들이 사망자의 죽음에 어떤 반응을 보였는지 등을 조사한다.

이런 정보와 세밀한 사망원인 분석을 종합하여 자살전담반은 사망자가 죽기 전 몇 달 동안 어떤 상황이었는지를 재구성하여, 이를 통해 알아낸 사실들을 검시관이나 법의학자에게 제공한다. 처음에 미궁처럼 보인 사건들도, 자살 판정을 내리기에 충분한 설득력 있는 정보를 제공함으로써 자살이라는 최종 판단을 이끄는 계기가 되어주기도 하지만, 때로는 자살전담반이 제시한 여러 증거가 사고사라는 결론을 내리는 토대가 되기도 한다. 인터뷰에서 어떤 질문을 던지는지, 또 어떤 식의 조사가 이루어지는지를, 로스앤젤레스 자살예방센터에서 실시한 인터뷰 사례를 통해 구체적으로 살펴보기로 하자. 이 사례에서 자살전담반은 처음에는 자살을 의심했지만, 심리부검 과정이 끝난 후에는 사고사로 본다는 의견을 제출했다.

사실상 모든 검시관 사무실에서는 러시안 룰렛 게임(회전식 연발 권총의 여러개 약실 중 하나에만 총알을 넣고 총알의 위치를 알 수 없도록 탄창을 돌린 후 참가자들이 각자의 머리에 총을 겨누고 방아쇠를 당기는 게임)을 하다가 사망한 케이스에 대해서는 자동적으로 자살 판정을 내린다. 실제로 그러한 판정을 인정하는 판례가 있다. 이 사건의 조사를 검시관이 자살전담반에게 의뢰한 것은, 자살전담반이 특별한 관심을 표명했기 때문인데, 조사 결과는 놀랄만한 것이었다. 주변 인물들에 대한 기본 면접조사에 따르면, 28세 남자인 사망자는 육군 참전용사로 리볼버를 수집했는데, 그는 이 리볼버들을 항상 완벽하게 장전이 된 상태로 보관했다고 한다. 그의 친구가 증언한 바에 따르면 사망자가 파티에서 즐겨 하던 게임은 러시안 룰렛이었는데, 최근 몇 년 동안 말 그대로 수십 번도 넘게 이 러시안 룰렛을 즐겼다고 한다. 이 증언이 나온 시점에서 우선 자살전담반은 그런 행동을 반복하는 사람의 정신상태를 어떻게 보아야 할지 판단을 내려야 했다. 정신질환이 있다고 보아야 할까, 아니면 스스로 목숨을 끊으려는 의도가 있었던 것일까? 사망자 미망인과의 인터뷰는 상황을 좀 더 명확하게 볼 수 있는 단서가 되었다. 사망자는 생전에, 러시안 룰렛 게임을 할 때에는 언제나 총알이 장전된 약실이 위험한 위치에 있는지를 확인한 후에 방아쇠를 당기기 때문에 다칠 일이 없다는 이야기를 아내에게 했다고 한다. 만약 총알이 든 약실이 총열 중 제일 왼쪽에 위치해 있으면 총열을 한 번 더 돌렸다고 한다. 사망자는 자살을 생각했거나, 죽음에 집착하지도 않았으며, 우울증이나 정신질환의 증거도 확인되지 않았다. 그렇다면, 무슨 일이 벌어졌던 것일까? 자살전담반은 죽음의 현장이 타인의 집이었다는 것을 알고 있었다. 면접조사 결과, 사망 당일 그가 자신을 쏜 총은 그의 것이 아니라, 그 집의 주인 것으로 밝혀졌다. 여기서 자살전담반이 주목한 것은 사망자가 생전에 수집했던 리볼버는 스미스 리볼버와 웨슨 리볼버였는데, 그의 목숨을 앗아간 것은 콜트 리볼버였다는 사실이었다. 이 두 종류의 권총은 작동 시스템이 다르다. 스미스와 웨슨 리볼버는 시계방향으로 총열이 돌아가는 데 반해 콜트 리볼버는 시계 반대 방향이다. 이런 상황을 종합해 볼 때, 사망자는 총알이 장전된 약실이 총열 중 가장 오른쪽이 위치한 것을 확인하고 안전하다고 생각해서 방아쇠를 당겼지만, 콜트 리볼버에서는 총알이 발사되어 그 결과 즉사한 것으로 추측할 수 있다.

자살을 하려는 노력이 있었음을 암시하는 어떠한 행동이나 표현도 없었을 뿐 아니라, 두 종류 리볼버 구조상의 차이에 대한 설명을 종합한 결과, 자살전담반은 이 죽음을 사고사로 본다는 의견을 제출했다. 자살전담반의 한 멤버는 이 사건을 두고 '사기를 치는 러시안 룰렛'이라는 뜻에서 '소비에트 룰렛' 사건이라고 이름을 붙였다.

심리부검은 변형되고 다른 형태의 표준화된 방식으로 자살 연구뿐 아니라 검시관이나 법의학자들 사이에서도 폭넓게 이용되어 왔다. 또한 이 부검은 자살과 정신병리학의 관계를 파악하는 데 특히 유용하다는 것이 입증되었다.

자살은 끊임없이 이어지던 자살에 대한 생각(Suicidal thought)과 자살을 기도하려는 행동(Suicidal behavior)들이 닻을 내리는 지점이다. 이 연속체의 한쪽 끝에는 위험을 내포한 모험적인 행동으로 시작해서 다양한 정도와 형태의 자살사고를 거쳐 결국 자살기도와 자살로 이어진다. 자살기도란 죽으려는 의도가 명백했거나, 의도가 있었을 것으로 추측되는 경우만이 아니라, 자살의도가 없었던 경우도 포함이 된다(죽을 생각은 전혀 없지만, 어떤 목적을 이루려는 수단으로써 자살기도라는 겉모습을 이용하려는 행동들).

위험을 내포한 모험적인 행동은 그 밑에 깔려있는 의도와 관련해 상당한 의혹이 따르기 마련이다. 여기에는 스카이다이빙 처럼 지금 당장 위험을 동반할 수도 있고, 흡연이나, 부주의한 운전 등 장차 위험을 초래하는 간접적인 행동들도 포함된다. 이런 간접적인 또는 '준(準)의도적'인 죽음(슈나이드만의 정의에 따르면, 사망자가 자신의 죽음을 앞당기길 수 있는 은밀하고 부분적이며 잠재적이고 무의식적인 역할을 했기 때문에 발생한 죽음)의 종류로는 의사나 연구자에 따라 견해 차이는 있지만, 만성적인 알코올이나 약물 중독 또는 위험한 스포츠를 즐기거나, 에이즈 감염 가능성이 큰 상대방과 무방비로 성관계를 가지거나, 독사를 만지거나, 폭력적인 사람이라는 것을 알면서도 그의 화를 돋우는 등의 행동(소위 피해자 유발 살인)까지 포함되곤 한다.

자살에 대해 생각하는 '자살 사고(Suicide ideation)' 역시 문제의 개념이지만 그래도 조사와 측정이 가능한 개념이다. 자살에 대한 생각은 모든 연령층의 조사 대상자들이 비교적 골고루 지니고 있는 편이지만 상당수의 사람은 질문 내용의 성격에 따라 응답이 달라진다. 우선 기간 설정에 따라 응답자 수가 크게 달라진다. 예를 들면, 최근 1주일 동안 이런 생각을 한 적이 있냐는 질문을 해서 조사를 하는 연구도 있고, 최근 1년 동안, 또는 지금껏 살아오면서 자살을 생각해본 적이 있냐고 묻는 경우도 있다. 또 면접관들은 자살에 대한 생각을 얼마나 자주 하는지, 즉, 거의 하지 않는지, 가끔, 자주, 매일 또는 하루에도 몇 번씩 하는지를 묻는 것 외에 그런 생각이 얼마나 심각한 수준이었는지에 대해서도 알아볼 수 있다.

25년 전, 자살 생각과 행동에 대한 지역사회 기반 초창기 연구에서, 케임브리지 대학의 정신과 교수인 진 페이겔과 그의 동료들은 코네티컷 주 뉴 헤이븐에서 700명 이상의 주민을 대상으로 면담을 실시했다. 조사 결과는 그때까지 매우 개인적인 부분으로 여겼던 생각들을 표면화시켰다. 면담을 한 주민 중 10% 이상은 그때까지 살아오면서 '삶은 무의미하다'는 생각을 몇 번쯤 한 적이 있다고 대답했다. 또 거의 비슷한 숫자의 사람들이 한 번 이상 '죽고 싶다.' 는 생각을 한 적이 있다고 했다. 5% 정도는 자신의 목숨을 끊으려고 생각했으며 이런 생각을 했던 사람들은 대부분이 심각하게 이를 고려했던 것으로 대답했다. 1%의 주민은 실제로 자살을 기도한 적이 있다고 대답했다.

약 20년 전, 미국 국립정신보건연구소는 미국 국민의 정신장애의 종류와 정도를 알아보기 위한 사상 최대 규모의 연구에 착수했다. 이 연구에서는 미국의 5개 관할구역인 메릴랜드 주 볼티모어 시, 노스캐롤라이나 주 피드몬트 카운티, 캘리포니아 주 로스앤젤레스, 코네티컷 주 뉴 헤이븐과 미주리 주 세인트루이스의 총 2만 명의 주민을 대상으로 폭넓은 면담을 실시했다. 면접조사에는 자살에 대한 4개 항목의 질문도 포함되었는데, 페이켈의 연구에서 사용된 것과 비슷한 내용이지만 자살에 대한 생각이 2주 이상 계속된 경우만을 자살 생각으로 보는 등 보다 구체적인 기준을 제시하고 있다. 자살에 대한 질문에 응답한 18만 5천 명의 주민 중 11%는 살아오면서 좌절 때문에 자살을 생각해 본 적이 있다고 대답했으며, 전체 대상자 중 3%는 한 번 이상 자살을 기도한 적이 있다고 했다. 지역사회 주민들을 대상으로 앞의 두 조사와 비슷한 연구를 추진했던 다른 조사들에서도 살면서 어느 시기에 자살에 대해 생각해 본 적이 있는 사람이 5~15%에 이른다는 것을 밝혀냈다.

대학생들을 상대로 실시한 비슷한 내용의 설문조사에서도 이와 같거나, 좀 더 높은 비율의 학생들이 자살을 생각한 적이 있다고 답했다. 종합대학과 단과대학의 학생들을 대상으로 한 가장 포괄적인 연구는 1995년에 실시된 전국 대학생 건강 위험행동 조사(앞서 언급한 질병통제예방센터의 조사)로, 미국 전역의 학부생 4,600 명이 참가했다. 이 중 10%의 학생들은 최근 1년 동안 자살기도를 심각하게 고려해본 적이 있다고 답했으며, 7%는 실제로 자살계획까지 세웠다고 했다. 유럽과 아프리카에서 실시된 다른 조사에서도 어떤 식으로든 자살을 생각한 적이 있다고 대답한 학생이 20~65%에 달해, 이런 자살 생각이 '일반적' 이라는 사실을 보여주었다.

고등학생들도 예외는 아니다. 9학년에서 12학년(만 15~18세)까지의 청소년 16,000명을 대상으로 한 1997년 청소년 위험행동 조사에 따르면, 청소년의 자살에 대한 생각 역시 심각한 수치를 보였다. 20%에 달하는 학생들이 최근 1년 동안 자살기도를 '심각하게 고려' 한 적이 있다고 대답했으며, 실제로 계획을 세운 학생은 16%나 되었다. 자살을 기도하려 하거나, 계획을 세웠던 학생들의 남녀 비율은 여학생이 훨씬 높았으며, 히스패닉 계 학생들이 백인이나 흑인 학생들보다 자살생각을 더 많이 했다. 미국 고등학생에 대한 두 건의 다른 연구들은 자살에 대해 생각하는 청소년들이 소수가 아니라는 것을 확인해주었다. 이 연구에 따르면 뉴욕의 고등학생 중 50% 이상이 '스스로 목숨을 끊을 생각을 한 적이 있다.' 고 했으며, 오리건 주의 고등학생 중 20%는 심각성에서는 다양한 차이를 보이지만 과거에 자살을 생각해 본적이 있다고 대답했다.

유럽과 북미의 또 다른 연구들 역시 비슷한 결과를 보여준다. 15세에서 18세까지의 프랑스 남학생 중 5%, 여학생의 경우는 10%가 '상당히 자주, 또는 매우 자주' 자살을 생각한 적이 있다고 대답했다. 캐나다에서는 고등학생 중 10%가 인터뷰 당일에서 1주일 전까지의 기간에 한 번 이상 자살을 생각한 적이 있다고 했다. 12~16세의 청소년을 대상으로 했던 또 다른 캐나다의 연구에 따르면 특히 여학생의 경우, 자살을 생각한 적이 있는 학생 비율은 12, 13세에서는 7.5%였던 것이 14~16세가 되면 14.5%로 두 배로 뛰어올랐다. 반면 남학생은 정반대의 경향을 보였는데, 같은 연령 그룹에서 6.7%에서 3.3%로 급감했다. 남녀 간의 이러한 차이는 여성이 우울증에 더 취약하다는 것을 반영한다고 볼 수 있으며, 이 부분에 대해서는 뒤쪽에서 자세하게 설명하도록 하겠다.

이런 통계자료들은 그 자체로도 충격적이지만 더욱 심각한 것은 아동의 자살 생각에 대해 부모가 알고 있는 것과 현실의 격차가 매우 크다는 점이다. 소녀들의 자살행동에 대한 한 조사에 따르면 15% 이상의 아이들이 자살을 생각하거나, 그런 행태를 보였지만 이런 사실을 알고 있는 부모는 극소수였다. 남학생의 경우도 자녀가 자살을 생각하고 있다는 것을 아는 부모는 매우 적었다. 또 부모들은 자녀의 우울증을 과소평가하는 경향이 두드러졌다.

자신의 아이가 죽고 싶어 하거나 정신적 고통을 겪고 있다는 것을 인정하는 것은 부모로서 힘든 일이겠지만, 실제로 많은 아이들이 이런 괴로움 속에서 살아가고 있다는 것을 부모들은 받아들여야만 한다. 코넬대학의 소아 정신건강의학과의사인 신시아 페퍼 교수는 정신질환이나 정신병적 증상이 없는 '정상적인' 학생들의 표본집단 중 10% 이상의 아이들이 자살 충동을 느끼고 있다고 보고한 바 있다. 그녀의 연구 대상이었던 아이 중에 10세의 한 소녀는 자신의 생각을 분명하면서도 고통스럽게 묘사했다. "난 자주 자살하는 생각을 해요. 차에 치일 뻔했던 후로 그런 생각을 하게 되었어요. 지금 죽고 싶어요. 칼로 나 자신을 마구 찌르는 상상을 해요. 엄마가 나한테 막 소리를 지를 때면 엄마가 나를 사랑하지 않는 것 같아요. 우리 가족에 대해서도 걱정이 많거든요. 엄마는 항상 우울해 보이고, 가끔 얼마 못 가, 죽을 거라는 이야기를 할 때도 있어요. 오빠는 아무 이유도 없이 무섭게 화를 낼 때가 있어요. 작년에 오빤 자살을 하려다가 병원에 실려 가기도 했어요. 엄마도 그런 적이 있고요. 난 우리 가족이 정말 걱정스러워요. 만약 식구들한테 무슨 일이 생기면 날 돌봐줄 사람이 없다는 게 정말 슬퍼요."

또 다른 열 살이었던 소년 한 명도 자세하고 생생하게 자기 생각을 들려주었다. '화가 나고 초조해지면 몸에 상처를 내고 싶어져요. 그래서 벽에 머리를 찧거나 주먹으로 벽을 마구 쳐요. 전 죽고 싶어요. 어떻게 해야 죽을 수 있을지 자주 생각해요. 프랑스에 가서 단두대에 목이 잘리고 싶어요. 아픔도 없고, 순식간에 죽을 수 있잖아요. 총이나 칼은 너무 아플 것 같아요. 전에 한번 싱크대에 물을 받아놓고 얼굴을 담갔는데 무서웠어요. 그러다가 할머니에게 들켜서 얼굴을 닦던 중이라고 했는데 나중에 엄마가 그 얘길 듣고 놀라서 막 울었어요. 엄만 너무 걱정이 많고 항상 슬퍼 보여요."

자살을 생각한다는 것 자체가 비록 끔직하고 몹시 걱정스러운 일이기는 하나, 그런 생각을 한다고 실제로 자살을 기도하거나 스스로 목숨을 끊는 사람은 일부에 불과하다.

자살을 생각만 하는 사람과 행동으로 옮기는 사람의 차이를 명확히 구분하기란 쉬운 일이 아니다. 실제로 심각한 자살 충동에 사로잡혀 있었지만, 주위의 방해로 그 충동을 행동으로 옮기지 못하고 끝나버린 경우도 있을 수 있고, 죽으려는 의도도 별로 없고, 그렇게 위험한 자살 방법을 쓰지도 않았는데, 누군가 발견해서 구해주겠지 하고 기다리다가 정말로 죽어버린 경우도 있을 것이다. 흔히 사람들은 살기를 바라는 동시에 죽기를 원한다. 자살행동은 이런 상반되는 감정들로 가득 차 있다. 어떤 이들은 탈출을 꿈꾸지만, 다시 돌아오길 원한다. 자신이 받은 모욕이나 거부에 대한 보복으로 자살을 이용하는 사람이 있는가 하면, 누군가의 결정이나 행동을 바꾸기 위한 수단으로 사용되기도 한다.

자살을 기도했던 사람들은 훗날 젊은 날을 회고할 때 당시 느꼈던 고통이나 심각한 위기를 축소하거나 부정하는 경향이 있다. 소설가인 에블린 워는 이십 대 초반, 소설가로서 큰 시련을 겪었고, 그의 작품에 쏟아진 아주 혹독한 비평에 괴로워했다. 좌절하고 불행했던 그는 모든 것을 끝내버리기로 결심했다. 훗날 자신의 자살기도를 돌아보면서 워는 그의 행동 중 어디까지가 '진실'이고, 어디까지가 '연기'였는지 자문하고 있다.

> 그날 밤…나는 혼자 해변으로 내려갔다. 내 머릿속은 자살에 대한 생각으로 가득했다. 나는 옷을 벗고 밤 바다 속에서 헤엄을 치기 시작했다. 그때 난 정말로 물에 빠져 죽으려고 했던 것일까? 그런 생각을 했던 것은 확실하다. 인간의 모든 악함을 씻어주는 바다를 노래한 에우리피데스의 시를 인용한 메모를 모래사장에 옷과 함께 남겨두었다. 나

는 그 유서에 한군데라도 잘못된 부분이 없는지, 학창시절 교과서를 뒤져서, 악센트 기호까지 완벽하게 확인했다……
그때 죽으려고 했던 내 마음의 어디까지가 진짜 좌절과 의지였고, 어디까지가 연기였는지, 이제는 알 수가 없다.

보름이 가까웠던 그날 밤은 무척 아름다웠다. 나는 점점 더 깊은 바다로 천천히 헤엄쳐 갔다. 하지만 돌아올 수 없는 선을 넘으려던 슈롭셔 출신 젊은이는 어깨에 따끔한 통증을 느끼고 멈춰 섰다. 나는 해파리 떼 속으로 헤엄쳐 들어갔던 것이다. 팔을 몇 번 더 젓자 더욱 강렬한 두 번째 독침 공격을 받았다. 그 잔잔하던 바다는 해파리로 가득했다.

어떤 징후였던 것일까? 제정신을 차리라는 날카로운 외침이었던 것일까?

나는 달빛 속에서 방향을 틀어 해변으로 다시 헤엄쳐 나왔다. 죽을 생각이었기 때문에 수건은 없었다. 조금 고생을 하면서 다시 옷을 입고, 고전에서 베낀 내 가식적인 유서를 갈기갈기 찢어 바다에 던졌다. 에우리피데스가 알던 어떤 파도보다도 거세게 몰아치던 파도를 바라보며 황량한 해변을 따라 나는 걸었다. 그리고 가파른 언덕을 올라 내 앞에 펼쳐진 긴 세월을 향해 걸어갔다.

죽으려는 의도와 자살행동에 확신을 갖지 못하는 것은 워만이 아니다. 사실 '자살기도'가 무엇을 가리키는지, 어떤 일관된 정의가 존재하는 것은 아니다. 또한 자살을 기도한 사람의 행동으로 의학적 위험도 등을 분류하거나, 자살의도의 정도를 구분하는 어떤 공통의 합의된 기준이 있는 것도 아니다. 자살의도가 얼마나 심각한지를 평가하거나, 자살행동으로 인해 나타나는 의학적 합병증 정도를 평가하기 위해서 임상 전문가나 연구가들은 매우 다양한 요인들을 고려해야 한다.

펜실베이니아 주립대학의 아론 벡 교수팀이 개발한 '자살의도척도(Suicidal Intent Scale)' 는 자살을 기도했다가 살아난 환자들의 평가에 사용된다. 이런 임상적 관찰과 질문(자살을 기도한 장소가 외진 곳이었는지 아닌지, 또는 충동적인 행동이었는지 미리 계획을 세워놓았는지, 자살을 하려 했던 이유 등)을 통해 의사들이나 과학자들이 자살의도와 계획에 대해 어떤 점에 관심을 가져야 하는지를 가르쳐준다.

자살의도 척도(자살기도자용)

I. 자살기도와 관련된 객관적 상황

1. 고립
   0. 누군가 옆에 있음
   1. 가까이에 또는 보이거나, 말을 걸 수 있는 범위 안에 사람이 있음
   2. 가까이에 또는 보이거나, 말을 걸 수 있는 범위 안에 아무도 없음

2. 시간
   0. 개입의 가능성 있었음
   1. 개입은 어려웠음
   2. 개입은 거의 불가능 했음

3. 발견/개입에 대한 사전 조치
   0. 사전 조치 없음
   1. 수동적 사전 조치(다른 사람을 피했지만 개입하지 못하도록 방해하지는 않음, 잠겨 있지 않은 방에 혼자 있기)
   2. 적극적인 사전 조치(방문을 잠금)

4. 자살기도 중 또는 시도 후 도움을 얻으려는 행동
   0. 도움을 줄 수 있는 사람에게 자살기도에 대해 미리 알렸음
   1. 도움을 줄 수 있는 사람과 접촉을 했으나 자살기도에 대해 특별히 언급하지 않았음

2. **도움을 줄 수 있는 사람과 접촉하거나 도움을 요청하지 않았음**

5. 죽음을 준비하는 최종적인 행동(유서, 선물, 보험)
    0. 없음
    1. 어떤 준비를 생각했거나 어느 정도 했음.
    2. **확실한 계획을 세우거나, 모든 준비를 끝냈음.**

6. 적극적인 자살기도 준비
    0. 준비하지 않음
    1. 약간의 준비
    2. **전반에 걸친 준비**

7. 유서
    0. 없음
    1. 유서를 쓰기는 했지만 찢어버렸거나, 생각만 했음.
    2. **유서 있음.**

8. 자살기도 전에 분명한 의도 표현
    0. 없음
    1. 모호한 표현을 했음
    2. **명확한 표현을 했음**

II. 자기 보고

9. 자살기도의 목적

0. 상황을 바꾸거나, 관심을 끌거나, 복수하기 위해

1. '0' 과 '2' 의 내용을 모두 포함

2. 문제를 피하거나, 일시적으로 모면하거나, 문제를 해결하기 위해

10. 치명성의 예상

0. 죽지 않을 것이라 생각했음

1. 죽을 수도 있지만 가능성은 높지 않다고 생각했음

2. 가능성이 높거나 또는 죽을 것이 틀림없다고 생각했음

11. 방법의 치명성에 대한 인식

0. 생각했던 것보다 치명적이지 않음

1. 얼마나 치명적일지 확신하지 못함

2. 환자가 생각했던 것 이상, 또는 동일한 정도로 치명적임

12. 자살기도의 심각성

0. 진심으로 인생을 끝내려는 생각은 없음

1. 진심으로 인생을 끝내고 싶은지 확신이 없음

2. 진심으로 인생을 끝내려고 했음

13. 삶과 죽음에 대한 생각

0. 죽고 싶지 않았음

1. 살든지 죽든지 관심 없음

2. 죽고 싶었음

14. 의학적 구조 가능성에 대한 생각

0. 치료를 받으면 죽지 않을 것이라 생각함

1. 치료를 받으면 살 수 있을지 확신하지 못함

2. 치료를 받더라도 죽을 것이라 확신함

15. 사전 계획성

0. 없음, 충동적 자살 기도

1. 자살기도 전 3시간이 안 되는 시간 동안 숙고함

2. 자살기도하기 전 3시간 이상 숙고함

III. 그 외의 측면(전체 점수에는 포함되지 않음)

16. 자살기도에 대한 반응

0. 자살기도에 대해 후회함. 바보 같은 짓이다. 창피한 짓이다(둘 중에 하나를 선택하시오.).

1. 자살기도와 실패를 모두 인정함

2. 실패에 대해 안타까워함

17. 죽음의 시각화

0. 사후 세계, 죽은 이들과 재회

1. 영원한 잠, 어둠, 모든 것들의 끝

2. 죽음에 대한 개념이나 생각이 전혀 없음.

18. 과거의 자살기도 횟수

0. 없다

1. 1, 2회

2. 3회 이상

19. 술과 자살기도 간의 관계

0. 사전에 술을 마셨지만, 자살기도에는 영향을 주지 않음. 판단력, 현실검증력을 손상시킬 정도는 아니다.

1. 판단력, 현실검증력을 손상시키고, 책임감도 떨어뜨릴 정도로 술을 마심.

2. 자살기도를 쉽게 하기 위해 의도적으로 술을 마심.

20. 약물복용과 자살기도의 관계 (마취제, 환각제, 하지만 약물이 자살의 직접적인 수단은 아님)

0. 사전에 어느 정도 약물을 복용했으나 자살기도에는 영향을 끼치지 않음. 판단력, 현실검증력을 손상시킬 정도는 아니다.

1. 판단력, 현실검증력을 손상시키고, 책임감도 떨어뜨릴 정도의 약물을 복용함.

2. 자살기도를 쉽게 하기 위해 의도적으로 약물을 복용함.

*주: 강한 자살의도를 나타내는 반응들은 **굵게 표시**했다.*

펜실베이니아대학 정신과 아론 벡 교수의 허가를 받아 게재함.

자살의도를 평가하기 위해 설계된 이러한 척도 이외에도 자살기도의 의학적 심각성을 평가하는 많은 임상적 또는 연구적 방법들이 있다. 총기 사용과 목매는 것은 죽을 확률이 높으며 상황을 되돌리기도 어렵지만, 음독 등은 죽을 확률도 낮고 다루기도 쉽다(제공받을 수 있는 의료의 질과 수준 역시 자살 수단의 선택에 잠정적으로 영향을 미친다. 응급치료를 받을 수 있는 확률이 높은 선진국에서는 음독자살의 위험이 적지만, 농약 등의 치명적인 독극물을 손에 넣기는 쉽고 의료 접근성은 떨어지는 개도국이나 후진국에서는 그 위험이 높다.). 자살기도로 인한 실질적인 의학적 손상을 측정하는 방법은 여러 가지가 있지만, 의식 수준과 영구적 손상 정도, 필요한 의료처치 정도와 질 등을 등급으로 평가하는 방법이 주로 사용된다(예를 들어, 외래 진료로 충분할지, 아니면 일반병동 혹은 중환자실에 입원해야 하는지 등의 평가).

자살기도의 정의에 대해 통일된 견해가 존재하지 않는 현 상황에서, 보고되는 자살기도율에 큰 편차가 있다는 것은 놀랄 일이 아니다. 하지만 일반적으로는 그 연구가 어느 지역에서 이루어졌든 간에, 즉 유럽, 북미, 호주, 중동 또는 극동 등 어떤 지역이건 간에 전체 성인의 1~4%는 자살을 기도한 경험이 있었다. 또 젊은 층의 경우는 전 세계적으로 2~10%가 자살을 기도한 적이 있으며, 이 중 상당수가 한 번 이상 스스로 목숨을 끊으려고 했다. 이렇듯 성인과 청소년의 자살기도율에 차이가 있는 이유는 아직 확실하게 밝혀지지는 않았지만, 몇 가지로 설명해볼 수는 있다.

뉴욕 콜롬비아 대학의 정신건강의학과 역학 교수인 미르나 바이스만 박사는 최근 수십 년 동안 자살기도율이 두 배에서 세 배까지도 늘어났다는 설득력 있는 증거를 제시하고 있다. 여기에는 최근 수십 년 동안 태어난 사람들에게서 우울증과 자살행동률이 더 증가했다고 하는 '코호트(동시대 출생 집단) 효과' 도 어느 정도 영향을 미치는 것으로 추정되는데 이에 대해서는 뒤에서 자세히 설명하도록 하겠다. 또 세월이 흐르면서 자신의 자살기도를 잊어버리거나 축소하려는 경향 때문일 수도 있다. 호주의 한 연구에 따르면, 과거에 자살을 생각한 적이 있다고 대답한 사람들에게 4년 후에 똑같은 질문을 던지자, 이중 40%가 그런 생각을 한 적이 없다고 부정했다. 심각하지 않았던 시도라면 더욱 잊혀지기 쉬웠을 것이고, 어렸을 때 자살기도를 한 사람 중에는 어른이 되기도 전에 자살로 죽은 사람도 있을 것이다. 그리고 그저 단순히 나이가 어린 사람들이 좀 더 솔직히 자살행동을 인정하기 때문일 수도 있다.

자살기도와 자살의 관계는 모호하다. 실제로 자살에 성공하기까지 10~25번의 자살기도가 있었다는 연구 결과도 있다. 자살기도를 하는 사람들의 거의 모두는 아니지만 많은 사람들이 한 번 이상 자살기도를 한다.

자살과 자살기도에 성별 차이가 있는 것은 이미 알려진 사실이다. 미국의 경우, 여성의 자살기도 건수가 남성보다 2~3배 더 높았다. 반면 미국 남성은 여성에 비해 실제 자살 건수가 4배 이상 높았다. 이런 차이가 발생하는 이유는 매우 복합적이며, 이 책에서도 다양한 각도로 분석하겠지만, 가장 큰 이유는 자살이나 자살기도의 원인이 되는 정신질환의 종류와 발생 양상이 다르다는 점이다. 예를 들어, 여성은 남성에 비해 우울증에 걸릴 확률이 2배 이상 높은데, 우울증은 자살기도율 증가에 일정부분 영향을 미친다고 알려져 있다. 여성이 우울증 발생 가능성이 크다는 점은 미르나 바이스만이 주도한 국제학술 연구를 비롯하여 많은 연구를 통해 밝혀진 바 있다. 바이스만 박사팀은 미국, 캐나다, 푸에르토리코, 프랑스, 서독, 이탈리아, 레바논, 대만, 한국, 뉴질랜드 등 10개국에서 시행된 이 연구를 통해 여성이 우울증에 걸릴 확률이 남성보다 훨씬 높다는 것을 밝혀냈다. 반면, 조울병은 남녀 간의 차이가 거의 없었다.

여자들이 우울증에 걸릴 확률은 더 높지만, 그 충동성과 폭력성은 더 적은 편이다. 즉, 여성들은 자살을 기도하더라도 보다 덜 폭력적이고 안전한 수단, 예를 들면, 음독자살 등을 시도한다. 또 남성들은 여성에 비해 자살 '실패자'라는 오명을 쓰는 것을 매우 두려워한다는 증거들이 있다. 또 여성들은 자신이 저질렀던 자살기도를 남성보다 더 정확하게 기억하고 보고하는 경향이 있다.

반면 남성들의 우울증은 보다 공격적이고 폭력적인 형태로 나타나는데, 이런 정신적인 문제가 발생하더라도 의학적 도움을 받는 경우가 여성보다 낮았다. 또 남성들은 알코올이나 약물에 의존하고, 총기를 소지하는 경향이 높기 때문에 자살 위험이 더 커진다(이는 최근에 나타난 경향이 아니다. 1845년에 발행된 미국 정신이상저널 창간호에 따르면, 자살한 남성의 3분의 2 이상이 폭력적이고 매우 치사도가 높은 수단들(총기 발사, 경동맥 절단, 목매달기)을 이용한 반면, 여성 자살자 중 이런 수단을 사용한 예는 3분의 1이었다.

자살기도에 사용된 방법은 그야말로 생사를 결정하는 중요한 힘을 가진다. 1990년 전 세계 자살자의 40%를 차지한 중국은 세계에서 유일하게 여성과 남성 자살자 수가 거의 비슷한 나라이다. 여기에는 다른 사회적 요소들도 영향을 미치고 있지만, 농촌 인구가 많고 전국적으로 치명적인 농약을 구하기가 쉽다는 점, 여기에 응급의료의 접근성이 크게 떨어지거나 아예 제공되지 않는 점이 맞물리면서 중국의 음독자살 건수는 서구 국가들에 비해 상당히 많다.

자살을 기도한 사람과 실제로 자살을 한 사람 간에는 결정적인 중복이 존재한다. 일례로 10년에서 40년에 걸친 장기 추적 연구들에 따르면 자살을 기도한 적이 있는 사람 중 10~15%는 결국 훗날 자살로 목숨을 끊었다. 어떤 종류의 자살기도자들이 결국 자살로 생을 마치는지를 예측하는 것은 현존하는 임상적 문제 중에 가장 어렵고, 힘들며, 핵심적인 문제이다. 자살을 생각하는 것과 이를 행동으로 옮기는 것, 그리고 치명적인 위험행동 간의 경계선은 우리가 생각하는 것보다 훨씬 더 모호하며, 위험천만하게 낮다.

미국에서 매년 약 3만 명이 자살로 목숨을 잃으며, 전 세계적으로도 엄청난 희생자를 내고 있다. 최근 세계보건기구(WHO)는 1998년 전 세계 사망자 5,400만 명 중 자살로 인한 사망자는 1.8%에 달한다고 보고했다. 특히 자살이 청년층의 주요 사망원인으로 지적되었다. 다음 그래프는 15~44세까지의 남성과 여성의 십대 사망원인을 나타낸 것이다. 여기서도 알 수 있듯이 자살은 이 연령 그룹에서 여성의 사망 원인 2위, 남성의 경우 4위였다. 어떤 기준으로 보더라도 자살은 공중보건을 위협하는 심각한 문제이다.

지난 반세기 동안 청년층의 자살은 전 세계적으로 증가하고 있다. 특히 25세 미만의 연령 그룹에서 급증하고 있어 의사, 과학자, 공중보건 담당자들의 주요 관심사가 되고 있다. 예를 들어, 영국의 연구자들은 18개 나라를 대상으로 1960년대 초반에서 1970년대까지 청년층의 자살률 변화 양상을 살펴보았는데, 모든 나라에서 뚜렷한 증가세가 확인되었다. 또한 스톡홀름의 카롤린스카 연구소의 연구자들이 1952년부터 1981년까지 30년간의 자살 양상을 추적한 연구 결과, 21세 남성이 25세가 되기 전에 자살을 할 위험도는 260%나 증가했다.

미국의 경우, 1980년에서 1992년까지 12년 동안 발생한 10~14세 아동의 자살률은 120% 증가했다. 1995년, 청소년과 이십 대의 자살자 수는 암이나 심장질환, 에이즈, 폐렴, 인플루엔자, 선천성 결함, 뇌졸중으로 인한 사망자 수보다도 많았다. 메리랜드 연구소의 수석 법의학자의 말처럼, '너무 어린 자살자가 너무나도 많았다.' 젊은층의 자살률이 증가하는 경향이 두드러지고 있다는 것은 다른 연구 그룹에 의해서도 밝혀지고 있으며 그 원인에 대한 다양한 추측과 연구들이 활발하게 진행 중이다.

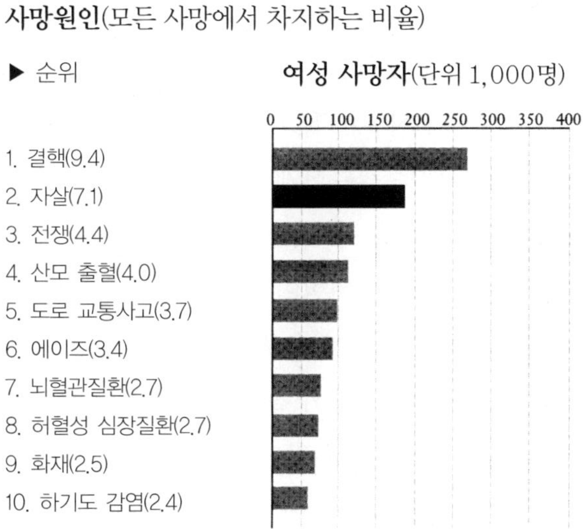

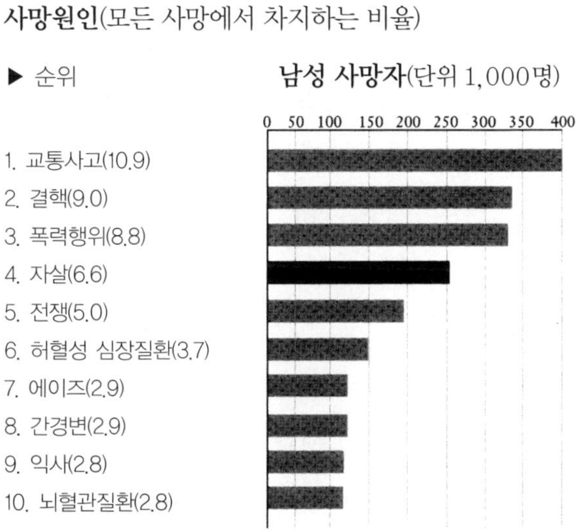

〈전 세계 15~44세 남녀별 주요 사망 원인〉

어쩌면 자살 보고가 점점 정확해진 것도 자살률 증가의 원인일 수 있다. 즉, 근래에 들어 검시관과 법의학자들이 십 대 청소년들의 폭력적인 죽음을 '사고사' 나 '모호한 죽음' 으로 처리해버리기보다는 상세한 조사를 토대로 정확하게 자살로 분류하게 되었기 때문이다. 총기나 알코올, 약물을 손에 넣기가 쉬워질수록, 또 이를 접하는 연령이 빨라질수록 자살 위험이 높은 사람들의 위험도가 증폭되기 때문에 자살률 역시 증가한다. 또한 임산부가 코카인이나 알코올, 니코틴에 노출되거나 영양이 결핍되면 태아의 신경이 손상되어 자살과 관련된 정서적 및 행동적 양상을 보이는 아이가 태어날 수 있다는 가능성도 제시되고 있다(미국과 핀란드의 연구자들이 1999년 발표한 연구에 따르면, 임신 기간 중 흡연을 했던 산모의 자녀는 폭력성, 충동성, 약물남용 등의 문제가 생길 가능성이 높았다.). 또한 태어났을 때의 체중이 매우 적은 아이들은 신경계 통이 충분히 발달하지 못해 자살 위험성이 높을 수 있는데, 근래 들어 의료의 발달로 이런 조산아들이 생존할 수 있게 된 것도 자살률 증가의 이유 중 하나로 볼 수 있다. 그리고 효과적인 정신과 치료의 개발로 정신질환이 있는 사람들도 결혼도 하고 아이도 낳게 되었는데 그 결과 정신질환들(우울증, 조울병, 조현병 등)이 늘어나고, 따라서 자살률도 늘어났다는 것이다.

그러나 청년층의 자살률 증가의 원인으로서 가장 널리 알려진 것은 사춘기에 돌입하는 연령이 최근 몇 십 년 동안 큰 폭으로 빨라지고 있다는 점이다. 우울증이 처음으로 발생하는 연령이 빨라지고 있다는 사실도 이와 관련이 있을지도 모른다. 또한 시간이 갈수록 우울증 발생률이 높아지고 있다는 증거도 밝혀진 바 있다.

우울증과 다른 형태의 정신질환들이 자살에 핵심적인 역할을 하고 있는 만큼, 다음 장에서는 좌절, 혼란, 절망과 무모한 충동 등을 수반하는 정신질환들에 대해 살펴보도록 하자.

이 삶, 이 죽음

환희에 젖은 어느 외로운 충동이
구름 속 격랑 속으로 돌진해 왔다.
나는 그 모든 것을 헤아리고, 모든 것을 생각해 보았다.
이 삶, 이 죽음과 견준다면
다가올 세월도, 지나간 세월도
그저 숨결의 낭비로 보일 뿐

– 윌리엄 버틀러 예이츠 –
《아일랜드인 조종사, 자신의 죽음을 예견하다》

보면서 마음이 아파 심장이 멎을 것 같았던 비디오 테이프를 주인에게 되돌려 주고 그때까지 본 것을 모두 잊어버리고 싶은 순간이 있다. 우리는 이 이야기가 어떻게 끝나는지 알고 있다. 이미 벌어진 일들을 되짚어가는 그 여정 속에는 아직도 끔찍한 슬픔이 남아있다. 상상했던 것보다도 훨씬 깊은 슬픔이. 그 테이프를 보는 것은 힘든 일이지만, 보지 않을 수 없다. 그 결말에 이르는 과정이 너무나 처참했다.

아마도 같은 날 촬영된 수백만 개의 캠코더 비디오와 마찬가지로, 그 비디오테이프는 콜로라도 로키 램퍼트 산맥을 배경으로 미국 공군사관학교의 뾰족한 삼각지붕을 보여준다. 카메라는 조금 흔들리며 주위의 경관과 사람들의 모습을 담으면서 드디어 그날의 행사장인 열병장을 비춘다. 즉, 푸른 재킷과 흰색 바지, 흰색 장갑 그리고 금색 휘장의 정복을 갖춰 입은 사관후보생들이 비행 중대별로 나뉘어 행진을 하고 있는 열병장으로 말이다. 그날 1,000명의 졸업생이 단 한 명을 제외하고 모두 장교로 임명되었다.

드디어 행진이 끝나고 졸업생들은 각자의 비행 중대별로 앞에 나가 졸업장을 받고 경례를 하고, 다시 자리로 돌아온다. 수많은 이름, 짧은 경례. 졸업생들의 가슴 속의 열정을 느낄 수 있는 순간들이다. 천천히 카메라가 클로즈업되며 이름이 호명된다. 그 순간 터져 나오는 졸업생들의 환호성에서 이 젊은이의 엄청난 인기를 짐작할 수 있다. 실제로 그의 동기 중 한 명은 이 청년을 공군사관학교에서 가장 영예로운 졸업생이라고 했다. 또 그 자신이 속해있는 중대에서 뛰어난 리더십으로 표창을 받은 적도 있는 청년이었다.

이 청년은 졸업장을 받아들고 장갑을 낀 손을 올려 재빠르고도 정확한 경례를 한다. 그는 보는 사람의 얼굴까지도 밝게 만드는 긍지와 감사로 가득 찬 미소를 띤다. 그 모습을 보고 있노라면 그에 대한 사람들의 반응이 이해되기 시작한다.

이 장면에 감상적인 기분이 들기는 하지만 아직 가슴이 찢어질 장면은 오지 않았다. 그 순간은 모든 졸업생이 호명되고 주고받는 경례가 끝난 후에 찾아온다. 이제 웅장한 공군사관학교 교가가 열병장과 행사장을 가득 채우는 속에서, 새로 탄생한 1,000명의 소위는 문뜩 머리를 들어 편대를 이룬 6대의 F-16기가 머리 위를 가로질러 날아가는 모습을 바라본다. 이는 새로 임명된 공군 장교들을 축하하기 위한 전통적인 공군 행사이다. 전투기가 내뿜은 하얀 연기가 채 사라지기 전에, 함성이 쏟아지면서 수백 개의 흰 모자들이 푸른 하늘에 찍힌 점들처럼 날아오른다. 포옹과 환호성이 마지막까지 남아 있던 규율들을 모두 날려버린다.

비디오는 다시 청년을 비춘다. 청년의 얼굴에는 잔잔한 미소가 퍼져가고 있다. 그 매력적인 용모도 그를 향한 동기들의 따뜻한 반응과 환호성을 끌어내는 이유 중 하나이리라. 청년은 자신의 동기들과 마찬가지로 하늘의 전투기를 바라보고, 모자를 하늘 높이 집어던진다. 바로 이 순간, 비디오를 보던 우리는 심장이 멈춰버릴 것 같은 아픔을 느낀다. 그의 얼굴에 거의 드러나지 않지만 소름끼치는 혼란의 그림자가 드리워져 있기 때문이다. 그는 주위 환호의 소용돌이에 동떨어져 어디로 가야 할지 모른 채 망망대해에 떠 있는 배처럼 보였다. 이 비디오가 마음을 아프게 하는 것은 우리가 이 이야기의 끝을 알고 있기 때문이며, 이 장면이 그의 종말의 어떤 시작이라는 것을 알고 있기 때문에 더 견딜 수 없는 것이다.

드류 소피락이라는 이름의 이 청년은 졸업식 후 공군사관학교로 돌아오지 않았다. 장교 임관도 하지 않았다. 몇 년 동안이나 전투기 조종사가 되겠다는 꿈을 좇으며 비행학교에서도 우수한 성적을 거둔 그였지만, 끝내 조종석에는 앉지 못했다. 그날 밤, 졸업 파티를 뒤로 하고 그가 향한 곳은 누구도 상상하지 못한 장소, 바로 군 소속 병원의 정신병동이었다. 그곳에서 그는 손에 들고 있는 카드 패를 어떻게든 정리해보려고 했다. 그때까지 받아왔던 패들은 모두 사랑과 능력과 행운으로 가득 차 있었지만, 이번에는 달랐다. 모든 것을 잃어버린 악몽의 패였다. 이는 전혀 예기치 못한 패였으며, 다시 게임에 참여할 길 없는 패였다.

그에게 필요했던 것은 성공이 아니었다. 그를 사랑하는 가족과 친구도 아니었다. 드류 소피락은 이 모든 것을 가지고 있었다. 그의 친구들과 교사들이 입을 모아 말했듯이, 그는 따뜻하고, 쾌활하고 학교 최고의 인기인이자 타고난 리더였다. '혼을 빼놓을 정도로' 잘 생긴데다가, 누구와도 스스럼없이 친해지는 성격이었다. 그의 친구는 이런 말을 하기도 했다. '드류는 뭔가 특별했다. 그의 어떤 점이 그토록 매력적인지 꼭 집어 말하기는 어렵지만, 정말이지 멋진 친구였다.' 델라웨어 윌밍턴 고교 시절 2년 연속 학생대표였던 그는 졸업식에서도 대표를 맡았고 소속한 운동팀의 주장이자, 동창의 밤 행사에서는 '최고 남학생'으로 뽑히기도 했다. 또 마을극단이 상영한 연극 '버드나무에 부는 바람'에서 애교 넘치는 두더지를 열연하기도 했다. 이런 드류가 공군사관학교와 육군사관학교에서 모두 합격통지를 받았을 때, 놀랐던 사람은 거의 없었다. 모든 사람이 그의 성공을 기대했고, 실제로도 성공 가도를 달려왔던 드류였다.

그는 공군사관학교를 선택했다. 하늘을 나는 모든 것에 관심이 있고 비행기 조종사의 꿈을 이루겠다는 결심을 했던 그로서는 어려운 결정이 아니었다. 그러나 공군사관학교를 졸업한 지 1년 반이 지났을 무렵, 드류에게 자신의 인생이 너무나 고통스럽고, 미래는 너무나 황량할 뿐이었다. 그는 총기가게에서 38구경 리볼버를 구입해서는 방아쇠를 당겼다. 총이 발사되지 않자, 다시 한 번 방아쇠를 당겼다.

그의 나이 23세였다. 내리막길은 길었고 너무도 빨랐다.

사나이들 마음은 천둥 비행기를 만들어
창공 저편으로 보내네.
사나이들 손이 세상에 돌풍을 일으킨다.
그들이 어떻게 살았는지 하나님만이 아시리
그들의 영혼은 하늘의 정복을 꿈꾸며
우리에게 날개를 주었네. 영원히 비상할 수 있도록
… … … … … … … … … …
날개를 수평으로, 바르게 유지하며

- 미합중국 공군 군가 -

공군은 드류에게 그의 인생에서 꿈꾸었던 많은 것을 줄 수 있었지만, 광기에 대처하는 법은 알려주지도, 알려줄 수도 없었다. 그래서 사관생도 시절 그 혹독한 생존 훈련에서 살아남았던 그조차도 졸업식을 몇 주 남겨두고 시작된 불안정한 정신상태에서 산산조각이 된 조증과 연이어 엄습하는 절망으로 이어지리라고는 예견하지 못했다. 그는 사관학교의 규율에서, 그리고 임관에서 점점 멀어져갔다. 이는 그의 꿈과 인생의 방향을 엉망진창으로 만들어버렸다. 조울병은 사정거리 밖의 적이었고, 통상적인 교전 규범으로는 대처할 수 없는 상대였다.

처음 조증 에피소드를 경험하기 전에도 때때로 생각들이 들떠 난무하고, 또 몇 번인가는 우울증의 시기가 있었다고 나중에라도 얘기해야 했다. 하지만 드류는 그저 가슴속에만 담아두고 있었다. 이 세상의 모든 사람이 정신이 이상해지고 정신과 병동에 갇히게 되더라도, 드류는 예외일 것이라고 모든 친구가 생각하고 있었기 때문이다. 그러나 누구도 상상하지 못했던 바로 그 상황이 드류의 머릿속에서 진행되고 있었고, 결국 그의 목숨을 앗아갔다. 일반적으로 조울병은 청년기에 발병하는 병이다. 그중에서도 이십 대 초반의 자신만만하고 외향적이며 정력적이고 성적이 우수한 젊은이들이 희생양이 되는 경우도 드물지 않다.

사관학교의 마지막 몇 달 동안, 그때까지 완벽했던 드류의 성적이 급격하게 하강곡선을 그리기 시작했다. 룸메이트는 그 무렵 드류가 '정말 말이 안되는' 말들을 하고 있다는 것을 알아차렸으며, 그의 어머니도 통화를 할 때면 그가 입에 올리는 '망상적 생각' 에 점차 불안을 느끼고 있었다. 드류 자신도 이 시기에 기분이 들떠 거의 잠을 자지 않는 날도 많았고, 아예 한숨도 자지 않은 날도 있었다고 말한 적이 있다.

이런 불면증 속에서 점점 조증이 악화되던 드류는 자신이 이 세계의 많은 문제들, 어쩌면 대부분의 문제에 대해 해결책을 가지고 있으며, 자신이 신의 사자라고 확신하게 되었다. 그리고 자신의 전문분야인 항공공학이 아닌, 망상 속에서 새로이 생각한 UFO에 대한 지식을 토대로 거대 우주선을 설계했다. 그가 그림을 그려 설명한 바에 따르면, 회전하는 조명등이 달린 이 우주선은 드라이아이스 주머니와 플라스마를 이용한 '새로운 종류의 상승작용'에서 발생하는 에너지원에 의해 작용하는데, 이 에너지원이 만들어내는 기묘한 동력장(動力場)이 파동의 흐름을 생성함으로써 추진력을 얻는 구조를 가지고 있었다. 조증 환자들이 흔히 생각해내곤 하는 이러한 이상한 사고의 흐름을 따라잡기란 어려운 일이다. 하지만 1994년 4월 말, 심각한 과대망상적 상태였다는 점을 생각하면, 이 그림과 설명은 그에게 매우 중요한 의미를 갖는다는 것을 짐작할 수 있다. 그리고 이 광기 어린 메모와 그림에 압도되어 잘 눈에 띄지는 않지만, 그는 보다 개인적이고 예언적인, 그래서 더 가슴 아픈 문장을 남겼다. '넌 행복하지 않을 거야.' 자기 자신에게 쓴 글이다. '넌 뭔가 중요한 것 때문에 스트레스에 짓눌리게 될 거야.' 이 스트레스가 어디에서 오는 것인지 힌트가 될만한 단서는 없었다.

94년 6월 초, 산속에서 드류는 몸을 '정결히 하라'는 신의 목소리를 들었다. 이 목소리에 따라 입고 있던 옷을 모두 벗어 던지고 실오라기 하나 걸치지 않은 몸으로 숲 속을 뛰어다녔다. 얼마 후 긁힌 상처와 멍투성이가 된 채 극심한 두려움과 혼란 속에서 드류는 이 세상의 종말이 다가오고 있을지도 모른다는 공포에 사로잡혀 군 목사님 사택으로 달려갔다. 사모님이 그에게 담요를 덮어주었고, 온몸을 떨며 심각한 착란상태를 보이던 드류는 결국 공군사관학교 부속병원으로 이송되었다.

드류를 진찰한 군의관들은 풍부한 정신의학적 지식과 뛰어난 실력을 갖추고 있었으며, 환자에게 동정적이었다. 조증과 비슷한 증상을 일으킬 수 있는 종양이나 혈관 관계의 질병이 있는지 알아보기 위해 뇌의 단층사진 촬영이 이루어졌고 과대망상, 극도의 흥분, 조증을 일으킬 수 있는 약물의 영향을 검사하기 위해 소변검사도 실시되었다. 신경과, 내과 검사결과와 드류에게 조울병(양극성장애)의 가족력이 있다는 점을 종합하여 병원에서는 드류의 증상이 전형적인 조울병이라고 결론을 내렸다. 드류의 차트에는 그에게 많은 친구가 있고 우수한 학생이었으며, 뛰어난 사관후보생이었다고 적혀 있다. 한 의사는 이런 문장을 적어 놓았다. '그는 참가했던 모든 활동에서 뛰어난 성적을 거둔 청년이었다. 그의 경력이 이를 잘 보여준다.'

드류는 리튬 복용을 시작했고 2, 3일 안되어 상태가 크게 좋아졌다. 입원 후 9일째에는 망상도 사라졌다. 그러나 병원 측이 '그의 머리에서 중요한 정보를 제거하기 위해' 외과수술을 할지도 모른다며 불안해 했던 때도 있었다. 사관학교 졸업식에는 참석할 수 있었지만, 며칠 안되어 다시 치료를 받기 위해 워싱턴 DC 근교의 앤드루스 공군기지로 이송되어야 했다.

이송에 앞서 세 명의 군의관으로 구성된 의료위원회가 소집되었다. 비정한 의학 용어와 군대 용어로 기록된 그들의 최종보고서는 드류의 미래 계획에 종지부를 찍었다. 그의 임관은 불허판정이 났고, 비행학교 우등생이라는 지위도 잃었으며 앞으로 그가 장교가 되는 일도, 조종사가 되는 일도 없다는 결정이 내려진 것이다.

위원회의 보고서에는 '본 건의 검사대상자는 정신병적 증상을 수반한 정신장애가 있기 때문에 임관에 필요한 신체검사 기준에 미달된다.' 라고 기록되어 있다. 수석 외과의도 이에 동의하며 다음과 같은 결론을 내렸다. '이 장교후보생은 의학적 사유로 제적을 강력히 권고한다.' 그의 현역 군인으로서의 인생은 끝났다. 그러나 정신질환과의 싸움은 계속되고 있었다.

그로부터 3주 동안, 드류는 앤드루스 공군병원에 입원했다. 입원할 때 검사를 한 의사는 '양극성장애(조울병)' 라는 피츠사이몬즈 육군병원의 진단을 다시 한 번 확인해주는 동시에, 환자가 아직도 약간은 망상과 불안감에 사로잡혀 있으며, '자신에게 일어난 일을 받아들이기 힘들어하고 있다.' 고 판단했다. 또 이 의사는 드류의 완벽주의(그를 아는 많은 사람이 언급하는 성격적인 특징)와 자신의 병 때문에 가족들에게 많은 괴로움을 주고 있다는 죄책감을 지적했다.

그 후 치료를 맡은 의사와 간호사들의 기록에 따르면, 드류는 입원기간 내내 혼돈에 빠진 자신의 인생을 정상으로 되돌리고 미래를 향한 출구를 찾아내기 위해 노력하고 있었다. 항공공학 박사학위를 따고 싶다든가, 교사가 되어 학생들을 가르쳐보고 싶다는 이야기를 하는가 하면, 그렇게 낙관적인 기분이 아닐 때에는 어디 해변에서 일하면서 살아야겠다는 말도 했다고 한다. 그러나 드류는 모르고 있었다. 결론을 내기에는 너무 일렀다. 공군에게 지고 있다고 생각하는 교육적 부채를 갚아야겠다는 마음도 강했다. 그러나 무엇보다도 그의 당장 당면한 목표는 자신의 병과 앞으로 받게 될 치료를 이해하는 것이었다.

앤드루스 공군병원에 입원해 있던 시기는 특히 힘들었다. 그때까지의 경과로도 알 수 있듯이 그의 조울병이 상당히 중증이었던 데다가 이 병의 파괴적인 결과들이 그를 갉아먹기 시작했기 때문이다. 입원 다음 날, 드류는 심각한 우울증세를 보이며 뱃속의 태아처럼 몸을 웅크린 채 몸을 흔들어대면서 두려움에 찬 얼굴로, "무섭다. 고문을 당하고 있는 기분이다. 이대로 죽어버릴 것 같다."며 간호사에게 호소했다. 증세가 악화되고 있다고 판단한 의료진은, 간호 스태프 한 명이 그의 안전과 소재를 감시하는 '15분 점검 체제'로 그를 돌보기로 결정했다. 드류의 기분은 짧은 주기로 급격하게 변화했다. 며칠 후, 집단치료 시간에는 다른 환자에게 '이 세상 모든 문제 해결책을 알고 있다.'며 큰소리를 치는가 하면, 두세 시간 후에는 눈물을 흘리며 머릿속에서 여러 가지 생각들이 마구 뒤섞여 제어할 수 없다며 공포를 호소하곤 했다.

그래도 상태는 점점 호전되어 7월 초의 주말에는 2일간의 외박허가를 받아 부모님이 기다리는 집에 갔다. 그러나 병원으로 다시 돌아와서는 자신이 병동에 온 사실에 화를 내고 흥분을 가라앉히지 못했다. 팔을 마구 휘두르며 의료진에게 고함을 질렀다. '싫어! 이런 곳엔 절대로 있지 않을 거야! 싫어!'

30분 후, 간호사가 병실에 들어왔을 때에는 드류는 침대에 누운 채 이제 "괜찮아요. 여길 다시 온다는 것이 너무 괴로웠을 뿐이에요."라고 말했다.

그러나 몇 시간도 지나지 않아 드류는 다시 초조함을 감추지 못했다. 간호사가 보니 그때 그는 흥분되어서 새빨개진 얼굴로 복도를 서

성거리고 있었다. 그 15분 후, 드류는 무단으로 병원에서 빠져나가(공군사관학교 시절 경험한 서바이벌 훈련 덕분에 병원에서 탈출하는 것은 그리 힘든 일이 아니었다) 델라웨어에 있는 부모님의 집으로 향했다. 집에 도착한 그는 뒤쪽 창문을 통해 집으로 몰래 들어갔고, 다음 날 부모님은 침대 위에 잠들어 있는 그를 발견했다.

어머니는 바로 병원에 연락하여 드류를 발견했다는 것과 어디선가 걸려온 전화를 받고 그가 몹시 불안해했다는 것을 알려주었다. 피츠사이몬즈 육군병원 정신건강의학과 병동에서 같은 병실을 썼던 환자가 자살을 기도하여 재입원했다는 소식이 그의 마음을 휘저어놓았던 것이다. 드류의 부모님은 여러 사정을 고려해서 집 근처에서 치료를 받는 것이 더 나을 것이라는 판단을 내렸다.

94년 7월 초순, 드류는 집으로 돌아가 근처의 정신건강의학과의원에서 치료와 상담을 받게 되었다. 얼마 동안은 정신적으로 불안정했고, 여전히 의병제대를 한 것을 괴로워하며, 죄책감에서 벗어나지 못했다. 그래도 증상은 조금씩이긴 하지만 확실하게 호전되었고, 여름 중반에 접어들었을 무렵에는 기분도 좋아져서 체력 단련을 하거나 테니스를 즐길 수 있게 되었다. 잠깐 동안 망상이 재발했고 불면증에 시달린 적도 있었지만, 전체적인 상태는 확실히 좋아지고 있었다. 11월에 접어들면서 주치의를 바꿨다. 새 의사는 드류가 이미 복용하고 있던 리튬에 항정신병 약물을 추가했다. 드류와 의사는 모두 이 항정신병 약물 처방으로 그의 기분과 사고가 극적으로 향상되었다고 언급한 적이 있다. 그의 부모님도 그렇게 생각했다.

94년 말에서 95년 8월까지, 드류의 기분은 안정적이었고, 조울병 증상도 완전히 사라졌다. 그동안 그는 은행에서 주 20시간 일을 했고, 신체적 활동도 적극적으로 했으며 대학원에 진학하고 싶다는 말을 자주 하곤 했다. 언젠가 민간인 조종사가 되고 싶다는 꿈을 꾸며, 때때로 리튬을 끊고 싶다는 말을 할 때도 있었지만 처방된 대로 약을 계속 복용하고 있었다.

그러나 그가 조울병을 가지고 있다는 사실에서 스스로 느끼는 낙인에 대한 분노는 아주 깊었으며 자신의 병을 친구나 주위 사람들에게 털어놓을 수 없는 마음을 그는 이렇게 토로했다. '제 병은 남에게 가장 말하고 싶지 않은 부분이지만 술집이나 파티에서 친구들이나 새로 알게 된 사람들과 어울리다 보면 꼭 이야기가 나오게 되네요.' 술을 맥주 한두 잔 정도로 자제하는 그에게 왜 더 마시지 않느냐고 사람들이 물어본다는 것이다. 왜 공군을 그만뒀냐는 질문도 자주 받지만, 사실을 말할 마음이 생기지 않아 거짓말을 할 수밖에 없다고 드류는 주치의에게 털어놓았다.

친구들은 그가 고민을 말하지 않는다는 것을 알고 있었다. 많은 친구와 마찬가지, 드류를 '미스터 만능'이라고 부르던 고교시절의 친구는 '그 힘든 시기에도 그는 전과 변함없이 유쾌했고, 친구들과 좋은 시간을 보내고 싶어 했다. 그가 마음속에 깊은 괴로움을 안고 있었다고는 상상도 하지 못했다.'고 말했다. '아직도 그 이해할 수 없는 사태가 왜 벌어졌는지 그 이유를 찾고 있다'던 또 다른 한 친구는 공군사관학교에서 돌아온 후의 드류의 변화를 이렇게 설명한다. 드류는 사랑이 많은 청년이었고 '인생에 열정을 가지고 있었다.' 그랬던 그가 달라졌지만 드류는 그 변화에 대해 아무 말도 하지 않았다. '많은 일을 비밀로 하고 있었다.' 그래도 드류와 친구들은 끈끈한 우정으로 뭉쳐 있었고 함께 자주 어울려 다녔다. 함께 U2의 음악을 듣거나 록 콘서트나 해변에서 시간을 보내기도 했다. 또 테니스, 배구, 농구를 즐기고, 아이스하키 경기 때에는 힘차게 구호를 외쳤고, 새 여자 친구를 만날 수 있기를 기대하며 파티에도 참석하곤 했다.

그러나 드류의 깊은 괴로움은 사라지지 않았다. 자신의 가장 소중한 사람들을 실망시켰다는 죄책감에서 벗어나지 못하고 있었다. '드류가 누굴 원망하는 건 본 적이 없다.' 라고 드류의 어머니는 말했다. '그 아이의 마음속에는 실망감과 후회만 가득했지요. 그 애는 후배 사관후보생들이나 친구들, 공군을 포함한 모든 분의 기대를 저버렸다고 생각하고 있습니다. 교육을 받게 해줬는데 그 은혜를 갚지 못한다는 것에 괴로워했지요. 왜 부모와 같이 살고 있냐는 질문을 받을 때마다 설명하느라 힘들어했어요. 공군의 모든 규칙을 지켰는데도 자기에게는 아무런 의미도 없다고 느끼고 있지요. 자기 병을 수치스럽게 생각하고 있습니다.' 조울병에 시달리는 많은 사람이 그렇듯이 드류도 자신의 병에 대해 모순된 감정을 가지고 있었다. '저희 가족은 조울병과 싸우며 인생에서 성공한 사람들의 이야기를 드류에게 들려주곤 했지만, 그 아이 귀에는 들리지 않았던 것 같아요.' 라고 드류의 어머니는 설명했다.

95년 11월, 드류는 치료약 복용을 중단했고 일도 그만두었다. 얼마 동안은 괜찮은 것처럼 보였다. 그는 친구 두 명과 함께 코네티컷

대학에 다니던 친구를 만나러 갔다. 그때의 상황을 친구들은 이렇게 회상한다. '드류는 활기가 넘쳤습니다. 계속 사람들을 만났고, 몇 명의 학생에게는 실연의 아픔을 안겨주었죠. 평소의 드류 그대로였습니다.' 하지만 이렇게 덧붙였다. '드류의 행복한 얼굴을 본 것은 그때가 마지막이었습니다.'

드류의 상태는 내리막길을 굴러 떨어지듯이 악화되었다. '드류가 어떤 괴로움과 싸우고 있는지 알게 된 것은 그 무렵이었습니다.' 라고 한 친구는 말했다. '그와 함께 그가 목격했다던 예수님의 이야기나 UFO 이론, 그 외에도 그가 경험한 일들에 대해 몇 시간이나 이야기를 나누곤 했습니다. 우울증 시기에서도 그는 유머를 잃지 않았지요.' 또 다른 친구는 드류가 자신의 사생활을 최대한 숨기려 했다며 이렇게 쓰고 있다. '지금 생각해보면 공군에서 돌아왔을 때, 그는 몸과 마음에 모두 깊은 상처를 입었던 게 아닐까 싶습니다. 하지만 이를 잘 숨기고 있었지요. 제가 알고 있던 것은, 이유는 모르지만, 그의 날개가 꺾여버린 것 그리고 이를 화제로 삼아서는 안 된다는 것뿐이었습니다. 드류가 그 이야기를 하지 않고 싶어 했기 때문입니다. 그는 누구에게도 걱정을 끼치고 싶지 않다고 생각하는 것 같았어요.'

조울병이 드류를 서서히 잠식해 가는 모습을 지켜보는 것은 오랫동안 그를 알아 왔고, 그를 사랑하고, 그 재능에 매료되었던 친구들에게 몹시 괴로운 일이었다. 드류는 리더였고, 강하면서도 다정한 청년이었다. 한 친구가 말했듯이, '따뜻한 성격에 잘 생긴 얼굴, 친구들에게는 동경의 대상이자 여자아이들에게는 이상형이었으며,

같은 남자가 봐도 존경스럽고 의지가 되는 그런 존재였다.' 그런 드류가 정신병과 싸우고 있다는 사실은, 친구들에게도 견디기 힘들 정도로 괴롭고 마음 아픈 일이었다.

그들의 우정은 각별했다. 그랬기에 친구들이 느낀 충격과 아픔은 더욱 컸다. 특히 드류와 친했던 한 친구는 다음과 같은 글을 남겼다.

> 드류와 이야기 해보려 애를 썼던 기억이 난다. 하지만 그와의 대화는 항상 혼돈과 공포로 가득했다. 드류는 계속 같은 말을 반복하며 종잡을 수 없는 말을 하곤 했다. 친구들이 자신에게 좋지 않은 짓을 꾸미고 있다고 주장할 때도 적지 않았다. 드류는 자신의 머릿속에서 떠올랐다 사라지는 무수한 생각을 자세하게 들려준 적도 있었지만, 그 내용을 여기에서 재현하고 싶지는 않다. 그가 말해준 지독히도 자세한 부분들을 재현해 낼 방법을 모른다는 것도 그 이유 중 하나이긴 하지만, 동시에 그의 명예를 지키는 것이 내 의무라는 생각도 들기 때문이다. 만약 입장이 반대였다면, 그도 나를 위해 같은 선택을 했을 것이다.
>
> 그가 조울병 진단을 받고 내가 그의 마음속의 공포를 이해하려 하기 시작했을 때부터 그가 예전의 드류로 돌아가지 못할지도 모른다는 생각은 하고 있었다. 하지만 자살을 하리라고는 상상도 하지 못했다. 그런 일이 있을 수 있으리라는 생각조차 하지 못했다. 그가 입원한 지 몇 달 후, 드류

와 그의 가족은 입원 사실을 친지들과 나에게만 알려주었다. 우리는 그의 병을 비밀로 했다. 그를 지켜주고 싶었고, 또 그의 병이 곧 나을 테니 굳이 말할 필요는 없다고 생각했던 것 같다. 그러나 그의 병세는 좀처럼 좋아지지 않았고, 시간이 갈수록, 그가 예전의 모습으로 돌아가지 못할 거라는 내 생각도 점점 강해졌다.

드류는 리튬을 복용하긴 했지만, 때때로 약을 끊곤 했다. 지금 생각하면 그는 리튬 따위를 먹어야만 한다는 사실을 받아들일 수 없었는지도 모른다. 아마 절대로 인정할 수 없었을 것이다. 드류는 자신의 병을 극복할 수 있다고 믿었던 것 같다. 하지만 시간이 갈수록 나는 이 병이 드류의 영혼 일부분을 앗아갔다는 생각이 들었다. 삶을 향한 열정과 그 매력적이던 성격의 일부분을 앗아간 것이다. 워싱턴 DC 병원에 입원한 그를 면회하러 갔던 때가 생각난다. 그의 어머니는 저녁식사 때문에 병실을 비운 상태였다. 드류는 내 무릎을 베고 누워 태아처럼 몸을 웅크리고 있었다. 내 눈에 비친 것은 내가 알던 드류의 얼굴이었지만 귀에 들려오는 것은 너무나도 낯선 생명체가 내뱉는 말들이었다. 드류의 껍질 속에 정체를 알 수 없는 무언가가 사는 것 같았다. 드류가 아닌 누군가가 그의 입술을 빌려 말을 하고, 그 어색하고 불안한 행동을 하고 있었다. 누렇게 뜬 수척한 얼굴, 몇 주 동안이나 면도도 하지 않은 푹 꺼진 뺨. 그의 모든 몸짓 하나하나가 고통스러워 보였다. 내가 알던 드류가 아니었다. 그가 말을 하면 할수록, 내 두려움도 커져만 갔다. 그 날 밤, 나는 집에 돌아와 두 시간 내내 울었다. 이제껏, 그토록 극심한 공포를 누군가의 얼굴에서 본 것은 그때가 처음이었다.

12월이 되자, 드류의 상태는 급격히 악화되었다. 우울증세는 점점 심해졌고, 날이 갈수록 자신의 틀 안에 틀어박혀 있기를 원했다. 그가 받은 크리스마스 선물들은 포장도 뜯지 않은 채 방안에 놓여 있었고, 친구들이 와서 애원하고 졸라대지 않으면, 외출도 하려고 하지 않았다. 초조함을 잊으려는 그의 필사적인 시도로 음악을 듣거나 긴 목욕을 할 때만은 짧은 안식을 얻을 수 있었다.

1996년 1월 초, 드류는 모든 것에서 위축되어 있었다. 결국, 침대에서 일어나지도 못할 정도로 상태가 악화된 그는 앰뷸런스에 실려 인근 병원으로 이송되었고 강제입원 되었다. 입원절차를 밟는 동안 그는 들것에 누워 아무 말 없이 눈을 감고 있었다. 의사들은 그에게 항정신병 약물을 투여했고, 약효는 즉각적으로 나타났다. 다음 날 폐쇄병동에서 탈출하여 기록적인 눈보라 속을 뚫고 집으로 돌아갈 수 있을 정도로 약효가 좋았던 것은 문제였지만 말이다. 그는 다시 병원으로 이송되어 열흘 동안 입원했다. 이때 그의 주치의는 드류가 '어느 정도 호전되었지만, 여전히 자신이 정신병을 앓고 있다는 사실을 받아들이기 힘들어 한다.' 라고 기록했다.

드류의 진료 차트는 절망적인 그의 상태를 극명하게 드러내고 있었다. 드류는 담당 간호사에게 자신을 '낙오자' 라고 표현했다. 그의 경력서에는 '무직, 은행 근무 경험 있음. 공군사관학교 졸업' 말고는 쓸 것이 없었다. 불과 1년 반 만에, 학문적으로, 운동선수로, 장교로, 미래를 촉망받던 젊은이가 '무직'인 '낙오자'로 전락하고 만 것이다. 조울병은 그에게 그 무엇도 볼모로 남겨두지 않았다.

입원 기간 중에 의사들은 드류에게 자신이 꿈꾸는 회복 후의 인생을 묘사해보라고 했다. 그는 동정도, 약도 없는 인생을 원한다고 강조했다. 드류의 심리검사 결과는 그의 깊은 절망을 잘 보여주었다. 그는 문진표의 항목 중 '너무 슬퍼서, 너무 불행해서 견딜 수 없다', '미래에 어떤 것도 기대할 수 없다.'에 표시를 했고, '내 인생을 되돌아보면 내가 저지른 수많은 실수만이 떠오른다.'라고 적었다. 무엇보다도 가슴 아픈 것은 '자살을 생각하고 있지만 실행하지는 않을 것'이라고 적은 부분이었다.

드류가 퇴원하여 통원 치료를 받도록 허가가 떨어진 것은 그가 자살하기 5일 전의 일이었다. 이때 그가 무엇을 생각하고, 무엇을 느끼고 있었는지 어느 누구도 알 수 없지만 드류는 두서없는 메모와 일기를 남겨 놓았다. 이를 읽으면 그의 어머니 말처럼 '그가 사라져간다는 것을 느낄 수 있다.' 적혀 있는 내용은 수수께끼 같고 기이하며, 종잡을 수가 없었다. 드물게는 말이 되는 부분도 있기는 하지만 대부분은 그가 심각한 마음의 병을 앓고 있다는 것을 짐작할 수 있게 하는 내용들이었다.

그는 이상한 꿈, 우연의 일치나 사건 등을 기록하고 있다. 그 모든 것이 무너져 내리는 정신을 필사적으로 붙들어보려는 노력처럼 보인다. 별똥별, 독수리, 지옥이 나오는 허리케인과 번개, 전투기,

죽음에 대한 내용들이 적혀 있다. 또 마음을 느긋하게 먹자, 기도하자, 흥분하지 말자, 집중하자, 평화를 찾아내자며 자기 자신을 질타하고도 있다. 그는 '예전에 믿었던 것들' 이 다시 떠오르는 것은 아닌지 두려워했다. '나는 하나님께 도움을 구했다. 하지만 내겐 그럴 자격이 없다. 이미 하나님을 저주했으므로' 라며 한탄했다.

그가 남긴 문장들은 잃어버린 세계에 대한 상실감에 가득 차 있으며 잃어버린 자아와 완전히 사라진 희망을 슬퍼하고 있었다. 자신이 타인 특히 가족에게 고통을 주고 있다는 사실에 죄책감에 시달렸으며, 자신이 직면해야 하는 문제들을 끝없이 적고 있었다. 빚을 갚아야 한다는 것, 여자 친구가 자신을 떠났다는 것, 약을 먹어야 한다는 것, 병원에 다녀야 한다는 것도 적어 놓았다. '사람들은 내가 죽을 때까지 정신병 환자라고 손가락질을 할 것' 이라고 확신하면서도 '나의 이 경험이 얼마나 특별한 것인지 아는 사람은 아무도 없다. 그렇기에 어느 누구도 내가 하는 말을 들으려 하지 않는다.' 라는 문장도 있었다.

일기의 마지막 문장은 자신의 병에 대한 그의 괴롭고도 모순된 양가감정을 반영하고 있다. '병인가, 아닌가?, 약은 증상을 완화시켜 주지만, 나는 행복해지고 싶다.'

병이 처음 발병했던 공군사관학교 시절, 그가 교과서로 읽고 있었던 《철학의 윤리적 문제》에는 색색 가지의 잉크로 강조기호와 밑줄, 동그라미 등을 쳐놓은 구절들이 눈에 띈다. 특히 드류는 '세상에는 살 가치가 없는 인생도 있다.' 라는 문장에는 수없이 밑줄과 동그라미를 쳐 놓았다. '괴로움의 최종단계에 몇 개월 더 그 괴로움을 연장시키는 것은 잔혹한 일이다.' 라는 문장에도 밑줄이 처져 있었다. 그가 밑줄을 쳐 놓은 마지막 문장을 읽다 보면 가슴이 서늘해진다. '고통스러운 불치병에 시달리는 미친 사람의 삶을 끝내주어야 하는 도의적 의무(가 있다.)' 였다.

> *의인들의 영혼은 하느님의 손안에 있어 어떠한 고통도 겪지 않을 것이다. 어리석은 자들의 눈에는 의인들이 죽은 것처럼 보이고 그들의 말로가 고난으로 생각되며 우리에게서 떠나는 것이 파멸로 여겨지지만 그들은 평화를 누리고 있다.*

– 구약성서 지혜서 3장 1절~3절, 드류의 추도식에서 낭독된 구절

드류가 죽기 며칠 전, 그의 가장 친한 친구 두 명이 집으로 찾아왔다. 그것이 드류와의 마지막 만남이 되리라고는 그때는 알지 못했다. 그 중 한 명의 이야기에 따르면, 퇴원한 지 며칠밖에 되지 않았던 드류는 '수염도 깎지 않고, 머리부터 발끝까지 시커먼 옷을 입고 있었고, 굉장히 기분이 좋지 않았다. 그때 이미 결심을 했었는지는 모르겠지만, 그날은 드류의 웃음소리를 듣지도, 웃는 얼굴을 보지도 못했다. 그날 밤, 우리가 돌아가려 할 때 드류는 사무적인 태도로 '너희를 사랑해' 라고 말했다. 너무 어색한 상황이어서 어떤 말을 해야 할지 몰랐다. 우리가 당황한 것을 알아차렸는지 그는 다시 한 번 말했다. '정말로 너희를 사랑해' 라고. 그리고 문을 닫았

다. 내가 아는 한 그것이 그가 생전 남긴 마지막 말이었다.'

1월 27일, 드류 소피락은 윌밍턴 부모님의 집을 나와 차를 몰고 총포상으로 향했다. 델라웨어에서는 대기 기간 없이 권총을 구입할 수 있었다. 점원은 바로 그에게 38구경 리볼버를 팔았다. 두세 시간 후 드류는 방아쇠를 당겨 스스로 목숨을 끊었다. 그의 시신이 펜실베이니아 유료 고속도로 입구에 주차된 지프차 안에서 발견되었다는 소식을 경찰이 그의 부모님에게 전했다. 집에서 차로 40분 정도 떨어진 곳이었다.

'그 고속도로를 자주 이용했지요.' 라고 드류의 어머니는 말했다. '드류의 외가, 친가 친척들이 모두 피츠버그 근방에 살고 있거든요. 펜실베이니아에 살고 있는 할아버지, 할머니, 고모, 외삼촌, 사촌들, 그리고 동생에게 갈 수 있는 길이죠. 하지만 그 아이는 결국 그 길로 들어서지 못했어요. 분명 그곳에서 희망이 바닥나 버린 걸까요…….'

실로 끔직한 일이 가족의 몫으로 남겨졌다. 시체 공시소에서 드류의 시신을 확인하고, 친척과 친구들에게 연락을 하고, 장례식과 추도식 계획을 세우고, 드류의 명복을 빌고, 그가 더 이상 곁에 없음을 슬퍼해야 했다.

부모님과 남동생은 드류의 고교시절 친구와 은사, 공군사관학교 시절의 동기생, 교관, 친구들, 친구의 부모에게서 엄청난 숫자의 편지를 받았다. 모두 드류의 죽음을 애통해하고 남겨진 가족을 위로하는 내용이었다. 이를 읽으면 얼마나 많은 사람이 드류에게 고맙다는 말을 전하고 싶어 하는지 잘 알 수 있다. 그의 인생, 그의 존재, 그의 따뜻한 마음씨를 고마워하고, 그 열정과 우정, 그가 자신의 인생에 미친 영향력에 감사하는 마음을 적은 편지들이 가득했다.

한 친구는 '이 세상이 뛰어난 인재를 한 명 잃었다는 것을 알았을 때 내가 느낀 슬픔을 어떻게 표현해야 좋을지 모르겠다.' 며 다음과 같이 편지를 이어갔다. '일찍이 오비디우스는 이렇게 말했습니다. '이 고통을 기꺼이 받아들이자. 언젠가는 이 고통이 도움 될 것이니' 라고요. 가족 분들께서 잃으신 것을 생각할 때 이 말이 얼마나 위로가 될지 사실 잘 모르겠습니다. 앞으로도 드류를 떠올릴 때마다 제 가슴은 찢어질 것 같습니다. 드류라는 멋진 선물을 주셔서 정말 감사드립니다.'

이런 편지를 보낸 친구도 있었다.

'드류가 언제나 많은 사랑을 받고 있었다는 것이, 유족 여러분의 마음에 위로가 되면 좋겠습니다.' 드류를 가르쳤던 공군사관학교 항공공학 교관도 위로의 편지를 보냈다. '아드님이 투병 중이라는 것을 전혀 알지 못했습니다. 아드님은 한 번도 병을 핑계 삼지 않았습니다. 전 제자들의 이름을 대부분 기억하지 못하지만, 아주 뛰어났던 학생 몇 명은 기억하고 있습니다. 드류도 그 중 한 명이었습니다. 그는 매우 특별한 학생이었습니다. 눈여겨볼 수밖에 없는 학생이었습니다. 그가 제 학생이었다는 사실을 저는 무척 자랑스럽게 생각합니다.'

가족에게 큰 위안이 되는 편지들이었다. 그러나 결국 왜 드류가 그리도 이해할 수 없는 선택을 했는지, 그 이유를 찾아내는 것은 유족과 친구들의 몫이었다. 한 친구는 그의 죽음을 이렇게 이해했다.

> 이런 말을 공공연하게 해서는 안 된다는 것은 알고 있지만, 오랫동안 드류가 고통스러워했던 것을 봐 왔던 저로서는 자살로 드류가 그 고통에서 벗어났다는 생각이 듭니다. 그의 선택에 화는 나지 않습니다. 만약 제가 그의 입장이었다면 그렇게 오랫동안 버틸 수 있었을지 솔직히 자신이 없으니까요. 대부분의 사람은 드류의 고통을 알지 못했습니다. 하지만 그를 사랑하고, 그 괴로움을 봐온 저희들은 드류가 이 세상을 떠났다고 해서 그를 책망하지 않습니다. 그저 그를 그토록 괴롭힌 병이 원망스러울 뿐입니다. 그리고 단 한 번이라도 좋으니 U_2의 음악을 쩌렁쩌렁하게 울리며 엔진 소리 요란하게 우리 집 앞에 선 지프차에서 햇볕에 멋지게 그을린 드류가 계곡으로 드라이브 가자며 소리치던 모습을 보고 싶습니다.
>
> 드류를 잃은 제 인생은 예전으로 돌아갈 수는 없을 겁니다. 앞서 말씀드렸듯이, 드류를 알던 사람들은 모두 그럴 겁니다. 하지만 드류처럼 멋진 녀석과 친구였던 저는 행운아였습니다. 그와 친구가 될 수 있었던 것은 대부분의 사람이 누릴 수 없는 축복이었습니다.

만일 삶이 좀 더 공정했다면, 이해심이 많고 따뜻한 그의 가족은 드류가 삶을 이어갈 수 있도록 지탱해주고도 남았을 것이다. 하지만 가족마저도 잔혹하고 파괴적인 조울병을 이겨내지 못했다. 유족들이 친지와 지인들에게 보낸 영결식 안내장에는 그의 죽음을 있는 그대로 솔직하게 알리고 있다.

'1996년 1월 27일, 드류는 스스로 목숨을 끊었습니다. 그 아이는 그때 이미 약 복용을 중단한 상태였습니다. 드류가 자신의 병을 받아들이는 것보다 훨씬 빠른 속도로 병이 진행되어 버렸습니다.'

사관학교 졸업을 앞둔 크리스마스에 드류는 부모님을 위한 작은 선물을 크리스마스트리 밑에 놓았다. 결국 이 선물은 드류의 마지막 크리스마스 선물이 되었다. 상자에는 한 쌍의 소위 견장이 들어 있었다. 드류는 반년 후로 다가온 장교임관식을 마치면, 군복의 어깨에 이 견장을 달아달라고 어머니에게 말했다. 6월, 그의 중대 사관후보생은 모두 임명장을 받고 장교로 승격되었다. 드류를 제외한 전원이....

매장식 당일, 부모님은 군복에 달아주지 못했던 견장을 아들의 양손에 쥐여 주었다.

그리고 주는 너를 독수리의 날개 위로 올려주실 것이다.
너를 새벽의 숨결로 데려다 주실 것이다.
너를 태양처럼 빛나게 할 것이다.
그리고 그의 손으로 너를 붙잡아 주실 것이다.

이제 너는 밤의 공포를 두려워하지 않으리라.

공군사관학교에서 드류의 추도식이 거행된 2월의 그날은 햇살이 눈부신 아름다운 날이었다. 기분 좋은 산들바람이 불고 있었다. 사관학교의 교정에는 조기가 게양되었고, 예배당은 군복 차림의 젊은이들로 가득 차 있었다. 그들은 절제된 동작으로 개회 찬송가인 '독수리의 날개 위에'를 불렀고, 장교와 사관후보생들이 낭독하는 구약과 신약 성서의 구절에 귀를 기울였다.

목사는 드류가 얼마나 뛰어난 리더였는지, 또 얼마나 많은 사람의 훌륭한 역할 모델이 되었는지를 이야기했다. 북받치는 감정을 억누르며 목사는 말을 이어갔다. '병 때문에 드류가 얼마나 큰 고통과 혼란, 그리고 분노를 느꼈을지, 우리는 절대로 알 수 없을 것입니다.'

다섯 명의 사관생도와 장교가 한 명씩 단상에 올라 추도문을 낭독했다. 깊은 슬픔에 젖어 있었지만, 침착한 표정의 젊은이들이었다. 드류의 친구였던 한 소위는 많은 말을 쏟아냈다. '이 예배당은' 하고 그는 말문을 열었다. '제 인생에 많은 의미를 가지고 있습니다. 6년 전, 신입 훈련병이었던 저는 주저주저하며 이 문을 열었지요. 1년 반 전, 저는 결혼식을 막 끝낸 새신랑의 모습으로 행복에 젖어 이 문을 나섰습니다. 그러나 오늘 저는 친구에게 작별을 고하기 위해 슬픔 속에 다시 이곳에 섰습니다.'

젊은 장교는 말을 멈추었다. 그의 깊은 슬픔이 손에 잡힐 듯이 느껴졌다. 그리고 그는 사관학교의 반지를 받던 날 밤, 드류와 동기들과 함께 외쳤던 공군 비행 조종사의 건배를 제안하면서 추도사를 마무리했다. 그는 전설적인 파일럿이자 제1차 세계대전에 참전했던 미합중국 공군사령관 빌리 미첼 장군을 위한 그날 밤의 건배는 이제 그의 친구를 보내는 작별인사가 된 것이다.

저기 항공 속으로 날아오를 때
우리는 항상 그가 애원하는 소리를 듣는다.
친구들을 지켜달라고
뒤를 잘 보살펴 달라고
그리고 한 번만 더 공중회전을 돌 수 있게 해달라고

참석자들은 마지막 찬송가를 부르기 위해 일어섰다. '우리는 달리며, 피곤을 모르고 / 우리 주가 우리의 힘이시니 / 우리는 독수리처럼 날아올라 / 다시 비상(飛翔)하리라.' 파란색 군복을 입은 젊은 이들이 하나, 둘씩 삼각지붕의 예배당을 떠났다.

이 장면에서 비디오는 끝난다. 여기에는 짐작했던 것보다 훨씬 크고 깊은, 이름조차 붙일 수 없는 슬픔이 흐르고 있다. 지금 머릿속에서 맴돌고 있는 것은 오래전 한 군목이 했던 말이다. '어째서 젊은 사람들이 죽어야만 하는지 이해가 되지 않습니다. 주님의 가슴도 찢어놓는 일일 텐데 말입니다.'

제Ⅱ부

그저 희망이 사라졌다

– 자살의 심리학과 정신병리학 –

지금은 희망, – 건강도, 즐거움도 아니다.
그것은 언제든 왔다가 언제든 다시 사라지므로
순간에도, 몇 번을 그러하므로 –

그저 희망이 영원히 사라졌다.

– 에드워드 토머스 –

시인 에드워드 토머스(1878~1917년)는 29세 때 아내에게 이런 편지를 보냈다. '나는 조용히 앉아 자살하는 방법을 생각하고 있소. 내 연발권총의 탄환은 한 발밖에 남지 않았고, 목을 맬 수도 없다오. 휘트햄에 가서 면도날로 목을 그어버릴까 생각하기도 했지만, 그곳까지 갈만한 기력이 남아있질 않았소. 그 후, 밖으로 나가 내 자살이 어떤 영향을 끼칠 것인지 생각해 봤다오. 영향이 있건 없건 사실 내 알 바 아니지만 말이오.... 벌써 3, 4년 동안 한 주에 적어도 한 번은 이런 생각을 하곤 했지만, 지난 7주 동안은 그 횟수가 더 많아지고 있다오.

제3장

등불을 꺼야 할 때

– 자살의 심리학 –

지금은 삶의 미련을 놓아버려야 할 때
말을 바꾸어야 할 때
등불을 꺼야 할 때
저 문 위의 등불을….

– 마리나 츠베타예바(러시아 여류시인) –

소년은 종잇조각에 뭔가를 휘갈겨 쓰더니 자신의 셔츠에 핀으로 꽂았다. 그리고 거실의 크리스마스트리 건너편의 대들보에 밧줄로 목을 맸다. 메모에는 단 한 줄, '메리 크리스마스'라고 적혀 있었다. 그의 부모는 그 말을 결코 잊을 수도 그리고 이해할 수도 없었다.

자살로 향하는 길은 외딴길이다. 너무나 개인적이라 타인은 절대로 이해하지 못하는 이 비참한 길을 따라 사람들은 자살로 향한다. 자살을 결심한 사람들에게 자살은 고통스러운 가능성으로 남아 있는 최선이자 최후의 선택일 것이다. 그리고 그 선택에 이르기까지의 마지막 모습을 밝혀내려고 아무리 애를 써 봐도 결국 우리가 그려낼 수 있는 것은 화가 날 정도로 불완전한 스케치일 뿐이다.

친구로서, 가족으로서, 임상의로서, 연구자로서, 우리에게 남겨진 것은 마지막으로 나눈 대화의 단편, 아무렇지도 않았었지만, 지금 돌이켜보면 뭔가 이상했던 것도 같은 여러 행동, 때때로 발견되는 유서나 일기, 생전 망자와의 기억의 조각들, 죄책감과 분노, 또는 고통스러운 상실감 때문에 왜곡되는 지난날의 기억들 뿐이다. 남겨진 우리는 소년이 남긴 한 줄의 크리스마스 메모에서, 세 명의 아이를 둔 어머니가 컴퓨터 화면에 쳐놓은 '엄마는 너희를 사랑해. 미안하구나, 공부 열심히 해야 한다.' 라는 말에서 그 죽음의 의미를 찾아내야 한다. 실험실에서 청산가리를 먹고 목숨을 끊은 똑똑했던 대학원생, 지하철 열차에 뛰어든 성공한 사업가, 경찰관에게 장난감 총을 겨눠 스스로 죽음을 부른 15세의 아프리카계 미국 소년, 이들의 죽음의 의미를 이해하는 작업은 남겨진 자들의 몫이다.

그렇지만, 인간의 이해력에는 한계가 있다. 망자가 남긴 마지막 신호나 메시지, 이를 우리는 몇 번이고 되풀이해서 읽는다. 하지만 아무리 읽어봐도 끊어져 버린 목숨을 되살릴 수는 없다. 자살자의 정신세계를 재구성해보고 싶다고 해도, 우리가 알 수 있는 것은 간접적이고 불충분한 일들뿐이다. 마음속 깊은 곳까지 파고들어가기란 어려운 일이며, 인간이라면 누구나 하나쯤은 자살할 좋은 이유가 있다. 바로 이 점이 문제를 더욱 복잡하게 만든다.

그러나 자살은 전적으로 개인적인 행위라고 만은 할 수 없다. 이는 전적으로 특이한 행위도 아니고, 예측할 수 없는 행위도 아니다. 우리는 자살의 배경이 되는 마음의 움직임을 이해하는 방법을 알고 있고, 이것이 반드시 우리가 추구하는 명쾌한 이해를 가져다주는 것은 아닐지언정, 적어도 실마리 정도는 제공해 줄 수 있다.

흔히 자살자를 이해할 수 있는 가장 확실한 단서는 유서이며, 그 표면적인 내용 이상으로, 글을 남긴 사람의 마음이 투영되어 있다고들 생각한다. 자살의 진상을 규명할 때 자살자가 남긴 메모나 편지만큼 도움이 되는 것은 없다고 생각하는 것도 무리는 아니다. 그러나 실상은 그렇지 않다. 자살의 이유는 자살하려고 하는 사람이 이런 식으로 생각하고, 행동할 것이라는 사회의 선입관보다 오히려 훨씬 평범한 경우가 대부분이기 때문이다. 일례로, 자살연구의 권위자인 에드윈 슈나이드만은 자살자의 유서는 대부분 진부한 내용이라면서, 인생의 마지막 기록이 죽음에 대한 비극적인 견해를 담고 있을 것이라는 기대에는 전혀 부응하지 못한다고 말했다. '자살자의 유서는 때때로 그랜드캐년이나 로마의 카타콤 또는 피라미드를 본 관광객이 가족에게 쓴 그림엽서의 패러디처럼 보이기 까지 한다. 유서는 본질적으로 형식적이고, 실제 상황의 구체적인 모습이나 그런 상황에 직면한 사람이 느낄 법한 여러 감정의 깊이까지는 담겨 있지 않다.'

그러나 이 말을 뒤집어서 생각해 보자면, 스스로 목숨을 끊겠다는 결심을 한 사람의 대부분이 무언가를 깊이 이해하는 능력이나 깊이있고 독창적으로 사고할 만함 힘, 나아가 여러가지 관점이나 견해로 세상을 바라볼 수 있는 힘을 상실했다는 증거라 볼 수도 있다. 궁극적으로 음울하고 내면적인 행위인 자살에 대해 생각을 정리하고 이를 표현하는 것은 활발하게 작동하는 두뇌와 섬세한 감성의 소유자라할 지라도 어려운 일이다. 하물며 우울증에 사로잡혀 혼란 속에서 희망을 잃고 막다른 골목까지 내몰려 있는 사람에게, 구체적이고 독창적인 글을 기대하기란 어려운 일이다. 아주 드물게, 구체적이고 함축적이며 통찰력 있는 유서를 남기는 경우도 있는데, 여기에는 자살자의 심리를 엿볼 수 있는 매우 특이한 견해들이 나타나 있는 만큼 이런 유서들은 여러 문헌에서 인용되곤 한다. 그러나 이런 유서가 인상적이고 매혹적이며, 때로는 신랄한 재미를 줄지는 몰라도 전형적인 유서라고는 볼 수는 없다.

실제로 유서를 남기는 경우는 많지 않다. 유서를 남기는 사람은 약 25% 정도로 소수에 불과하며, 또한 그 내용이 유서를 남기지 않은 자살자들의 심리상태나 동기, 경험을 대변한다고 보기에도 불확실한 점이 많다.

지금으로부터 약 4,000년 전, 한 이집트인이 한 편의 이야기와 네 편의 시를 통해 자신의 절망을 파피루스에 남겼다. 영국의 정신과 전문의인 크리스 토머스는 현재 베를린 박물관에 소장된 이 문서가 현존하는 자살 유서 중 가장 오래된 것으로 추정한다. 또 그는 이 유서가 심각한 우울증, 아마도 정신병적 상태를 앓고 있었던 것으로 생각되는 사람의 내면을 반영하고 있다고 보았다. 여기서 소개하는 것은 네 편의 시 중 두 번째로, 이 이집트인은 당시 시대의 이미지를 빌어 자신의 비탄을 노래하고 있다.

오, 내 이름을 증오하는 구나.
오, 여름날 뜨거운 하늘 아래
썩어가는 고기 냄새보다도 더

오, 내 이름을 증오하는 구나.
오, 악어의 악취보다도 더
악어 떼가 사는 강둑 밑에 앉은 것보다도 더

오, 내 이름을 증오하는 구나.
오, 그 남편에게 음해의 거짓말이 전해진
여인보다도 더

그 후, 작가는 존재의 괴로움에서 죽음의 유혹으로 글을 이어간다.

오늘 죽음이 내 앞에 있다.
몰약의 향기처럼
바람 부는 날, 돛 아래에 앉아있을 때처럼

오늘 죽음이 내 앞에 있다.
연꽃 향기처럼
술에 취해 해변에 앉아있을 때처럼

오늘 죽음이 내 앞에 있다.
포로의 신세로 수년을 보낸 뒤
귀향을 기다리는 사람과 같이

자살자들은 그 후로도 잉크로, 그림물감으로, 연필로, 크레용으로 또는 피로 유서를 남긴다. 불가리아의 화가인 쥘 파생은 면도칼로 양 손목을 그어 흘러내린 피로 짧은 유서를 썼다. '루시, 용서해줘.' 그리고 목을 맸다. 러시아 시인 세르게이 예세닌은 불과 30세의 나이로 방 천정에 있는 난방파이프에 목을 매어 목숨을 끊었다. 그의 방은 혼돈 그 자체였다고 한다. 방안은 물건들로 아수라장이 되어 있었고, 온갖 곳에 갈기갈기 찢어진 원고 조각들이 흩어져 있었다. 그는 죽기 전날에 자신의 피로 한 편의 시를 남겼다.

안녕, 벗이여, 안녕
사랑하는 이여, 당신은 내 가슴 속에 있소.
예정된 이별의 운명은
언젠가 다시 만날 날을 약속한다오.

안녕, 벗이여, 악수도 없이, 이별의 말도 없이,
애통해하지 말게, 그 눈썹을 슬픔으로 물들이지 말게
이번 생에서, 죽는다는 것은 새롭지 않은 것
하지만 살아가는 것은 더욱 새롭지 않으니

대부분의 유서에는 이렇게 극적인 내용이 담겨 있지 않다. 또 어떤 사람은 남의 말을 빌려 유서를 남기기도 하는데 데, 그 자신도 시인이면서 다른 작가의 문구를 유서 대신으로 삼은 사람들도 있다. 파울 첼란은 프리드리히 횔더린(독일 시인)의 전기 속에 나오는 한 구절 – '때때로 천재는 우울증에 빠져 마음속의 쓰디쓴 우물 속으로 잠겨들곤 한다.' – 을 밑줄 쳐 놓고는 센 강에 뛰어들어 자살했다. 자신의 생각을 자세히 적어놓은 사람도 있다. 인생의 마지막 1년에 대한 기록을 남긴 체사레 파베세(이탈리아 시인, 소설가)의 일기는 끝없는 고통의 날들을 기록한 것이다. '괴로움의 진동이 시작되었다.', '매일 해질 무렵이면 가슴이 먹먹해진다. 그 상태는 밤이 될 때까지 계속되었다.' 그 후, 스스로 목숨을 끊기 며칠 전 그는 이런 글을 남겼다. '이제는 아침조차도 고통으로 가득 차 있다.'

유서의 길이는 천차만별이다. 옥스퍼드 대학의 이안 오도넬 교수 팀은 런던의 지하철에서 투신자살을 한 사람들의 유서를 분석했다. 기차표 뒷면에 단어 17개만을 늘어놓은 유서가 있는가 하면, '지하철역 벤치에 앉아 한 시간 동안 생각의 흐름을 좇아 써내려간' 800개 단어로 이루어진 유서도 있는데, 이 유서는 열차가 들어오는 순간을 기다리며 승강장의 정지선까지 몇 걸음 남지 않은 거리를 묘사한 문장으로 끝을 맺고 있다. 오도넬 교수 팀은 유서의 평균단어 개수는 대략 문단의 단어 개수와 비슷하다고 했다.

대부분의 유서는 길이가 짧으며, 시체를 발견할 사람에게 주의를 주는 내용 즉 '조심하세요. 화장실 안에 청산가리가 있습니다.' 또는 '들어가지 마시오. 구급대원을 부르세요.' 만 적혀 있는 경우도 흔하다. 또 특정 문제에 대한 지시나 요구를 하는 경우도 일반적인데, 자신의 시체 처리 방법이라든지, 또 부모나 자녀에게 자신의 자살에 대해 어떻게 이야기를 해주길 바란다든지, 재산을 누구에게 어떻게 분배하고 기르던 개나 고양이는 누가 키웠으면 좋겠다는 내용들이다. 반면 자신이 자살하는 이유에 대해서는 고통이나 피로가 너무 크다는 것을 암시하는 정도의 내용이 대부분이다. '더 이상 견딜 수 없다.', '사는 데 지쳐버렸다.', '더 살아야 할 의미가 없다.', 이런 식으로 구체적인 원인은 밝히지 않는다. 어린 아이들은 청소년이나 어른에 비해 자살의 원인이라던가, 자신의 시체나 재산을 어떻게 처리하길 바라는지에 대해서 그리 자세하게 언급하지 않는다. 이십 대 초반의 젊은이들도 십 대와 마찬가지로 유서를 남기는 일은 흔하지 않지만, 두 연령층 모두 부모와 형제 자매가 자신의 자살에 죄책감을 느끼지 않도록 마음을 쓰고 있다는 것을 확실히 알 수 있게 하는 내용을 남기곤 한다. 예를 들면, 빌딩에서 투신자살을 한 21세 여성은 '내가 이런 선택을 하게 된 것은 누구의 탓도 아닙니다. 내가 인생을 받아들이지 못했을 뿐입니다. 자비로우신 하나님께서 이 영혼을 지켜주시길' 이라고 썼다.

자살자의 유서는 대부분 남겨진 사람들을 배려하는 내용을 담고 있지만, 자살자가 누군가를 원망하면서 죽어갔을 경우에는, 그 유서의 내용은 가슴이 내려앉을 정도로 섬뜩하다. 아내가 자신의 동생과 사랑에 빠진 것을 비관하여 가스관을 입에 물고 자살한 한 남자는 죽기 전 아내에게 유서를 썼다. '나는 당신을 사랑했었지만, 지금은 당신과 내 동생을 증오하면서 죽어가오.' 아내의 사진 뒷면에 이런 문장이 적혀 있었다. '내 아내라고 생각했던 사람의 사진을 잘 보시오. 한때는 사랑했으나, 지금은 증오하면서 죽어갔다는 사실을 영원히 잊지 않길 바라오.' 또 다른 자살자의 유서에도 비슷한 증오의 감정이 흐르고 있다. '난 너와 네 가족 모두를 증오하고 있어. 너희가 영원히 마음의 평안을 얻지 못하길 빌어. 너희가 이곳에서 지내는 내내 나는 이 집에 들러붙어 있을 거야. 이 세상의 모든 불행이 너희 위에 내려앉기를 빌면서.' 다행히 이런 통렬한 증오를 담은 유서는 많지 않다.

자살자의 유서는 일반적으로 구체적이며 정형화된 특징을 가진다. 일련의 연구 중, 진짜 유서와 가짜 유서를 비교한 연구가 있다. 자살자와 같은 연령, 성별, 비슷한 사회배경을 가진 사람에게 자살을 한다는 가정하에서 가짜 유서를 쓰도록 하여 두 유서를 비교하는 방법으로 연구가 진행되었다. 그 결과, 진짜 유서에는 재산 분배, 보험금 수령에 대한 지시가 가짜 유서에 비해 더 상세하게 적혀 있었고, 자신의 행동이 남겨진 사람들에게 줄 고통과 괴로움에 대해 신경을 쓰고 있는 점에서 가짜 유서와 차이가 났다. 또 진짜 유서에서는 자신의 정신적 고통을 표현하는 경우는 많았지만, 그 문장 자체는 담담했고, '사랑' 이라는 단어가 자주 사용되었다는 것도 특징이라 할 수 있다. 이에 비해 가짜 유서는 상상 속 자살에 이르게 된 상황과 자신의 생각을 보다 상세하게 설명하고 있었으며, 자살이라는 행위 그 자체는 자주 언급하면서도, 죽음과 자살에 대해서는 완곡하게 표현하는 경향이 있었다.

어떤 사람들은 정신적 고뇌에 시달리면서도 뒤에 남겨질 사람들에게 아주 상세하고 명확한 지시를 유서에 남기기도 한다. 자기 집 주방에서 가스 자살을 한 14세 소녀는 죽기 전 이런 유서를 써 놓았다.

관계자 분께

제가 비록 어린 나이에 죽지만 이는 내 의지에 의한 것입니다. 제가 가진 돈은 2달러 95센트와 국방부 발행 우표 몇 장이 전부입니다. 이 돈은 사촌인 로버트에게 주겠습니다. 옷은 자선단체에 기부하던가, 원하는 사람에게 주세요.

저를 관에 넣어주실 거라면 파란색 원피스를 입혀주셨으면 좋겠습니다. 장례식을 혹시 해주신다면, 친구들과 친척들을 모두 불러 주세요.

엄마에게 제가 가진 모든 것을 드려요.

아빠와 동생에게는 제 모든 사랑과 소지품을 전부 드립니다.

어느 누구도 저를 죽이지 않았어요. 저는 죽고 싶습니다. 저는 자살했습니다.

1931년, 실직 때문에 어린 아내를 고생시킨다고 괴로워하던 25세의 한 남자가 음독자살을 했다(그는 생활비 때문에 아내에게 매춘을 강요하고 있었다.). 그의 유서에는 이런 문장이 있다.

너무나 사랑하는 베티에게

내가 당신을 얼마나 사랑하는지 당신이 알 수 있을까. 하지만 나는 당신의 남편으로도, 이 세상과도 어울리지 않는 놈이야. 지금 내 손에는 치명적인 독약이 있어. 당신이 이 편지를 읽을 때면 난 다행스럽게도 이 세상에 없을 거야.

페기(키우던 개)는 당신이 집에 올 때까지 주인 아주머니가 봐주시기로 했어. 목요일까지 페기에게 먹일 사료 값 1달러도 드릴 생각이야. 목요일까지 집세는 내 놓았어. 영수증은 여기 동봉했으니 확인해봐.

그리고 구치소에 현금 23달러하고, 당신 반지, 내 반지와 시계를 맡겨 놓을 테니 출소할 때 챙겨. 주인 아주머니에게는 내가 이번 주 내내 집을 비울 예정이지만 월요일쯤에는 당신이 돌아올 거라고 말해 놓았어. 당신이 돌아오지 않을 경우에 대비해서 주인 아주머니에게 변호사 전화번호를 알려줬어. 아주머니에게는 변호사에게 전화해서 당신이 앞으로 어떻게 하고 싶은지 물어봐 달라고 부탁드렸어.

나도 변호사에게 편지로 구치소에 맡겨 놓은 현금과 반지 얘기를 할 생각이야. 그리고 당신을 데리고 이 집으로 돌아오든지, 아니면 어머니 집에 데려다 주든지, 아무튼 당신이 원하는 대로 해주라고 부탁도 해 놓을게.

19세기 중반 채무를 갚지 못해 형무소에서 복역 중이던 한 영국 남자는 완전히 다른 성격의 유서를 남기고 있다. 이 남자는 자신을 신의 분신, 즉 신의 아들이고, 동시에 예언자 엘리아라고 믿었다. 주위 사람들이 모두 그의 광기를 알고 있었음에도, 형무소에서는 그가 면도칼과 칼을 소지해도 된다고 허용해 주었다. 어느 날, 그는 죽은 채로 발견되었다. 목과 복부에는 그의 손에 의한 것으로 추정되는 깊은 상처가 남아 있었다. 그는 죽기 전 형무소의 간수장과 검시관, 아내에게 유서를 남겼다. 그 유서들은 그의 정신상태가 혼란의 극치에 달해 있었던 것을 보여주지만, 그런 혼란 속에서도 자신의 죽음으로 인해 아내가 되도록 충격을 받지 않도록 하려는 구체적이고 이성적인 부탁들도 담겨 있다. 지금부터 소개하는 것은 그가 간수장에게 보낸 유서이다.

형무소 사제인 허셀 신부님은 저를 알고 있으니, 아내에게 보낸 제 편지를 꼭 전해주실 거라고 믿고 있습니다. 하지만 제 소망을 이렇게 적어보기는 했지만, 이 지시들을 따라줄지 어떨지는 전면적으로 허셀 신부님의 판단에 맡기도록 하겠습니다. 허셀 신부님은 가능하다면 윌리엄즈 박사에게 동행을 요청해서 11시 기차로 뉴햄으로 가셔서, 그곳에서 다시 기차를 타고 리틀 딘의 포리 부인을 찾아가 신더포드에 있는 제 아내의 집까지 길 안내를 해달라고 해주세요. 만일 아내가 집에 없으면 아마도 드라이브룩에 사는 제 누이의 집에 갔을 확률이 높으니, 허셀 신부님과 윌리엄즈 박사가 그곳에 가서 가능한 조심스럽게 제 죽음을 전해주시기 바랍니다. 백성들이 오랫동안 고대해 온 메시아가 바로 저 자신이었음을 확언하는 이 죽음의 증언을 읽는 순간 허셀 신부님께서는 제 요청을 들어주시지 않을 수 없을 것입니다.

검시관에게 보낸 유서에는 죽은 뒤에 실시되리라고 예상한 검시와 관련한 내용이 담겨 있는데, 그가 정신이상을 앓고 있었음을 보다 확실하게 보여주는 부분이다.

> *당신은 한편 내가 '신의 아들'이라는 사실을 엄숙히 확인하게 될 것입니다. 저는 지상에서 말살된 '신의 어린 양' 즉, 그리스도입니다. 다른 한편으로 제가 스스로 목숨을 끊었다고 하는 가혹하고도 무서운 사실도 알게 되실 겁니다. 당신이 제 죽음을 실질적인 광기 때문이라는 평결을 내리는 일은 이제 없을 겁니다. 왜냐하면 이는 이 죽음이 심사숙고와 선견과 숙명으로 이루어졌기 때문이며 또한 3일 낮, 3일 밤 뒤에 죽은 자 가운데서 다시 살아날 저의 부활이 그러한 평결이 얼마나 부끄러워 할만한 증상이요 모독인가를 천명할 것이기 때문입니다.*

정상인의 사고에서 이렇게까지 심하게 벗어난 유서는 매우 드물다. 대부분의 유서에서는 그 당사자의 사고체계가 지리멸렬하거나, 혼돈에 빠져 있었음을 보여주는 증거를 거의 또는 아예 찾아볼 수 없다. 하지만 뒤에서도 설명하겠지만, 대부분의 자살은 정신질환과 상관이 있으며, 유서나 남겨진 메모 등의 대부분에서 병으로 인한 비참함, 계속되는 절망과 좌절이 반영되어 있다는 것은 놀랄 일이 아니다.

심각한 정신질환은 고통과 위험을 초래하며, 치유된 후에도 재발에 대한 두려움 때문에 만성적인 고뇌에 시달리는 경우가 많다. 우울증, 조울병, 조현병을 비롯한 주요 정신질환의 고통은 아무리 과장을 해도 모자랄 정도이다. 고뇌, 절망감, 초조함, 수치심과 함께 친구와 가족, 사회적 경력에 돌이킬 수 없는 악영향을 줬다고 하는 암울한 인식까지 보태지면, 실로 이처럼 치명적인 결합은 없을 것이다. 한 여자는 유서에서 극복하지 못한 정신병과의 괴로운 싸움에 대해 적고 있다.

> *남들이 이해할 수 있도록, 설명이라도 할 수 있으면 좋겠다는 생각을 하곤 합니다. 하지만 제가 말로 어떻게 표현할 수 있을 것 같지가 않네요.*
>
> *설명할 수 없는 무겁고 압도적인 절망감이 있습니다. 모든 것이 두렵습니다. 삶이 두렵습니다. 제 내면은 아무것도 느끼지 못할 정도로 텅 비어 버렸습니다. 이미 제 안의 무언가가 죽어버린 것 같습니다. 몇 달 동안, 모든 존재가 내면의 그 공백 안으로 끌려들어 가고 있습니다.*
>
> *모두, 정말 잘 대해주셨습니다. 최선을 다해 간호해주셨습니다. 아, 제가 이런 꼴이 아니라면 얼마나 좋을까요. 가족을 위해서라도. 가장 괴로운 것은 가족에게 상처를 주는 것입니다. 그리고 이 죄책감이 그저 사라져버리고 싶다는 제 일부와 싸움을 벌이고 있습니다.*
>
> *하지만 마음 깊숙이에서 반짝이던 그 삶의 빛은 이미 사라지고 말았습니다. 최근 '전보다 좋아졌다.'고들 하시지*

만, 실제로는 저를 광기로 몰아가는 머릿속의 목소리는 점점 더 커지고 있습니다. 외부의 목소리는 이제 제게 들리지 않는 것 같습니다. 더 견딜 수가 없어요. 뒤틀리고 뒤집어진 무언가가 제 몸을 차지하고 정신을 지배해버린 것 같습니다. 이제 더는 싸울 기력이 없습니다. 누구에게도 상처를 주지 않고 사라질 수 있으면 좋으련만. 죄송합니다.

스스로에게 총을 겨눈 42세 여자는 세간의 평판을 의식해 언론에게 자신의 죽음을 선정적으로 보도하지 말아 달라고 부탁했다. 그녀는 정신질환으로 고통 받는 사람들이 대부분 그렇듯이, 자신의 병이 타인(그녀의 경우는 모친)에게 미칠 영향을 걱정하고 있었다. '사람을 미치게 만드는 이런 신경과민 상태로는 어머니에게 도움이 될 수 없겠지요. 신경 쇠약으로 인한 쓰디쓴 절망감을 느껴보지 않은 사람들은, 뭐가 되었든 간에 이러쿵저러쿵 말할 자격도 없고, 그 자체만으로도 스스로 목숨을 끊고 싶다는 생각을 한다는 것을 알 수도 없을 겁니다.'

19세기 영국인 화가 벤자민 헤이든은 셰익스피어를 인용하여 자신의 마지막 글을 마무리했다. 초조함과 불면의 생활 속에서 심각한 조울병을 앓았던 헤이든은 자신의 목을 칼로 베고서는 머리에 총알을 박았다. 일기의 마지막 페이지를 펼쳐놓은 채.

21일 거의 자지 못했다. 슬픔 속에서 기도했고, 초조함 속에서 일어났다.

22일 주여, 저를 용서하소서. 아멘

벤자민 헤이든의 최후

이 가혹한 세상 속에서 더 이상 머물지 않도록 해주오.-리어왕

신경과민, 초조함, 계속되는 괴로움을 수반하는 좌절감은 유서의 단골 주제다. 일본의 작가, 아쿠타가와 류노스케는 편집증과 망상(특히 음식 위에 구더기가 기어 다니는 망상에 시달렸다)으로 고통스러워하다가, 35세의 나이에 수면제를 대량으로 삼켰다. '내가 지금 살고 있는 이 세상은 얼음처럼 투명한 병든 신경과민 세계라오… 물론 죽고 싶지는 않지만, 살아있는 것도 고통이오.'

《투명인간》, 《여행의 끝》, 그리고 공포영화의 고전이라 평가받는 《프랑켄슈타인 시리즈》의 감독인 제임스 웨일 역시 유서에 신경과민과 고통에 대해 적고 있다. '사랑하는 모든 이에게 고함' 이라는 문장으로 그의 유서는 시작된다.

나를 위해 슬퍼하지 마시오. 내 마음은 갈가리 찢어졌고, 1년 동안 밤이건 낮이건 수면제를 먹고 잠에 취한 때를 제외하면 언제나 괴로움에 시달렸고, 약에 취해 몽롱한 상태일 때를 제외하면 한시도 마음의 평안을 느낄 수 없었습니다.

나는 멋진 인생을 살아왔다. 하지만 이제 그 좋은 시절은 끝났습니다. 갈수록 심해지는 병 때문에 언젠가 유폐되는

건 아닌지 두렵습니다(이전에 그는 정신병으로 입원한 적이 있으며, 그곳에서 쇼크 요법을 받았다.). 그러므로 내 사랑하는 사람들이여, 부디 나를 용서해주길. 그리고 신이시여, 나를 구원해 주소서. 이 고통을 더 이상 견딜 수 없습니다. 그러니 이것이 모든 사람에게 가장 좋은 일입니다.

누구의 탓도 아닙니다. 나는 멋진 친구들을 가진 행운아였고, 친구들도 나를 위해 할 수 있는 일은 모두 해주었습니다… 1년 동안 최대한의 노력을 해보았지만, 내 정신은 오히려 악화되어 가니 이제 내가 더 이상 고통 받지 않아도 된다는 생각으로 위안 받기를 바랍니다..

병적으로 물을 무서워했던 웨일은 유서를 쓴 후, 자택의 풀에 뛰어들어 자살했다. 그 현장에서 그리 멀리 떨어지지 않은 곳에는 평생 블랙유머를 담은 작품들을 발표해 왔던 그답게 윌리엄 브링클리의 소설《물가에 가까이 가지 마라》가 펼쳐져 있었다.

심각한 정신질환이 본인과 주위에 미치는 악영향과 재발에 대한 불안이야말로 자살에 결정적인 영향을 미치는 요인들이다. 예를 들면, 조현병 환자 중, 지능이 높고 고학력이며 추상적인 개념을 파악하는 능력이 뛰어나고, 자신의 병의 본질을 꿰뚫어보는 사람일수록 자살할 확률이 높다. 또 젊을 때 사회적으로나 학문적으로나 뛰어난 업적을 올렸고, 그 후에 조현병이나 우울증 등에 걸린 사람은 자신의 병으로 인해 황폐화되는 것은 아닌지, 자신의 병이 만성화 되는 것은 아닌지 하는 불안으로 더 취약하다고 한다. 이렇듯 정신질환으로 투병 중인 사람들은 꿈이 사라져버렸다는 것, 그리고 친구나 가족, 자기 자신이 치명적인 타격을 받았다는 것에 큰 상실감을 느낀다. 미국의 시인이자 비평가였던 랜달 자렐은 조울병의 파괴력을 아내에게 이렇게 설명했다. '너무나 기묘한 느낌이야. 마치 요정이 나를 데리고 가버리고, 나 대신 통나무를 가져다 놓은 것 같아.' 자신의 그림자 또는 빈 껍질이 되어버린 듯한 느낌, 어떻게 해도 사라지지 않는 절망감, 좌절감과 수치심, 병의 재발에 대한 공포와 불안 등을 표현한 것이리라. 주위 사람들에게도 병이 재발했다는 사실은 그 자체로 견디기 힘든 일이다. 정신병은 한 번으로도 충분하고도 남는다.

정신병적 조울병을 앓았던 버지니아 울프는 남편 앞으로 유서 두 통을 남겼다. 그 중 한 통에 이런 구절이 있다. '또 다시 미쳐가는 것 같아요. 당신과 함께 다시 그 힘든 시기를 이겨낼 수 있을 것 같지가 않네요. 그리고 이번에는 낫지 못할 것 같아요. 많은 사람들의 목소리가 들려오는 것 같아서 집중을 할 수가 없어요. 그래서 가장 좋다고 생각되는 일을 할 생각이에요.' 며칠 뒤, 그녀는 한 번 더 유서를 썼다. 이번에도 죽음의 원인으로 자신의 광기를 지적하고 있다.

사랑하는 당신에게.

당신이 제게 완벽한 행복을 준 사람이란 사실을 얘기하고 싶어요. 세상에 그 누구라도 당신처럼 날 사랑해 줄 순 없었을 거예요.

제가 그렇게 생각한다는 걸 부디 믿어주길 바라요.

하지만 전 알고 있답니다. 이번에는 결코 이런 상태를 극복할 수 없다는 걸. 전 당신의 인생을 헛되이 하고 있어요. 모든 것은 이 광기 때문이에요. 누가 어떤 말을 하든 절 설득할 수는 없을 거예요. 당신은 능력 있는 사람이에요. 제가 없는 편이 당신의 능력을 펼치기에 더 나을 것이라는 생각이 드네요. 이것 좀 보세요. 이 편지조차도 제대로 쓰질 못하네요. 제 결정이 맞다는 증거겠지요. 제 병이 발병하기 전까지, 우린 완벽한 행복을 느끼고 있었죠. 모두 당신 덕분이에요. 이 말을 하고 싶었어요. 처음 당신을 만난 날부터 지금까지, 당신은 정말 잘해줬어요. 이 세상이 다 알고 있어요.

버지니아

제 모든 원고들을 다 없애주시겠어요?

유서를 쓴 후 울프는 주머니에 무거운 돌멩이들을 가득 채워 넣고 강으로 걸어 들어갔다. 자살로 생을 마친 사람의 인생을 보면서, 우리는 죽음을 결단할 때에는 헤아릴 수 없을 정도로 복잡한 이유가 복합적으로 얽혀 있을 거라고 생각하곤 한다. 물론 복잡한 이유가 얽혀 있다. 한 가지 질환이나 어떤 사건 하나가 자살의 원인이 되지는 않는다. 게다가 자살의 배후에 있는 동기를 모두 알고 있는 사람은 없다. 단 한 가지 확실한 것은 거의 모든 자살의 배후에는 무시무시한 파괴력을 갖는 정신병리가 있다는 점이다. 사랑, 성공, 우정만으로는 심각한 정신질환의 괴로움과 파괴력에 맞서기에는 역부족일 때가 많다. 미국 화가인 랄프 버튼은 유서에서 이 점을 설명하려 했다.

> *나를 아는 사람들 그리고 유서의 내용을 들은 사람들은 모두 어째서 내가 이런 일을 했는지, 그 이유를 설명하려고 저마다 다른 전제를 가지고 제 행동의 이유를 설명하고자 하실 겁니다. 이런 전제들은 대부분, 극적인 양상을 띨 것이고, 따라서 대부분 빗나간 전제들일 것이다. 정신이 온전한 의사라면 누구나 자살의 이유는 언제나 정신병리학적인 문제 때문이라는 것을 알고 있다. 인생의 고난은 자살과는 별 상관이 없다. 그리고 정말로 자살 성향이 높은 사람들은 그 자체만으로 인생이 고통스럽다. 내 인생에 고난이라 부를 만한 시련은 별로 없었다. 오히려 지금껏 예외라 할 수 있을 정도로 매력적인 인생을 살아왔다고 할 수 있다. 그리고 분에 넘치는 사랑과 높은 평가를 받아왔다. 더할 수 없이 지적이고, 매력적인 유명인들이 내게 호의를 가져 주었다. 적도 많았지만, 그러나 오히려 그렇게 멋진 사람들이 나의 적이라는 사실이 감격스러웠다. 나는 어릴 때부터 신체적으로 매우 건강했다. 하지만 젊었을 때부터 우울증에 시달려 왔다. 그랬던 것이 최근 5년 동안에는 확실한 조울병의 징후를 보였다. 이 병 때문에 나는 내 재능을 최대한*

발휘할 수 없게 되었고, 3년 동안은 일하는 것 자체가 고문처럼 느껴졌다. 사람들이 일상 속에서 느끼는 삶의 기쁨들을 더 이상 느낄 수 없게 되었다. 나는 이혼과 재혼을 거듭했고, 삶의 터전을 옮겨 다녔고, 여러 나라를 전전했다. 내 자신에게서 도망치려는 어처구니없는 노력이었다. 그 노력 속에서 나를 사랑해 주는 사람들에게 불행을 전파하는 것은 아닌가 걱정스러웠다.

버튼은 잠옷으로 갈아입고, 실크 가운을 걸친 후, 침대에 들어가 그레이 해부학의 심장 그림을 펼쳐 놓고 머리에 총을 쏘았다.

'인생에서의 역경과 고난은 자살을 촉진할 뿐 자살의 원인이 아니다' 고 버튼은 말했다. 자살의 원인이 아니라는 것이다. 그의 이런 생각이 맞는다는 것을 뒷받침하는 증거는 매우 많다. 하지만 그렇다고는 해도, 가장 연관성이 높은 고난이 있다고 한다면, 무엇일까? 그 이유는? 인생에서의 실패, 누군가의 죽음 또는 이혼 등은 모두 자살의 도화선이 될 가능성이 있는 사건들이긴 하지만, 이것들은 누구에게나 있을 수 있는 일들이기도 하다. 그리고 대부분의 사람은 이런 일을 겪더라도 자살을 선택하지 않는다.

알프레드 알바레즈는 자살하려는 사람들이 살면서 겪는 여러 일을 어떻게 개인적으로 해석하는지에 대해 잘 설명하고 있다. '자살의 구실은 즉흥적으로 생각해 낸 것들이 대부분이다. 고작 해야 살아남은 사람들의 죄책감을 달래주고, 사고의 혼란을 싫어하는 사람들을 위로하고 자살의 이유를 납득할 수 있게 설명하기 위한 범주나 학설을 찾아 헤매는 사회학자들에게 마음의 위안을 주는 정도의 역할 밖에 하지 못한다. 그들이 제시하는 구실들은 세계 전쟁의 도화선이 되는 소소한 지역분쟁과도 비슷하다. 사람이 스스로 목숨을 끊게 되는 진짜 동기들은 굴곡지고 모순투성이의 미로와 같은, 앞을 내다볼 수 없는 내면의 세계에 숨어 있다.'

자살의 동기에 대한 생각은 각 시대와 문화에 따라 크게 다르다. 예를 들어, 안톤 반 후프에 따르면 고대 로마에서는 청년들이 수치심, 비탄, 절망으로 인한 자포자기의 마음 때문에 자살한다고 보았다. 19세기에 비에르 드 브아몽은 5,000명에 가까운 프랑스인의 자살 사례를 분석했는데, 자살 원인 중 1위는 정신이상과 알코올중독이었고, 불치병, '슬픔 또는 낙담' 과 '실연' 이 뒤를 이었다. 한편 19세기의 자살통계를 분석한 엔리코 모젤리는 대부분의 자살이 광기가 원인이며 '삶에 대한 피로', '격정', '악함' 이 중요한 역할을 한다고 했다. 이 순위 중에는 한참 아래쪽에 자리 잡은 요인 중 매우 인간다운 표현이 하나 눈길을 끈다. '절망–제각기 다르고 아무도 헤아릴 수 없는–이다.'

20세기가 되면서 인간이 자살을 하는 이유에 대한 논의에 설득력은 없지만 특이성이 추가되었다. 예를 들면, 최근의 심리학자와 정신건강의학과 의사들은 '인생의 사건들(life events, 비극적인 결말과 절망을 가리키는 말치고는 너무 담담한 표현이다)' 과 우울증, 조증, 조현병 등의 정신질환 발병과의 관계에 주목하고 있다. 물론 '인생의 사건들' 에는 결혼, 승진 등 기쁜 일들도 있지만, 대부분의 연구자들은 신체적 질환, 이혼 또는 별거, 가족의 죽음 또는 병, 가족 간의 불화, 경제적 또는 직장에서의 고민 등, 불행한 사건들에 초점을 맞추고 있다.

스트레스를 유발하는 사건들이 정신질환을 발병하게 하거나, 증상을 악화시킨다는 것을 보여주는 증거들은 상당히 많다. 정신질환의 병세가 중하거나, 생물학적 소인이 강한 경우, 이런 스트레스를 유발하는 사건이 자살에 어느 정도의 영향을 미칠 가능성이 있다는 것은 충분히 짐작할 수 있다. 스트레스가 몸의 면역시스템과 강력한 스트레스 호르몬의 분비에 큰 영향을 미친다는 것은 널리 알려진 사실이며, 뿐만 아니라 수면과 각성의 주기에도 엄청난 영향을 미친다(이것이 결과적으로 조울병의 병태생리에 중요한 요인으로 작용한다.). 예를 들면, 국립정신보건연구원의 톰 베르박사 팀은 연구를 통해, 심리적인 스트레스, 특정 약물과 질환, 빛과 온도의 급격한 변화가 일주기성(하루를 주기로 하여 나타나는 생물 활동이나 이동의 변화 현상)을 저해할 수 있다는 것을 증명했다. 정신질환에 취약한 유전인자를 가진 사람의 경우, 생활리듬이 망가지면 조증이나 우울증이 발병할 수 있다는 것이다.

그러나 '인생의 사건들' 과 스트레스, 정신질환과의 관계 규명은 이렇게 단순한 문제가 아니다. 조울병을 앓고 있는 사람들은 '인생의 사건들' 의 영향도 받지만, 그 자신이 세상과 주변 사람들과의 관계를 망가뜨리기도 한다. 그들은 분노를 폭발시키거나, 스스로 외부와의 관계를 차단해버리거나, 폭력을 행사하는 등의 행동으로 인간관계에 문제를 야기할 뿐 아니라, 자신이 저지른 일 때문에 이혼이나 해고를 당하기도 한다. 병을 악화시키는 원인으로 생각되는 스트레스 유발 상황들이, 실은 질환 그 자체 때문에 발생한다는 학설도 있다(예를 들면, 실업과 자살에는 확실한 상관관계가 없지만 과도한 음주, 정신질환, 인격장애 등은 모두 실업의 원인이 된다). 즉, '인생의 사건들' 과 정신질환의 인과관계 화살표는 서로 양방향을 향하고 있으며, 우울증이나 정신병을 앓고 있는 사람은 스트레스에 대한 반응 패턴이 건강한 사람과는 다르기 때문에 문제는 더욱 복잡하다. 따라서 많은 연구자들은 '인생의 사건들' 을 가족의 죽음이나 심각한 질병과 같은 독립적인 사건들로 제한하고 있다. 정신질환의 영향을 받을 가능성이 더 높은 이혼이나 경제문제와는 달리, 가족의 죽음이나 심각한 질병은 정신질환과는 독립적인 '인생의 사건들' 이기 때문이다.

조증이나 조현병의 증상이 일어나기 전에, '인생의 사건' 들이 크게 늘어난다는 것은 대부분의 연구에서 밝혀진 바 있다. 단, 어느 정도 진행된 조울병의 경우, 병의 재발과 심리적 스트레스의 관계는 그리 강하지 않은 것으로 알려져 있다(그 정도 단계가 되면 이미 조증과 우울증의 리듬이 확립되어 있는 경우가 많다).

기분장애에 시달리는 환자들은 조현병 환자에 비해, 스트레스를 유발하는 '인생의 사건' 의 영향을 받는 비율이 높다고 한다. 브라운 대학 심리학자 셰리 존슨 교수팀은 불쾌하거나 괴로운 '인생의 사건' 이 조울병의 재발률을 높일 뿐 아니라, 회복까지 걸리는 시간을 늦춘다는 것을 발견했다. 스트레스의 원인이 되는 일들이 별로 없는 경우, 환자가 회복하기까지 보통 4개월 정도 걸린다. 그런데 괴로운 일을 경험한 후에 병이 재발한 경우에는 회복까지 평균 11개월에 가까운 시간이 걸린다. 이처럼 회복까지 거의 세 배의 시간이 걸린다는 것은 환자나 그 가족에게 무척 힘든 일일뿐 아니라, 자살 가능성이 높은 시기가 그만큼 길어진다는 것을 의미한다.

자살자가 스스로 목숨을 끊기 전에 갑작스러운 슬픔이나 불행의 원인이 될 만한 사건을 경험한 경우는 흔히 있는 일이지만, 자살의 도화선이 되는 것이 어떤 종류의, 또 어떤 강도의 사건인지는 아직 밝혀지지 않았다. 하지만 어떤 사건을 경험한 사람의 정신건강 상태에 따라, 그 사건의 위험도도 달라진다는 것은 거의 확실하다. 또 이런 심리적 스트레스의 영향력은 그 사람의 인생경험, 자살 방법에의 접근 용이성, 절망의 깊이, 정신질환의 종류와 심각성에 따라 다르게 나타난다. 예를 들면, 알코올이나 약물의존 환자의 경우, 우울증 환자의 자살과 비교해볼 때, 이미 인간관계의 파탄, 체포, 형사소추 등의 불안을 경험한 적이 있는 환자가 자살하는 비율이 많았다(이 중에는 자살이라는 극단적인 행동으로 치닫는 이유를 설명할 수 없는 사례도 있다. 달리는 자동차에서 뛰어내리려 한 6세 소녀는 정신병원에 와서 이렇게 설명했다. '배가 너무 고파 참을 수가 없어서 사람을 물어뜯어 먹으려고 해요. 전 나쁜 아이니까 죽어야 해요.').

성별도 자살과 밀접한 상관관계가 있다. 핀란드에서 실시된 대규모 연구에서는 배우자를 자살로 잃은 사람들에게, '자살의 원인이 무엇이라고 생각하냐' 는 질문을 했다. 그 결과 자살자가 여성인 경우에는 심각한 정신질환이 가장 큰 원인일 것이라는 응답이 가장 많았다. 한편 자살자가 남성인 경우에는 신체적인 질환이 원인이었다는 대답이 많았다. 또 남녀 모두 인간관계에 심각한 문제가 있었다는 점도 중요한 요인으로 지적되었다.

이처럼 성별에 따른 자살 원인의 차이는 청년층에서도 나타난다. 일례로, 청소년기의 소년들은 같은 또래의 소녀에 비해 자살하기 하루 전에 위기적인 사건을 경험했을 확률이 높다. 이 연령층 소년의 자살에서 공통으로 나타나는 것은 여자 친구와 헤어졌다거나 정학처분, 소년법원 출두 등 규율이나 법을 어겼거나, 남 앞에서 실수를 하거나, 따돌림을 당하는 등의 굴욕적인 경험을 했다는 점이다. 뉴욕 콜롬비아 대학 소아정신과 데이비드 셰퍼교수는 자살하는 청소년이 대부분 우울증을 앓고 있을 뿐 아니라 공격적이고, 성질이 급하고, 충동적이라는 공통점이 있다는 것을 발견해 냈다. 또한 이들은 알코올이나 약물남용, 인간관계에 문제가 있는 경향이 높다는 것도 밝혀졌다. 대부분의 임상의와 연구자들도 셰퍼 박사의 이 연구결과를 지지한다. 이런 청소년들은 약물남용과 우울증이 겹친 경우가 많고, 이 때문에 마음이 들지 않는 일이나, 힘든 일이 있으면 충동적으로 자살할 가능성이 있다. 대부분의 부모는 십 대 자녀의 우울증이나 자살 성향을 알아차리지 못한다는 현실도 상황을 더욱 악화시키고 있다. 최근 연구에 따르면, 우울증을 앓는 청소년은 그렇지 않은 청소년에 비해 성인이 된 후에 자살을 기도하는 비율이 훨씬 높다고 한다.

성적이 우수하고, 걱정이 많거나 우울증 경향이 있는 완벽주의자 역시 청소년 자살에서 공통되는 특징 중 하나인데, 일반적인 인식과는 다르며 결코 무시할 수 없는 특징이다. 현실에서든, 상상에서든 성적이 떨어지는 등 좌절의 경험이 자살을 유발하는 요인이 되는 것이다. 이런 청소년들의 정신병리와 정신적 고뇌의 깊이를 명확하게 밝히기란 쉬운 일이 아니다. 이들은 남을 기쁘게 하기 위해서, 또는 주의를 끌지 않기 위해서, 또는 평범하게 보이기 위해서 아무 문제도 없는 듯이 행동하기 때문이다. 그렇기 때문에 이들의 자살은 그 원인을 밝혀내지 못하는 경우가 많다.

15세였던 한 소년은 자살하기 2년 전에 다음과 같은 시를 썼다.

오래전… 그는 시 한편을 썼다
그리고 '촙스' 라는 제목을 붙였다.
그가 기르던 개의 이름이었고, 그리고
그 개에 대한 이야기만 쓰여 있었기에....

그리고 선생님은 그에게 'A' 를 주시고,
황금별도 주셨다.
어머니는 이를 주방문에 붙여 놓고
이모들에게 읽어주었다.

오래전… 그는 또 시 한 편을 썼다.
그리고 '물음표가 붙은 천진함' 이라는 제목을 붙였다
그의 슬픔의 이름이었고, 그리고

슬픔에 대한 이야기만 쓰여 있었기에....
선생님은 그에게 'A'를 주시고
이상한 얼굴로 그를 한참을 바라보셨다.
어머니는 이 시를 주방문에 붙여놓지 않았다.
어머니에게는 그 시를 절대로 보지 못하게 했기에...

오래전, 새벽 3시에… 그는 또 시를 썼다.
그리고 그 시에 제목은 붙이지 않았다
거기에는 아무 것도 쓰지 않았기에
그는 자신에게 'A'를 주고
축축이 젖은 양 손목을 칼로 그었다.
그리고 그 시를 욕실 문에 붙여 놓았다.
주방까지는 갈 기력이 없었기에....

아무리 상실감이나 낙심이 크고, 아무리 수치심이나 소외감이 깊다 하더라도 정신적 고통이나 스트레스만으로는 대부분의 경우 자살의 충분조건은 되지 않는다. 죽음을 결심할 지 여부는 보통 사건의 해석으로 좌우되며, 대부분의 사람은 정신적으로만 건강하다면, 어떤 일을 겪더라도, 그 일을 자살의 정당한 이유가 될 정도로 파멸적인 사건이라고 해석하지 않기 때문이다. 스트레스나 고뇌는 상대적인 것이고, 경험과 평가 방식은 사람에 따라 큰 차이가 있다. 그 증거로, 스트레스가 사는 보람이고, 스트레스가 없으면 어떻게 해야 할지 모르겠다는 사람도 있다. 이런 사람에게는 혼돈이나 동요가 안정적인 정신생활의 일부인 것이다. 자살 위험성이 비교적 높은 사람들(예를 들면, 우울증이나 조울병 환자)도 증세가 호전되고 있는 시기라면, 심한 중압이나 불안, 반복되는 정서적, 경제적 좌절 등의 스트레스를 대부분 큰 문제없이 극복해낼 수 있다.

하지만 우울증은 인간의 이런 능력을 무력화시키고 만다. 정신질환, 알코올이나 약물남용, 또는 그 외의 정신질환으로 인해 정신적 유연성이나 적응능력이 상실되면, 마음의 방어시스템이 위기에 봉착한다. 육체의 면역시스템이 망가지면 감염의 기회가 높아지는 것과 마찬가지로, 병든 뇌는 우발적인 사건이나 공격에 대응하지 못한다. 건강한 뇌는 사건을 신속하게 판단하는 능력과 유연성을 가지고 있다. 그 때문에 설령 아무리 힘든 문제가 일어더라도 언제가 해결될 것이라고 믿거나, 기대를 할 수 있는 것이다. 그러나 병든 뇌로는 이런 판단이 불가능하다.

원활하게 사고하고, 명쾌한 판단을 내리거나, 희망적으로 미래를 바라볼 수 있는 뇌의 능력이 상실되면 우울증을 일으키는 사고나 감정 등이 생겨난다는 사실이 밝혀지고 있다. 나아가 대부분 자살의 핵심에 우울증이 있다는 사실도 규명되었다. 또 신경심리학자와 임상가들은 연구를 통해, 우울 상태에 빠지게 되면 사고 속도가 느려지고, 사소한 일에 정신을 빼앗기게 되어 인지작업에 애를 먹거나, 부분적인 기억 결함이 일어난다는 사실도 밝혀냈다. 우울증 환자는 부정적인 경험이나 좌절의 기억을 떠올리는 경향이 강할 뿐 아니라 남이 한 말을 떠올릴 때에도 긍정적인 문맥이 아니라 부정적인 문맥상에서 회상하는 경향이 강하다. 이들은 또한 학업이나 직업상의 성공을 과소평가하는 특징도 있다.

우울증으로 인한 인지기능 장애는 자살기도 경험이 있는 사람들이나 자살 성향이 강한 환자들에서도 자주 나타난다. 이들은 어떤 일련의 문제에 직면했을 때 해결책을 도출해내지 못한다. 우울상태에 빠지면 사고가 매우 경직되고 제약되기 때문에 그 선택의 폭도 극히 좁아지며, 죽음이 유일한 해결책처럼 생각되는 것이다. 한 19세 대학생이 그린 이 그림을 보면, 자살이 인생 문제의 해결책이자 고통을 끝내줄 수 있는 안식으로 묘사되어 있다.

〈열 아홉살 대학교 2학년 학생이 그린 그림〉

심리검사에서 자살 성향이 강한 환자들이 묘사하는 경험들을 보면, 이들은 자신의 경험을 부정적이고 모호하며, 분열된 것으로 묘사하는 경향이 강하며, 미래는 무의미하고 절망적이라고 보고 있다. 또 앞날에 대한 기대를 엿볼 수 있는 대답은 자살 성향이 없는 사람들에 비해 훨씬 적었다. 가족에 대한 책임감, 또는 자살이 자신의 자녀에게 미칠 영향 때문에 자살하고 싶은 마음을 애써 억누르고 있는 것도 공통되는 특징이다.

즉, 일단 자살의 유혹에 빠져들면, 인간의 사고력은 마비되어 자살 이외의 선택은 거의 없거나, 아예 존재하지 않는다고 생각하게 된다. 자포자기의 감정과 절망감이 이들의 마음을 지배하게 되는 것이다. 미래는 현재와 이어져 있다. 그런데 현재는 어떤 위안으로도 달랠 수 없는 괴로움만이 가득한 곳이 되는 것이다. 한 젊은 화학자는 이런 유서를 남겼다. '이는 나의 마지막 실험입니다. 지금 이 고통보다 더 끔찍하고도 영원한 고통이 있을지는 이제 곧 밝혀질 것입니다.'

이처럼 미래에 대한 무력감과 좌절감 그리고 파괴적일 만큼 부정적인 인식은 자살을 암시하는 가장 확실하고도 일관성 있는 신호이다. 펜실베이니아 대학의 아론 베크 교수팀은 대규모 조사를 통해 입원환자이건 외래환자이건, 우울증 환자의 자살에는 절망감이 큰 작용을 한다는 것을 밝혀냈다.

이 같은 결론은 시카고 러쉬-장로교 병원장 포셋트 박사의 장기간에 걸친 자살예측 연구에서도 밝혀진 바 있다. 모든 일이 좋아질 것이라는 신념이 있는 한, 인간은 우울증을 참아내고 받아들일 수 있다. 그러나 일단 이 신념에 균열이 생기거나, 신념 그 자체가 사라져버리면 자살이 하나의 선택 안으로 떠오르게 되는 것이다.

1995년 10월29일, 메릴랜드 주의 어느 한 유능한 프리랜서 저널리스트였던 댄 르네 베파노가 20살의 젊은 나이에 스스로 목숨을 끊었다. 심각한 우울증을 앓고 있던 그녀는 미출판된 원고상태로 22권의 일기를 남겼다. 죽음에 이르기까지 몇 주 동안의 일기는 그녀가 얼마나 끔찍한 괴로움에 시달렸는지, 선택할 수 있는 길이 점점 좁아지게 되는 과정, 또 그녀의 마음 구석구석까지 지배하는 괴로운 절망감의 모습들을 보여준다.

10월 9일

지금 같은 기분으로 다음 달까지 버틸 수 있을 것 같지가 않다. 내 눈 색깔이 갈색인 것을 의심하지 않듯이 내 운명도 의심하지 않는다. 비교적 빨리 평온을 찾지 못한다면, 나는 한 달 안에 자살로 생을 마칠 것이다. 내 안의 피로는 점점 더 커져만 간다. 점점 더 필사적으로 허우적거리고 있다. 나는 죽어간다. 그 사실을 난 잘 알고 있다. 그리고 그 죽음이 내 손에 의한 것이라는 것도 알고 있다.

나는 뼛속까지 지쳐버렸다. 그리고 내 주위 사람들도 나의 병 때문에 모두 지쳐버렸다.

10월 10일

창밖의 세계는 청명하고 상쾌한 아름다운 가을이다. 하

지만 내 가슴 속은 지옥이다. 바닥없는 암흑 속으로 떨어지는 기분이다. 이 두 세상의 대비가 너무나 선명하다.

하지만 나는 운명에 순응한 채 묘한 평화를 느끼고 있다. 만약 11월 말까지 상태가 좋아지지 않는다면, 나는 이 광기와 죽음 사이에서 선택을 해야 한다. 어느 쪽이 되었든, 다음 달 말에는 모든 것이 끝나있을 것이다. 모든 것이 끝나고 정리가 되는 것이다…

나는 모든 것을 느끼고 있지만 모든 것이 고통이다. 나는 더 살고 싶지 않다. 하지만 그 시한까지는 살아야 한다.

10월 11일

두렵다. 어느 쪽으로 결론이 날까? 죽음일까, 광기일까? 솔직히 이런 상태로 두 주를 더 살아야 한다는 것은 상상하기조차 괴로운 일이다. 더 이상 이 형벌을 견딜 수 없다. 내가 죽었을 때, 내가 남길 수 있는 것은 이 일기뿐이다. 유서는 아마 남기지 않을 것이다. 이 일기로도 충분할테니까...

10월 17일

아무런 생각도 할 수가 없다. 모든 것이 혼란스럽다. 도망치기 위해 끝없는 잠 속으로 빠져들고 싶다. 너무 지쳤다. 무언가에 신경을 쓰려면 어마어마한 노력을 해야만 한다. 안개가 끝없이 밀려온다.

세상이 나를 좀 내버려뒀으면 좋겠다. 하지만 세상은 균

열을 통해, 찢어진 틈새를 통해 마음으로 파고들어 온다. 어떻게 해도 막을 수가 없다. 망할 안개가 계속 밀려온다.

미친 짓이다. 이 기다림의 시간은 내 인내의 한계를 시험하고 있다. 이제 그리 오래는 버티지 못할 것 같다. 버티고 싶지도 않다. 그러길 바라는 사람도 없다. 그 어느 누구도.

10월 20일

보라, 나는 마른 나무라 . – 이사야서 56장 3절

10월 23일

죽고 싶다. 오늘은 다른 때보다도 더 마음이 흔들린다. 이 고통은 모든 것을 갉아먹으며 나를 지배한다. 어젯밤, 가족들이 모두 자러간 후, 호수로 걸어 들어가 죽고 싶다는 마음이 계속 떠올랐지만 억지로 잠을 청하며 그런 충동을 억눌렀다. 눈을 떴을 때 급박한 충동은 사라져 있었다. 그러나 오늘 아침 다시 그 충동이 돌아왔다. 나는 지옥 속을 살아간다. 가는 날도 오는 날도, 매일 매일 내 신경은 조금씩 망가져 간다. 내 정신은 조금씩 침식되어 간다. 내 모든 세포가 병들어버릴 때까지 조금씩, 조금씩… 나는 전혀 호전되고 있지 않다. '호전'이라는 단어가 너무나 낯설다. 내게는 닿을 수 없는 세계인 것이다. 침을 놓고, 전기충격 요법이나 전두엽 절제술 등, 여러 치료법이 있긴 하지만, 내게는 소용없을 것이다. 내 병은 절대로 나을 수 없다. 난 사랑하는 이를 잃었다. 난 내 마음도 잃었다. 그 시간들은 너

무 길고, 무겁다. 내 뼈들은 시간의 중압에 눌려 으스러지고 있다.

10월 24일

괴롭다, 너무나 괴롭다. 이런 괴로움이 있으리라고는 상상할 수도 없을 정도로 괴롭다…

10월 28일

지금 이 시간들이야 말로 티벳의 《사자의 서》에서 말하는 바르도가 아닐까. 전생과 후생 사이에 존재하는 틈새의 시간 말이다. 나는 생의 틈새에 있기 때문에 내 생에 별 관심이 없는 것이다. 나는 살고 싶지 않다. 이제 병원에는 돌아가지 않을 것이다. 그냥 물속으로 걸어 들어가는 길을 선택할 것이다. 고통은 끊임없고 끝없는 고문이다. 시간과 현실, 인내를 초월한 고통이다. 오늘 밤, 나는 수면제를 과다복용할 생각이다. 하지만 괴로움은 없으면 좋겠다. 그저 죽고 싶을 뿐이니까.

다음날 아침, 던은 이른 시간에 눈을 떴다. 주방의 식탁에 앉아 차가운 시리얼을 먹고 나서 신문의 낱말 맞히기 퍼즐을 했다. 얼마 후, 그녀는 주방에서 나갔다. 그리고 그녀의 살아 있는 모습은 두 번 다시 볼 수 없었다.

그녀의 어머니 말에 따르면, 던은 자기 침실을 깨끗하게 정리해

놓았다고 한다. 방에는 도서관에서 빌린 책 13권이 바닥에 가지런히 쌓여 있었고, 큼직한 봉투에는 열쇠, 현금, 운전면허증 등의 소지품들이 들어 있었다. 침대 위에는 그 애의 증조할머니가 쓰다 주신 크리스탈 묵주가 놓여 있었다.

몇 달 후, 그녀는 호수에서 시체로 발견되었다.

제4장

절망이라는 무거운 짐

– 정신병리학과 자살 –

인간은 쉽게 감정을 잊는다. 내가 싸우는 상대가 만일 가공의 인물이라면, 아마 현실로 보이는 것들 때문에 머뭇거리고, 권총을 다시 찬장에 가져다놓고, 또 잠시 뒤 권태와 절망의 짐이 너무 버거워지면 두려움에 떨며 떨어지지 않는 걸음으로 다시 총을 꺼내러 가게 될 수도 있을 것이다. 하지만 현실에서는 이런 망설임이 전혀 없었다.

– 그레이엄 그린(영국 작가)–

'비참하다는 감정은 내가 기억도 못할 정도로 아주 어린 시절부터 내 안 에 있었던 작은 병균과 같다.' 고 그레이엄 그린은 말했다. '그리고 때때로 가슴 속에서 이 병균이 꿈틀대기 시작했다.' 이 비참한 감정이 참을 수 없을 만큼 커졌을 때 그린은 칼을 잡았다. 그 후 독약, 결국에는 총을 잡았다. 유년 시절부터 그를 지배하기 시작한 병적인 절망감은 알코올 남용이나 자살기도처럼 위험함을 동반한 채 평생 동안 일정한 주기를 그리며 마치 조울병처럼 그를 덮쳤다. 그린은 회고록 《어떤 인생》에서, 유년시절에 우울증으로 인해 자살 충동에 시달렸던 것과, 여기서 벗어나기 위해 점점 더 치명적인 방법으로 자살을 기도했던 자신의 경험을 묘사하고 있다.

> 다리를 자르려다가 실패한 후, 나는 여러 가지 다른 탈출 방법들을 시도해 보았다. 학기가 끝나기 전날, 나는 집에 돌아오자마자 암실에 들어가 메피스토펠레스처럼 유혹적인 붉은빛 속에서 사진 현상액을 들이켰다. 현상액이 독약이라고 잘못 알고 있었기 때문이다. 또 언젠가는 푸른색 유리병에 담긴 건초열 점안약 약을 전부 삼켜버리기도 했다. 그 약 속에 포함되어 있는 소량의 코카인이 나의 이 절망을 치유해줄 수 있을지도 모른다고 생각했기 때문이다. 동네 공터에서 유독식물 벨라돈나 열매를 한 움큼 따 먹은 적도 있지만, 조금 졸렸던 것 말고는 아무런 효과도 없었다. 또 휴일 저녁에 텅 빈 학교 수영장에 들어가기 직전, 아스피린을 20알 집어삼키기도 했다.

이 자살기도들이 '진정한' 자살기도였다고 볼 수 있을까? 그저 절망의 몸부림이었던 것은 아닐까? 어쩌면 어린 시절 누구나 경험하는 가벼운 우울증에 대한 조금 과장된 반응에 불과할지도 모른다. 조숙하고 감수성 풍부한 소년들의 '자살기도'에 대해 생각해 볼 때 항상 던지게 되는 질문이다. 그린의 행동 중 도대체 어디까지가 선천적인 기질(이 경우, 훗날 위대한 소설가가 될 아이의 예민하고 섬세한 기질)에 의한 것이고, 어디까지가 괴롭고 힘든 환경에 대한 반응인 것인가? 그리고 어디까지가 밑바닥의 정신질환, 즉, 그린이 공개적으로 밝힌 바 있는 집안 내력의 조울병에 의한 것인가?

자살에 대한 생각은 그린이 유년기를 지나 청소년기를 거쳐 청년기로 접어들 때까지도 끊임없이 그를 지배했다. 19세 때에는 형과 같이 쓰던 침실 옷장에서 형의 권총을 꺼내 들었다. '아무 느낌도 들지 않았다.' 라고 그린은 말한다. '각오는 되어 있었다. 현상액 속의 음화처럼.' 그린은 총을 든 채 너도밤나무 숲을 향해 발걸음을 옮겼다.

> 탄창에 총알 하나를 장전한 후 등 뒤에서 탄창을 돌렸다…….
>
> 총구를 오른쪽 귀에 대고 방아쇠를 당겼다. 철컥하고 작은 소리가 났다. 탄창을 보니 탄환은 발사 위치에 와 있었다. 탄창 하나 차이로 죽음을 면한 것이다.
>
> 몇 번이나 되풀이했던 경험이다. 등 뒤에서 돌아가는 리볼버의 탄창, 어두운 겨울나무 밑에서 재빨리 남의 눈을 피해 귓가에 댄 총구, 철컥하는 방아쇠 소리.

결국, 그린은 자살하지 않았다. 하지만 그의 인생에는 언제나 자살 가능성이 존재하고 있었다. 우울증을 앓는 대부분의 사람이 그렇듯이, 그도 자살이야말로 고뇌와 권태를 끝낼 수 있는 최선의 해결책이라고 생각하고 있었다. 그린은 쾌활함으로 가장하고, 술 러시안 룰렛, 전쟁지역이나 정치사회적 불안이 계속되는 지역을 전전하며 자신의 자살 충동을 억누르고, 칠흑 같은 우울증과 싸웠다.

자살은 가장 개인적인 행위이지만, 동시에 심각한 정신질환을 앓고 있는 사람들에게는 어이없을 정도로 일반적인 종착점이기도 하다. 인간은 보통 어떤 병에 걸리거나, 안 좋은 상황에 직면했다고 해서 그 이유 하나만으로 자살을 선택하지는 않는다. 그러나 다른 사람에 비해, 취약함이나 질병, 인생의 사건들이 맞물려 자살 가능성이 크게 높아지는 사람이 있는 것도 사실이다.

자살의 요인으로 가장 일반적인 것은 정신병리 또는 정신질환이다. 이 정신질환에도 여러 종류가 있지만, 자살과 특히 밀접한 관계가 있다고 지적되는 것은 기분장애(우울증 및 조울병), 조현병, 경계성 인격장애와 반사회성 인격장애, 알코올중독, 약물남용 등의 질환이다. 유럽, 미국, 호주, 아시아에서 시행된 많은 조사에 따르면, 자살자가 병적인 정신상태였다는 것을 보여주는 증거가 연이어 밝혀지고 있다. 사실, 현재까지 실시된 모든 대규모 조사에서 자살자의 90%~95%가 정신질환을 앓고 있었음이 확인되었다. 또 심각한 자살기도 경험이 있는 사람에게도 비슷한 경향이 있다는 것도 밝혀지고 있다.

영국의 클레어 해리스와 브라이언 배러클러프는 어떤 정신질환이 어느 정도 자살을 유발할 위험성이 있는지를 조사하여 다음과 같은 그래프로 정리했다. 이들은 우선 250개에 이르는 임상 연구결과를 분석하여 특정 정신질환이 있던 자살자 수와 정신질환을 앓은 적이 없는 자살자 수를 비교했다. 일례로, 조현병 환자의 자살 위험도를 측정하기 위해, 13개국에서 수집한 38건의 조사보고를 분석하여, 3만 명 이상의 조현병 환자의 자살률을 산출한 후 이를 정신병을 앓은 적이 없는 자살자 수와 비교했다. 그 결과, 그래프에서도 알 수 있듯이, 조현병 환자의 자살률은 일반인의 8배에 달한다는 사실이 밝혀졌다.

또 과거에 심각한 자살 미수 경험이 있는 사람은 그 후 자살할 가

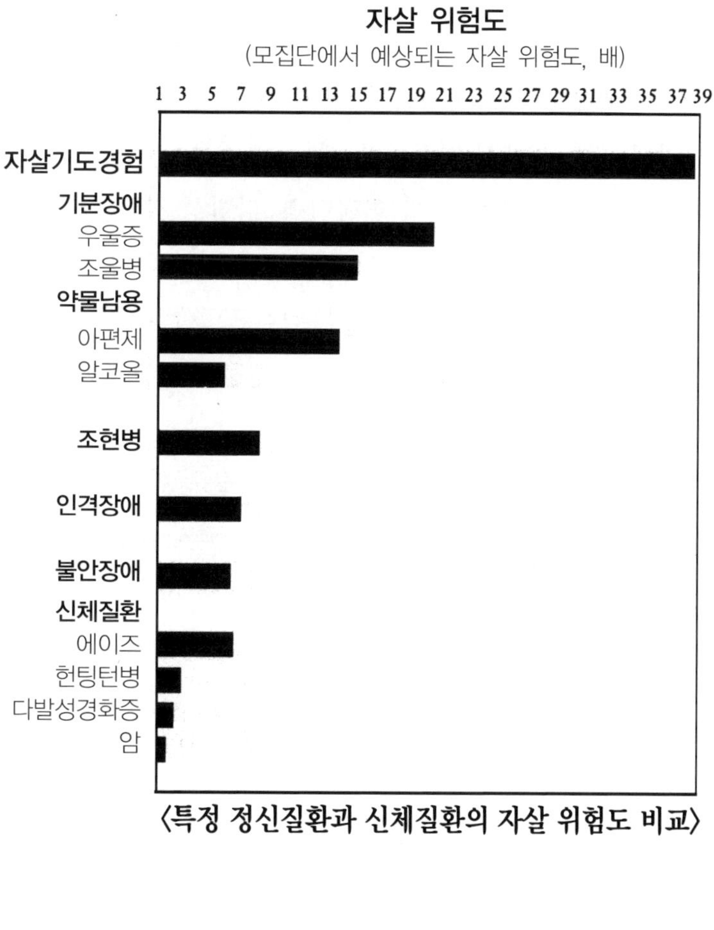

〈특정 정신질환과 신체질환의 자살 위험도 비교〉

능성이 일반인의 38배에 달할 정도로 가장 높다는 것도 밝혀졌다. 기분장애 환자나 약물남용 환자의 자살률도 상당히 높았는데, 우울증 환자와 처방약(진정제, 수면제, 항불안제) 의존증 환자의 자살률은 일반인의 20배, 조울병(양극성장애)환자는 15배에 달했다. 알코올중독 환자보다 처방약 의존증 환자의 자살률이 더 높기는 하지만, 처방약 의존증 환자보다 알코올중독 환자 수가 훨씬 많으며, 우울증이 때때로(그것도 치명적으로) 알코올 의존증을 수반하고, 그리고 자살을 감행할 때 알코올이 다른 수단과 함께 사용되는 경향이 있다는 점을 생각하면, 알코올이 직간접적으로 자살에 훨씬 더 심각한 영향을 미치고 있다는 것을 지적하지 않을 수 없다.

그런데 이 조사에서 가장 주목해야 할 점은, 정신질환이 원인이 되어 자살을 한 사람의 수가 헌팅턴병, 다발성 경화증, 암 등 심각한 신체질환을 비관하여 자살한 사람보다 훨씬 많다는 점이다. 이런 질병들은 통증, 발진, 몸의 변형, 인간으로서의 존엄이나 자립능력의 저하, 죽음 등과 직결되는 부분이 많음에도 불구하고, 이런 질환들을 비관하여 자살하는 사람이 적다고 하는 것은 어찌 보면 이상하기까지 한다. 그러나 실제로 정신질환을 동반하지 않는 신체질환은 대부분 자살률을 끌어올리는 요인은 되지 않는다. 물론 자살자 중에는 신체적인 질병 때문에 고통 받았던 사람도 적지 않지만, 자살을 하지 않은 사람 중에도 신체적 질환에 시달리는 사람이 적지 않다. 예를 들어, 정신과 환자를 대상으로 한 한 조사에서 자살한 환자의 3분의 1이 신체질환을 앓고 있었다는 결과가 나왔지만, 자살하지 않은 정신건강의학과 환자 중에도 신체질환이 있는 사람이 비슷한 비율 내지는 그 이상의 비율로 존재하고 있음이 밝혀졌다.

여기서 알 수 있는 사실은 두 가지이다. 첫 번째는 신체질환을 앓다가 자살을 한 대부분 사람은 정신질환도 있었다는 것. 그리고 두 번째로는 측두엽 간질, 헌팅턴병, 다발성 경화증, 척수손상, 에이즈, 두경부암 등, 자살률이 유의하게 높은 질병군들은 뇌와 신경계를 파괴시키는 결과를 낳는 병들이라는 사실이다. 이런 신체질환들은 극단적인 감정의 기복을 야기하거나, 치매의 원인이 되기도 한다. 반면, 심장이나 폐에 생긴 질환들은 신체기능을 망가뜨리고, 생명을 위협하는 치명적인 질병이기는 하지만 자살을 유발하는 원인이 되는 경우는 많지 않다(단, 사람에 따라서는 관상동맥 우회 수술이나 고혈압 치료약이 자살 충동을 동반하는 우울증을 일으키는 경우도 있다).

이 책은 주로 비교적 젊고 신체적으로 건강한 사람들의 자살에 초점을 맞추고 있기 때문에 중장년층의 자살과 보다 밀접한 관계를 갖는 말기 질환에는 큰 비중을 두지 않았다. 단, 여기서 짚고 넘어가야 하는 것은 말기 환자들의 자살 또는 심각한 수준의 자살 미수가 대부분 신체질환과 우울증이 동반된 경우였다는 점이다. 한편, 임신은 특히 청년층 자살을 막는데 확실한 효과가 있는 것으로 나타났다. 임신 중 또는 출산 후 1년 동안은 자살 위험도가 3분의 1에서 8분의 1까지 감소했다.

자살의 최대 원인으로 지목되는 정신질환 중에서도 가장 위험한 것이 기분장애(우울증 및 조울병)이다.

기분장애나 알코올 및 약물남용이 동반된 기분장애는 다른 어떤 정신질환보다도 자살로 이어질 가능성이 높다. 실제로 대부분의 자살자는 어떤 식으로든 우울 증상이 있었던 것으로 보이며, 자살자의 30~70%는 기분장애가 있었다고 알려져 있다.

우울증이 악화되면 인간을 인간답게 만드는 모든 요소들을 마비시키기 때문에, 황량하고 절망적이며 무감각한 정신상태가 되고 만다. 이는 어떤 희망도 여유도 기대할 수 없는, 끔찍할 만큼 황량하고, 지치고 불안이 고조된 상태이다. 알바레즈도 말했듯이 '공기도 없고, 출구도 없는 세상'을 살아가고 있다고 느끼게 된다. 혈류도 돌지 않고, 맥박도 뛰지 않는 삶, 모든 생명력이 사라진 속에서 숨막히는 공포와 고통만이 남아 있는 삶을 살아가야 하는 것이다. 모든 인내력은 사라지고 어떤 감정도 어떤 감각도 남아 있지 않는 세상, 공허함은 서서히 시작하지만 이내 급격하게 그 존재를 지배하게 된다. 우울증은 기분뿐만 아니라 사람의 사고도 잠식해 들어가, 그 잠식된 사고체계는 극심한 혼란을 일으키며 결국 작동하지 않게 된다. 끝없이 자신을 책망하며, 좀처럼 결단을 내리지 못하고, 심사숙고만을 거듭하며, 의욕이 생기지 않고, 끝없는 피로감에 시달린다. 별것 아닌 사소한 행동 하나도 엄청난 노력 없이는 해낼 수가 없고, 그 모든 일은 아무런 가치도 없는 것처럼 생각된다. 대부분의 우울증 환자는 좀처럼 잠을 이루지 못하거나, 밤새 자다 깨다를 반복하는 수면장애에 시달린다.

그 결과 마치 불안정한 기체처럼 짜증스러운 피로감이 사고와 행동의 모든 틈새에 스며든다.

시인인 실비아 플라스는 자살하기 5년 전, 우울증이 어떻게 몸과 마음에 스며들어 존재 그 자체를 옥죄어 가는지를 이렇게 묘사했다.

'나는 쭉 우울증과 싸워왔다. 지금 내 마음은 절망감에 짓눌려 숨이 끊어져 버릴 것 같다. 거대한 부엉이가 내 가슴 위에 올라 앉아 그 발톱으로 내 가슴을 있는 힘껏 움켜쥐고 있는 것처럼.' 영국의 작가인 알란 가너는 조울병이 간담이 싸늘하게 엄습하는 공포를 다른 식으로 묘사했지만 역시 우리에게 손에 잡힐 듯한 공포와 질식감을 전해준다.

> 그 다음으로 기억하는 것은 내가 주방에서, 햇빛이 들어오는 주방에 서서 나무들과 실개천이 흐르는 작은 동산을 바라보고 있었다는 것이다. 햇빛에 그늘이 지기 시작했다. 보기는 보는데 마치 검은색 필터를 통해 보고 있는 것 같은 느낌이었다. 명치께가 모두 마비된 것 같았다.
>
> 아이들 중 누군가가 흘리고 간 기묘한 장난감 기계장치가 내게 그 장치를 주워달라고 말했다. 크랭크 핸들이 달려 있는, 끝이 날카로운 원뿔 모양의 장치였다. 핸들을 돌렸다. 장난감 오르골은 짧은 곡조를 반복해서 연주했다. 나는 핸들을 돌리는 손을 멈출 수가 없었다. 한 바퀴 돌릴 때마다 빛이 점점 어두워지며 명치끝의 마비된 감각이 전신으로 퍼져갔다. 그 마비된 감각이 머리까지 이르렀을 때 난 텅 비어 버린 나 자신과 이 세상의 공백이 무서워 울기 시작했다.

에이젠슈타인 감독의 영화《알렉산더 네프스키》의 한 장면이 불현듯 뇌리를 스쳐갔다. 네프스키가 게르만 기사단을 속여 얼어붙은 호수로 유인하던 그 무시무시한 장면이 말이다. 얼음이 깨지면서 기사단은 몸에 걸친 갑옷의 무게를 이기지 못하고 호수 속으로 가라앉는다. 외투가 물 위에 떠올랐다가 다시 물속으로 사라지고, 수많은 손이 얼음을 붙잡지만, 얼음이 뒤집히면서 기사들을 호수 속에 가두어 버린다.

그 무력감, 차가움과 공포가 나를 감쌌다. 나는 홀로 오후 내내 고장 난 장난감의 핸들을 끝없이 돌렸다. 찌링찌링 찌링하는 오르골의 소리가 얼음 소리와 겹쳐졌다. 몸은 갑옷과 물먹은 외투처럼 무거웠다. 나는 얼음 속으로 끌려들어 갔다.

가족이 돌아왔을 때, 나는 주방의 긴 의자에 마치 태아처럼 몸을 웅크리고 누워 있었다. 아무 말도 없이, 움직임도 없이. 한밤중이 되어서야 나는 일어나 침실로 향했다. 하지만 잠은 휴식 없는 무의식에 불과했다.

자신이 아무 것도 느끼지 못하고 어떤 감정도 감각도 없었다. 나는 필요 없는 존재였다. 이 지구의 암적 존재였다.

엄습하는 우울증의 공포, 그리고 이에 수반되는 절망감은 경험해보지 않고서는 상상도 할 수 없을 정도로 끔찍하다. 절망감은 당사자만의 감정이기 때문에 이를 명확하고 설득력 있게 설명하기란 쉬운 일이 아니다. 하지만 작가인 윌리엄 스타이런은 자살 충동을 동반하는 우울증과 싸웠던 자신의 경험을 설명하면서, 사람을 자살로 내모는 무겁고 피할 수 없는 이 괴로움을 선명하게 그려냈다.

> 내가 서서히 알게 된 것은, 일반적인 경험으로는 상상도 할 수 없는 묘한 방법으로 우울증에 의해 야기되는 회색빛 공포가 육체적 고통이라는 모습으로 나타난다는 것이다. 하지만 이는 예를 들어, 팔이 부러졌을 때처럼 바로 알 수 있는 고통이 아니다. 자신의 정신이 병든 뇌에 악한 작용을 불러일으킴으로써 절망감은 점차 마치 극도로 더워진 방에 갇혔을 때와 같은 악마적인 불쾌감을 닮아간다고 하는 것이 더 정확한 표현일지 모른다. 바람 한 점 불지 않고, 탈출구조차 없는 이 지옥의 가마솥에 갇힌 채, 숨 막히는 고통 속에 시달리는 사람이 망각으로 빠져드는 것은 극히 당연한 일이다.

조증은 우울증과는 정반대 감정의 흐름을 보인다. 오스트리아의 작곡가 휴고 볼프도 말했듯이, '혈류가 불꽃의 흐름으로 바뀐다.' 수많은 생각이 폭포처럼 쏟아지고, 갖가지 아이디어들이 개구리처럼 이 주제에서 저 주제로 옮겨 다닌다. 마음은 끝도 없는 자신감에 휩싸여 있지만 때때로 잔인한 초조함에 물들어 있기도 한다. 시인 로버트 로웰이 말했듯이, 조증인 사람은 '지칠 줄 모르고, 광적으로 자신만만하며, 협박당하고 협박한다.' 생각의 나래가 끝도 없이 펼쳐지고 동시에 놀라울 만큼 예민하며 멈출 줄 모르고 속사포처럼 말을 쏟아낸다. 감각은 예민하고 모든 주변 상황에 민감하게 반응하며 극도로 활성화된다.

조증의 특징인 많은 화려한 생각은 자신의 모든 생각과 행동들이 우주와 연결되어 있다고 하는 유혹적이지만 비정상적인 감을 동반한다(이렇게 어지러울 정도로 밀려오는 황홀한 들뜸 때문에, 많은 조증환자들이 이 황홀함을 쉽게 포기하지 못한다). 일찍이 마야콥스키가 '새로운 시(詩)의 대륙을 발견한 콜롬부스… 우리 시대의 거장' 이라 칭송했던 위대한 러시아 시인 블라디미르 흘레보니코프는 괴짜이며 변덕이 심하기로도 유명했고, 한때 정신병원에 입원한 적도 있었다. 그는 자신이 '별들의 방정식, 목소리의 방정식, 생각의 방정식, 탄생과 죽음의 방정식' 을 주관한다고 믿었다. '숫자의 예술가' 인 자신이 우주를 그려내지 못할 리가 없다고 그렇게 확신했던 것이다.

> 그에게 데생용 연필과도 같은 숫자를 가지고 그는 이전의 인류가 축적한 정보를 자신의 예술 안에 융합시킨다. 그의 시 한 줄이 번개와 같은 속도로 적혈구와 지구를 결합시키고, 두 번째 줄은 헬륨이 되고, 세 번째 줄은 휘어질 줄 모르는 하늘에 부딪혀 산산조각이 나면서 목성의 위성을 찾아낸다. 속도가 새로운 속도, 즉 생각의 속도와 융합되고 가속화되는 동안 서로 다른 지식의 영역들을 갈라놓는 경계선은 차수와 같은 역할을 부여받고 해방된 숫자의 행렬

앞에 소멸되어 '행성 지구' 전체에 활자의 모습으로 결정을 맺을 것이다.

자, 이제 새롭게 창조한 방정식을 설명하자. 그 방정식은 한 치의 오차도 없이 실행될 것이다.

'행성 지구'의 표면적은 510,051,300km^2, 인간이라고 하는 은하 속의 한 시민이자 행성인 적혈구의 표면적은 0.000128 mm^2. 우주와 육체의 시민인 이 두 존재가 조약을 맺는다. 그 조항은 다음과 같다. '행성 지구'의 표면적을 적혈구의 표면적으로 나누면, 그 답은 365×10^{10}이다. 두 세계의 조화의 아름다움이여, 인간의 권리를 첫 번째로 정한 이 조화의 아름다움. 이것이 혈구의 정부와 수많은 행성을 다스리는 정부 간에 체결된 조약 제1조이다. 살아 걷는 '은하'와 그 '은하'의 작은 별은 행성의 '은하'와 그 속의 커다란 '행성 지구' 간에 365조로 구성되는 협정을 맺었다. 죽은 '은하'와 살아있는 '은하'는 대등하며 합법적인 실재자로서 이 협정에 서명한다.

조증이 되면 사람은 지칠 줄 모르는 엄청난 에너지를 발휘하며 거의 잠을 자지 않거나, 그럴 필요조차 느끼지 못한다. 이런 행동은 정상적인 범주를 벗어났다고 할 만큼 충동적이며, 때때로 폭력적이 된다. 지나친 음주, 섹스, 낭비도 문제가 된다. 심각한 조증의 경우, 환시, 환청 외에 과대망상, 피해망상에 시달리기도 한다. 게다가 이런 외적인 조증의 밑바닥에 편집증, 폭발적인 분노, 절망감이 숨어 있는 것도 드문 일이 아니다.

주제통각검사(환자에게 그림 카드를 보여주고, 그 그림 속의 인물들과 상황에 대해 상상력을 발휘하여 이야기를 만들어내도록 하는 심리검사) 에서 아무 그림도 없는 카드를 보여주었을 때, 내 환자 중 한 명이 보여준 반응은 절망감과 편집증을 동반한 조증의 전형적인 증상이라 할 수 있다. 당시 25세였던 이 환자는 급성 조증으로 입원 중이었다. 아무 그림도 없는 카드(다시 한 번 강조하지만, 백지의 카드)를 보면서 그가 쉴 새 없이 쏟아내던 이야기들은 편집증적인 함축과 명백한 정신장애, 그리고 희망과 뒤섞인 절망감으로 가득 차 있었다.

> 아주 잘 보여요. 점 몇 개가 흐릿한 것만 빼면요. 세균이 여기 엄청나게 많이 있네요. 그래서 얼굴 가까이 대지 않는 거예요. 색칠이 되어 있었다면 더 잘 보였을 텐데. 여기 아주 조금 색이 칠해진 것 말고는 전혀 색칠을 하지 않았네요. 세균을 무서워하는 영웅이 이런 기분이겠죠? 리튬 색이에요. 나비모양을 하고 있군요. 좌우 대칭인 모양이 많네요. 사탕 색깔을 한 끔찍한 녀석들이죠. 원하지도 않는데 안개 속에 갇혀버린 기분이에요. 하늘은 거의 보이지 않아요. 꽃도 없고요. 한 남자가 흑인들과 좀 이상해 보이는 사람들이 무리지어 있는 것을 봤어요. 그 남자를 따라가요, 그리고 문명을 발견해요. 발견할 때까지 꼭 로봇처럼 뻣뻣하게 걸어요. 그들은 도망을 치는데, 그러면서 수많은 함정

> 의 비밀을 알게 돼요. 이 사람들이 경찰하고 한 판 붙었는데, 거기 하나님처럼 생긴 한 남자가 잡혀 있는 걸 발견해요. 원래 시험관 아기를 만들어야 하는데 자기 아내하고 섹스를 해서 체포된 거예요. 안개 속은 심장 전기쇼크장치에서 나오는 전류로 가득 차 있어요. 안개 속을 여행하던 많은 동성연애자와 초록색 그리고 회색 사람들은 정신병원으로 뚫고 가요. 이 사람들은 세상으로 나와서 백 년 만에 처음으로 태양을 발견해요.

20세기 초반, 이 환자보다도 더 심한 조증을 앓고 있던 한 환자가 정신병적 과대망상과 수많은 관념이 꼬리에 꼬리를 물고 끊임없이 쏟아져 나오는 조증의 특징을 설명한 바 있다. 여기서 눈여겨보아야 할 것은 이렇게 증폭되는 생각과 감정의 밑바닥에 자기 파멸적인 요소가 섞여 있다는 점이다.

> 몇 달 동안의 내 정신상태는 도저히 말로는 다 표현할 수가 없다. 머릿속에서 생각들이 마치 번개가 지나가듯이 한 주제에서 다른 주제로 옮겨 다닌다. 또 내가 대단한 인물이라도 된 듯한 생각에 사로잡히기도 했다. 이럴 때면 독심술, 최면술, 무선 텔레파시, 기독교 과학, 여성 해방 운동, 의학, 종교와 정치 등 세상의 모든 문제가 다 내 머릿속에 밀려 들어와 토론과 해결을 요구한다. 심지어는 내 몸에서 영혼이 빠져나간 순간에 그 무게를 재보려고 그 장치까지

> 개발해서 내 방에 설치한 적도 있다.
>
> 여러 생각이 번개가 지나가듯이 머릿속에서 꼬리에 꼬리를 물고 추격전을 벌인다. 마치 끊어질 듯한 고삐에 의지하여 야생마를 몰고 있는 사람이 감히 조종할 생각도 하지 못한 채 그저 말이 달리는 대로 끌려갈 수밖에 없는 듯한 느낌이다. 미친 충동들이 뇌 속을 마구 휘저으면서 이쪽으로 향했나 싶으면 다음 순간에는 저쪽으로 끌고 간다. 나 자신을 파괴하고 싶다거나 도망치고 싶다는 생각을 자주 하지만, 머릿속에서 계속 동시다발적으로 떠오르는 생각들 때문에 어떤 하나의 주제에 집중해서 구체적인 생각을 할 수가 없다.

중증이건, 경증이든 상관없이 조증인 시기와 우울증인 시기가 번갈아가면서 나타나는 조울병은 우울증만큼 많지는 않지만, 그래도 상당수의 사람이 걸리는 정신질환이다. 비교적 중증인 조울병에 시달리는 사람은 백 명 중 한 명, 가벼운 조울병에 걸린 사람까지 합하면 약 1백 명 중 두세 명은 될 것이다. 조울병의 발병연령은 평균 18세로, 주요 우울증(평균 발병연령 26세)에 비해 상당히 낮다. 또 우울증의 경우에는 여성이 남성보다 최소 두 배 앓는 것에 비해, 조울병의 남녀 차는 없다. 양극성장애, 즉 조울병은 우울증 단독인 경우보다도 중증인 경우가 많고 재발 빈도도 높다. 나아가 유전적 소인도 우울증 단독인 경우보다 상당히 높다. 또 약물이나 알코올 남용을 동반하는 사례도 많다(조울병 환자 중 3분의 2가 심각한 음주 또는 약물 문제를 안고 있지만, 우울증 단독인 경우, 음주 및 약물 문제가 있는 환자는 전체의 4분의 1 정도이다.).

기분장애, 즉 우울증 또는 조증 환자는 모두 자살을 기도할 확률이 극단적으로 높다. 어느 정도냐 하면 중증 우울증 환자 중 다섯 명 중 한 명은 실제로 자살을 감행할 가능성이 있고, 조울병 환자는 거의 절반이 최소한 한 번은 죽을 수도 있는 행동을 할 가능성이 있다. 또 우울증 환자의 자살은 우울증이 없는 사람에 비해, 죽고 싶다는 강한 의도가 있다. 이들은 마약 등의 약물이나 처방약의 과다복용 등 폭력적이지 않은 수단을 주로 선택하지만, 보다 면밀한 계획을 세워서 실행하는 등, '확실한 죽음' 에 대한 의지를 보인다.

기분장애 환자 중에서도 심각한 우울 증상으로 의사가 입원을 권유했던 사람이나, 전에 자살기도 경험이 있는 사람일수록 자살을 기도할 가능성이 크게 높아진다. 우울증이 가볍거나, 중등도일 때에는 동통과 신체적 쇠약을 동반하는 경우가 많지만, 중증 환자 만큼 자살 위험이 크진 않았다. 예전에 스웨덴 연구 팀이 한 농촌 주민 모두를 대상으로 정신의학적 평가를 실시한 후, 15년에서 25년에 걸쳐 추적조사를 한 적이 있었다. 그 결과 추적조사 기간에 자살을 기도한 사람 가운데 남성은 거의 모두가 처음 조사 시점에서 우울증을 앓고 있었다는 사실이 드러났다. 첫 조사에서 어떤 종류의 정신질환도 없다고 진단을 받은 남성의 자살은 10만 명 중 8.3명이었지만, 우울증으로 진단된 남성의 자살은 10만 명 중 650명으로 상당히 높았다. 그러나 이 조사에서 가장 충격적이었던 것은 우울증이 중증일수록 자살률이 높아진다고 하는 직접적인 상관관계를 확인했다는 점이다. 첫 조사에서 가벼운 우울증이라고 진단을 받은 환자(스웨덴의 연구 팀은 '가벼운' 우울증이라고 표현하기는 했지만, 활동 레벨이 급격하게 저하될 수 있는 심각한 우울증세를 보이는 환자들이었다)는 그 후 한 사람도 자살을 기도하지 않았지만, 중등도의 우울증으로 진단된 사람들이 그 후 자살을 한 비율은 10만 명 중 220명으로 높아졌고, '중증' 환자들(스웨덴 연구팀은 현실 검증력이 없고 정신병적 증상을 보이는 우울증 환자들을 중증으로 분류했다)의 자살률은 10만 명 중 3,900명까지 급상승했다.

우울 증상이 심각하고, 특히 신체적 초조, 알코올이나 약물남용, 심각한 정서불안, 상실감, 절망감이 동반되는 우울증은 우울증 진단만 받은 환자에 비해 자살할 가능성이 훨씬 높다.

중증 우울증 환자의 자살률은 조울병 환자보다 조금 높다고 알려져 있지만, 사실 우울증에는 가벼운 조증이 동반되는 경우가 상당수에 이른다. 경조증이라 불리는 이런 종류의 가벼운 조증은 대부분 환자 자신이 자각하지 못하며, 때로는 의사의 검진이나 심리부검으로도 밝혀내지 못하기도 한다. 일반적으로 에너지가 넘치고, 극단적으로 수면시간이 짧고, 안절부절 못하는 특징을 보이는 경조증 환자는 알코올이나 약물남용, 생활습관의 혼란 등의 문제를 겪으며, 처방받은 대로 치료약을 복용하지 않는 경우도 많다. 오랜 우울증으로 인해 초조감과 약물남용 등의 문제가 생긴 경우라면, 이 문제들이 복합적으로 작용하여 치명적인 결과를 초래할 가능성이 더욱 높아진다.

심한 우울증으로 자살 충동에 사로잡힌 환자가 흥분상태에서 폭력적인 행동을 보이는 경우도 있는데, 이는 아주 가까이에서 지켜보거나, 스스로 경험한 적이 없는 사람에게는 이해할 수 없는 증상이다. 고도의 흥분상태와 우울증이 동시에 나타나는 이런 증상은 조울병 환자가 '혼재성 상태'에 빠져 있을 때 흔히 볼 수 있다. 혼재성 상태란, 우울증과 조증이 공존하는 상태를 말하는데, 우울증이나 조증처럼 독립된 임상형태로 나타나기도 하고, 우울증에서 조증 또는 조증에서 우울증으로 이행되는 과도기적 단계에서 나타나기도 한다. 특히 우울증에서 조증으로 기분이 치솟거나, 조증에서 우울증으로 곤두박질 칠 때, 또는 우울증에서 안정적인 상태로 옮겨가는 시기에 특히 자주 나타나는 것으로 알려져 있다. 19세기 말, 정신건강의학과 의사 에밀 크레펠린은 자신이 맡고 있던 많은 조울병 환자가 폭력적인 흥분과 병적인 우울함을 동시에 겪고 있다는 것을 발견했다.

> 그런 환자들은 때로는 일부러 굶거나, 목을 매달려고도 하고, 손목을 끊으려 하거나 하는 행동을 보인다. 또 불을 질러 달라거나, 산 채로 묻어달라고 부탁을 하는 경우도 있고, 숲에서 헤매다가 죽을 수 있도록 놔두라고 애원한다. 땅에 박아 놓은 끌 끝에 얼마나 자주 목을 쳐댔는지 피부가 벗겨져 목뼈가 다 드러난 환자도 있었다.

혼재성 상태에 있는 환자는 감정의 동요가 심하고, 매우 폭력적이고 비정상적 행동을 하곤 한다. 조증과 우울증의 증상들이 매우 다양한 조합으로 나타나는 이 혼재성 상태에서 자살 위험이 가장 높은 경우는 우울, 비정상적 사고, 초조하고 광적인 에너지 수준이 혼재된 경우이다. 편집증, 분노 폭발, 얕은 수면, 과음, 신체적 혹사 등도 드물게 나타나는 증상이다. 모두 매우 위험하고 힘든 증상이다. 에너지의 과잉분출은 진정되지 않는 흥분상태를 야기한다. 시인 앤 섹스턴은 이를 '끔찍한 에너지' 라 표현했다.

> 뭔가 할 일을 찾아 방에서 방으로 온 집안을 배회한다. 아마 얼마 동안은 뭔가를 할 것이다. 과자를 굽거나, 화장실 청소를 하거나, 침대 정리를 하고 전화를 받거나 하면서. 하지만 내 안에는 어떤 일을 해도 줄어들지 않는 이 끔찍한 에너지가 가득 차 있다. 우리에 갇힌 호랑이처럼, 나는 위로 아래로, 방에서 방으로 몸을 움직인다.

에드거 앨런 포도 자살기도가 실패로 끝난 후에 남긴 짧은 편지에서 이 '두려운 흥분된 초조함' 에 대해 이렇게 묘사했다.

> 나는 침대 속에 들어가 길고 긴 끔찍한 밤을 울면서 지새웠다. 날이 밝자 살을 에는 듯 차가운 공기 속을 빠르게 걸으며 내 마음을 진정시키려고 애를 써봤다. 하지만 어떤 시도도 무의미했다. 악마는 여전히 나를 괴롭히고 있다. 살아가기 어렵다 …. 이 공포스러운 격앙감, 내 삶을 부숴버리던지, 나를 도저히 헤어나지 못할 광기로 몰아넣고 이 흥분

상태를 끝내지 못하는 한, 나는 살 수 없다.

일단 흥분상태가 시작되면 그것이 우울증을 동반하는 조증의 형태로 나타나든, 조증을 동반하는 우울증의 형태로 나타나든 간에, 자살 위험이 높아진다. 단, 조증이 원인이 되어 자살을 기도하는 경우는 극히 드물며, 혹여 자살을 했다고 하더라도 환자가 하늘을 날 수 있다거나, 물 위를 걸을 수 있다거나, 또는 무장 경찰을 습격하더라도 아무 문제도 없을 것이라는 망상에 사로잡힌 끝에 한 행동 때문이지, 본인에게 자살할 의도가 있었다고는 보기 어렵다.

근대적인 정신질환 치료법이 개발되기 이전에는 많은 환자들이 급성 조증으로 목숨을 잃곤 했다. 그 원인으로는 탈진, 심장발작, 외에도 오랫동안 맨발로 걸어 다니다가 입은 상처로 인한 감염 등이 언급된다. 크레펠린 박사는 그가 치료하던 조증 환자의 광적인 행동을 다음과 같이 묘사했다.

> 환자는 잠시도 앉거나 누워 있질 못하고, 침대에서 뛰쳐나와 뛰어다니고, 점프를 하고, 춤을 추고, 테이블이나 의자 위에 올라가고, 벽에 걸린 그림을 떼어낸다. 말리려고 해도 뿌리치고 밖으로 뛰어나가 옷을 벗어 던지고, 다른 환자들을 놀려대고, 물에 뛰어들어 물장구를 치고, 침을 뱉고, 괴성을 지르고, 혀를 차거나 한다. 내면의 혼란을 발산하려는 행동인지, 상체를 흔들고, 왈츠 같은 동작을 하고, 팔을 마구 저었다가는 이상한 형태로 굽히고, 머리를 문지르고, 점프를 하고, 때리고, 닦고, 비틀고, 손뼉을 치

> 고, 북을 치는 흉내를 낸다. 조증 환자의 사망 원인은 이런 계속된 흥분상태와 불충분한 영양섭취와 불면으로 인한 탈진과 심장발작, 또 상처로 인한 패혈증으로 추측된다.

환각이나 망상 증상이 있는 정신병 상태의 기분장애 환자 자살 가능성은 우울증이나 혼재성 상태의 환자보다 높지 않다. 환청 증상이 있는 중증 우울증 환자는 때로 자살을 부추기는 목소리를 듣기도 하지만 그런 환자들의 실제 자살률은 높다고는 할 수 없다. 단, 정신병 환자는 우울증이나 조울병 환자보다 더 난폭하고 기이한 수단으로 자살을 하는 경향이 있다.

그런데 우울증이나 조울병 환자가 특히 자살이나 자살기도를 할 가능성이 높은 시기는 심각한 우울증세가 처음 나타난 직후, 또는 흔히 퇴원 직후의 시기이다. 그 이유는 밝혀지지 않았지만, 우울증세로 인한 고통과 그 질환이 자기 개인의 삶과 하는 일에 어떤 영향을 미칠지에 대한 불안, 또 재발하는 건 아닌지, 언제 재발할지에 대한 걱정 등이 요인으로 작용하는 것으로 생각된다.

환자가 제대로 된 치료를 받을 수 있을지는 일종의 도박과도 같다. 최고의 의사를 만나더라도 치료 효과가 나타나기까지 오랜 시간이 걸리는 경우가 많다. 대부분의 환자는 상당히 증상이 악화된 후에야 의사를 찾으며, 또 의사의 진료를 받더라도 충분히 회복되어 살아가겠다는 의지를 갖게 되기 전에 치료를 중단하는 경우도 적지 않다.

안타까운 점은, 환자가 우울증에서 회복되기 시작할 때 특히 자살위험이 높아진다는 점이다. 이 시기에 환자는 절망감, 무력감, 실의 등에서 벗어나 정상적인 상태를 되찾아 가지만, 그와 동시에 여러 위험요소도 늘어나게 된다. 예를 들면, 우울증의 회복기에는 흔히 혼재성 삽화가 나타나는데, 이 때문에 급격한 감정의 동요나 에너지 분출, 수면장애 등을 경험하게 된다. 또 이 병은 조금 좋아졌나 싶으면 또 나빠지는 식으로 아주 서서히 좋아지기 때문에 회복세가 순조롭지 않다는 것도 환자를 초초하게 만드는 요인이다. 스스로 생각할 수 있는 능력과 활력이 되살아나면 이는 일반적으로 건강이 회복되고 있다는 증거이지만, 전에는 억제되어 있었던 자살충동을 행동으로 옮길 수 있게 되는 것도 의미한다.

회복기에 있다고 해도, 진정한 의미에서 회복되고 있는 환자와 오히려 자살 충동이나 절망감 등 자살 위험이 높아진 환자를 구분하는 것은 어려운 일이다. 일례로, 자살 직전의 환자에 대한 임상관찰 기록과 그 환자와 나이가 같고 같은 질환으로 진단을 받았지만 자살을 기도한 적이 없는 환자의 임상관찰기록을 비교한 연구가 실시된 적이 있다. 이 연구에서는 실제로 자살을 한 환자가 그렇지 않은 환자보다도 안정적이고, '보다 양호한 정신상태' 라는 평가를 받았다는 놀라운 결과가 나왔다. 실제로 입원 중에 자살한 정신병 환자 중 약 3분의 1이나 되는 사람들이 자살을 하기 몇 분 또는 몇 시간 동안 의사나 가족, 친구들의 눈에 지극히 '정상' 으로 보였다고 한다.

이런 '폭풍 전야' 와도 같은 평온함은 어쩌면 우리의 예상과는 다른 요소들을 반영하는 것인지도 모른다. 우선 자살자는 병에서 회복되어 진정한 마음의 평온을 되찾은 상태였지만, 갑작스럽게 혼재성 또는 우울삽화가 나타나면서, 돌발적인 자살을 감행했을 가능성을 생각해볼 수 있다. 어쩌면 평소보다도 평온한 모습을 보여준 것은 이미 자살을 결심해서 삶의 불안이나 고통에서 해방되었기 때문일지도 모르며, 또 자살을 하기 위해서 일부러 가족이나 의사를 속인 것일 수도 있다. 특히 마지막 가능성, 자살을 위해 주변 사람들을 속이는 경향은 몇 백 년 전에도 있었던 것으로 알려져 있다. 18세기의 미국 의사 벤자민 러시도 이런 경향을 파악하고 있던 한 명이었다. 필라델피아 출신의 의사이자 교육자, 애국주의자였으며 대륙군의 군의무감이자 독립선언의 서명자이기도 한 그는 이런 기록을 남겼다.

> 실제로 환자의 이성이 회복되고 있는 것인지, 아니면 병원에서 벗어나기 위해 주변사람들을 그럴듯하게 속이는 말과 행동을 하는 교활함을 발휘하고 있는 것인지는 신중하게 판단할 필요가 있다. 잘못된 판단으로 최악의 사태를 초래하지 않기 위해서는 회복 상황을 엄중하게 감시해야 하며, 몇 주에 걸쳐 정상적인 대화와 행동이 계속되는지를 관찰하여 실제로 회복이 되고 있다고 확인을 하기 전까지는 퇴원을 허가해서는 안 된다. 펜실베이니아 병원에서 퇴원한 환자가 친구들의 퇴원 축하 인사를 받던 중에 자살한 사례가 3건이나 있었다.

기분장애는 확실히 그 이외의 정신질환에 비해 자살과 상관관계가 높지만, 청년 자살이 모두 기분장애 때문에 일어나는 것은 아니다. 심각한 정신질환인 조현병 역시 주요 원인 중 하나이다.

'이건 작별 편지야' 라고 시인이자 작곡가인 아이버 거니는 1918년 6월 친구에게 편지를 남겼다. '이대로 추락하다가 낙오자로 끝나 버릴까봐 무서워. 그리고 너도 내가 미치광이로 살아갈 바에는 차라리 죽는 게 더 낫다고 생각하고 있을 거야. 신께서 너를 축복하고, 나를 용서 하시기를...' 당시 '전쟁신경증에 의한 신경쇠약' 이라는 진단을 받고 야전병원에 입원 중이었던 거니는 심각한 자살충동에 사로잡혀 있었고, 망상형 조현병이라는 나락으로 향하는 길고도 처참한 계단을 내려가고 있었다. 그는 수 차례 자살을 암시했으며, 실제로 의사가 처방한 진정제를 과다 복용하고, 가스 자살을 기도하는 등 최소한 두 번 이상 자살을 기도했다. 그의 고통은 견디기 힘든 것이었다. 상상 속의 수많은 목소리가 그에게 자살을 명령했다. 라디오의 전파는 그에게 비난의 포탄을 쏟아 부었다. 망상은 끝없이 계속되었고 그를 협박하고 괴롭히는 목소리는 집요했다. 주치의는 거니의 정신상태를 다음과 같이 보고했다.

> 그의 상상 속에서는 주로 전류가 말을 전달하는데, 음란하고 성적인 단어들로 그를 협박했다. 그는 이미 많은 종류의 목소리를 듣고 있었다. 또 깨어 있을 때는 알아볼 수 있는 얼굴 등 이상한 여러 다른 형체도 보았다. 또 내면이 뒤틀려가는 것을 느끼고 있었다. 어떤 생각을 집중 할 수 없

었다. 자살과 관련해서는 머리가 너무 아파서 차라리 죽는 게 나을 것 같다는 생각을 했다.

거니의 정신상태는 전혀 좋아지지 않았고, 1922년부터 그가 세상을 뜬 1937년까지 대부분의 시간을 정신병원에서 보냈다. 그 고통을 그는 시로 남겼다. '내 안에는 무시무시한 지옥이 있다.'는 구절이 그 시절의 시에 나온다. '어떤 것도 이를 없애주지 못한다. 나는 죽음을, 죽음을, 죽음을 달라고 기도한다.' 다른 시에서는 그의 고통이 더 뚜렷하게 드러나 있다. '온종일 죽음을 소망하는… 죽음의 자비를 구하며 기도하는 자가 있다.'

조현병은 정신질환 중에서도 가장 무섭고 중한 질환이다. 조울병과 마찬가지로 십 대 후반에서 이십 대 초반에 발병하며 조울병만큼은 아니지만, 유전성이 높은 질환으로 비교적 발생빈도가 높다(약 100명 중 1명 비율). 또한 인간관계나 학업, 인생목표 등에 파멸적인 영향을 미친다. 치료를 하지 않으면 대부분 시간이 지날수록 악화된다. 친구나 가족과 멀어지고 고립되는 것은 이 질병의 피할 수 없는 결과다. 기분장애만큼 자살 위험이 높지는 않지만 감각, 이성, 감정, 의욕 등을 잃게 된다는 의미에서, 위험하고 힘든 질환이며, 환자의 약 10%는 자살로 생을 마친다.

실제로는 존재하지 않는 것들이 보이거나 들리는 환각, 또 확실한 증거가 있음에도 잘못된 생각에서 벗어나지 못하는 망상은 조현병이 야기하는 공포의 일부에 불과하다. 환자들의 시각적, 감정적 세계는 순식간에 지도도 없는 암흑 속의 공포로 돌변하곤 한다. 존재하지 않는 목소리가 들리는 환청은 조현병의 일반적인 증상이다. 그 목소리는 대부분 환자를 협박하고, 비난하고, 뭔가를 요구하곤 한다. 목소리는 다양한 곳에서 들려온다. 어떤 때에는 바로 옆에서 들리기도 하고, 어떤 때에는 멀리서 들리기도 한다. 마음속에서 들려오는 때도 있는가 하면, 머릿속에서 들려올 때도 있다. 콧속, 복부, 외부세계, 새, 전화, TV, 인터넷에서 자신에게 말을 거는 목소리가 있다고 믿는 경우도 있다. 일반적으로 이런 목소리가 말하는 내용은 환자의 불안을 증폭시키는 것들이 대부분이며 때로는 이해가 불가능한 내용도 있다. 또 한 사람의 목소리처럼 들릴 때도 있지만, 두 사람이 대화를 하거나, 말싸움을 하는 것처럼 들리는 경우도 많은데, 때로는 많은 사람이 귀에 거슬리는 노래를 부르거나, 수다를 떠는 목소리가 들려오기도 한다.

환시는 환청만큼 흔하지는 않지만, 매우 다양한 형태로 나타난다는 공통점이 있다. 조현병의 이상행동에 대한 예리한 관찰자였던 에밀 크레펠린은 자신의 환자가 경험한 수많은 시각의 왜곡과 환시 중에서 몇 가지 예를 들었다. 죽음의 얼굴, 역사 속의 성인들, 공중제비를 도는 광대, 먹잇감의 머리 위를 맴도는 검은 새, 중국의 황제, 음식 속의 뱀, 마틴 루터, 불꽃, 심장 속에 살고 있는 진홍색과 흰색의 쥐들, 어깨 위의 거북이 두 마리. 환자들은 이런 무시무시한 것들을 보고, 그 목소리를 들었다고 한다.

현재 세인트루이스 워싱턴 대학 의학부의 의사이자 과학자인 캐롤 노스 교수는 조현병으로 인해 무서운 환시와 괴이한 망상, 왜곡된 지각에 시달렸던 자신의 경험을 이렇게 묘사했다.

나는 온몸이 뻣뻣해질 때까지 몇 시간 동안이나 바닥의 비닐 매트 위에 누워 꼼짝도 하지 않았다. 콘크리트 바닥 한가운데에 자리 잡은 배수구가 쿨럭거리며 토해내는 불쾌한 목소리들, 나를 조롱하고 욕설을 퍼붓던 그 목소리들이 토사물 같은 녹색 타일 벽 사이에 부딪혀 메아리치다가 사라졌다. 때때로 동물원의 유리창 너머 파충류라도 관찰하듯 나를 감시하는 귀신같은 얼굴들이 반대편 유리창에 나타났다. 처음에는 내 상태를 보러 온 보조원인 줄 알았고, 그다음에는 그 목소리의 주인들일지도 모른다고 생각했다. 그들이 드디어 나를 만나러 온 것이다. 그러다가 얼굴 같은 건 원래 없고, 내 병든 뇌가 만들어 낸 망상일지도 모른다는 생각을 하게 되었다.

나는 고성소(죽은 사람들 중 지복직관에 완전히 들지는 못했지만 벌을 받고 있지는 않는 상태에서 머무르는 장소)에 갇혀 있었다. 아니 어쩌면 그곳은 연옥이었는지도 모른다. 그곳에서 나는 가야 할 '저 세상'이 결정되기만을 기다리고 있었다. 아아, 무슨 일이든 일어나 이 모든 것을 박살내고, 내 이런 처지를 끝내주길 얼마나 기도했던가.

3인치 두께의 문이 마법처럼 활짝 열렸다.

'캐롤' 하고 팔머스 박사님의 목소리가 들렸다. '얘기하고 싶구나.'

'얘기, 걷기, 참기, 쓰기, 얼간이' 팔머스 박사님의 말에 운율을 맞춰 목소리들이 메아리쳤다. 이는 우리가 지금부터 초고속으로 태양을 향해 여행을 떠날 것이라는 암호였다. 우리는 특수 상대성이론의 세계에서 초 특수 상대성 이론의 세계로 돌입했다. 내 몸에 전류가 흐르며 붕붕 소리를 낸다. 60주파수로 공명하는 소리다. 나는 병렬 우주와 저 세상이 초고속으로 400억의 메시지를 주고받을 수 있는 통신 네트워크의 전도체 역할을 한다. 이 모든 메시지를 전송하고 병렬 우주와 저 세상을 연결하는 내가 없으면 통신 시스템 전체는 혼돈에 빠지고 말 것이다.

팔머스 박사님이 내 팔을 하늘로 뻗게 했다.

내 손가락 하나가 툭 튀어나가 새로운 형상으로 빚어지더니 다차원 우주를 향해 레이저 총을 발사하기 위해 다시 모양을 잡았다.

행동이나 말이 극단적으로 지리멸렬해지는 것도 조현병의 특징이다. 이야기의 내용에서 논리적인 일관성이 사라지고, 의미도 사라진다. 정신이 서서히 분열되어가는 과정이 주변 사람들로서는 이해의 범주를 넘은 것이라 환자가 안에서부터 망가져 가는 모습을 보고 있는 것은 견디기 어려운 일일 것이다. 환자는 세상을 무서워하고 세상으로 부터 자신을 격리시키고, 길고 긴 설교라도 하는 듯한 목소리에 고통 받고, 일그러진 얼굴과 형태, 괴이한 색채로 뒤덮인 인생을 보며, 일관성과 자신의 뇌에 대한 신뢰를 잃게 된다. 이 모든 과정은 대부분의 환자에게 있어 말로 표현할 수 없을 정도의 고통을 야기한다. 조현병 환자였던 로버트 베일리는 하루하루의 투병생활을 다음과 같이 설명했다.

내게 현실이란 끝없는 고통과 고문이었다. 시도 때도 없이 일어나는 환청과 환시는 내 일상을 침범하고 망가뜨렸다. 파괴적인 소리들은 외국어로 두서없이 떠들어대거나, 난폭한 행동을 하라고 소리를 질러대곤 했다. 또 집요하게 비난하며 괴롭히는가 하면, 나를 비웃고, 머리를 어지럽히고, 병적인 편집증 세계로 밀어 넣었다. 소리는 모든 것에 대해 파괴적인 명령을 내리며, 자살행동이나 자해행위라는 결과를 낳게 한다. 내 목숨을 파괴하라고 부추기는 이 강박적인 소리에 시달리다 못해 달리는 차 앞에 뛰어든 적도 있고, 동맥을 끊은 적도 있다. 이 집요한 목소리가 머릿속을 지배해버리면 내 의지로는 통제할 수 없는 사태가 벌어진다. 이런 상태가 되면 엄청난 고통과 탈진이 뒤따른다. 이상한 소리도 들려온다. 이런 소리들이 들리면 내 뇌는 기능을 멈춰버리고 생각이 뒤틀려버린다. 이런 소리들은 주로 나를 비난하는 목소리를 듣지 않으려고 내면의 미친 세계 속으로 움츠러들 때 갑자기 솟아난다.

환각은 아주 선명하며, 공포와 경악의 감정을 불러일으킨다. 예를 들면, 갑자기 환각에 사로잡히면, 길에 깔린 돌 하나하나가 악마의 얼굴로 바뀌어 망연하게 바라보는 내 눈앞에서 산산조각이 난다. 사람과 이야기를 하고 있을 때에는 상대의 얼굴이 그로테스크하게 변형되거나, 피부가 벗겨지면서 썩어가는 근육과 내장이 보일 때도 있다.

조현병 환자에게 고통을 주는 것은 일그러지는 현실만이 아니다. 병적인 감정 마비가 이들을 지배한다. 다른 사람들이 격한 감정이나 기쁨을 느끼는 상황에서도 조현병 환자들은 별다른 감정을 느끼지 못한다. 지적 능력, 기억력, 집중력, 논리적 사고능력도 파괴된다(뇌영상 연구를 보면, 조현병 환자와 그렇지 않은 사람의 뇌 구조와 기능 사이에 현저한 차이가 있음을 확인할 수 있다). 이러한 증상은 우울증 증상과 겹치기도 하지만 보다 영구적인 경향이 있고, 시간이 가면서 좋아질 가능성은 점점 낮아진다. 또 조현병은 또한 감정을 침범하는데, 최근 조사에 따르면 25% 이상의 환자가 심각한 우울증에 시달리고 있었다. 그리고 조현병에 우울증이 겹치면, 그렇지 않을 경우에 비해 자살 가능성이 크게 높아진다.

자살하는 조현병 환자는 기분장애 환자와 마찬가지로 극도의 우울증, 불안감과 정서불안 증세를 보이는 경향이 높다 (조현병 환자 중 30~40%는 적어도 한 번 이상 자살을 기도한 적이 있다. 즉, 우울증 환자와 마찬가지로, 과거의 자살기도 경험은 그 후의 자살을 예측하는 가장 확실한 지표가 된다). 또 조현병 환자의 자살도 질환의 초기 단계나 퇴원 직후에 일어나는 경우가 많다. 환각이나 망상이 환자에게 큰 고통을 주는 것은 확실하지만, 이것이 자살을 부추기는 요인인지는 아직 명확하지 않다.

다른 몇몇 질환, 가장 대표적으로 불안장애, 경계성 인격장애, 반사회성 인격장애도 일반인들의 인식보다도 훨씬 심각한 자살위험을 초래한다(식이 장애인 신경성 식욕부전증과 신경성 대식증(폭식증)은 여러 내과적 합병증을 유발하며, 때로는 죽음의 원인이 되기도 하지만, 실제 자살률에 대해서는 확실히 밝혀진 바가 없다. 섭식장애 환자를 대상으로 한 30건 이상의 조사를 검토한 결과, 대상자의 자살률은 약 1% 정도였다.).

한편, 불안장애의 경우, 특히 공황 발작이나 심한 우울증을 동반하는 경우에 자살 위험이 현저하게 증가한다는 사실이 밝혀졌다. 과도한 불안이나 걱정, 수면장애, 근육의 긴장, 자극과민성, 피로감, 안절부절 못함 등 이런 장애의 특징적인 증상들은 오래 지속되는 경우가 많다. 불안장애에 시달리는 사람은 일반적으로 우울증세를 동반한다. 공황발작도 자살이나 자살미수로 이어질 가능성이 높은 증상이지만, 공황발작이 자살과 자살기도를 어느 정도 증가시키는지에 대해서는 여전히 논란이 계속되고 있다. 공황 발작은 강렬한 두려움이나 불안감이 발작적으로 엄습하는 것이 특징으로 어느 순간 갑자기 가슴 두근거림, 식은땀, 몸 떨림, 질식감, 숨 막힘, 가슴 통증, 죽음 또는 통제력 상실에 대한 두려움 등 다양한 신체적, 정신적 증상이 나타난다. 이런 공황 발작을 일으킨 환자가 심장마비인 줄 알고 응급실을 찾는 경우도 드물지 않다. 공황 발작이 자주 일어나면 환자는 절망감에 빠질 뿐 아니라, 발작의 원인이 될 만한 상황을 피하려고 스스로 사회적으로 고립되는 상황을 선택하기도 한다. 극도의 불안감은 극도의 초조함과 마찬가지로 자살의 징후가 될 수도 있다.

그런데 이 중에서 강박장애는 예외적으로 자살의 위험도를 끌어올리지 않는 정신질환이다. 이런 장애를 앓고 있는 환자는 아무리 뿌리치려 해도 사라지지 않는 집요한 생각이나 충동에 사로잡히거나, 똑같은 행동을 비정상적으로 반복한다. 살갗이 벗겨질 때까지 손을 닦거나, 몇 번이나 숫자를 다시 세고, 몇 번이나 반복해서 문을 잠갔는지 확인을 하는 등의 행동이 바로 이 강박장애의 특징적인 행동인데, 환자 본인이 힘들 뿐 아니라 이런 행동을 하느라 하루에도 몇 시간씩 시간을 보내기 때문에, 정상적인 생활이 어려운 경우가 많다. 하지만 이 질환을 앓고 있는 환자는 증상이 극도로 악화되거나, 우울증이 동반되는 경우를 제외하고는 자살할 가능성이 매우 낮다.

마지막 넓은 범주의 정신질환으로 인격장애가 있는데, 이중에 심각하게 높은 자살률을 보이는 두 가지 질환이 있다. 이 중 하나인 경계성 인격장애는 아주 불안정한 인간관계, 충동적이고 자기파괴적 행동이 특징이다. 구체적으로는, 한 직장에 붙어 있지 못하고 계속 직업을 바꾸거나, 만성적인 공허감이나 버림받을 것에 대한 두려움, 주기적으로 강렬한 분노에 휩싸이거나 감정의 급격한 변화, 손목을 칼로 긋거나 몸을 칼로 난자한다거나, 살갗에 화상을 입히거나, 머리를 벽에 부딪치는 등의 자해나, 자살행동 등이 주요 증상으로 나타난다. 다음으로 반사회성 인격장애가 있다. 이 질환은 유년기에 행동장애의 형태로 시작하는 경우가 많은데, 타인의 권리에 대한 무관심, 동정심의 결여, 공격성, 병적인 거짓말, 양심 가책의 결여 또는 부족, 신체적인 잔혹성 등의 특징이 있다.

이 두 가지 인격장애는 여러 가지 차이점(예를 들면, 반사회성 인격장애 환자 중 남성이 여성의 세 배에 이르지만, 경계성 인격장애의 발병률은 여성이 남성보다 세 배나 높았다)이 있지만, 유사점도 있다. 예를 들면, 두 질환 모두 가족성 질환으로 일차 가족(부모나 형제·자매, 자녀 등) 중에 환자가 있으면 인격장애가 발현할 확률은 그렇지 않은 경우에 비해 상당히 높아진다. 또 두 질환 모두 비교적 이환율이 높으며, 시간의 경과에 따라 증상이 완화된다는 공통점도 있다. 이 외 두 질환에 공통되는 특징들은 높은 자살률을 야기하는 원인이기도 하다. 충동적인 행동, 제어할 수 없는 분노 발작, 신체적인 폭력을 동반한 빈번한 싸움, 이유 없는 공격, 무모한 행동(불특정 다수와의 위험한 섹스, 약물남용 등), 심각한 정서불안 등이 바로 그것이다. 이런 불안정한 기분과 행동이 타인을 자신의 생각대로 조종하려는 생각이나 타인의 감정이나 권리를 무시하는 인격장애의 특징과 결합하면 인간관계가 이어질 수가 없다. 그 결과 개인생활은 고독하고 황량해지며 직장에서도 문제를 일으켜 실직하거나, 형무소에 수감되는 결과로 끝날 수도 있다.

무모하고 폭력적인 행동이 정신질환 환자의 자살이나 심각한 자살기도를 초래한 사례는 수없이 많다. 경계성 및 반사회성 인격장애의 특징인 불안정성이 우울증, 알코올의존, 약물남용과 결합하면 극히 위험하며, 치명적일 수도 있는 행동으로 치달을 수도 있다. 경계성 인격장애 환자의 약 4분의 3은 최소한 한 번은 자살을 기도했으며, 5~10%는 자살로 생을 마쳤다. 이런 환자들은 주요 우울증, 조현병, 조울병 환자와 비교할 때, 인간관계의 갈등이 자살행동으로 발전하는 비율이 훨씬 높았다. 경계성 인격장애 환자는 남에게 거절당하거나, 거절당했다고 느끼는 상황에 매우 민감하게 반응하는데, 일단 우울 삽화가 시작하면(대부분 그 시기는 길지 않지만)

인간관계의 갈등에 점점 더 민감해진다(이들은 남의 눈에 잘 띄는 곳에서 자살을 하는 경우가 많다. 한 조사에 따르면 경계성 인격장애 환자의 자살 중, 자살의 순간을 누군가가 목격한 사례는 40% 이상에 달했다. 이 이외의 정신질환의 경우, 누군가가 자살을 목격한 경우는 15%에 불과했다.).

많은 경계성 인격장애 환자를 치료한 의사 하워드 우시니는 우울증과 단기 정신병적 에피소드 때문에 입원한 세 아이의 어머니 32세 여성에 대해 보고했다.

> 입원 직후 몇 시간 동안 그녀는 단정한 옷차림을 한 매력적인 여성처럼 보였다. 우울증의 객관적인 증거도 없었다. 의료진이나 다른 입원환자와도 쉽게 친해졌다. 그런데 주말을 집에서 보내면서 술과 진정제를 과다 복용했다. 월요일에 다시 병원에 나타난 그녀에게 의료진은 즉시 투약을 중단했다. 그녀는 약물 투여를 재개해 달라며 호소하면서도 자신의 부적절한 약물복용 때문에 약물치료를 계속할 수 없게 되었다는 사실을 받아들이려 하지 않았다. 그날 오후에는 수련과정 중인 심리치료사를 공공연하게 유혹하며 성적 관계를 요구했다. 그녀의 복장과 행동은 점점 더 흐트러지며 비정상적인 모습을 보이게 되었다. 환자는 자신의 겉모습과 행동의 급격한 변화를 전혀 이해하지 못하고 있었는데, 이것이야말로 그녀의 증상이 '병'에 의한 것임을 보여주는 증거였다. 치료자가 환자에게 생활을 꾸려나가고

격한 감정을 다스리는 능력은 입원 전이 더 나았다고 지적하자, 그녀는 흥분하여 자신을 보다 잘 이해해줄 수 있고 집에서도 가까운 병원으로 옮기겠다고 선언을 하고는 진료실을 뛰쳐나가 병원 밖으로 나가버렸다.

몇 분 후, 치료자가 진료실에서 나갔다가 10분 후에 돌아와 보니 환자가 피바다 속에 서 있었다. 치료자의 진료실 창문을 손으로 깨다가 깨진 유리에 상처를 입은 것이다.

몇 개월 후, 그녀는 당시의 상황을 이렇게 설명했다. '그때 선생님께서는 저를 위해서 진료실에 계셨어야 했어요. 아무리 제가 뛰쳐나갔다고 해도 말이죠. 전 선생님이 그 방에 계시다고 생각했어요. 하지만 안 계셨죠. 그 사실을 알았을 때 그 유리창에 제 아버지의 얼굴이 나타나서 점점 다가왔어요. 아버지의 얼굴에 커다란 균열이 생겨났죠. 세상이 산산조각이 나려고 했어요. 그 이미지를 부숴버리려고 했던 거예요.'

그녀의 이상행동은 단시간에 사라졌지만, 바로 같은 날 그녀의 남편과 상담을 하던 중에 자신의 행동을 제어하지 못하는 또 다른 이상행동이 시작되었다. 환자 자신이 퇴행하고 있는 자신의 모습을 이해하고 있다고 할 수 있었지만, 그렇다고 해도 입원치료가 필요한 증상이었다. 환자는 남편에게 의사가 무신경하며, 자신에게 제대로 관심을 가지지 않는다며 호소하기 시작했다.

그래도 입원치료를 피할 수 없다는 것을 깨닫자, 바닥에 누워 뒹굴면서 의자 다리를 물어뜯고 이상한 신음소리를 지르며 울기 시작했다. 남편은 그녀를 질질 끌어 일으켜 세우고는 이런 행동을 하는 것 자체가 집중적인 치료를 받아야 하는 증거이며, 자신의 행동에 책임을 지지 못한다는 것을 보여주는 것이라고 엄한 어조로 설명했다.

치료자의 태도에 변화가 없자 그녀는 마치 트랜스(해리성 몽환) 상태에 빠진 것 같은 행동을 보였다. 결국, 환자와 남편은 다른 병원에서 치료받는 다고 나갔다.

1시간 후, 치료자는 환자의 전화를 받았다. 그녀는 처음 입원 수속을 했을 때와 마찬가지로 명료한 목소리로 직선적으로 말했다. '선생님, 동의하겠어요.' 처음에 제안한 치료를 받겠다는 것이었다. 그 후 얼마 지나지 않아 퇴원한 그녀는 1년 반 동안 외래치료를 받았다. 그 후의 치료 회기 중 에서도 몇 차례 잠시 정신병적 에피소드를 보였다. 이 에피소드는 모두 실제적이거나 의심스러은 대상 상실과 관계되어 일어났다. 그리고 모든 경우에서 그 상실을 이해하게 되면 그 치료시간 안에 이상행동이 진정되었다. 만약 퇴행된 이상행동을 보일 때에 그 병력을 알지 못하고 이 환자를 본다면 의사는 그녀를 아무런 의심 없이 조현병이라고 진단할지도 모른다.

그녀를 제대로 진단할 수 있었던 것은 그녀에 대한 많은 사람들과 증상에 대한 솔직한 논의 덕분에 가능했다.

지금까지 설명한 정신질환들 즉 기분장애, 조현병, 불안장애, 인격장애는 그 자체로도 사람을 고통스럽고 힘들게 하는 병이지만, 더 나아가 사람들과 의미있는 관계를 맺고, 일을 통해 만족과 경제적 유익을 누리며, 삶의 의미를 추구하는 능력에도 심각한 영향을 미친다. 이 모든 장애는 또한 술이나 약물 남용이 더해지는 순간 더욱 나빠지게 된다.

조현병, 기분장애, 불안장애, 인격장애 등의 질환이 자살에 중요한 역할을 하는 것은 확실하지만, 모든 자살 배경에 이런 질환이 있다고는 할 수 없다. 알코올이나 약물남용이 단독으로 또는 흔히 자주는 우울증 및 다른 정신질환과 결합하여 더 무서운 해를 끼친다. 약물남용은 조울병이나 조현병과 마찬가지로 대부분 사춘기 또는 이십대 초반에 시작되며, 한번 습관이 되면 점점 악화되는 경향이 매우 강하다.

대개의 경우 돌이킬 수 없는 엄청난 개인적, 경제적, 사회적, 법적, 직업적으로 수습할 수 없는 심각한 문제를 자주 일으킴에도 불구하고, 알코올 및 약물남용자는 강박적으로 자신을 파괴하는 이 물질을 좀처럼 끊지 못한다.

우울증은 약물이나 알코올 의존의 전 단계, 또는 동반 증상, 또는 뒤따르는 증상으로 나타날 수도 있는데, 이런 우울증과 약물 및 알코올 의존을 구분해 내는 것은 간단한 일이 아니다. 약물의존이나 우울증 둘 다 기분, 사고, 행동, 수면, 식욕 장애를 초래한다. 알코올 의존은 우울증 증상의 대부분을 야기하는 도화선이 될 가능성이 있으며, 장기간에 걸친 알코올 남용의 결과로서 심한 우울증이 발병하는 경우도 있다. 그 이유는 명확하면서도 상당히 미묘하다. 고통과 두려움을 동반하는 우울증, 조증, 조현병 환자가 약물이나 알코올을 사용하면, 잠시 동안은 절망감이나 불쾌감, 긴장감을 완화시켜 주는 효과 덕분에 단기적으로는 위안을 얻을 수 있을 것이다. 음주량은 우울한 시기뿐만이 아니라, 보다 병적으로는 조증이나 초조감을 동반하는 혼재성 상태일 때에 더 증가한다. 정신상태가 불안정해지면, 알코올이나 진정제, 수면제 등의 약물의 힘을 빌려 초조함을 억누르고, 잠을 자고, 짧은 시간 동안이라도 정신적, 육체적인 불쾌감을 잊으려고 하기 때문이다.

자신을 괴롭히는 생각들이나 가라앉는 기분을 막으려고 자기 스스로 약물의 힘을 빌리는 경우도 있다. 그 대표적인 약물이 코카인이다. 코카인은 매우 비싸고 유해한 약물이지만, 우울증 환자들이 항우울 효과를 위해 사용하는 경우 이외에도, 조증 경향이 있는 사람이 가벼운 조증을 일으키거나, 조증 상태를 좀 더 지속시키고 싶을 때 사용하기도 한다. 진통제, 수면제로 수백 년 전부터 사용되어 온 아편이나, 약리학적으로는 억제제이고 토막잠이 오는 이외에 모든 괴로움을 없애주는 해결사인 알코올도 힘든 현재의 시간을 사라지게 하고 우울 증상을 완화시키기 때문에 많은 사람이 의존하고 있다.

알코올, 약물, 정신질환은 꼬리에 꼬리를 물고 같은 자리를 빙글빙글 돌고 있는 관계이다. 약물은 처음에는 효과적인 작용을 한다. 그 때문에 불안, 고뇌, 우울증, 정신병에 대한 중심적인 치료물질로서 전 세계적으로 몇 천 년 동안 사용되어 왔다. 발효시킨 곡물, 말아놓은 코카나무 잎, 양귀비 엑기스 등은 우울한 감정을 없애주고, 가라앉은 감각을 되살리며 혼란스러운 생각들을 잊게 하고, 머릿속에서 들려오는 소리를 잠재우기 위해 가장 대중적으로 사용되어 왔다. 그러나 이런 약물 사용에는 언제나 '위험'이라는 반대 급부가 존재한다. 약효가 있다는 것은 결국 그 약물이 뇌 안의 미묘한 균형을 깨뜨리고, 작용을 방해한다는 의미이기도 하다. 따라서 장기간 복용하면 약물은 뇌의 섬세한 화학작용을 망가뜨리거나, 변화시키기 때문에 인간관계, 직업, 건강, 인간의 존엄성에 큰 타격을 주게 된다.

정신질환으로 인한 고통을 달래려고 사용하는 알코올이나 약물 때문에 상태가 악화되는 경우도 많다. 알코올이나 약물 중 하나를 또는 양쪽 모두를 사용하다가 급성 정신병 증상이 발현하게 되면, 지병이 악화될 수 있고, 또 제대로 된 치료를 받아야겠다는 의지를 상실케 할 뿐 아니라, 처방약의 효과까지 약화시킨다. 약물남용은 권총의 탄창에 더 많은 총알을 집어넣는 것과 같은 일이다. 알코올이나 약물을 남용하면 행동을 억제하지 못하게 되어, 위험한 일, 폭력적인 일, 충동적인 일을 할 위험성이 늘어난다. 자살기도 가능성이 높거나 잠재적으로 그런 위험이 있는 사람에게는 치명적인 결과를 야기할 수 있다. 또 약물남용이나 약물을 끊었을 때 흔히 생기는 감정의 급격한 변화도 최악의 사태를 초래하는 도화선이 될 수 있다. 판단력은 흐려졌고, 인간관계는 꼬이거나, 파탄이 나 버렸고, 약물이나 알코올중독에 빠질 위험이 높은 상황이라는 것을 생각하면, 약물이나 알코올 의존과 정신병리가 맞물릴 때 자살 가능성이 폭발적으로 높아진다는 것은 그리 놀랄 일도 아니다.

정신질환과 중독장애가 같이 있는 경우 보통 정신질환이 먼저 시작되고, 그 후에 중독장애가 생긴다는 학설이 의학계에서는 지지를 받고 있다. 포도주와 사과주가 유발하는 교란상태를 종종 경험했던 에드거 앨런 포는 이렇게 말했다. '나는 체질적으로 신경과민이다. 지나치게 예민하다. 나는 미쳤다. 끔직하게 미친 순간들은 길기만 하다. 발작의 순간마다 나는 마셨다. 어느 정도의 양을 얼마 동안 마셨는지를 아는 것은 오직 신뿐이다. 당연히 나의 적들은 이 술을 광기의 원인으로 보기보다는 오히려 광기가 음주의 원인이라고 했다.' 포우의 설명은 인상적이다.

불행한 일이지만, 정신장애와 약물 또는 알코올 남용은 대부분 공존한다. 조울병 환자의 세 명 중에 두 명, 우울증 환자의 네 명 중 한 명은 심각한 알코올 또는 약물의존에 시달리고 있다. 조현병 환자도 비슷한 경향이 지적된다. 그러나 이보다도 더욱 심각한 문제는 정신질환과 약물 또는 알코올 의존이 함께 있는 사람은 그렇지 않은 사람에 비해 자살과 자살기도의 가능성이 훨씬 높다는 것이다. 모든 자살기도의 50% 이상에서 알코올과 우울 증상의 밀접한 상관관계가 지적되었다. 또 약물과 기분장애는 서로가 더 나쁜 영향을 끼치는 경향이 있다. 어느 한 쪽만 있어도 심각한 문제인 정신질환과 약물 또는 알코올 의존이 겹치면 죽음을 부르는 것이다.

알코올 의존과 조울병 때문에 정신병원에 입원과 퇴원을 반복했던 시인 존 베리먼은 음주와 정신질환이 자신의 인생을 지배하며,

결혼생활과 우정, 창작의 토대를 좀먹고 있다는 것을 자각하고 있었다. 자신의 아버지와 고모가 그랬듯이 다리에서 뛰어내려 자살하기 2년 전, 그는 자신의 정신상태가 얼마나 문제가 있는지를 한탄하는 글을 남겼다. 또다시 과음하고 만취한 상태에서 어리석고 방종한 성관계를 가진 후 집에 돌아온 베리먼은 자신의 아내와 그가 가르치고 있는 대학의 학장을 결박하여 병원에 입원시킨 경찰관과 대치하는 상황이었다.

> 자신이 집 현관에 서 있다는 것을 알고 있었다. 아내가 싸늘한 눈으로 바라보고 있었다. 그녀가 내민 한 손에 작은 컵이 쥐어져 있었다. 그가 바라는 것보다 조금 작은 유리컵이다. 그의 왼쪽에는 경찰관이 두 명. 학장과 아내는 오른편 어딘가에 있었다. 그 여자의 모습은 사라지고 없었다. 아내의 눈을 바라보던 그의 귀에 그녀의 목소리가 들려왔다. '이게 앞으로 평생 당신이 마실 마지막 술이에요.' 붕뜬 기분으로 '웃기지마' 라고 내뱉었지만, 머릿속에서는 그게 사실일지도 모른다는, 세상이 끝난 듯한 불안한 기분을 느끼고 있었다.

제5장

밧줄이든 노끈이든 무슨 상관이냐

– 자살의 방법과 장소 –

죽는 건 오직 한 번뿐인데, 그것이 무엇이든 무슨 상관이냐.
밧줄이든, 노끈이든, 독약이든, 권총이든, 칼이든,
서서히 쇠퇴해가는 병이든,
급소의 동맥이 갑작스레 터져버리든
인생의 고통을 끝내준다는데...
이유야 많고 많겠지만, 결과는 하나.
누구든지 하나의 공통된 소멸로 나아가기 마련이다

– 토머스 채터튼(영국 시인) –

우리는 시간을 거슬러 올라가면서 방법과 장소의 선택부터 그러한 선택에 이르기까지의 고통과 고단함의 여정을 되짚어 보고자 한다. 숲 속에서 목을 매달거나, 화장실에서 경동맥을 칼로 그어버리는 등의 행위의 의미를 이해함으로써, 헤아릴 길 없는 당사자의 마음속을 들여다볼 수 있기를 바라는 것이다. 그러나 실제 자살에 사용되는 방법은 총, 투신, 음독, 가스흡입, 목매달기, 익사 등으로 그리 많지 않다. 기원 후 1세기 로마 철학자였던 세네카는 자살의 방법에 대해 이렇게 말했다.

'어디를 보더라도, 고뇌를 끝내 줄 방법이 굴러다니고 있다. 저 절벽이 보이는가. 그 밑에 자유로 향하는 길이 있다. 저 바다, 저 강물, 저 우물이 보이는가? 그곳에 자유가 기다리고 있다. 바로 거기 그것의 가장 깊은 곳에 자유가 있다. 저 나무, 병들어 나뭇잎은 시들고 열매는 맺지 못하는 저 나무가 보이는가? 그러나 저 가지들 위에 자유가 매달려 있다. 그대의 목, 그대의 식도, 그대의 심장이 보이는가? …… 자유로 향하는 고속도로를 알고 싶은가? 그대 몸에 흐르는 혈관 하나하나가 그곳으로 향하는 길이로다!'

하지만 예일대학 외과 의사이자 저술가인 셔윈 누랜드가 지적했듯이 실제로 자살을 하려고 결심을 했을 때, 세네카는 이 자살이라는 것이 상상했던 것보다 또 남에게 조언했던 것보다 훨씬 어려운 일이라는 것을 깨달았다. 누랜드는 그 상황을 이렇게 묘사한다. '그는 팔의 동맥을 단도로 끊었다. 피가 생각했던 것처럼 쏟아져 나오지 않는다는 것을 알자 그는 다리와 무릎의 정맥을 끊었다. 그래도 충분하지 않았기 때문에 독을 들이켰지만, 역시 부질없는 짓이었다.' 욕실을 가득 채운 수증기에 질식되어 그는 간신히 원하던 죽음을 맞을 수 있었다.

자살이라는 행위는 그 바닥에 깔려 있는 절망감을 느껴본 적이 없는 사람에게 불안과 공포를 안겨준다. 그러나 이런 종류의 절망감이 익숙한 사람에게는 잔인한 위트가 일어날 수 있다. 시인 도로

시 파커의 자살을 주제로 한 '레주메' 는 그 내용이 신랄함으로 유명하다.

면도칼은 아프고
강물은 축축하고
산(酸)은 흠을 내며
약물은 경련을 일으킨다.
총은 불법이고
올가미는 풀어질지 모르며
가스는 냄새가 지독하니
차라리 사는 게 낫겠다.

파커는 이 시에서 썼듯이 살아남았다. 첫 자살기도에서는 면도칼로 혈관을 끊었다. 두 번째 자살기도에서는 베로날(진정제)을, 세 번째에서는 바비튜레이트를 과다 복용했다. 그녀의 우울증은 술로도 달랠 수 없을 정도로 끔찍하고 길었다. 하지만 그녀는 위 시에서처럼 신랄한 위트로 이 고통을 창작으로 승화시켜, 친구들에게 들려줄 수 있을 만큼의 강인함을 가지고 있었다. 전기 작가인 마리온 미드는 장난기 넘치는 파커의 블랙 유머를 이렇게 그리고 있다.

> 방문자를 맞을 수 있을 정도로 회복이 되자, 그녀는 '공연' 을 준비하기 시작했다. 얼굴은 여전히 창백했고, 울다가 지쳐 몸도 약해져 있었지만, 그녀는 전매특허인 육두문

자를 쏟아내며 밝은 미소로 친구들을 맞았다. 양손의 팔목에는 붕대가 감겨 있었지만 화사한 하늘색 리본으로 그 팔목을 장식한 그녀는 그 리본이 카르티에의 다이아몬드 팔찌라도 되는 듯이 양손을 자랑하듯 휘둘러 보였다. 만약 그녀가 절망감을 솔직하게 내보였더라면 친구들은 그녀의 깊은 절망감을 깨닫고, 그 자리에 어울리는 태도로 대했겠지만, 이를 웃음의 소재로 삼음으로써 그녀는 친구들이 마음 편하게 그녀를 대할 수 있는 길을 마련해 준 것이다.

여류 시인 에드나 세인트 빈센트 밀레이는 파커와 1살밖에 차이가 나지 않지만, 그 삶은 정반대였다. 그녀 역시 파커와 마찬가지로 몇 번이나 정신병원에 입원한 적이 있었고, 또 자살에 대한 심경을 시로도 남겼다. 그녀의 시 '백 가지 죽는 방법을 알고 있네' 는 이상하게도 젊은이를 위한 시집으로 출판되었다.

나는 백 가지 죽는 방법을 알고 있지.
그 중 하나를 시도해볼까 종종 생각해.
트럭 밑에 드러누워 볼까.
언젠가 그 옆에 서게 될 때에

아니면 다리에서 몸을 날려볼까.
하지만 이 방법은 바다를 청소하는 사람들이나 썩은 고기를 먹는 동물들 위로 너무 세게 떨어지지만 않으면 그

럴텐데

손에 넣을 수 있는 독극물도 몇 가지 알고 있어.
한번 맛을 보고 싶다는 생각을 자주 하곤 해.
하지만 어머니가 싱크대를 닦으려고 사온 것인데
내가 마셔버리면 또 사와야 하잖아.

밀레이와 파커는 자살 방법이 별것 아니라는 듯이 시 속에서 노래하고 있지만, 응급실의 의사나 경찰, 장의사, 정신과 의사, 검시관들은 이보다 훨씬 더 끔찍한 죽음의 방법에 대한 기록을 남기고 있다. 의사 포브스 윈슬로는 1840년 발표한 저서 《자살의 해부학》에서, 안경으로 몸을 찔러 자살한 사람, 파리 왕의 정원에서 곰 우리 안에 뛰어든 남자, 또 마을 교회의 종에 매달려 자살한 남자에 대한 이야기를 적고 있다. 또 정부(情夫)에게 배신당한 한 남자는 하인을 불러 자신이 자살할 것이며, 죽은 후에 시체의 지방으로 초를 만든 후, '그 초에 불을 붙여 정부에게 가져가라' 고 지시했다. 그러면서 정부에게 이런 편지를 남겼다. '그토록 오랫동안 당신을 위해 불을 밝혔으니, 나의 불꽃이 얼마나 진실했음을 당신도 알게 될 것이오. 지금 당신이 읽고 있는 편지를 밝히고 있는 불꽃은 나의 비참한 몸뚱이의 한 부분으로 만들어진 것이니.' 그리고 그는 자살했다.

19세기 후반에 뉴욕 주립정신병원의 원장은 펄펄 끓는 물을 마시거나, 빗자루를 목구멍 속에 쑤셔 넣거나, 바늘을 뱃속에 넣거나,

가죽과 철을 집어삼켜서 자살한 환자들의 사례를 기록으로 남겼다.

화산의 용암 속으로 뛰어들어 스스로 목숨을 끊거나, 굶어 죽는 자살자도 있다. 칠면조의 엉덩이 살을 덩어리째로 목에 쑤셔 넣은 사람도 있고, 다이너마이트, 불붙은 석탄, 속옷 또는 침구를 삼켜버린 자살자도 있다. 자신의 머리카락으로 목을 조른 사람, 전기 드릴로 뇌에 구멍을 낸 사람, 식량도 옷도 없이 눈보라 속으로 사라진 사람, 자신이 설치한 참수 장치로 자살한 사람, 공기, 땅콩버터, 독극물, 수은, 마요네즈 등 인간이 생각해 낼 수 있는 모든 물질을 몸 안에 주입한 사람도 있다. 폭격기에 탄 채 산을 들이받은 사람, 독거미를 살갗 위에 올려놓은 사람, 맥주나 식초를 가득 채운 용기에 얼굴을 처박고 익사한 사람이 있는가 하면 냉장고나 옷장 안에 들어가 질식사하기도 한다. 칼 메닝거의 환자 중 한 명은 자살하려고 몇 번이나 희석하지 않은 염산을 들이켰다. 이 방법은 모두 자살시도로 끝났지만, 이 환자는 결국 불붙은 폭죽을 삼킴으로써 생을 끝냈다.

20세기 초반, 자살에 대한 책을 발표한 헨리 로밀리 페든은 '숟가락 4개, 나이프 3개, 동전 19개, 못 20개, 창문 걸쇠 7개, 놋쇠 십자가 1개, 핀 101개, 돌 1개, 유리조각 3개, 묵주 알 2개' 를 삼킨 폴란드 여성의 예를 소개했다. 또 자신의 몸을 100마리의 거머리 먹이로 내어준 프랑스 파리 여자의 예도 있다.

보다 최근의 사례로는, 자살 충동을 느끼던 남자가 의도적으로 에이즈 바이러스에 감염되려 한 일들이 몇 차례 보고된 바 있다. 또 경찰을 도발하여 죽음을 초래한 예도 많은데 경찰들은 이를

'경찰을 이용한 자살' 이라고 부르고 있다. 뉴욕 타임즈가 '황당한 막판 게임' 이라 표현한 이런 죽음은 현재 미국 경찰에 의한 사살 사건 중 약 10%에 달할 정도라고 한다. 경찰과 마찬가지로 장의사나 검시관들도 악몽 같은 죽음의 현장을 가장 먼저 또는 상당히 일찍 목격하게 되는 일이 많다. 음독이나 익사로 인한 자살의 경우도 현장은 비참하지만, 폭력적이거나 괴기스러운 방법을 이용한 자살 현장은 뇌리에서 지울 수 없을 정도로 끔찍하다. 시인이자 장의사인 토머스 린치는 저서 《장례》에서 자신이 장례를 치렀던 자살자의 비참한 시체에 대해 이렇게 소개하고 있다.

> 아내가 바람을 피우고 있다는 것을 알고 있던 그는 아내가 머리에 헤어롤을 말겠다며 침실로 들어간 후 한참 동안 술을 마셨다. 헤어롤을 말겠다는 말은, 언제부터인가 오늘은 그와 섹스를 하고 싶지 않고, 내일 상사에게 예쁘게 보이고 싶다는 의미의 암호처럼 사용되고 있었다. 그는 아이리시 위스키 '던피' 를 한 병 다 마시고 나서, 아내가 숨겨둔 신경안정제를 꺼내어 삼킨 후, 부활절, 추수감사절, 크리스마스에 고기를 손질할 때 쓰는 블랙 앤 데커의 전동 나이프를 넣어둔 서랍에 다가 갔다. 그는 전동나이프의 플러그를 자신이 눕는 쪽의 침대 옆 콘센트에 꽂고 신음소리도 내지 못하도록 자신의 턱을 고정시키고는 아내의 옆에 누워 낮게 윙윙거리는 나이프를 목에 댔다. 양쪽의 경동맥과 경정맥이 끊어지고, 식도가 반 이상 절단된 후에야 그의 손

이 나이프의 전원 스위치에서 떨어졌다. 침대에 누워 전동 나이프를 작동시키고, 자신의 목을 절단하는 내내, 그는 어떤 소리도 내지 않았던 모양이다. 아내를 깨운 것이 피의 온기 때문이었던 걸 보면 말이다. 그의 혈관에서 뿜어져 나와 침실 벽을 반쯤 뒤덮고, 아내의 몸과 헤어롤을 흠뻑 적시고, 침대의 시트와 매트리스, 스프링에까지 스며들어 침대 밑에 깔린 카펫에 피 웅덩이를 만든 그 피의 온기 속에서 그의 아내는 그 광경이 꿈이라고 생각하며 잠에서 깬 것이다.

이런 방법들은 기이한 죽음에 수반되는 단순한 사건으로 치부하기에는 너무나 처참하며, 오히려 자살을 바라던 그 절망감과 결의가 얼마나 깊었던가를 보여준다고 할 수 있다. 죽음의 방법이 기이하다는 것 자체가 행위를 더욱 생생하게 만든다. 이런 끔찍한 자살 방법은 공포를 불러일으키지만, 그와 동시에 상상할 수 없는 절망과 광기가 자살자를 지배하고 있었음을 짐작케 한다.

고대의 자살 방법도, 그 후 수세기 동안 사용되어 온 것과 그리 큰 차이는 없다. 고대 사람들이 가장 많이 사용했던 것은 칼, 검, 면도날, 수술용 칼, 단검 등의 무기였고, 그다음으로 많은 것이 목매달기, 투신, 독미나리나 아편 등의 약초를 이용한 자살이었다. 숫자는 적었지만, 고대 로마인 중에는 간혹 굶어 죽거나, 분신자살을 하거나, 적을 도발하여 죽임을 당하는 사람(현대의 '경찰을 이용한 자살'과 비슷한 구석이 있다)도 있었다. 고대의 자살사건에 대해 많은 기록을 남긴 안톤 판 후프에 따르면, 로마에서는 현대의 대부분 국가와 마찬가지로 여성보다는 남성의 자살이 훨씬 많았다. 여성이 더 많이 자살하는 것은 고대 신화 속에서만인 듯하다.

목매달기는 젊은 층이나 여성이 많이 선택하는 수단이지만, 로마인들은 이를 '불결하고' 수치스러운 수단이라고 생각했다. 무기를 사용하는 것이 명예로운 죽음이라는 인식이 있었기 때문이다. 후프도 그의 책에서 인용했듯이, 에우리피데스는 이렇게 노래했다.

죽음이 최선이라면, 명예롭게 죽는 방법은 무엇인가?
지상과 천국을 잇기에 밧줄은 부적절하다.
노예라도 수치스러운 방법이다.
단검이라면 고귀하고 명예로우니
한순간에 육신을 벗을 수 있지 않은가

그 후 몇 세기 동안 무기는 자살의 주요 수단으로 사용되었다. 총을 구하기가 쉬워지면서, 나이프나 검을 대신하게 되었다. 하지만 여전히 목을 매달아 자살하는 사람은 많았고, 익사를 선택하는 사람도 점점 늘어났다. 19세기말까지, 목매달기와 음독은 프랑스, 영국, 프러시아에서 가장 흔한 자살 방법이었고, 그 다음으로 많은 것이 익사였다. 하지만 문화적인 차이도 있었다. 예를 들면, 이탈리아, 프랑스, 프러시아에서는 총을 사용한 자살이 일반적이었지만 영국에서는 극소수에 불과했다. 영국에서는 부식제, 수은, 아편제,

청산가리, 비소, 살충제, 클로로포름, 스트리크닌, 벨라도나 등 다양한 약물과 독극물이 사용되는 경우가 많았다. 비슷한 시기에 미국에서는 총에 의한 자살이 가장 많았다.

강이나 바다, 도시 공원 내의 호수도 때로는 자살 장소로 사용되었다(런던의 하이드 파크 내의 서펜타인 호수에서는 낭만파 시인 퍼시 비시 셸리의 첫 번째 부인을 비롯해 수많은 사람이 몸을 던져 자살했다). 이런 곳들은 문학이나 민간전승을 통해 어두운 매력을 지닌 로맨틱한 장소로 미화되곤 했다.

20세기로 넘어가면, 미국 시인 랭스턴 휴스가 《자살 노트》라는 짧은 시에서 강의 매력적인 유혹을 노래한다.

잔잔하고
차가운 강의 얼굴이
내게 키스를 해달라네.

자살 방법은 나라 별로 많은 차이를 보인다. 1897년, 프랑스 사회학자 에밀 뒤르켐(1857-1917)은 '각 민족마다 선호하는 자살 방법은 각기 다르며, 이런 선호도가 변하는 경우는 극히 드물다' 라고 말했다. 19세기 러시아인은 목을 매달아 자살하는 경향이 강했으며, 영국인과 아일랜드인은 음독자살, 이탈리아인은 총을 주로 사용했으며, 미국인은 총, 독극물, 전구용 가스를 자살 방법으로 선택하는 경우가 많았다. 이런 경향은 이민자의 경우에도 큰 차이가 없었는데, 적어도 그들이 이민사회에 동화되기까지는 출신국에서 흔히 이용되는 수단으로 자살하는 경향이 있었다.

모르셀리는 '조국을 멀리 떠났음에도 영국인과 아일랜드인은 독극물과 권총으로 자살하는 경향이 강하며, 독일인은 예나 지금이나 목을 매달아 자살하는 특징이 두드러진다.' 라고 적고 있다. 하지만 시간이 흐르면서 미국으로 이주한 독일인들은 북미에서 흔히 사용되는 자살 방법인 독극물이나 총기를 선택하는 경향을 보이게 된다. 또 호주로 이주한 영국인, 스코틀랜드인, 아일랜드인도 서서히 호주에서 많이 사용되는 수단을 선택하였다.

한 나라 안에서도 지역에 따라 선택하는 자살 방법에 차이가 나는 경우도 있다. 예를 들면, 벨기에의 경우, 남부지방에서는 음독자살이 많은 데 반해, 예로부터 사냥 습관이 남아 있는 산림지대에서는 총기에 의한 자살이 많다. 또 고층빌딩이 많은 수도 브뤼셀에서는 투신자살이 많다. 인도는 전체적으로 음독자살과 목을 매달아 자살하는 사람이 많지만, 펀자브지방에서는 자살자의 55%가 철로 위에 눕거나, 달려오는 기차에 뛰어드는 방법을 선택하였다.

당연한 일이지만, 자살 방법은 시대와 함께 변화한다. 16개국을 대상으로 실시한 자살 방법 조사에 따르면, 1960년에서 1980년까지 20년 동안 가정용 가스를 사용한 자살은 감소한 반면, 자동차 배기가스를 사용하거나, 목을 매달거나, 총기를 사용한 자살은 증가했다. 음독, 자해를 통한 출혈과다, 물속에 몸을 던지는 등의 방법을 사용한 자살건수는 20년 동안 거의 같은 수준이었다. 가정용 가스를 사용한 자살이 감소한 것은 각국의 정부가 가스의 일산화탄소 함유량을 줄여 독성을 낮춘 때문이다. 이에 따라 가스, 처방약,

총기류와 같은 자살 방법에의 접근성을 낮추면 자살률 전체에 변화를 가져올 수 있을지도 모른다는 논의가 시작되었다. 어떤 자살 방법을 이용할 수 없게 되면 자살자는 그만큼 줄어들 것인가, 아니면 대체 방법을 사용하게 될 뿐일까? 이에 대해서는 자살예방대책에 대해 설명하면서 다시 생각해보기로 하자.

미국에서는 현재 전체 자살 건수의 60% 이상이 총기로 인한 자살로, 다른 수단들에 비해 두드러지게 많다. 목을 매거나 조르는 방법을 사용하는 질식 자살이나, 약물, 처방약 또는 독극물을 과다 복용하는 음독자살이 합쳐서 25%, 가스 및 수증기 흡입, 투신, 자해, 익사 등이 나머지 15%를 차지했다.

자살을 결의한 사람은 어떤 기준으로 자살 방법을 선택할까? 그 방법의 실용성? 상징성? 아니면 모방성일까? 접근성이 좋기 때문에 그 방법을 선택하는 것일까, 아니면 고통이 적기 때문에 선택하는 것일까? 그것도 아니면 자신의 정체성을 보여줄 수 있는, 혹은 자신의 절망감이 얼마나 깊은지를 보여줄 수 있는 방법을 선택하는 것일까? 일본인 작가인 아쿠타가와 류노스케는 어째서 수면제로 자살하려 했는지, 《옛 친구에게 보내는 편지》에서 이렇게 설명하고 있다.

> 내가 우선적으로 생각한 것은 어떻게 하면 고통스럽지 않게 죽을 수 있냐는 문제였다. 목을 매다는 것은 물론 그 목적에 가장 부합하는 수단이다. 하지만 나는 내 자신이 목

을 매달아 죽어있는 모습을 그려보니 혐오감이 느껴진다. 익사는 수영을 할 수 있는 내게는 아무래도 목적 달성이 불가능할 것 같다. 그뿐 아니라 혹시라도 목적을 실현했다 하더라도 목을 매는 것보다는 더 고통스러울 것이다. 차에 치이는 것도 혐오감을 줄 것이다. 권총이나 칼을 사용한 죽음은 내 손이 잘 떨리기 때문에 실패할 가능성이 있다. 빌딩 위에서 뛰어내리는 것도 역시 흉하기는 마찬가지다. 나는 이런 사정 때문에 약물을 사용하여 죽기로 계획했다. 약을 사용하여 죽는 것은 목을 매다는 것보다 고통의 기간이 더 길겠지만 나름대로 이점이 있다. 보기에 더 좋을테고 다른 방법보다 실패 가능성이 적을 것이다. 하지만 그 약을 구하기란 내게는 쉬운 일이 아니다. 나는 혼자 자살을 결심하고 기회가 있을 때마다 그 약을 구하려고 했다. 동시에 독극물에 대한 지식도 늘려 갔다.

그 다음에 내가 생각했던 것은 자살할 장소였다. 가족은 내가 죽고 나면 유산에 손을 댈 수밖에 없다. 내 유산은 토지 100평과 집과 저작권과 저금 2,000엔이 전부이다. 내 자살 때문에 집이 팔리지 않을까 봐 걱정되었다. 나는 내 가족 외에는 가능한 누구의 눈에도 띄지 않는 자살을 하려고 생각 중이다.

지금까지 각각의 자살 방법에 상징적 의미와 생생한 해석이 이루어져 왔다. 일례로, 칼 메닝거는 물에 빠져 죽는 행위를 자궁으로 돌아가고 싶다는 마음의 표현이라고 해석했고, 프로이트는 사람들이 선택하는 자살 방법은 성적인 소망 성취를 상징하고 있다고 추측했다(그에 따르면 음독자살은 임신하고 싶다는 표현이고, 익사는 아이를 가지고 싶다는, 또 높은 곳에서 몸을 던지는 투신 자살은 출산하고 싶다는 마음의 상징이라고 했다. 프로이트는 이런 해석이 남녀 모두에게 해당되는지에 대해서는 밝히지 않았다). 이런 해석은 무척 참신하지만, 남겨진 증거의 양을 고려할 때 지나치게 자의적이라는 생각을 지울 수 없다. 표준 심리검사나 자살의 몇 개월 전 또는 몇 년 전에 시행된 검사로 밝혀진 성격 성향이 반드시 자살자가 선택한 죽음의 방법과 상관이 있다고 만은 할 수 없기 때문이다. 또, 총, 독극물, 투신, 목매달기, 익사 등의 방법으로 자살한 사람들을 대상으로 실시된 조사에 따르면, 자살자들 간에 지적 수준의 차이가 있다는 증거는 밝혀지지 않았다.

자살 방법의 선택에 많은 요인이 작용한다는 것은 의심할 여지가 없다. 그 첫 번째 요인은 아무래도 방법의 접근성(얼마나 쉽게 사용할 수 있는가)일 것이다. 미국처럼 총을 쉽게 구할 수 있는 나라에서 살거나 경찰, 군인처럼 총기류를 취급하는 직업의 경우에는, 자살 방법으로 총을 선택하는 비율이 극단적으로 높았다. 독성 식물이나 열매가 많이 자라는 나라(예를 들면, 독성이 강한 협죽도가 많이 자라는 스리랑카나, 치명적인 사카산디아 열매를 쉽게 구할 수 있는 아르헨티나 등)나 중국, 싱가포르, 사모아, 스리랑카, 가이아나, 인도 등 독성이 강한 살충제, 병충해 예방제, 화학비료 등의 사용이 제한되지 않는 나라들에서는 그 접근성의 용이함이 자살 방법의 선택에 반영된다.

기차나 지하철은 발달했으나 그 이외의 수단이 별로 없는 지역들, 쉽게 접근할 수 있는 바다, 강, 절벽 또는 고층 빌딩이 있는 지역에서는 자살자들이 그런 특징을 이용하는 경우가 많다. 만약 자살을 원하는 사람이 의사나 화학자이고 치명적인 독극물을 쉽게 구할 수 있는 위치에 있다면 독극물을 구하기 쉬울 것이고, 그 결과 이를 사용하여 자살할 가능성은 전문 지식이 없는 사람보다 더 높을 것이다. 만약 자살 충동을 느끼고 있는데 정신과 병동에 입원 중이라 확실하게 죽을 수 있는 수단이 모두 박탈된 사람이라면, 그는 구두끈이나, 옷걸이, 침대 시트 등을 사용하여 목을 매거나, 감시의 눈이 없는 곳에서 뛰어내리는 등의 방법을 택할 수 있다. 만약 그 사람이 정신건강의학과 외래환자로, 잘못 사용하면 치명적일 수 있는 치료약(항우울제, 리튬, 바르비투르산 등)을 처방받았다면 치료를 위한 이 약들은 죽음의 방법으로 사용될 수도 있다.

하지만 죽음을 각오한 사람이 그 방법을 선택하는 것은 단지 접근이 용이하기 때문에, 또는 구하기 쉽기 때문만은 아니다. 그 방법이 얼마나 치명적인지에 대한 지식이 중요한 요인으로 작용한다. 투신자살, 목매달기, 총을 사용한 죽음은 그 행위 도중에 남에게 발견되거나, 자살기도 후에 다시 소생할 가능성이 거의 없다. 게다가 일단 이 행위가 시작되면 마음을 바꿀 수 있는 여지도 없다. 이에 비해 약물 과다 복용이나 손목을 칼로 긋는 등의 방법은 목숨이 끊어질 때까지 시간이 걸리기 때문에 누군가에게 발견되거나, 스스로 도움을 요청함으로써 목숨을 구할 수도 있다. 게다가 최근에는 대

도시의 외상 센터(Trauma Center)나 지방 병원에 고도의 의료서비스를 제공할 수 있는 응급실이 정비되어 있기 때문에 목숨을 구할 가능성은 더욱 높아지고 있다.

그러나 자살 방법의 치사도에 대해서는 전문가와 비전문가 사이에 견해가 엇갈리기도 한다. 일례로, 28개의 자살 방법 중 가장 치명적인 방법을 묻는 질문에 법 병리학자들은 일관되게 총, 청산가리, 폭발물, 기차, 투신을 든 반면, 일반인들의 대답은 천차만별이었다. 하지만 대체적으로 일반인들은 (병리학자에 비해) 처방약의 과다복용이나 손목을 긋는 방법의 치사도를 과대평가하고 총의 치사도는 과소평가하는 경향이 있었다. 또 여성은 대부분의 방법에 대해 치명성을 과대평가하는 경향이 있었는데, 특히 약물의 과다복용에 대해서는 이런 경향이 더 심했다. 이런 점을 고려하면, 음독자살을 기도했다가 살아난 여성들에 대해 원래 자살할 생각이 없었다고 보는 시각은 잘못된 것일 수도 있다. 일반인들이 자살 방법의 치명성을 잘못 알고 있다는 것을 보여주는 증거는 또 있다. 미국의 청소년들은 처방전이 필요 없는 일반약(OTC)을 쉽게 구할 수 있는데 약물 과다복용으로 자살하려 했던 청소년의 무려 50%가 일반약을 사용했지만, 이들은 이 약물의 독성을 실제보다 훨씬 더 낮다고 믿고 있었다.

일반적으로 여자는 남자에 비해 폭력적인 수단을 선택하는 비율이 낮지만, 그래도 최근에는 여자가 총을 사용하여 자살하는 건수도 늘고 있다. 1970년대에 시행된 한 조사에서는 남녀 모두 약물이나 독극물을 '가장 구하기 쉬운' 자살 방법이라고 생각하고 있었지만, 남자의 경우는 총이 보다 '남자답고' 효과적이며, 쉽게 쓸 수 있는 방법이라고 생각한다는 사실이 밝혀졌다. 여자가 약물이나 독극물을 선호하는 주된 이유는 고통이 적고, 구하기가 쉽다는 점, 그리고 사용하기가 쉽기 때문일 것이다. 여자가 덜 폭력적인 방법을 선택하는 것은 시체가 끔찍한 상태로 되는 것을 두려워하는 마음 때문일지도 모른다는 의견도 있지만, 현재로서는 이를 입증할 증거는 많지 않다.

나이에 따라서도 주로 사용되는 자살 방법이 달라진다. 요즘 젊은이들은 고대와 마찬가지로 목을 매다는 방법을 선택하는 경향이 높으며, 투신 자살이나 달려오는 기차에 몸을 던지는 방법도 젊은층이 주로 사용하는 자살 방법이다. 총기를 사용한 자살건수는 연령층에 따른 차이가 거의 없지만, 근래 들어 청년층에서의 증가가 두드러지고 있다. 정신질환의 종류와 정도도 자살 방법의 선택에 영향을 미친다. 중증 정신질환 환자는 열차에 뛰어드는 등 특히 신체가 심하게 훼손되는 방법을 선택하는 경향을 보인다.

남의 생명이나 마음에 미칠 영향을 우려하여 특정 자살 방법은 피하는 사람도 있다. 예를 들면, 일산화탄소가 다른 사람이 있는 방으로 흘러갈까봐 일산화탄소를 피하는 사람이 있는가 하면, 청산가리를 마시면 입술에 남아 있는 청산가리가 입술과 입술로 심폐소생술을 하는 사람의 생명을 위험하게 할 수도 있기 때문에 청산가리를 사용하지 않는다. 또 통행인에게 피해를 주면 안 되니, 빌딩에서 뛰어내리지 않을 것이고, 남겨진 사람들이 심하게 훼손된 사체를 보고 마음의 상처를 입으면 안 된다는 이유에서 투신자살이나 총을 사용하지 못한다. 그러나 괴로움과 충동, 또는 마음의 혼란 때문에 자살을 감행하는 대부분의 사람은 그렇게까지 남을 배려할 마음의 여유가 없다. 그 결과, 익숙하고 친밀한 장소에서 심하게 훼손된 사체로 발견되어 남겨진 사람들에게 자살자가 분노와 악의 속에서 죽어갔다고 생각하는 원인을 제공하곤 하기도 하지만, 실제로는 단지 자살자가 앞뒤를 분간할 수 없을 정도로 절망했고, 여유가 없었다는 것을 보여주는 것일지도 모른다. 물론 복수나 분노 때문에 이런 방법을 선택하는 경우도 있기는 하겠지만, 대부분은 그렇지 않은 것으로 알려져 있다. 지금으로부터 백 여 년 전 모르셀리도 말했듯이, 자살의 이유를 밝혀내는 것은 불가능에 가깝다. '때로는 고귀하고 엄숙한 이유로, 때로는 수치스럽고 경솔한 이유 때문에, 자살자는 자신의 침대에서 자기 목을 칼로 그어버리고, 자기 집의 가장 어두운 구석에서 스스로를 질식시킨다.'

상징이나 암시도 자살 방법의 선택에 어느 정도 영향력을 미친다. 메트로폴리탄 생명보험회사의 통계부장이었고, 직업상 자살의 예측과 예방에 지대한 관심을 가졌던 루이스 더블린은 개인의 '심리적 특성과 개인적 상징성' 에 대한 글을 썼다. 사람의 사고, 기억, 욕망은 충동과 비합리성에 의해 형성될 뿐 아니라, 개인의 미학과 의미 부여도 여기에 한몫하며, 자살을 미화하거나 선정적으로 다루는 TV나 신문 보도, 책이나 영화에서 그려지는 자살의 모습 등에도 영향을 준다. 어떤 방법이나 장소가 '자살을 끌어당기는 자석' 으로 작용하여 자살 충동에 사로잡힌 사람이나 일시적으로 혼란에 빠진 사람뿐 아니라 만성적으로 자살을 생각하는 사람까지도 자살로 끌어당길 수 있다.

강이나 바다에 몸을 던지는 투신자살은 미학적인 면에서 실용적인 면에서 예로부터 지금까지 사람을 끌어당기는 마력을 가지고 있는 듯하다. 먼 옛날, 그리스인들은 루카스 높은 절벽에서 뛰어내렸고, 사포(기원전 600년 경의 그리스 여류 시인)와 포보스(아프로디테와 아레스 아들)도 이 방법을 선택했다고 전해진다. 티베르 강, 유프라테스 강 위의 다리나 강둑 등 다른 지역에서도 강으로 몸을 던져 목숨을 끊은 사람들의 이야기가 수없이 많이 전해진다. 근대에 들어서는 템스 강이 손쉬운 자살 장소로서 많은 사람을 끌어당겼다. 1840년 무렵에는 런던의 자살자 중 15%에 가까운 수가 워털루 다리에서 몸을 던지는 방법을 선택했다고 한다. 깊은 바다 속을 향해 걸어 들어가는 자살 방법도 낭만파 시인들이 '안락한 죽음' 이라고 미화하면서, 일반인들의 마음을 사로잡았다. 19세기 파리에서는 물속으로 걸어 들어가 죽음을 맞는 자살 방법이 너무 유행한 탓에 이것이 공중위생 문제로 발전할 것을 우려한 당국이 시체를 한 구 수습할 때마다 어부에게 보상금을 지급하기까지 했다.

영국 사우스다운스의 동쪽 끝에 자리한 비치헤드 절벽은 6세기부터 자살에 이용되었다는 기록이 남아있다. 그런데 최근 들어 이곳에서 자살하는 사람이 급증하면서, 언론의 집중적인 보도와 자살과의 상관관계가 지적되고 있다. 1965년부터 79년까지, 120명 넘는 사람들이 이 절벽에서 뛰어내려 목숨을 끊었다. 영국인 연구자는 언론 보도가 자살 충동을 느끼는 사람들을 부추겼기 때문이라고 보고 있다. 연구자들은 음독자살에 실패했다가 회복 중이던 56세

입원환자의 예를 들며 그 연관성을 지적한다. 비치 헤드에서 자살이 늘고 있다는 신문기사를 읽은 이 환자는 '나 같은 사람더러 따라하라고 알려주는 건가' 라는 말을 남겼다. 2주 후 비치헤드를 찾은 그는 죽음을 향해 뛰어내렸다(역사적 건조물이나 상징적인 건조물에서의 투신자살도 전염되는 특성을 가지고 있다. 파리 에펠탑, 로마 성 베드로 바실리카 성당, 밀라노 대성당, 피렌체 지오토 종탑, 뉴욕 엠파이어스테이트 빌딩은 많은 건조물에 보호철책이 설치되는 계기가 될 정도로 많은 자살자를 끌어 당겼다.).

특정 방법이나 장소에 대한 언론보도는 자살가능성이 있는 사람들의 방법 선택에 확실히 영향을 미치는 것으로 보인다. 1983년 이전에는 스리랑카에서 협죽도 씨앗이 자살에 사용된 사례가 한 건도 없었다. 그런데 이 식물에 대한 신문 기사가 나고, 남인도 영화제작사에 의해 영화화되자, 누구나 쉽게 구할 수 있다는 접근 용이성까지 겹치면서 협죽도 열매를 사용한 자살이 급증했다. 마찬가지로 제초제인 파라콰트(그라목손)가 한 모금 입에 물기만 해도 목숨을 잃을 정도의 맹독성을 가지고 있다는 보도가 나가고 나서 피지에서는 파라콰트에 의한 음독자살이 큰 폭으로 증가했다. 또 인도에서는 영화 한편 때문에 남인도 호게나칼 폭포에서 자살하는 사람이 늘어났으며, 도쿄 다카시마다이라 역 근처의 고층 아파트 단지와 호주의 초고층 주차장에서의 투신자살 사건이 언론에 보도되면서 또 다른 자살자를 끌어들였다.

데렉 험프리가 1991년, 《마지막 비상구》을 발표하여 다양한 자살 방법(비닐봉지를 이용한 자살 등)에 대해 자세하게 소개한 후 약 1

년 동안, 이 베스트셀러에 소개된 대로, 비닐봉지를 이용하여 자살한 사람이 31%나 증가했다. 이에 대해 뉴욕 코넬 대학 피터 마주크 교수 팀은 이 치명적인 자살 방법이 소개됨으로써 전체 자살자 수가 늘어나지는 않았지만, 자살을 망설이고 있던 사람에게 파괴적인 영향력을 발휘했을 가능성이 있다고 지적했다. 또한 의사가 환자의 자살위험도를 평가할 때에는 유서나 유언을 남기는 등 자살을 암시하는 행동을 한 적이 있는지, 환자가 안락사에 관한 서적을 구해 읽은 적이 있는지 또는 안락사를 도와준 적이 있는지도 확인해야 한다고 제안했다.

1978년부터 79년까지의 잉글랜드와 웨일즈 지방에서는 분신자살이 빈번하게 일어났다. 런던 의회광장에서 자살하겠다고 선언했다가 영국에서 쫓겨난 호주인 24세 대부호의 상속녀가 제네바의 유엔빌딩 앞에서 자신의 몸에 불을 붙인 사건이 계기가 되었다. 이 여자가 자살한지 3일 후, 포트넘 앤드 메이슨 사의 임원이 윈저의 템스 강둑에서 같은 방법으로 자살을 했다. 그달 말까지 10명이 분신자살을 했고, 그 후 1년 동안 분신자살자는 82명으로 늘어났다. 1963년부터 78년까지의 분신자살자가 연간 평균 23명이었던 것을 생각하면 얼마나 급격한 증가인지 짐작할 수가 있다(이 기간 동안 연간 35명 이상이었던 해는 없었다). 홍수처럼 쏟아지는 사건보도들을 조사한 연구자들은 언론이 어떤 식으로든 자체적으로 규제해야 할 필요가 있다며 다음과 같은 결론을 내렸다. '자유로운 사회에는 대중의 알아야 할 권리를 충족시킬 언론의 자유와 끔찍한 죽음을 오락거리로 전락시키는 언론보도 사이에 갈등이 존재한다.' 연구자들은 또 분신자살을 미화해서는 안 된다고 강조했다. 또한 분신자살은 고통이 적은 즉사와는 거리가 멀고, 분신자살을 기도했던 사람 중 즉사한 사람은 3분의 1에 불과하고, 나머지 3분의 2는 24시간 이상 생존했으며, 모두가 끔찍한 고통을 맛보았다고 지적했다.

일본의 최고봉이자 영산으로 불리는 후지산의 산기슭에는 '주카이(나무들의 바다)'라 불리는 울창한 원생림이 있다. 용암대지에 펼쳐진 이 원생림에는 도로도 없고 주민도 없다. 기록에 따르면, 이 원생림에서 처음으로 자살자가 나온 것은 14세기로 그 후 이 '검은 숲'에서 수많은 사람이 스스로 목숨을 끊었다. 야마나시 의과대학 다카하시 요시토모 교수에 따르면, 일본사람들은 주카이에 일단 발을 들여놓으면 두 번 다시 밖으로 나올 수 없다고 믿고 있다고 한다. 화성암으로 이루어진 용암대지의 자력 때문에 나침반이 전혀 도움이 되지 않으며, 빽빽한 나무 때문에 하늘이 거의 보이지 않아, 태양이나 별을 보며 방향을 잡을 수도 없는 이 숲의 특징이 이런 믿음을 낳은 것이다.

1960년대 초 여주인공이 주카이에 들어가 자살하는 내용의 소설이 일본에서 베스트셀러가 되었다. 유명 작가의 작품인 이 소설이 발표된 후 많은 사람이 이 여주인공의 흉내를 냈다. TV, 영화, 신문, 잡지가 소설의 자살 현장인 주카이를 대대적으로 보도한 것도 사람들의 관심을 한 층 더 부추겼다. 그 결과 자살하려는 사람을 찾기 위해 경찰이 주기적으로 순찰을 돌게 되었고, 현재 봄과 가을 1

년에 두 번 대규모 유골 수색이 실시되고 있다. 그럼에도 불구하고 여전히 매년 약 30명이 이 원생림에서 목숨을 끊는다. 목을 매거나, 약물 과다복용으로 인한 자살이 대부분이지만, 드물게는 일산화탄소 중독이나 체온저하로 사망한 사람도 나온다.

많은 자살현장이 문학으로 미화되거나 보도되었지만, 이 중에서도 일본 오시마의 미하라 산과 샌프란시스코의 금문교는 자살에 대한 환상을 부추기는 장소로 특히 유명하다.

활화산인 미하라산은 1933년 1월, 도쿄 상류층 자녀들이 다니는 학교의 여학생 두 명이 정상의 분화구에 오르기 전까지는 거의 알려지지 않은 산이었다. 당시 24세였던 우케이 메이코는 분화구에 뛰어들겠다고 친구에게 선언했다. 순식간에 화장되어 연기와 아름다움 속에서 하늘나라로 갈 수 있다는 것이 그녀의 설명이었다. 친구에게 비밀을 지키겠다는 약속을 받아낸 후, 그녀는 몸을 던졌다.

동행했던 도미타 마사코는 21세였다. 그녀는 또 한 명의 친구에게 메이코의 투신자살에 대해 털어놓았다. 그러자 그 친구는 자신도 메이코의 뒤를 쫓아 미하라의 문을 통해 낙원에 가고 싶다며, 마사코에게 미하라 산에 데려가 달라고 졸랐다. 그녀의 마음을 돌릴 수 없었던 마사코는 2월 중순 친구와 함께 분화구에 올랐다. 친구는 몸을 던졌고, 마사코는 도쿄로 돌아왔다. 그 후 얼마 지나지 않아 이 사건은 일본 문화에 큰 영향을 미치게 되었다. 사람들이 무리를 지어 미하라 산을 찾았다. 증기선으로는 그 수요를 감당하지 못해, 더 큰 배로 대체될 정도였다. 두 명의 젊은 여성 자살이 있은 지 얼마 지나지 않은 4월 어느 일요일 여섯 명이 분화구에 뛰어들었고, 25명은 물리적인 제재를 받아 뜻을 이루지 못했다. 그 후 1주에 대여섯 번꼴로 일어나는 투신자살을 구경하려는 관광객의 행렬이 생길 정도였다. 그해 1년 동안 적어도 140명이 분화구에 몸을 던졌다. 다음해인 1934년에는 160명 이상의 사람들이 분화구에서 투신자살을 했고, 1,200명이 경찰에 의해 저지되었다. 1935년 1월, 10분도 채 안 되는 시간 동안 젊은 남자 세 명이 잇달아 몸을 던졌다. 경찰은 24시간 체제로 분화구에서 감시활동을 폈고, 높은 철조망을 둘러쳤다. 하지만 1936년에는 최소한 600명의 사람이 미하라 산에서 목숨을 끊었다. 그리고 분화구와 그 주변, 그리고 지역 경제에는 초현실적인 광경들이 등장하기 시작했다. 에드워드 엘리스와 조지 알렌은《내면의 배반자》에서 이렇게 설명했다.

> 자살의 유행은 오시마에 경제호황을 가져왔다. 1925년부터 26년까지 플로리다에 나타났던 부동산 광풍과도 비견할 수 있을 만한 호황이었다. 척박하고 황량했던 이 섬이 국민적 성지이자, 코니아일랜드와 아틀란틱 시티와 나이아가라 폭포를 합친 것 같은 관광지로 탈바꿈한 것이다. 섬의 인구는 크게 늘었고, 불과 2년 동안에 14개의 호텔과 20개의 식당이 새로 들어섰다. 관광객을 미하라 산의 정상까지 나르기 위해 말까지 동원되었다. 다섯 개의 택시 회사가 새로 영업을 시작했다. 두 명밖에 없었던 이 섬의 사진사는 1935년에는 47명으로 늘어났다. 분화구 옆에는 우체국이 문을 열었고, 관광객들이 마지막까지 스릴을 즐길 수 있도

> 록 산의 급격한 경사면에 길이 365미터의 롤러코스터까지 설치되면서 미하라 산은 놀이공원의 면모까지 띠게 되었다.
>
> 도쿄만 선박회사는 기존의 운행편이었던 '기쿠마루' 호 대신 2대의 대형선을 투입했고, 과거 3년 동안 무배당이었던 주식에 6%의 배당금을 선언했으며 연간 순이익이 28만 달러에 달한다고 보고했다. 수익의 일부는 도쿄만 선박회사에 의한 미하라 산의 관광자원화 노력의 결과이기도 했다. 이 회사는 외국에서 들여온 낙타 3마리에 관광객들을 태워 미하라산의 분화구 주변에 펼쳐진 그리 넓지 않은 사막을 한 바퀴 도는 프로그램까지 내놓았다. 낙타는 대부분의 일본인에게 미지의 동물이었고, 그런 만큼 이 세 마리의 낙타는 엄청난 돈을 벌어들였다.
>
> 자살을 놓고 장사를 한다는 비난을 피하기 위해 도쿄만 선박 회사는 오시마행 편도 티켓 판매를 거부했다. 정부도 편도 티켓 구입을 범죄로 간주하는 법률을 만들어 이 회사의 방침을 지원했다. 특별히 임명된 사복경찰은 승객과 함께 배를 타고 가다가 자살을 결심한 듯이 보이는 사람은 모두 체포하라는 지시를 받았다.

결국 분화구로 올라가는 진입로가 봉쇄되었지만, 이 결론이 나기까지 적어도 1,000명 이상의 사람들이 분화구에 몸을 던졌다.

그로부터 약 1년 후, 저 먼 태평양 반대편에 금문교가 개통되었다. 세계적으로도 절경으로 이름난 샌프란시스코 만에 세워진 이 우아한 건조물에서도 얼마 안 가, 미하라 산에서 울려 퍼지던 사이렌의 유혹하는 노랫소리가 들려오게 되었다. 1937년 5월 개통되고 3달이 지난 어느 날, 한 남자가 다리의 난간을 넘어 죽음의 다이빙을 감행했다. 그 후 1,000여명(그 두 배에 달한다는 설도 있다)의 자살자를 낳는 금문교 자살이 시작되었다. 짧은 시간에 미하라 산이 일본인의 의식 속에 파고들었듯이, 금문교에서의 투신자살은 미국인의 문화 속에 자리 잡게 되었다. 캘리포니아 버클리 대학의 심리학자 리처드 사이덴과 메리 스펜스 교수는 금문교를 둘러싼 소문과 신화가 어떻게 확대되는지를 보여주면서, 샌프란스시코 주민들 사이에서 심한 스트레스를 받으면 '언제라도 다리에서 뛰어내리면 되지' 라는 농담이 유행했다고 소개하고 있다. 샌프란시스코에서는 그레이라인 사의 관광버스 운전사들이 관광 투어 중에 금문교 자살을 소개하면서 그 농담 끝에는 꼭 잘 가시라는 인사말을 덧붙였다. 당시 샌프란시스코 크로니클 지에는 금문교에서 투신자살이 일어나는 날짜를 맞추는 복권까지 등장했다는 기사가 실리기도 했다.

금문교에서 몸을 던지면 약 250피트 아래에 확실한 죽음이 기다리고 있다. 몸이 해면에 부딪힐 때 몸에 가해지는 충격은 어마어마한 것으로, 대부분의 혈관이 끊어지고 중추신경은 파괴되며 척추가 부러진다. 몇 명의 익사자와 상어의 습격을 받아 사망한 한 명을 제외하고는 모든 자살자는 해면과 부딪칠 때 신체가 받은 충격으로 인해 목숨을 잃었다. 투신한 사람들의 사인을 조사했던 의사 중 한 명은 자살자들의 내장이 너덜너덜해져 있었다고 밝히기도 했다.

사실, 금문교에서 뛰어내린 사람이 목숨을 건질 확률은 1%에 불과하다는 것은 이미 알려진 사실이다. 또 캘리포니아대학의 샌프란시스코 의과대학 정신과 의사인 데이빗 로젠 교수는 생존자 중 여섯 명에게 면담을 했는데, 여섯 명 모두 죽기 위한 장소로 생각한 것은 금문교 밖에 없었다고 대답했다. 이 중 한 명의 말을 빌리자면, '금문교에서 죽든지, 아니면 자살을 포기하든지' 였던 것이다. 또 한 사람은 '죽는 데에도 어떤 형식 같은 게 있으니까요. 우아함이랄까, 아름다움이 필요한 거죠. 그런 점에 금문교는 가깝고 안성맞춤이라 자살과 결부시켜 생각하는 사람이 많은 것 같아요' 라고 대답했다. 우울증을 앓고 있던 또 다른 남자 역시 다리의 접근 용이성을 지적했다. 그는 몸을 던지기 전에 쓴 유서에서 금문교를 향해 '어떻게 이렇게 쉽게 죽을 수 있게 하지?' 라고 물었다.

생존자들은 모두 자살방지벽 설치를 찬성했지만, 다리의 관리자들은 아주 최근까지도 이 제안을 받아들이지 않고 있다. 또 대부분의 생존자는 금문교에서의 투신자살을 미화하는 일을 어떻게든 막아야 한다고 입을 모았다. 이 중 한 사람은 비현실적이지만 동감이 가는 의견을 내놓았다. '신문 편집자는 금문교에서의 투신자살 보도를 자체적으로 규제해서 전면적으로 중단해야 합니다. 대대적인 보도를 보고 저도 뛰어내리려는 생각을 했으니까요.' 모든 사람이 여기에 찬성하지는 않겠지만, 이는 언제고 다시 한 번 생각해봐야 할 어렵고도 중요한 문제이다.

그러나 현실적으로는, 언론에 대대적으로 보도되거나 매력적인 장소에서 자살하는 사람보다 정신병원에서 자살하는 사람이 훨씬 더 많다. 사실 모든 자살의 5~10%가 정신병원에서 일어난다. 환자가 자해를 하거나 자살을 하지 못하도록 하기 위해서 만들어진 시설에서 이 정도로 높은 비율로 자살이 일어난다고 하는 것은 실로 이상한 일이다. 그러나 사실 이는 중환자실이나 암 병동의 사망률이 높은 것과 같은 이치이다. 원래 상태가 매우 심각하고 자살 위험이 가장 높은 사람들이 입원을 하는 곳이 정신병원이니 말이다. 환자에게 공통되는 입원 이유는 자살기도이다. 이미 앞에서 살펴보았듯이, 자살기도는 그 후의 자살을 예측할 수 있는 가장 확실한 요소이다. 그리고 자살 위험이 높다는 것은 본인의 의사와는 상관없이 환자를 병원에 입원시킬 수 있는 몇 안 되는 이유 중 하나이기도 하다.

물론 의료진은 환자를 보호하기 위해 모든 예방조치를 강구한다. 그렇지만, 모든 환자의 생명을 지키려고 하다보면, 개인의 사생활이나 자유를 심각하게 침해해야만 하는 경우도 발생한다. 개인의 자유와 개인의 생명 중 어느 쪽을 중시할 것인가는 여전히 논쟁을 부르는 주제이다. 자살 위험이 특히 높은 환자는 엄중한 감시를 받으며, 자물쇠가 잠긴 병실에서 수용되는 경우도 흔하다. 이런 병실의 창은 열거나 깨뜨릴 수 없는 구조이며, 실내의 전기코드는 최대한 짧게 배치하며 또 벽걸이나 샤워커튼 레일은 모두 조금만 무게가 가해져도 부서지는 제품을 사용한다. 환자들이 예리한 물건이나 약물을 가지고 있는지 점검을 하며, 성냥, 라이터, 손톱 다듬는 기구, 거울, 유리병, 가위, 벨트, 운동화 끈 등도 모두 압수한다.

자살 위험이 높은 환자에 대한 물리적 감시도 집중적으로 이루어지지만, 감시의 정도는 자살 위험도에 따라 몇 단계로 구분되어 있다. 예를 들어, 1대 1 감시의 경우에는 의료진이 24시간 내내 환자의 상태를 지켜보며 샤워를 하거나 화장실에 갈 때도 따라간다. 한시도 떨어지지 않고 의료진이 환자의 옆을 지키며 손만 뻗으면 잡을 수 있을 정도로 바짝 붙어 감시하는 경우도 있다. 이런 밀착 감시는 환자의 급작스러운 충동적인 행동에 재빨리 대응할 수 있도록 하기 위한 조치이다. 경우에 따라서는 자살 충동이 있는 환자 두 명 내지는 세 명을 간호사 한 명이 담당하는 경우도 있고, 환자의 자살 위험도가 낮아졌다고 판단되면, 환자의 상태를 5분, 15분, 또는 30분 간격으로 살피는 '점검' 체제로 전환되기도 한다. 이 점검 체제에서는 의료진에 의한 감시 등은 이루어지지만, 24시간 밀착 감시 대상에서는 제외된다. 만약 환자가 자신이 느끼고 있는 심각한 자살 충동을 솔직하게 내보이거나 자살계획을 설명한다면 자살 위험도는 오히려 상당히 낮다고 판단된다. 하지만 실제로는 이런 경우는 거의 기대하기 어렵다. 죽음을 결심한 환자는 오히려 자신의 심정이나 의도와는 정반대의 태도를 보이는 경우가 대부분이기 때문이다. 때때로 이들은 민첩하게 움직이며, 기발한 재주를 발휘하곤 한다. 19세기의 정신의학자인 에밀 크레펠린은 그의 고전적 명저 《조울병》에서 이렇게 지적한다.

> 환자들은 너무나도 자주 유쾌한 모습으로 자살계획을 숨기면서, 기회가 왔을 때 이를 실행에 옮기기 위해 신중히 준비하곤 한다. 이들의 계획이 실현되는 순간은 수없이 많다. 감시하는 의료진의 눈을 속이고 욕조에서 익사를 기도

하는 일도 있을 수 있을 것이다. 문의 빗장이나, 변소 구석의 튀어나온 부분에 목을 메는 환자도 있다. 침대에서 이불을 뒤집어쓰고 손수건이나 시트의 끝자락으로 목을 조른 예도 있다. 바늘, 못, 깨진 유리 조각, 숟가락까지 삼켜버릴 수도 있고, 닥치는 대로 약을 집어 삼키기도 한다. 또는 수면제를 모아두었다가 한꺼번에 삼켜버리거나, 계단에서 몸을 던지고, 무거운 물건으로 자신의 머리를 강타하여 목숨을 끊으려 한다. 한 여자 환자는 2층 입원실의 창살이 없는 창문 윗부분에 종잇조각을 몇 장 끼워 넣어서 창이 움직이지 않도록 해놓고는 감시의 눈을 피해 뛰어내렸다. 퇴원을 앞두고 있던 또 다른 여자 환자는 조리실에서 2,3분 동안 홀로 남겨진 순간을 놓치지 않고, 직원의 부주의로 열어둔 선반에서 조리용 술병과 성냥을 꺼내어 자신의 몸에 술을 붓고는 불을 붙였다.

1930년대, 뉴욕 주의 블루밍데일 병원의 제럴드 자메이슨과 제임스 웰은 이 병원의 환자들이 사용한 다양한 자살 방법을 보고했다. 이에 따르면 목에 전기 코드를 감거나, 옷장 문의 경첩에 손수건 3장을 연결해서 또는 화장실의 배관파이프에 넥타이를 2개 묶어 목을 매거나, 커튼 자락을 목에 동여매고서 창틀에 매달리거나, 면도날이나 창문 유리로 목을 긋거나, 유리를 깨서 그 조각으로 대퇴부의 동맥이나 요골동맥을 끊는 등의 방법이 사용되었다고 한다.(자살로 거의 목숨을 잃을 뻔했고 그 때문에 병원에 수용되었던 시인 실비아 플래스는 자서전적인 소설 《벨자 Bell Jar》에서 교활하게 뒤따르는 자살생각을 그렸다. '녹색 옷을 입은 하녀가 저녁상을 차리고 있다. 흰 린넨 테이블보와 유리잔, 종이 냅킨. 나는 다람쥐가 나무 열매를 저장하듯이, 죽 늘어놓은 저 유리잔들이 진짜 유리로 만들어진 것이라는 사실을 머릿속에 차곡차곡 저장했다. 병원에서 우리는 종이컵으로 물을 마셔야 하고, 고기를 썰 나이프도 허락되지 않았다.)

정신건강의학과 환자들이 가장 흔히 사용하는 자살 방법은 목매달기와 투신이며, 의료진이 감시를 한다고 해도 자해행위나 자살행동을 모두 막을 수 있다는 보장은 없다. 정신건강의학과 의사인 잔 포셋과 케이티 부시는 시카고 소재 병원들을 대상으로 입원 중에 발생한 자살사례를 조사했는데, 자살자의 40% 이상이 자살을 감행한 당시 15분 간격으로 점검을 받고 있었다는 사실을 밝혀냈다. 게다가 이 중 70% 이상은 자살 전 진료에서, 죽는다는 것은 생각도 하지 않고 있으며 계획도 없다는 대답을 남기고 있었다.

자살 가능성이 높은 중증 환자의 치료를 위해서는 감시체제의 적용과 관련된 어려운 임상적 판단이 요구된다. 언제, 환자에 대한 24시간 감시체제를 끝내고 15분 간격으로 또는 30분 간격으로 점검을 하는 태세로 전환시켜야 될 것인가? 언제 감시인 없이 외출을 하고, 주말에 집으로 돌아가도 된다고 허가를 내릴 것인가? 예측이란 불완전한 것이며, 죽음을 원하는 환자는 본심을 감추는 법이다.

조사 결과 정신병원에서 자살하는 환자의 50% 이상은 자살 직전에 의사나 간호사의 '임상적으로 증상이 개선되었다' 라던가 '개선되고 있다' 는 평가를 받았다는 사실도 드러났다. 실제로 입원 중에 또는 퇴원 직후에 자살을 한 환자의 약 50%는 퇴원 당시, 자살 가능성이 없다는 평가를 받은 사람들이었다. 입원 초기와 퇴원을 앞둔 시기는 특히 자살 위험이 높다. 퇴원을 앞둔 환자는 가족과 친구에게 거부당할지도 모른다는 불안감과 고독감, 여전히 불안정한 증상 (주기적인 급격한 기분의 변화, 과도하고 불편한 안정부절 못함, 자극과민성, 초조감), 실직이나 업무에 대한 불안, 병원 밖에서의 생활에 대한 공포 등으로 인해 심리적으로 크게 위축되어 있다. 입원을 계속하기에는 상태가 많이 좋아졌지만, 바깥 세상의 현실과 스트레스를 감당할 만큼 회복된 것은 아니라는 딜레마와 심각한 정신질환이 야기한 개인적, 경제적 어려움과 싸워야한다는 부담감이 겹치면서 환자들은 절망감에 휩싸여 자신의 감정을 이기지 못한 채 스스로 목숨을 끊는다. 병원은 안식과 치료를 제공하며, 자살 위험이 있는 사람들의 생명을 구해낼 수 있다. 하지만 모두를 구할 수 있는 것은 아니다.

사자우리

세상은 내가 갇혀 있는 우리 앞을 스쳐지나갈 뿐 한번도 나를 보지는 않는다.

– 랜덜 재럴 (워싱턴 동물원의 여자) –

사망 원인은 자살이라고 법의학자가 말했다. 그 여성의 사망원인은 예리한 물건과 둔기와 같은 물체에 의해 생긴 상처에서 발생한 대량출혈과 연조직의 손상이라는 것이다. 이는 의심할 여지 없는 사실이었다. 하지만 보다 정확하게 설명하자면 검고 긴 머리카락을 가진 이 36세 여자는 워싱턴 국립동물원의 야외우리에서 사육되던 두 마리의 사자 중 한 마리, 어쩌면 두 마리 모두에게 온몸이 갈기갈기 찢겼고 부분적으로 먹히기도 했다. 시신은 갈가리 찢긴 상태였다. 갈가리 찢겼다. 공포의 현장을 목격한 모든 사람이 떠올린 단어는 바로 짐승의 공격이었다. 아무튼 현장의 광경은 둔기와 같은 흉기에 의한 상처나 연조직의 손상으로는 도저히 표현할 수 없는 것이었다. 한 명의 여성이 처참하게, 그것도 자신이 원한 폭력적인 방식으로 생을 마친 것이다.

여자의 시신은 1995년 추운 3월 아침 동물원의 직원에 의해 발견되었다. 흠뻑 젖은 그녀의 몸은 체중 180킬로그램의 사자들과 구경꾼들을 갈라놓는 장애물 중 하나인 폭 8미터의 해자를 헤엄쳐 건너갔다는 것을 알려주고 있었다. 신원확인이 불가능할 정도로 갈기갈기 찢긴 시신의 복장은 겨울치고는 얇았고, 평소 사자가 먹이를 먹는 장소인 경사진 풀밭에 하늘을 향한 채 누워 있었다. 양팔은 물어 뜯겼고, 온몸에는 날카로운 이빨 자국이 남아 있었다. 어떻게 보더라도 검시관이 말한 대로 '즉사는 아니었음' 이 확실해 보였다.

직접적인 사인을 의심하는 사람은 없었다. 어린 숫사자와 그보다 조금 나이가 많은 암사자가 자신의 영역을 침범한 침입자를 공격했으리라는 것은 충분히 예상할 수 있었다. 호기심 때문이든, 위협을 느꼈기 때문이든, 자연의 본능이 치명적인 또는 그에 가까운 결과를 초래했던 것은 확실해 보였다. 강하고 위험한 이 포식자들이 젊은 여성을 죽였다는 것에 의문을 품는 사람은 아무도 없었다. 사건 발생 후 근 이틀 동안, 미국의 수도, 워싱턴 시민의 궁금증을 자극한 최대한 화제거리는 그녀가 누구이며, 어째서 이런 죽음을 선택했냐는 것이었다.

여자를 둘러싼 끔찍한 얘기들에 사람들의 관심이 집중되면서 당연히 뻔한 억측들도 난무했다. 그녀의 죽음이 정말 자살이었는가? 잘못해서 사자 우리 안에 떨어진 것은 아닌가? 상식적으로는 있을 수 없는 상황인데다가 죽음의 방식이 너무나 끔찍했던 탓에 이 사건은 인간의 가장 어두우면서도 원시적인 상상력을 자극했다.

워싱턴 포스트지는 사건을 보도한 5개의 기사 중 하나에서 이 사건이 워싱턴에 미친 충격을 이렇게 묘사했다. 저널리스트인 필 맥콤스의 기사는 다음과 같다. '거짓된 상냥한 미소와 드러내지 않은 송곳니를 통한 매끄러운 외교가 펼쳐지는 이 곳, 아라파트와 이스라엘의 라빈 총리가 악수를 나누고, 진실의 선서를 한 기업 로비스트들이 자기 기업의 유해한 제품이 건강피해를 유발하는 일은 없다고 증언하고, 은밀한 의견교환과 숨겨진 동기, 정치생명의 종말이 난무하는 이 도시에서 끔찍하고 야만스러운 살육사건에 대해 경악하고 있다…사실 어떤 측면으로 보면, 이번 사건은 워싱턴이 관심을 가지기에는 너무 단순한 죽음이라고도 할 수 있다. 여자의 죽음이 보도되고 이틀 뒤 오후 라디오의 대담 프로그램에 전화를 걸어 동물원에서 발생한 이번 사건이 화이트워터 의혹과 관련이 있다고 말한 청취자가 그래도 한 명 있기는 했지만 말이다.

한편, 경찰은 자체적인 수사를 통해 그 여자가 사자 우리 안에 들어간 것은 그녀의 종교적인 신념과 관계가 있다는 추측을 내보였다. 실제로 구약성서에는 굳은 믿음을 증명하기 위해 사자 굴에 던져졌던 다니엘이 무사히 의기양양하게 생환하는 이야기가 나온다. 그 후에 밝혀진 이 여자의 경력을 볼 때 경찰의 추측은 어디까지나 추측에 불과하기는 했지만, 아주 빗나간 것은 아니었다. 수사가 계속되었고, 그 결과 그녀의 정신상태는 본인이 제어할 수 있는 상태가 아니었다는 점도 밝혀졌다. 그녀는 환청과 환시를 비롯한 광기 증상을 가지고 있었다.

그리하여 임금이 분부를 내리자 사람들이 다니엘을 끌고 가서

사자 굴에 던졌다. 그때에 임금이 다니엘에게,
"네가 성실히 섬기는 너의 하나님께서 너를 구해 내시기를
빌라"라고 말하였다.
사람들이 돌 하나를 굴려다가 굴 어귀를 막아 놓자,
임금은 자기의 인장 반지와 대신들의 인장 반지로
그 곳을 봉인한 다음
다니엘게 내린 어떠한 조치도 바꾸지 못하게 하였다.

– 다니엘서 제6장 17절~18절 –

그녀가 남긴 증거는 단편적이었다. 수사관들은 시신 근처에서 복음성가 가수인 에이미 그랜트가 노래한 '사랑의 집' 카세트가 들어있는 소니 워크맨을 발견했다. 머리핀 하나가 사자에게 살육당한 현장에서 그리 멀지 않은 곳에 떨어져 있었다. 그녀 구두에는 우편환이 한 장 쑤셔 박혀 있었고, 주머니에는 구겨진 사무용 편지가 들어 있었다. 유서는 없었고 지문도 남아있지 않았다.

아칸소 교통공사의 버스 정기권이 단서가 되어 이 여자가 리틀록에서 온 마가렛 데이비스 킹이라는 것이 밝혀졌다. 죽기 3일 전, 마가렛이 워싱턴 북서부의 한 모텔에 체크인을 했다는 것도 밝혀졌다. 그 후 경찰은 그 모텔 방에서 여행가방 1개와 종교적인 구절들이 적힌 종이조각들을 발견했다. 죽기 전날 늦은 오후 그녀가 연방지방법원에서 뜬금없는 소송 신청을 하려고 했다는 것 이외에 그녀의 죽기전 며칠간의 행적에 대해서는 무엇 하나 발견되지 않았다.

신청을 받았다는 법원의 담당자의 말에 따르면 마가렛이 연방지법을 찾았던 것은 딸을 다시 데려오기 위한 소송을 하기 위해서였다.

담당자는 곧 마가렛이 정신에 문제가 있다는 것을 알아차렸다. 그녀는 자신이 예수 그리스도의 동생이며, 예수와 함께 클린턴 대통령과 한 지붕 아래서 자랐다고 주장했기 때문이었다. 또 그녀는 아이의 친권을 둘러싼 이번 소송에서 자신이 원하는 것은 클린턴 대통령의 중재라고 주장했다. 담당자의 이야기에 따르면 마가렛은 '단정한 옷차림에 매력적이고, 말을 잘했으며', 분노하고 있는 듯이 보였지만 그 분노를 '제어'할 수 있는 상태였다고 했다. 담당자는 '사실, 그녀는 아주 침착했다'고 말했다. 그녀는 소송 신청을 하면서 성서를 인용했고, 서류 다발을 가슴에 끌어안고 있었다고 했다.

마가렛이 연방지법에서 나간 것은 오후 5시 경이었다. 그 후 동물원의 사자 및 호랑이 구역 안으로 들어갈 때까지의 행적을 아는 사람은 어느 누구도 없었다. 어쩌면 망설였는지도 모른다. 하지만 어찌되었든 어느 시점에선가 그녀는 1미터 남짓 되는 철책을 넘어 흙으로 뒤덮인 완충 지역을 건너고, 3미터가 다 되는 벽을 기어오르고 해자를 헤엄쳐서라도 사자우리 안의 풀밭 위에 서겠다고 하는 확고한 결심을 한 것이다. 그녀는 도대체 누구인가, 그리고 어째서 이런 결심을 한 것인가?

그 후 검시관과 저널리스트는 마가렛이 두 번 결혼한 적이 있고 어린 자녀가 세 명 있다는 사실을 알아냈다. 또 그녀가 미 해군을 명예롭게 제대한 퇴역군인 부랑자이며, 망상형 조현병을 앓고 있다는 것도 밝혀졌다. 캘리포니아, 조지아, 아칸소의 정신병원에 장기

입원했던 사실도 알려졌다. 그녀는 자신이 예수 그리스도의 동생이라고 믿었는데 때로는 자신이 예수라고 주장할 때도 있었다. 자기 손바닥에 십자가에 못 박힐 때 생긴 못 자국으로 보이는 흔적이 있다는 것이 그 주장의 근거였다. 그녀는 신에게 직접 메시지를 받는다고 주장하며 미국 전역의 사람들에게 전화를 걸어 가정과 직장을 버리고 자신을 따르라고 명령하면서, 하나님께서 이동수단을 마련해주실 것이라고 장담했다고 한다.

마가렛은 이 외에도 협박과 가중폭행으로 체포된 적이 있었다. 아칸소의 보안관사무소에 따르면 보안관 대리에게 빗자루 손잡이를 마구 휘두르며 옆에 있던 또 다른 보안관 대리에게 자신을 사살하라고 명령한 전과도 있었다. 그 후 마가렛은 입원과 퇴원을 반복했다. 처방받은 치료약을 처음에는 제대로 복용했지만, 얼마 안 가 약을 끊어버렸다. 머릿속의 생각들을 제어할 수 없었기에 그녀의 기분이나 에너지를 제대로 다스릴 수도 없었다. 수만 명의 조현병 환자와 마찬가지로 그녀의 생활도 서서히 엉망이 되어갔고, 이윽고 '집 없는 정신병 부랑자 환자' 로 전락해 갔다.

사자들이 달려들어

그들의 뼈를 모조리 부수어 버렸다.

- 다니엘서 제6장 25절 -

지금 미국의 노숙자 수는 유례없는 수준으로 증가하고 있다. 우리는 정신질환자, 사회 부적응자들을 길거리로 내몰며 이들의 희망을 산산조각내고 있다. 게다가 그들이 살아가기 위해 필요한 것들을 무시하고 있다. 병원은 중증 정신질환 환자들을 무작정 퇴원시키고 있다. 그 때문에 지금 미국의 노숙자 중 3분의 1에서 2분의 1은 정신병 환자이며 이들과 도로와 거리를 공유하는 일반시민들은 이에 당혹스러워하고, 시 당국은 혼란에 빠진 채 어떤 대책도 내놓지 못하고 있다. 그들은 우리를 불안하게 만들지만, 그들이 보호받고 치료를 받아야 하며, 지낼 곳이 필요하다는 것을 알고 있는 사람은 극소수에 불과하다.

그들은 거리에서, 주차장에서, 보호시설에서 또는 빈 집에서, 공원에서 죽어간다. 일반시민보다 대체로 사망연령이 낮으며, 사망원인은 치료도 받지 못하고 방치된 결핵, 에이즈, B형간염, 알코올중독, 약물남용, 상처로 인한 출혈 등이다. 게다가 이들의 10%는 스스로 목숨을 끊고 있다.

정신질환 환자를 병원에서 내보내는 결정이 꼭 악의가 있기 때문이라고는 볼 수 없다. 단지 사려 부족과 부적절한 판단의 결과일 뿐이다. 그런 결정의 배경에 있는 것은 1963년, 케네디 대통령이 서명하고 발효시킨 '지역사회 정신보건센터법' 이다. 중증 정신질환 환자들이 대규모 시설에 감금당하는 것을 방지하기 위해 마련된 이 법은 당시 새로 개발된 항정신병 약물과 항우울제 등의 약물치료로 환자들이 집으로 돌아갈 수 있게 될 것이라는 기대와 돌아온 이들 정신질환 환자들을 각 지역사회가 받아들여 돌봐주며, 돌봐주고 싶어 할 것이라고 하는 희망적인 낙관주의에 근거하고 있다. 하지만 그 결과는 참담했다.

국립정신보건연구소의 신경정신의학과장인 리처드 와이어트(저자의 남편)는 동료 의사와 연구자들과 함께 과학적 근거 부족을 이유로 이 법률의 시행을 강력히 반대한 바 있다. 1986년, 와이어트는 사이언스지에 다음과 같은 논설을 투고했다.

> 미국의 노숙자 위기는 1963년 지역사회 정신보건센터법이 통과되면서 시작되었다. 조현병, 기분장애, 알코올중독, 중증 인격장애 등을 앓고 있는 환자들이 수용시설에서 대거 방출되었다. 일단 시설에서 나온 환자는 고립, 소외, 절망, 자포자기 때문에 그들만의 사회를 형성했다. 법때문에 대규모 시설에 수용되어 있었던 사람들이 노숙자가 된 것이다. 이런 상황이 벌어지게 된 것은 과학적인 자료가 없는 상태로 사회복지운동을 공공정책으로 삼았기 때문이다. 의회가 이 법률을 통과시켰을 때, 제대로 된 관리하에서 실시된 대조 예비연구는 영국의 단 한 건밖에 없었다. 이렇듯 필수적인 연구조사가 이루어지지 않았기 때문에, 정부는 그 문제점을 파악할 수 없었고, 그 결과 이상은 숭고하지만 현실적으로 실행이 어려우며 정당화될 수 없는 프로젝트를 추진하고 말았다.

조현병이나 부랑인 정신질환자를 치료하는 그 누구도 이 복잡하고도 심각한 문제에 대해 해결책이 있다는 주장을 선불리 할 수는 없을 것이다. 마찬가지로 망상에 시달리는 조현병 환자이며, 아이의 친권을 되찾을 가망도 없었던 노숙자인 마가렛 데이비스 킹이 도대체 왜, 그 때, 그런 모습으로 죽음을 선택했는지 설명할 수 있는 사람도 없을 것이다.

그녀의 죽음에 대한 대중의 관심은 얼마 가지 않아 시들해졌고, 사자와 자살을 풍자한 재치 있는 입담은 워싱턴의 디너파티 자리에서나 들을 수 있게 되었다. 워싱턴에서 그녀는 그렇게 잊혀져 갔다.

마가렛은 유명인사가 아니었고, 그 죽음을 애도하는 사람도 없었으며 대부분의 사람은 그녀의 죽음을 이해하지도 못했다. 어째서 죽은 것일까? 모든 희망을 잃고 절망했기 때문일까? 아니면 정신병 때문에 두려움도 못 느낄 정도로 흥분상태에 있었던 것인가? 그녀는 어째서 그렇게까지 끔찍한 죽음을 선택한 것일까. 우리는 이 질문들에 답할 수 없다. 그녀에 대해 아무것도 알지 못하기 때문이다. 마가렛은 그 마음을 추측할 수 있을 만한 단서를 거의 남기지 않았다. 하지만, 만약 국립동물원의 사자우리에 뛰어들지 않았다면 그녀의 삶의 흔적은 더욱 희미했을 것이다. 그 해 전 세계에서 일어난 수많은 자살 중 하나로 기록되었을 뿐일 테니 말이다.

제 III 부

타고난 고통, 핏속의 얼룩

– 자살의 생물학 –

아아, 그래도 우리는 믿고 있다,

병의 종착점은 선함이라고.

타고난 고통, 의지적 죄악,

불안한 결함, 그리고 핏속의 얼룩에 대해서도

– 알프레드 테니슨 경 –

테니슨가 사람들은 몇 세대에 걸쳐 심각한 우울증, 조절되지 않는 분노 발작, 조울병에 시달려 왔다. 알프레드 테니슨(1809~1892)은 가문의 '검은 피'를 언급하면서 자살과 자살에 이르게 하는 절망, 그리고 유전적인 광기가 그의 몇몇 뛰어난 시편의 핵심이라고 했다.

제6장

깊은 물속에 잠기다

– 유전학적, 진화론적 관점 –

이는 타고난 가문의 불운이며 나는 필사적으로 그 치료법을 찾고 있노라.

– 에드거 앨런 포(미국 작가) –

하지만, 내가 정말로 이 같은 우울을 피하고 싶은지는 항상 의문이 든다... 이런 상태로 9주를 보내고 나면 깊은 물속으로 잠기고 만다... 깊은 우물 속으로 내려가면, 진실의 공격을 막아줄 어떤 것도 존재하지 않는데...

– 버지니아 울프(영국 작가) –

남부군 총사령관이었던 로버트 리 장군이 애포머톡스 법원에서 율리시스 그랜트 장군에게 항복하기 일 년 전, 존 오드로노 교수는 뉴욕 컬럼비아 대학의 학생들에게 중요한 강의를 하고 있었다. 이 강의에서 교수는 인간의 행위가 모두 인간의 이성 만을 반영한다고는 할 수 없다고 말했다. '아무리 지적인 문화인으로 자랐고, 자신이 속해 있는 환경 때문에 감정을 표출할 수 없다고 해도, 그 사람의 천성이 완전히 소멸되는 경우는 거의 없다.' 그는 프란시스 베이컨을 인용하여 이렇게 말했다. '인간의 천성은 대부분의 경우 숨겨져 있고, 때로는 극복되지만, 완전히 없어지지는 않는다.'

당시 모든 미국 국민들이 그랬듯이 오드로노 교수의 생활에도 남북전쟁의 어두운 그림자가 드리워져 있었지만 강의의 내용은 미국의 내전에 대한 것이 아니었다. 그는 인간 내면의 전쟁을 일으키는 비이성적이고 폭력적인 근원, 대대로 이어지는 어두운 힘에 대해 설명했다. 그는 자살 요인의 유전성에 대해 긴 시간동안 격정적이라 할만한 열의를 가지고 강의를 진행했다. 정신질환을 치료했던 19세기 중반의 많은 의사들과 마찬가지로, 오드로노 교수 역시 광기와 자살의 밑바닥에 흐르고 있는 네 가지 기질에 주목했다.

> 관찰 결과, 기질은 자살과 매우 밀접한 연관성이 있음이 밝혀졌다. 낙천적이고 다혈질인 사람은 조증과 같이 혈액순환의 가속화와 관련된 질병에 걸리기 쉽고, 갑자기 분노로 이성을 잃고 남이나 자신에게 난폭한 행동을 저지르는 경향이 있다. 반면, 성마르고 까다로운 점액질인 사람은 만성적이고 고질적인 형태로 심각한 자살 성향이 있는 경우가 많다. 이런 사람들은 그 증상이 쉽게 나타나며, 한번 발병하면 치료가 힘든 것으로 알려져 있다. 그리고 유전적 소인에 따라 무기력 상태를 보일 경우에는 사소한 계기만 있

어도 본격적인 질병으로 발전하게 된다. 사실 유전적 요인은 자살에 강력한 영향력을 미치고 있다. 기록으로 남겨진 자살사례 중 6분의 1 이상의 죽음은 바로 유전적 요인이 있었다.

당시에는 신뢰할 만한 통계가 없었기 때문에 여기서 말하는 '6분의 1'이라는 숫자의 근거는 확실하지 않다. 물론 신뢰할 만한 통계가 부족하다는 문제는 지금도 여전하지만, 오래 전부터, 사실 근 2,000년 전부터, 자살과 광기는 물려 받는다고 생각해 왔다. 오드로노 교수의 강의보다 25년 앞선 1840년, 영국의 의학자인 포브스 윈슬로는 유전과 자살의 관계에 대해 확실한 견해를 밝혔다. '자살과 관련해서, 유전적 요인이 관여하기도 한다는 사실 외에 확실하게 증명된 것은 아무 것도 없다. 다양한 체내기관에 발생하는 질환 중, 뇌에 생기는 질환만큼 대대로 유전되는 경향이 강한 질환은 없다. 그렇다고 해서 자살로 치닫기 쉬운 기질이 모든 세대에서 발현되는 것은 아니다. 한 세대는 건너뛰고, 그 다음 세대에 나타나는 경우도 흔하기 때문에 비유전성 정신질환과 혼동되기도 한다.'

펜실베이니아 대학 의학부 교수인 벤저민 러쉬도 자살의 유전적 측면에 관심을 가졌다. 1812년에 출판되어 각 방면에 큰 영향을 준 저서 《정신질환에 관한 의학적 조사와 관찰》에서 그는 일란성 쌍둥이 형제의 자살 사례를 설명한 동료의사의 편지를 소개하고 있다.

CL 대위와 JL 대위는 쌍둥이 형제로 얼굴과 모습이 매우 비슷해서 이들을 처음 만난 사람은 거의 구분하지 못할 정도였다. 친구들조차도 속곤 했다고 한다. 두 사람의 버릇이나 태도도 똑같았기 때문에 사람들이 이 형제를 구분하지 못해서 생긴 우스운 일화들도 많다고 한다.

둘은 같은 시기에 미국 독립군에 입대하여, 비슷한 임무를 맡아 독립전쟁에서 활약했다. 두 사람 모두 쾌활하고 사교적이며 예의 바른 신사였다. 또 두 사람 모두 상냥한 아내와 자녀들과 함께 행복한 가정생활을 꾸려가고 있었으며 경제적으로도 안정되어 있었다. 전쟁이 끝나고 얼마 후, J 대위는 버몬트 주로 이동했고, C 대위는 매사추세츠 주 디어필드 부근의 그린필드에 살았다. 형제간의 거리는 300km이었다. 그 후 약 3년간, 두 사람 모두 가벼운 정신착란을 경험했지만, 조증이나 우울증으로 발전하지는 않았다. 이들은 무언가에 쫓기는 듯한 행동을 하거나, 혼란스러워 보이기도 했지만, 두 사람 모두 군 복무를 계속할 수 있을 정도의 정신건강은 유지하고 있었다. 약 2년 전, 버몬트 주 의원이기도 했던 J 대위는 의회에 참석한 다음 날 이른 아침 자신의 방에서 싸늘한 주검으로 발견되었다. 왼쪽 귀에서 오른쪽 귀까지 이르는 깊은 상처가 목에 나 있었고, 사망 원인은 그의 손에 의한 이 상처라고 추정되었다. 그는 이 비극이 일어나기 며칠 전부터 우울증에 시달리고 있었으며, 사건 전날 밤에는 몸 상태가 좋지 않다는 이야기를 했다고 한다.

그리고 약 열흘 전, 그린필드에서 복무 중이던 C대위는 우울증의 징후를 느끼고, 스스로 자신을 파괴할지도 모른다는 공포감을 입에 올렸다. 6월 5일 새벽, 잠에서 깬 대위는 아내에게 함께 말을 타고 한 바퀴 돌고 오자고 했다. 그 후 평상시처럼 수염을 깎고 나서 면도칼의 물기를 닦더니 옆방으로 들어갔다. 그의 아내는 면도칼을 제자리에 넣으러 간다고 생각했다. 그 직후, 바닥에 물인지 피인지가 떨어지는 소리를 들은 아내는 방으로 뛰어들어갔지만, 대위의 목숨을 구하기에는 이미 너무 늦은 상태였다. 면도칼로 깊게 그은 목의 상처로 인해 목숨이 끊어진 후였기 때문이다.

이 형제의 늙은 어머니는 현재 정신착란 상태에 빠져 있으며, 가족 중 유일하게 살아남은 두 누이도 몇 년 전부터 같은 질환으로 고통 받고 있었다.

자살에 유전성이 있을지도 모른다는 발상은 19세기부터 20세기에 걸쳐 발표된 자살 관련 문헌들 속에서 가느다란 명맥을 유지해왔다. 1906년 6월, 뉴욕 정신병위원회 회장이었던 찰스 필그림은 보스턴에서 개최된 미국의학심리학회에서 다음과 같은 내용의 논문을 발표했다. '자살 성향이 유전된다는 것보다 더 확실하게 증명된 사실은 없다. 이 성향은 자손에게 발현될 가능성이 매우 높을 뿐 아니라, 부모에게 처음 이 성향이 나타났던 비슷한 연령대에 자녀에서도 발현하거나, 부모가 선택했던 죽음의 방법을 자녀도 사용하는 경우가 많았습니다' 그리고는 물의를 빚을 만한 주장을 이어갔다. '따라서 우리 전문가들이 유전적인 결함이 존재하는 사람의 결혼을 막기 위해 노력한다면, 사회에 상당한 이익을 가져올 수 있다고 봅니다.'

필그림 씨의 주장이 나온 시기와 거의 때를 같이 하여 의학 문헌들을 보면, 자살이라는 무거운 짐을 진 일부 가족의 사례들을 찾아볼 수 있다. 자살과 정신질환으로 점철된 한 선원 집안의 4대에 걸친 가족력을 살펴본 논문도 그 중 하나이다. 두 명의 영국인 의사가 발표한 이 논문에 따르면, 65명의 가족 중 자살자는 여섯 명이었고, 네 명은 자살계획을 말한 적이 있었고, '정신상태가 심각하게 좋지 않았던' 사람은 여덟 명, '정신박약이나 정신이상' 진단을 받은 사람은 여섯 명이었다. 논문의 집필자가 사용한 단어들로 볼때, 그들은 자신들 견해에 대해 추호의 의심도 없었다. '증세가 심각한 아버지와 습관성 음주벽 어머니의 결혼으로 볼 때, 가족 C^2의 사례에 불행한 결말이 나타날 것은 특히 명백하다. 사촌 두 명은 즉사할 수 있는 방법을 선택하여 자살했다. 보호시설은 더 큰 불행이 가족 C^2를 덮치는 것을 막아줄 수 있을 것이다. 가족 C^3는 반사회적 성향 덕분에 결혼하여 자손을 남길 가능성은 낮다고 판단된다. 또 가족 C^5는 병세를 드러내기 시작했으므로 정신병원에서 치료를 받게 될 것이 확실해 보인다.'

1901년, 잡지 《의무기록》은 자살자가 속출한 또 다른 가계의 끔찍한 사례를 보고하고 있다.

> 며칠 전, 코네티컷 주 댄버리 근처의 농장에서 목을 매달아 자살한 에드거 제이 브릭스라는 남자는 가족 전원의 자살로 파멸한 브릭스 가의 마지막 생존자였다. 이 가족의 자살 내력 역사는 50년도 넘는 시간 속에서 확대되고 전개되었다. 전하는 바에 따르면, 브릭스 가의 직계와 방계 자손 중 최소한 21명이 스스로 목숨을 끊었다. 이 중에는 에드거 제이 브릭스의 증조부, 조부, 부친, 형, 두 명의 누이가 포함되어 있다.

보다 최근의 사례로는, 두 언니와 오빠, 두 명의 사촌 등 총 다섯 명의 가족을 자살로 잃은 이라크의 한 여성이 자신의 몸에 등유를 뿌리고 성냥으로 불을 붙여 분신자살을 기도했다. 이 중 네 명은 분신자살, 한 명은 총기 자살이었다.

의학문헌에는 이 외에도 수많은 '자살 가계'가 보고되고 있다. 이런 사례들은 나름의 설득력을 가지긴 하지만, 이것만으로 자살에 유전적 요인이 작용한다는 사실을 입증할 수는 없다. 기이하고 충격적인 사례들은 그렇지 않은 사례보다도 주목을 끌 가능성이 높고, 연구문헌에 인용되는 빈도도 높기 때문이다. 특정 가계에 자살자가 집중되는 다른 중요한 이유도 있다. 예를 들면, 가족의 자살에 큰 충격을 받았기 때문일 수도 있고, 가족의 자살로 인해, 인생의 어려움이나 질병을 해결하는 합리적이거나 때로는 바람직한 방법이 자살이라고 하는 인식을 갖게 될 수도 있다는 것이다. 심리적인 영향으로 인한 자살에서 생물학적 소인을 찾아내는 것은 쉬운 일이 아니다. 또 설령 자살에 유전적 요인이 작용하거나 부분적으로 유전성이 있다는 것이 증명되었다고 하더라도 다음과 같은 의문은 떨칠 수가 없다.

자살 성향은 유전된다고 하지만, 실제로 유전되는 것이 '무엇' 인가? 인간의 유전자 속에는 자살로 향하기 쉬운 특정 유전자가 있어서 이것이 대대로 유전되는 것인가? 아니면 딱히 자살의 직접적인 원인이 되는 유전자는 존재하지 않지만, 우울증, 조울병, 조현병, 알코올 의존처럼 자살로 이어지기 쉬운 정신건강 요인이 유전되기 때문에, 그만큼 자살 성향이 높아지게 되는 것인가? 특히 우울증이나 조울병 등의 기분장애는 유전될 확률이 높다는 것이 밝혀진 바 있다. 충동성, 공격성, 폭력성 등의 기질이 자살의 예측요인이라는 것은 확실하지만, 이런 기질을 발현시키는 유전자가 따로 있는 것일까? 특히 더 치명적인 유전적 요인의 조합들이 발현될 가능성은 흥분하기 쉬운 기질이 조증이나 조현병, 알코올 의존 등과 결합되거나 이런 정신질환에 의해 유발된 경우이다.

의사나 연구자들은 지금까지 유전의 영향과 환경의 영향이라는 엉킨 실타래를 풀어내기 위해 몇몇 방법들을 개발했다. 자살자와 자살 기도자의 유전패턴을 조사하기 위한 가계연구나 일란성쌍둥이와 이란성쌍둥이의 자살률을 조사하는 쌍둥이 연구도 그 중 하나이다. 이 외에도 양자연구라고 하여 입양되었던 자살자와 그의 생물학적 가족(혈연자) 및 입양 가족(비혈연자)의 자살을 비교함으로써 자살과 환경에 대한 문제를 파악하려는 조사법도 있으며, 자살을 기도한 사람과 그런 적이 없는 사람의 특정 유전자의 차이를 조사하는 분자유전학적 연구도 있다. 이런 연구조사 기법들은 다양한 종류의 정보들을 제공해 준다.

지금까지 가계연구법에 따라 조사된 가족 자살 사례 약 30건 중, 최근에 조사가 끝난 사례들을 보면, 거의 모두 자살자와 심각한 자살기도자가 있는 가계에서는 자살과 자살행동의 발생률이 크게 높아지는 경향이 있다는 것이 밝혀졌다. 아이와 어른에 대한 조사에서도 정신질환 환자 조사 결과와 마찬가지로 과거에 자살자가 나온 가계 쪽이 그렇지 않은 가계보다 자살자 수가 적어도 두 배에서 세 배 높아지는 경향이 있었다. 총기, 목매달기, 또는 투신같은 폭력적인 수단으로 자살을 감행한 사람은 강한 자살 가족력 그것도 종종 폭력적인 자살 가족력을 지질 가능성이 높았다.

가계연구에서도 특히 중요하며 흥미로운 연구 중 하나가, 아미쉬(Amish) 공동체를 대상으로 실시한 제니스 이랜드와 제임스 서섹스의 조사이다. 아미쉬란 18세기 초반에 펜실베이니아 주 동남부로 이주한 개신교 보수 종파에 속하는 사람들을 말한다. 사회적 결속이 강하며 전통적인 농축산업에 종사하는 이들은 도시문화에서 파생되는 위험한 요인들과는 거리가 먼 생활을 하고 있었다. 알코올을금지하고, 심각한 범죄는 거의 발생하지 않으며, 혈연자가 한 지붕 아래서 생활하는 대가족제도를 고수하고 있기 때문에, 고독감이나 고립감에 괴로워하는 사람은 비교적 적다고 알려져 있다. 사회적인 협동정신이 매우 높으며, 실직도 심각한 문제가 되지 않았다. 아미쉬 공동체에 '끔찍스런 죄' 또는 '그런 말도 안되는 짓'이라 불리는 자살은 사회적으로 용납되지 않으며, 공동체의 비난을 받았다. 최근까지도 자살자는 공동묘지의 철책 밖에 매장되었다.

아미쉬 사람들은 30대에 걸친 가계도와 의무기록을 보존하고 있다. 이젤랜드와 서섹스는 이를 이용하여 1880년부터 1980년에 이르는 100년 동안 아미쉬 마을에서 일어난 자살 사례의 가계연구를 실시했다. 이에 따르면 자살에 의한 죽음으로 판명 난 26명 중 92%에 해당하는 25명이 우울증 또는 조울병이라는 진단을 받은 사람들이었다(조증 증세의 기준으로 삼은 것은 당시의 진단기준뿐 아니라, '마차를 지나치게 빨리 몬다' 던가, '기계류나 다른 세속적인 물건들을 사거나 사용한다' 거나, '공중전화를 너무 오래 또는 자주 쓴다' 는 등 아미쉬 마을의 문화적 제약을 제대로 지키지 못했다는 평가를 참고로 했다). 또 자살자의 대부분은 몇 대에 걸쳐 기분장애 환자가 자주 나왔던 가계에 속한 사람들이었다. 자살자 26명 중 20명은 목을 맸고, 네 명은 총기자살이었으며, 두 명은 물에 뛰어들어 죽었다. 또한 이들은 결혼하여 자녀를 둔 경우가 많았으며, 대부분이 한창 때의 젊은이들이었다.

아미쉬에 대한 조사에서 가장 극적이고, 과학적으로 흥미를 끄는 부분은 자살자가 특정 가계에 집중되어 있다는 사실이었다. 자살자의 73%는 네 가족에서 나왔는데, 이 네 가족이 아미쉬 마을의 인구에서 차지하는 비율은 16%에 불과했다. 기분장애 환자가 있었던 가계에서 자살자가 나오는 것도 사실이었지만, 중증 우울증이나 조울병의 가족력이 있으면서도 자살자는 없었던 가계가 있는 것도 사실이었다. 이 사실은 그 후 오스트리아에서 실시된 조사에서도 확인되었다.

가계연구에서 확보한 증거들을 통해 자살에 유전적인 요인이 작용할 가능성이 있을 수 있다고 하는 단계까지는 입증이 되었지만, 아직 단정할 수는 없다. 어떤 특정 가계에 자살자가 집중되는 경향에는 다른 요인들이 있을 수도 있기 때문이다. 예를 들어, 부모를 자살로 잃은 아이들은 엄청난 상실감에 시달리는데, 여기에다 우울증이 겹치게 되면, 절망감에 빠져 최악의 선택을 했던 부모의 전철을 밟을 수도 있다. 또는 깊은 고뇌나 상실 또는 결핍, 스트레스 등을 피할 수 있는 최선의 길은 자살이라고 믿게 되거나, 자살을 모방할 수도 있다. 이런 환경적, 심리적 요인과 유전적 요인을 구분할 수 있는 방법으로 일란성 쌍둥이와 이란성 쌍둥이의 자살률 비교가 있다.

일란성 쌍둥이는 1개의 난자에서 분열하기 때문에 똑같은 유전자를 가지고 있다. 이에 비해 2개의 난자에서 발생하는 이란성 쌍둥이는 같은 유전자를 가질 확률이 50%에 불과하다. 이런 의미에서 일반적인 형제와 다를 바 없다. 만약 자살에 유전적 요인이 관여하고 있다면 쌍둥이의 '자살 일치율'은 일란성 쌍둥이가 이란성보다 훨씬 높을 것이다. 조사결과 이것이 사실임이 밝혀졌다.

자살의 유전학에 대해 누구보다도 많은 논문을 발표한 연구자이자, 뉴저지 보훈병원의 정신건강의학과 의사인 알렉 로이는 최근 정신의학 관련 학술지에 발표된 모든 쌍둥이연구를 검토하여, 적어도 한쪽이 자살한 쌍둥이가 최소한 400쌍 가까이 있다는 것을 밝혀냈다. 양쪽이 모두 자살한 경우는 일란성이 129쌍 중 17쌍, 이란성은 270쌍 중 2쌍이었다. 통계학적으로 본다면 의미있는 차이를 보이는 결과이다. 또 자살기도와 관련된 조사에서, 로이는 한쪽이 자살한 쌍둥이 중 그 후에 남은 한쪽이 자살기도한 경우는 일란성은 40%에 달하는 반면, 이란성은 0%였다. 최근 호주에서 실시된 조사에서도, 일란성 쌍둥이 중 한쪽이 심각한 자살기도를 한 후 나머지 한쪽이 자살기도를 한 비율은 약 25%였지만, 이란성 쌍둥이에서는 이런 경향을 찾을 수 없다는 결과가 나왔다. 호주의 연구자들은, 흔히 일란성 쌍둥이들이 어릴 때부터 같은 옷을 입고 주위 사람들도 그들을 비슷한 태도로 대하기 때문에, 이란성 쌍둥이보다 심리적, 사회적으로 동일화된 세계를 가지고 있다고들 하지만, 이란성 쌍둥이 역시 사회적, 심리적으로 매우 강한 동일성을 갖는다고 지적했다.

일란성 쌍둥이의 자살일치율이 약 15%로 추정되는데, 이 수치에는 몇 가지 시사점이 있다. 우선 중요한 것은, 일치율이 이란성 쌍둥이와 비교하면 높긴 하지만, 절대적으로 높은 수준은 아니라는 것이다. 똑같은 유전자를 가지고 있는 일란성 쌍둥이조차도 한쪽이 자살한 후, 남은 한쪽이 자살하지 않는 경우가 압도적으로 많다는 것이다. 또 하나는 일란성 쌍둥이의 자살일치율은 조울병의 발병일치율(70~100%. 자살과 우울증 재발도 일치율에 포함시키냐에 따라)이나 조현병의 발병일치율(40~50%)보다 훨씬 낮다는 점이다. 유전적 요인은 자살이 아니라 중증 정신질환에 큰 영향을 미치고 있다는 것을 보여주는 수치라고도 생각할 수 있다. 또 쌍둥이 중 한 쪽이 자살하면서 남기는 파괴적인 충격이 남은 한쪽의 자살을 억제하는 요인이 된다고도 추측해볼 수 있다. 즉, 자살이 남겨진 사람들에게 주는 충격을 의식하게 되어 자살을 생각하지 않게 되거나, 의학적 도움을 받으려는 생각을 하게 된다는 것이다.

이제, 쌍둥이연구를 통해 유전적 영향이 크다는 사실을 입증할 수 있는 증거들이 확보되었다. 그러나 가족동태나 그 외의 심리적 요인을 고려한다면, 이런 해석이 모든 사례에 적용될 수 있는 것은 아니다. 유전적 요인의 영향과 환경적 영향을 좀 더 심층적으로 구분해내는 연구방법으로 '양자 연구'가 있다. 입양된 아이는 생물학적인 부모(친부모)와 유전자를 공유하지만 환경은 공유하지 않는다. 반대로 이들은 키워준 부모와는 환경을 공유하지만 유전자는 공유하지 않는다. 따라서 입양가정은 자연스러운 실험장으로서의 역할을 하고 있다고 볼 수 있다. 유전적 요인이 자살에 의미있는 영향을 미친다면, 자살을 한 입양아의 친부모는 양부모보다 자살률이 더 높을 것이다. 포괄적이고 질 높은 의무기록이 보존되어 있는 덴마크에서 이 기록들을 이용한 두 번의 양자 연구가 실시된 적이 있다. 그 결과는 이 가설을 뒷받침하는 내용이었다.

1924년부터 1947년까지, 코펜하겐의 모든 입양아를 대상으로 실시된 첫 번째 조사에서 입양된 사람 중에 자살자가 57명임이 확인되었다. 이 57명을 연령, 성별, 사회계층, 입양 전 고아원에서 또는 친부모와 보낸 기간이 일치하는 대조군과 비교했다. 각각의 생물학적 가족(혈연자)의 사망원인을 포괄적으로 조사한 결과, 자살한 입양아의 혈연자 중 12명이 자살했다는 것이 밝혀졌다. 이에 비해 자살을 하지 않은 입양아(대조군)의 혈연자 중 자살한 사람은 두 명뿐이었다(통계학적으로 큰 차이가 있는 수치이다). 이 조사를 한 연구자들은 자살한 혈연자 12명 중 정신건강의학과 치료를 받은 사람은 여섯 명 밖에 없었기 때문에 자살을 야기한 유전적 기질이 있다고 하더라도, 주요 정신질환과는 상관없는 것일 가능성이 있다는 결론을 내렸지만 이 결론이 과연 타당한지는 조금 생각해볼 필요가 있다. 미국에서는 기분장애 진단기준에 부합하는 사람 중 반 이상이 한 번도 정신건강의학과를 찾거나 치료를 받은 적이 없었기 때문이다.

덴마크의 입양아를 대상으로 한 두 번째 연구에서 기분장애를 앓은 병력이 확인된 입양아는 71명이었다. 이 71명을 정신질환 병력이 없는 71명의 입양아와 비교했다. 두 그룹의 혈연자 중 자살한 사람은 19명으로 이 중 15명은 우울증이나 조울병을 앓고 있었으며, 강한 자살 충동을 동반한 우울증세를 보였던 입양아의 경우, 혈연자의 자살률이 특히 높았다.

가계 연구, 쌍둥이 연구, 양자 연구 결과를 종합해보면 자살이나 자살행동에는 유전적 요인이 크게 작용하고 있음을 알 수 있다. 물론 유전은 자살이라는 복잡한 문제의 극히 일부분을 구성하는 요소에 불과하지만, 이것이 심리적, 환경적 요인과 맞물리게 되면, 생사를 가르는 심각한 문제로 발전할 수도 있는 것이다.

만약 자살이 유전적 요인의 영향을 받고 있고 자살로 이어질 가능성이 가장 높은 질환(우울증, 조울병, 조현병, 알코올 의존)들이 더욱 강한 유전성이 있다고 한다면, 이렇게 크나큰 고통을 수반하고, 사회 비적응성과 요절을 초래하는 유전자들이 어떻게 도태되지 않고, 높은 비율로 유전되어 왔는지에 의문을 가지지 않을 수 없다.

자살에는 어떤 진화론적인 이유가 있는 것일까, 아니면 DNA가 무작위로 조합되어 재편성되었을 뿐인 것인가? 자살은 스트레스를 유발하는 환경과 취약한 유전자적 배열의 치명적인 상호작용 결과인가? 삶과 죽음에 관여하는 어떤 공통의 요소가 정말로 존재하고 있는 것일까? 자살은 의도적인 선택이며, 그렇기 때문에 인간에게서만 나타나는 특이한 행위인 것일까, 아니면 인간 이외의 동물들도 자해행위나 자살행동을 하는 것일까? 즉, 자살은 자연계에서 대체 어떤 의미를 가지며 어떤 역할을 하는 것일까?

자살은 당사자의 의식적인 결정에 의해 행해지기 때문에 인간 고유의 행동이라고 보는 생각은 당연해 보이지만, 정신건강의학과 의사인 아이버 존스와 브라이언 배러클라우는 다음과 같이 지적하고 있다.

> 동물 연구결과를 인간에 적용시켜 살다보면, 자살은 특별한 문제로 부각된다. 인간은 자신의 죽음을 상상하고, 이를 위한 준비를 하는 능력을 가지고 있지만, 이런 능력을 보이는 동물은 이제까지 보고된 바가 없다. 그런 의미에서 자살은 인간 고유의 행동이다. 그러나 이 정의에는 자살의 모든 과정이 합리적이라는 전제가 깔려 있다. 자살에 이르는 과정이 합리적이라는 생각은 잘못된 것이다. 대부분의 자살은 우울증이 합리적인 사고능력을 저해하는 동시에 자살 충동을 유발함으로써 일어난다. 자살이 인간 고유의 속성처럼 보이는 이유는 우리가 자살을 그렇게 정의하고 있

기 때문은 아닐까? 즉, 개체에게 가해진 죽음에 이르게 하는 파괴적 행위를 자살로 정의한다면, 확실히 동물에게도 이런 행동이 존재한다. 하지만 이 새로운 정의를 적용시켜 보더라도, 인간의 자살과 동물의 자기 파괴적 행위에는 세 가지 차이점이 있다. 우선, 인간은 자살을 뒤로 미루는 경우가 있지만, 동물은 미루지 않는다. 그리고 인간은 자기 파괴적 행위에 도구를 사용하기도 하지만 동물은 사용하지 않는다. 마지막으로 인간은 자기 파괴적 행위를 하기 쉽도록 환경을 조정하는 경우가 있지만, 동물은 그런 일을 하지 않는다. 따라서 동물의 자기 파괴적 행동이 인간의 자살에 상응하는 행위라고 하는 것은 '자기 파괴적 기질'이라는 단지 하나의 요소를 가지고 있다는 의미라고 볼 수 있다. 여기에 인간의 자살은 이 기질과 그 외의 인간 고유의 기질들이 결합하여 초래되는 행동양식인 것이다.

어떤 동물들은 고립, 과밀화, 구금, 서식환경의 변화 등 심각한 스트레스가 발생하는 상황에 처하면 자신에게 심각한 위해를 입히며 때로는 그로 인해 죽기도 한다는 것에 반론하는 사람은 없다. 동물들이 자신의 발이나 꼬리를 물어뜯고, 눈알을 파내고, 몸에 상처를 내고, 우리의 벽에 끊임없이 머리를 박는 예는 드물지 않다. 스트레스 때문에 자신에게 상처를 입히고, 그로 인해 죽은 동물들(사슴, 사자, 하이에나, 자칼, 영장류, 쥐, 문어, 주머니쥐, 오리너구리 등)의 사례는 많은 동물원에서 보고되고 있다. 또 애완동물 중에서도 주인과 헤어지게 되었을 때 이와 비슷한 행동을 보인 동물들이 있다. 마카크 원숭이는 자기 머리를 때리거나 벽 등에 머리를 부딪치며, 팔다리나 몸체에 이빨이나 발톱으로 깊은 상처를 내곤 한다. 또 가축으로 길러진 돼지나 야생동물 중에서도 포획되거나 새로운 환경에 처하게 되면 도망치려 하다가 난폭한 행동을 하는 경우가 있다. 그래도 도망치지 못하면, 혼수상태에 빠지기도 한다. 또 양식 밍크들은 계속 우리에 가둬놓으면 자기 꼬리를 먹어버리는 경우도 있다.

동물들이 가장 심각한 자해를 저지르는 것은 갇혀 있거나, 무리에서 떨어져 나와 고립되는 등의 스트레스 환경에서 흔히 발생한다. 이는 동물들이 초조함과 공격성 그리고 절망감을 야기하는 상황이다. 아이버 존스는 동물의 자해 행위에 대해 이렇게 설명했다. '심각한 자해행동이나 머리를 부딪치는 등의 행동은 조사된 모든 사례에서 극도의 초조감과 연관이 있었다.' 초조함과 좌절감은 신체활동을 제한당하거나, 새끼에게 먹이를 주는 행동 패턴 또는 털 손질을 하는 행동 패턴을 바꿔야 하거나, 하지 못하게 될 때, 또는 무리와 사회적, 성적 접촉을 할 수 없게 될 때 생겨난다. 극도의 초조함은 뇌에 손상을 입히거나, 약물 또는 알코올을 투여하는 등의 외과적 또는 약리학적 방법으로도 유발될 수 있다.

동물의 자해 행동을 놓고, 정상적인 상황이었다면 다른 동물에게 보였을 공격성이나 자연과의 싸움에서 소비되었을 에너지 등을 발산하기 위한 대체행동으로 볼 수 있다는 주장도 있다. 또 자해 행동을 함으로써 심각한 초조함이 완화된다는 가설도 있다. 이런 불안

완화 방법은 어떤 병적인 정신상태(예를 들면, 경계선 인격장애)에 있는 인간이 자신의 몸에 위해를 가함으로써 긴장을 완화하려는 행동과 비슷하다고도 생각된다. 인간의 경우도 사회에서 고립되어 구금되어 있는 복역수들이 이런 행동을 보인다. 예를 들면, 복역수 중에는 자신의 손가락 또는 발가락, 생식기를 절단한 사례가 있었으며, 드물게는 복부를 칼로 그어 내장을 끄집어 낸 사례도 보고된 바 있다.

야생동물 중에서도 무리의 수가 너무 늘어나 과밀상태가 되면, 스스로 죽음으로 이르는 자해 행동을 하는 사례들이 상당수 보고되고 있다. 예를 들면, 쥐는 같은 서식 환경에 있는 무리가 너무 늘어나면, 매우 이상한 행동을 보인다. 급격한 공격성 증가로 인해 자신의 수명도 못 채우고 죽는 쥐들이 급증하거나, 먹이가 감소하면 생식력이 떨어지거나, 보금자리 짓기와 같은 모성행동도 힘들어진다. 또한 개구리나 악어 등의 동물들은 무리가 너무 늘어나면 무리 안에서 서로 잡아먹는 행동이 나타나기도 한다. 한편, 눈 덧신 토끼는 과밀한 환경에 노출되면 먹이나 물이 충분한 환경으로 옮겨준 후에도 스트레스 속에서 먹이를 먹지 않는 증상을 보이다가 이로 인해 죽곤 한다. 동물은 인간에 비해 비정상적인 정신상태가 장기적으로 나타나는 경우는 극히 드문데, 그 이유는, 영장류 학자인 헨리 할로의 연구팀도 지적하듯이, 그런 상태가 장기화되면 자연계에서 살아남지 못하기 때문이다.

자살하는 쥐로 알려진 레밍즈는 사실 자살을 하는 것이 아니다. 단지 과밀해진 서식 환경을 포기하고 보다 밀도가 낮은 새로운 서식지를 찾아 이동하는 과정에서 많은 개체가 죽는 것이다. 레밍즈의 죽음은 말하자면 새로운 땅으로의 이주에 따른 피할 수 없는 대가인 것이다. 이처럼 새로운 서식지를 찾아 흩어지는 동물들의 행동은 영역을 넓히면서 유전적 다양성을 획득한다는 의미에서 종 전체에게는 바람직한 일이지만, 개체에게도 반드시 그렇다고는 할 수 없다. 레밍즈의 '바다로의 투신자살' 은 사실 자살이 아닌 것이다.

그런데 동물들이 위험을 감수하는 것은 이렇게 새로운 서식지로 이동할 때만이 아니다. 몇 년 전, 하버드 대학의 생물학자인 에드워드 윌슨 교수는 혈연관계에 있는 동족을 위해 자신의 보금자리나 먹이를 양보하는 '이타적' 인 동물의 행동을 발표한 적이 있다. 혈연관계에 있는 동족이 조금이라도 오래 살아남을 수 있게 되면 그 일족의 유전자가 살아남을 확률도 높아진다. 병정말벌이나 병정개미처럼 사회생활을 하는 곤충들은 무리의 생존을 위해 자신을 스스로 희생한다. 들소나 엘크처럼 떼를 지어 이동하는 동물들은 힘이 센 어른 동물들이 새끼를 둘러싸고 보호하는 습성이 있는 경우가 많다. 작은 사회집단으로 이동생활을 하는 마운틴 고릴라는 지위가 낮은 수컷이 어린 새끼들과 암컷을 보호한다. 이처럼 집단의 외부세계나 포식자로부터 집단의 가장 취약한 개체를 보호하는 위치에 있는 동물들은 필연적으로 부상과 죽음의 위험을 감수하게 된다.

인간을 포함한 대부분 종의 경우 이런 위험을 감수하는 능력이나 의지는 천차만별이다. 각각의 개체의 기질이나 능력에 큰 차이가 있기 때문이다. 개중에는 무리 속의 다른 동물보다 움직임이 더 민첩하고 호기심도 왕성하고 충동적이며 가만있지 못하는 동물들이 있다. 정력적이고 욕심도 많으며 공격적인 이들은 새로운 장소나, 새로운 먹이, 다른 집단의 개체와의 '짝짓기'에 끌리곤 한다. 이에 비해 무리 속의 어떤 동물들은 우선 상황을 살펴보고, 무리를 지어 이동하고, 충동적인 행동은 자제한다. 동물의 무리가 전진하거나 후퇴하고 전체의 에너지를 펼치거나 또는 아낄 수 있는 것도 모두 각각 개체의 행동양식과 기질이 다르기 때문이다.

다른 동물과 마찬가지로 각각의 인간의 능력과 기질도 다양성을 가진다. 환경에 적응하기 위한 행동이었던 것이 어느 날 갑자기 적합하지 않은 행동이 되어버릴 때도 있다. 생물은 원래 무슨 일이 있을 때 어떻게 반응할지를 결정할 수 있는 능력을 가지고 있다. 지금 도망쳐야 할 것인가, 아니면 공격해야 할 것인가 또는 협력해야 할 것인지를 결정할 수 있는 것이다. 이 능력이 없다면 변화되거나, 위험한 환경 속에서 살아남을 수 없을 것이다. 따라서 적합 행동이 어느 순간 갑자기 비적합 행동이 되어 버리는 것은 아마도 동물이 생존하기 위해서 치러야 할 대가일 것이다. 적합 행동과 비적합한 병적인 행동 간의 균형은 때때로 매우 위태로워 보이지만 진화론적으로는 필요에 의한 것이다. 조지 쉘러는 세렝게티 초원의 사자와 그 먹잇감이 되는 동물에 대한 연구를 통해 '질주하는 동물의 균형은 매우 위태롭다'라고 했다. 목숨을 지키려면 속도가 필요하지만, 이 때문에 목숨을 잃을 수도 있다는 위험이 상존하기 때문이다.

마찬가지로, 인간이나 동물의 공격성 역시 너무 지나치면 위험을 초래한다. '우리는 특정 상황에 처하게 되면 비이성적인 적개심이 나타나는 기질을 태어나면서부터 가지고 있다'라고 에드워드 윌슨은《인간 본성에 대하여》에서 적고 있다. '적개심은 위험할 정도로 쉽게 자가증식을 감행하여, 순식간에 고립과 폭력으로 확대될 수 있는 제어할 수 없는 반응을 증폭시킨다. 그리고 꽤 충분한 안전이 확보되는 한에서 그 위협의 근원을 넉넉히 제압할 만한 수준으로 적개심을 끌어 올리려는 경향성이 있다.'

인간은 자기 자신 안에 극한의 정신상태에 대처할 수 있는 능력이 있으며, 이것이 때로는 좋은 방향으로 때로는 나쁜 방향으로 작용한다는 의미이다. 여기에서 말하는 극한의 정신상태란 분노나 공격성만이 아니라, 슬픔, 황홀감, 무기력 상태, 광란의 에너지에 휩싸인 상태, 권태감과, 탐험심 등을 포함한다. 그렇다고 해도 어째서 쉽게 자살로 치닫는 기질이 살아남을 수 있었던 것일까? 어째서 자살 충동의 토대가 되는 유전자와 흥분하기 쉬운 뇌의 화학작용이 우리의 유전자 속의 기질로 남아 있는 것일까?

자살이란 우리가 다양성을 손에 넣기 위한 대가로서 짊어져야 하는 무거운 짐인 것일까? 많은 자살행동으로 이어질 수 있는 무모하고, 충동적인 행동은 종의 생존에 없어서는 안 될 능력과 연관된 것일까? 아니면 그런 병리적 행동들을 적응과는 아무런 상관없이 그냥 존재하는 것일까? 사실 광범위하게 나타나는 현상이라고 해서 반드시 그것이 적응의 결과라고 보기는 어렵다.

최근 새로운 학문분야로 확립된 진화정신의학에서는 한 가지 중요하고 밀접한 문제를 주목해오고 있다. 이는 조현병, 조울병, 우울증 등의 중증 정신질환이 어떻게 인류 속에서 살아남을 수 있었느냐는 의문이다. 괴롭고, 힘들고, 쇠약한 상태를 초래하는 조현병 유전자가 이토록 오랫동안 살아남았다는 사실이 당혹스러운 것이다. 수천 년, 수만 년이라는 시간 속에서, 이토록 자연계로의 순응을 방해하는 유전자 변이라면 세월이 흐르는동안 제약을 받거나 아예 사라져야 하지 않았을까. 그러나 조현병의 유전자는 지금도 살아있다. 그것도 비교적 높은 비율(인구의 1%)로 존재하고 있는 것이다. 그 이유는 무엇일까? 극단적인 경우, 조현병 환자를 특정 짓고, 그들의 삶을 파괴하는 인지적, 사회적 행동(괴이하고 예측 불능한 사고방식, 이상하고 또는 변형된 주의 패턴, 편집증, 육체적 고통에 대한 저항, 예민한 감각, 극도의 염려, 주위로부터의 고립, 염증성 장애와 감염성 병원균에 대한 저항성)이 보다 가벼운 형태(경계심, 새로운 생각, 잠재적 위험에 대한 고도의 주의력)로 나타난다면, 개인뿐 아니라 그 혈연자에게도 유리할 수 있다는 설도 일부에서는 주장하고 있다. 옥스퍼드대학 정신건강의학과 티모시 크로우교수는 언어와 정신질환은 진화론적으로 같은 기원을 가지며 조현병은 호모사피엔스가 언어를 구사할 수 있는 능력과 맞바꾸어 치르고 있는 대가일지 모른다는 매우 독창적인 이론을 발표하여 논란을 빚었다.

가장 알기 쉽고 많은 연구자가 활발하게 논의 중인 것은 기분장애가 개인과 사회 양쪽에 모두 이득이 된다는 이론이다. 식량이 부족할 때에는 에너지를 절약하고, 감당할 수 없는 위협에 직면했을 때에는 활동량을 줄이고, 환경조건이 충분하지 않을 때에는 성행위를 줄이거나 중단하는 등의 우울증의 특징을 스트레스나 변화에 대한 생물학적 반응이라고 본다면 전혀 놀라울 것이 없다는 것이다.

가벼운 우울증은 무리 속의 다른 동물들에게 같은 행동에 대해 경고하는 메커니즘으로 작용하며, 일부 연구자들이 주장하듯이 안정적인 사회계층을 유지시키는 역할을 하고 있을지도 모른다(예를 들면, 우세하지 않은 동물이 자신의 생존과 번식의 기회를 늘리기 위해서 우세한 동물에게 복종한다). 또 우울증을 앓고 있는 사람들이 갖고 있는 어두움과 불만은 예술이나 철학이라는 형태로 승화되어 사회에 도움이 되는 새로운 인식 틀을 창조할 수도 있다.

환경에 대한 순응이란 측면에서 심각한 정신질환이 갖는 적응적 이득과 자살이라는 최악의 결과의 사이에 어떤 상관관계가 있을 수도 있다는 증거를 제공하는 것은 조울병의 기질적, 인지적, 행동적 요소들이다. 조울병과 알코올 의존과의 오랜 싸움 끝에 자살을 선택한 미국의 여류시인 앤 섹스턴은 시 속에서 태양까지 날아가려 했던 이카로스의 상황을 노래했다.

… 위를 바라본 채, 사로잡힌 채, 그 뜨거운 태양 속으로 신비롭게 뛰어든다.
그가 바다 속으로 다시 떨어진들 무슨 상관이랴?

태양으로 '신비롭게 뛰어들어' 그 열기에 날개를 붙인 납이 녹아 바다에 빠지는 이카로스의 모습은 모험과 무모함의 위험한 관계를 연상케 한다. 조증은 알다시피 공격적이며 들뜬 상태이면서 동시에 남에게 쉽게 전파되는 흥분과 에너지를 내뿜으며 강력한 영향력을 발휘하게 한다. 조증의 일부를 이루는 요소들, 즉 두려움을 모르는 대담함, 빠르고 폭넓게 전개되는 사고, 과대망상적인 기분과 생각, 흔들림 없는 확신, 무모한 위험에의 도전은 많은 경우 파괴와 창조의 힘을 동시에 가진다. 빠르게 회전하던 조증 상태는 언젠가는 그 속력이 줄어들기 마련이다. 이런 조증 증상이 사라지면서 급격하게 우울증으로 빠져들게 될 때, 조증의 충동성이 암흑의 기분과 충돌하면 치명적인 결과로 이어지게 될 수 있다. 짧고 격렬하지만 때로는 풍요로운 결실을 맺었던 인생의 종착점이 자살인 경우는 그리 드물지 않다.

조증 기질의 대담함과 격렬함은 그 나름의 대가를 치르게 되지만, 조울병보다 가벼운 조울증세는 본인과 그 혈족, 그리고 속해 있는 사회 전반에 이득을 가져다 줄 수도 있다는 강력한 증거가 있다. 언젠가 인터뷰를 하던 중 누가 내게 마스토돈(고대의 코끼리)의 심장에 최초로 창을 찔러 넣은 인간은 조울병 환자가 아니냐는 질문을 한 적이 있다. 마스토돈은 그 공격으로 쓰러졌을 테지만, 그 역시도 죽고 말았을 것이라면서. 조울병 환자와 그 가족이 매우 창조적이며, 학문적으로도 성공한다는 것은 여러 연구로 밝혀지고 있다. 매우 뛰어난 창의력을 보이는 사람은 보통 사람들보다 조울병이나 우울증을 앓고 있을 가능성이 상당히 높다는 사실은 최소한 20건의 연구에서 밝혀진 바 있다. 물론 위대한 업적을 이루기 위해서는 반드시 기분장애를 앓아야만 한다는 이야기가 아니며, 기분장애에 시달리는 사람들의 대부분은 별다른 업적 없이 생을 마감한다. 그러나 독창적인 사람 중에 이런 질환을 앓고 있는 사람의 비율은 일반적인 통계로는 설명할 수 없을 정도로 높다는 것을 보여주는 증거들이 존재하는 것도 사실이다.

창조적이거나 크게 성공한 작가, 예술가, 과학자, 사업가들의 자살률이 일반인에 비해 높은 것도 사실이다. 대부분의 자살은 우울증, 조울병, 또는 이에 동반된 알코올 의존이 기질적인 요인으로 작용한다. 젊은 날 자살을 기도했던 적이 있는 퍼시 비시 셸리는 '그러나 이 극심한 혼돈의 피와 먼지 속에서 얼마나 아름다운 질서가 피어나는지 강조하지 않을 수 없다' 라는 글을 남겼는데, 이는 아마도 사실일 것이다. 감정과 사고가 양극단을 오가는 상황에서 단련된 지성과 뛰어난 상상력이 단단히 결합된다면, 예술과 과학, 사업을 크게 발전시킬수도 있을 것이다. 하지만 뛰어난 예술작품을 탄생시키고, 철학사상에 새로운 방향을 제시하는 데 도움이 되는 고통은 그 당사자의 인생에는 도움이 되지 않을 수 있다. 극단적인 사고방식이나 자신의 행동을 극한까지 몰아붙이는 경향은 죽음이라는 모습으로 종말을 맞게 한다. 하지만 예술가나 탐험가들 중에는 그 끝까지 가는 것 외에는 다른 길이 없다고 생각하는 사람들이 있다. 극한의 삶과 보다 편안한 삶 사이의 줄다리기는 많은 사람에게 가혹한 선택을 불러일으킨다. '가치와 색을 모두 손에 넣을 수는 없다. '북극에 있으면서 적도에 있을 수는 없는 것처럼 인간은 누구나 자신이 나아갈 길을 선택해야 한다. 나도 그 선택을 해야 한다. 그러면 아마도 내 길은 색이 될 것이다.' 라고 빈센트 반 고흐는 말했다.

예술가, 작가, 과학자, 수학자 등 사회에 큰 영향력을 가지는 사람들의 자살률은 매우 높다. 미국, 영국, 유럽, 아시아에서 실시된 조사에 따르면 저명한 과학자, 작곡가, 세계적인 경영인들의 자살률은 일반인의 다섯 배였고, 작가 특히 시인의 자살률은 이보다도 훨씬 높다는 것이 밝혀졌다. 스스로 목숨을 끊은 예술가, 작가, 과학자들의 명단은 부록에 있다. 그 명단을 보고 있자면 딜런 토머스 시의 한 구절이 떠오른다.

웅덩이 물을 소용돌이치게 하는 손이
흘러내리는 모래밭을 휘젓는다.
부는 바람에 밧줄을 거는 손이
내 수의의 돛을 끌어당긴다.

제7장

죽음의 피

– 신경생물학과 신경병리학 –

죽음의 피처럼 뜨거운 폭력성이 내 안에 있다. 나는 나 자신을 죽일 수 있다 — 이것을 이제는 안다 — 다른 사람도 죽일 수 있다. 여자를 죽일 수도, 남자를 해칠 수도 있으리라. 그럴 수 있을 것 같은 생각이 든다. 이를 악물고 내 손을 붙들었지만, 그 건방진 여자아이를 보고 있자니, 머리 속에서 피투성이 별들의 한 줄기 섬광이 번쩍거리고, 그녀에게 달려가 꿈틀거리는 핏덩어리가 될 때까지 갈기갈기 찢어버리고 싶은 피의 욕망을 느낀다.

– 실비아 플라스(미국 시인) –

뇌 신경조직의 모든 결합부위 화학물질은 신경섬유를 따라 초고속으로 세포의 분기점을 헤치며 복잡한 경로를 통해 퍼져간다. 1,000억 개의 신경세포 하나하나가 각각 20만 개의 다른 세포들과 상호작용을 하며 분기되고 되돌아오고 수렴되며 복잡하기 그지없는 거미줄 모양의 네트워크를 만들어낸다. 수천 종류의 세포와 100조 개 이상으로 추정되는 시냅스를 가지는 무게 1.3kg짜리 회색 덩어리는 혼돈 속에서 질서를 창조하고, 기억 회로를 만들며, 욕망이나 공포심을 낳고, 수면을 준비하고, 운동을 추진하고 교향곡을 상상하며 스스로를 소멸시킬 계획을 수립한다.

하나의 세포 내부에 DNA가 형성되는 그 최초의 순간부터 뇌는 무수한 유전자의 영향만이 아니라 끊임없이 변해가는 환경의 영향을 받으면서 발달한다. 자궁 속에 있는 동안 뇌의 발달은 모체의 행동과 경험의 영향을 받는다. 모체가 과도한 음주나 흡연에 노출되거나, 제대로 식사를 하지 않거나, 약물을 남용하거나 또는 어떤 바이러스나 세균에 감염되거나, 심각한 스트레스를 받거나 하면 태아의 뇌에는 그 영향이 각인된다.

감수성이 높은 유전자가 태내 환경에 의해 이런 추가적인 스트레스 또는 제2의 충격을 받게 되면, 정신지체나 간질, 때로는 자폐증이나 조현병 등 평생 지속될 손상을 입게 될 수 있다. 일단 아이가 태어난 후에는 소리, 빛, 사물의 형태, 움직임, 영양, 접촉, 냄새 등 어떤 환경의 자극에 노출되는지 여부 따라, 잘려나갈 뇌세포와 형성될 신경세포의 네트워크가 결정된다. 뇌의 회로와 경로 및 연결은 유전형질과 외부의 상호작용에 의해 형성되며 이는 평생 동안 지속된다.

뇌의 핵심이라 할 수 있는 신경세포(뉴런)는 축색돌기라 불리는 섬유를 통해 정보를 발신함으로써 상호간에 전기화학적으로 소통

한다. 축색돌기는 무수한 작은 신경 섬유로 나뉘며 그 끝은 신경말단이라 불린다. 신경말단과 신경말단 사이에는 시냅스라 불리는 작은 간극이 있으며, 이를 통해 정보가 전달된다. 신경세포가 전기적 자극을 받으면 신경세포의 끝부분에 있는 시냅스 소포 안의 저장고에서 노르에피네프린(Norepinephrine), 글루타메이트(Glutamate), 아세틸콜린(Acetylcholine), 도파민(Dopamine), 세로토닌(Serotonin) 등의 신경전달물질이 방출된다. 이런 전달물질이 신경세포 내의 시냅스로 방출되면서 세포에서 세포로 정보전달이 이루어지는 것이다.

신경전달물질은 뇌의 활력의 원천으로, 세포에서 세포로, 뇌의 한 영역에서 다른 영역으로, 뇌에서 몸으로 이어지는 상호작용을 한다. 지금까지의 연구로는 어느 정도의 신경전달물질이 존재하는지 밝혀지지 않았으며, 지금까지 확인된 100개 이상의 전달물질 작용도 완전히 파악된 것은 아니다. 즉, 우리는 엄청난 숫자의 전달물질에 대해 이제 막 알아가기 시작한 단계에 있으며, 그 복잡한 관계에 대해서 알고 있는 것도 극히 일부에 불과하다. 이미 알려진, 또는 아직 밝혀지지 않은 전달물질들은 무시한 채, 몇 개의 전달 물질에만 관심을 비추거나, 복잡한 뇌 내부의 또는 시냅스의 화학적 상호작용을 고려하지 않는 식의 접근방식으로는 신경장애가 악마의 저주나 과도한 인 또는 수증기 때문에 발생한다고 했던 과거의 원시적인 학설의 전철을 밟는 심각한 오류를 범하게 된다.

대부분의 신경전달물질과 호르몬은 기분 조절이나 자살을 비롯한 여러 행동의 활성화에 결정적인 역할을 한다. 그 작용에 대해 여기서 그 전부를 검토해볼 수는 없기 때문에 이 책에서는 뇌의 복잡한 활동에 관여하는 것으로 알려진 많은 전달물질 중 하나인 세로토닌에 초점을 맞춰 이야기를 해보고자 한다. 세로토닌은 자살과 자살행동에 관여하는 중심적인 뇌의 화학물질이기 때문이다.

세로토닌은 식물이나 태고의 무척추동물의 신경계에서도 볼 수 있는 화학물질로 인간을 포함한 포유동물의 몸과 뇌에 광범위하게 분포하며, 혈관 수축, 통각, 소화기에 영향을 미치거나, 염증반응에 관여하거나 혈소판 응고를 일으키거나 하는 등의 작용을 한다.

그런데 이 세로토닌이 수면조절, 공격성, 자살 등의 문제에 뿌리 깊게 관여하고 있다는 점에서 정신의학적, 심리학적으로 더욱 중요하다.

몇몇 연구에서 세로토닌의 작용 이상과 자살행동 간의 어떤 연관성이 있다는 것이 밝혀졌다. 우선 신경전달물질인 세로토닌, 노르에피네프린, 도파민이 기분장애에 복잡하게 관여한다는 것은 이미 오래전에 판명되었으며, 이런 전달물질에 영향을 주는 약물이 우울증이나 조증을 유발하거나, 증상을 완화시킨다는 사실도 밝혀졌다. 예를 들면, 인도뱀뿌리라는 식물에서 추출한 레세르핀(reserpine)은 이런 작용을 하는 약물로서 일찍부터 사용되어 왔다. 레세르핀은 벌써 몇 백 년 전부터 불면증이나 정신착란의 치료약으로 인도에서 사용되어 왔으며, 20세기에 들어서는 정신병과 고혈압 치료제로 사용되고 있다. 그런데 이 약을 복용한 일부 환자에게서 부작용이 나타났다. 상당수의 환자가 심각한 우울증을 보이게 된 것이다. 그 원인은 훗날 밝혀지게 되는데, 뇌 안의 세로토닌, 도파민, 노르에피네프린 농도가 급격하게 떨어진 때문이었다.

1950년대 중반에는 레세르핀 사례와는 대조적인 임상사례가 관찰되었다. 이프로니아지드(Iproniazid)라는 약물로 치료를 받던 일부 결핵환자들이 이상할 정도로 쾌활하고 활발해진 것이다. 생활환경이나 병세는 매우 암울했음에도 이들 환자들은 '아랑곳하지 않는 듯이' 쾌활한 모습을 보였고, 이 중 일부는 희열에 젖어 있었을 정도였다. 연구자들과 의사들이 이런 상태의 원인이 이프로니아지드임을 밝혀냈고, 이 약물이 항우울제로 널리 사용되게 되기까지는 그리 오랜 시간이 걸리지 않았다. 그 후 이프로니아지드의 작용 메커니즘이 밝혀졌다. 이프로니아지드에는 모노아민 산화효소(monoamine oxidase)를 억제하는 작용이 있다(모노아민산화효소는 신경시냅스에서 방출된 노르에피네프린, 세로토닌, 도파민을 불활성화하는 효소이다). 즉, 모노아민 산화효소가 억제됨으로써 결과적으로 신경전달물질의 분비량이 늘어난 것이다. 이 발견을 통해 연구자들은, 신경전달물질의 활성과 그 분포상태가 기분의 표현방식과 조절에 결정적인 역할을 할지도 모른다고 생각하게 되었다. 이 학설에 힘을 실어준 것이 노벨 생리의학상 수상자인 줄리어스 액셀로드의 연구였다. 액셀로드 박사는 또 다른 항우울제인 이미프라민(imipramine, 삼환계 항우울제로 토프라닐 Tofranil이라고도 불린다)이 시냅스에서 방출되는 신경전달물질의 재흡수 과정(신경전달물질이 시냅스 전세포의 끝에서 재흡수되어 재이용되는 과정)을 억제하여 전달물질의 이용 가능 정도를 증대시킨다는 것을 발견했다.

보다 최근에는 종래의 약물에 비해 특정 신경전달물질에 선택적으로 작용하는 치료제가 개발되었다. 이런 종류의 치료약이 널리 사용되게 된 덕에 임상 현장에 극적인 변화가 생겨났고, 우울증의 발병과 지속에 신경전달물질이 관여하고 있음이 보다 명확하게 밝혀졌다. 분류상 '선택적 세로토닌 재흡수 억제약(SSRI)' 이라 불리는 이 제3세대 항우울제는 주로 시냅스의 세로토닌 재흡수를 방해하는 작용을 하여 결과적으로 뇌 내의 세로토닌의 이용 가능 정도를 높이는 작용기전을 갖는다.

이처럼 신경전달물질과 우울증사이에 어떤 상관관계가 있음이 밝혀진 것 외에도 자살행동에 세로토닌이 관여할 가능성이 있다는 것을 암시하는 증거들도 나오고 있다. 세로토닌이 충동적인 행동이나 공격성, 폭력성에도 깊이 연관되어 있다는 것이 판명되고 있다. 설치류와 인간 이외의 영장류를 대상으로 한 여러 연구에서 세로토닌의 농도가 감소하거나 그 전달과정이 억제되면 동물의 공격성과 충동성이 증가한다는 사실이 입증되었다. 예를 들면, 세로토닌 농도가 낮은 쥐는 다른 쥐를 공격해서 죽인다. 또 유전자 조작으로 세로토닌의 정상적인 작용에 필요한 유전자를 제거시킨 쥐는 정상적인 쥐에 비해 작은 자극만 받아도 상대방을 공격할 뿐만 아니라, 약물에 의존하는 경향을 보였고, 약물이 나오는 스위치를 누르는 모습도 정상적인 쥐들에 비해 조급하고, 비정상적이었다. 이에 비해 순종적인 기질의 쥐들을 골라 번식을 시킨 쥐들은 세로토닌 농도가 다른 쥐들에 비해 높다는 것이 밝혀졌다.

세로토닌의 대사물질인 5-히드록시인돌아세트산(5-HIAA,

중추신경계에 대한 세로토닌의 작용을 반영한다고 여겨지는 대사물질) 농도가 낮은 원숭이는 농도가 높은 원숭이에 비해 다른 원숭이를 공격하는 경향이 훨씬 강하고 알코올 섭취량도 많으며, 높은 곳에서 뛰어내리는 등, 목숨을 위협할 수 있는 위험한 행동을 하는 확률도 높았다. 원숭이 등의 동물에게 약물이나 트립토판(Tryptophan, 세로토닌의 전구물질)을 섞은 먹이를 주는 방법으로 세로토닌 농도를 인위적으로 높이면, 그 동물의 공격성, 충동성이 급속하게 감소했다.

국립 알코올남용 및 알코올중독 연구소(NIAAA) 심리학자 히글리 연구팀은 사우스캐롤라이나 해안 섬에서 49마리의 붉은털 원숭이를 풀어 키우며 추적조사를 실시했다. 원숭이들이 2살이 되었을 때 뇌척수액을 채취하여 5-HIAA 농도를 측정하고, 공격성의 정도에 따라 원숭이들의 순위를 매기고, 몸에 나 있는 상처나 흉터 등을 전부 기록했다. 4년 후, 다시 원숭이들을 잡아 재조사 했더니 49마리 중 11마리가 죽거나 행방불명된 상태였다. 이들의 생존과 5-HIAA 농도의 상관관계는 놀랍도록 일치하는 것이었다. 2살 때 조사한 뇌척수액 중 5-HIAA 농도가 낮았던 원숭이 중 반 이상이 그 폭력적인 행동이 원인이 되어 죽었다. 5-HIAA 농도가 높았던 원숭이 중에 죽거나 행방불명이 된 원숭이는 한 마리도 없었다. 세로토닌 농도가 낮다는 것은 요절의 예측인자일 뿐 아니라 과도한 공격성과 위험행동을 예측하는 인자이기도 한 것이다.

세로토닌 농도와 폭력성에 대한 연구를 인간에게도 그대로 적용할 수 있을 것이다. 인간의 폭력성, 공격성, 충동적 행동에 관여하는 유전자의 대부분은 집단생활을 하는 다른 영장류와 공통되기 때문이다. 히글리를 비롯한 영장류 학자들이 지적하듯이, 인간과 영장류는 육아방식, 비교적 안정적인 성격적 특성, 그리고 세로토닌 경로와 화학작용에서 상당 부분 유사성을 보인다. 중추신경계에 작용하는 세로토닌의 기능은 뇌척수액 중의 5-HIAA로 측정되는데, 이는 개체별로 지속적인 특성이 있는 것으로 추정되며, 그 특성은 충동적 공격적 행동과 밀접한 상관관계를 가진다. 여기서 흥미로운 것은, 히글리 박사 연구팀이 붉은털 원숭이에 대한 연구에서 뇌척수액 속의 5-HIAA 농도는 모든 공격적 행동과 관계가 있는 것이 아니고, 억제력의 부족으로 생겨나는 공격적 행동에만 관여한다고 밝힌 점이다. 즉, 충동적인 행동을 할 가능성이 높은 것은 맹렬하고 무절제한 공격성과는 관련이 있지만, '사회적인 지위를 유지하기 위한 경쟁적이고 절제된 공격성이나, 혹은 통제의 범위를 벗어나는 일이 거의 없는 공격성' 과는 상관이 없다는 것이다.

뇌척수액 중의 5-HIAA 농도가 낮은 영장류는 불필요한 공격 성향이 높을 뿐 아니라, 무리 속에서 환영받지 못하기 때문에 번식의 기회도 그리 많지 않다고 한다. 원래 속해있던 무리에서 떨어져 나와 생활해야 하는 경우도 흔하며, 결국은 고립된 채 살아가게 될 가능성이 높다. 세로토닌의 작용은 공격성과 사회행동에 강력한 영향력을 미치며, 생명을 위협할 수 있는 상황을 초래할 가능성까지 있다. 어떤 한 동물의 생태, 행위, 신체 및 사회적 환경은 서로 얽혀 있으며 복잡하고 미묘한 방식으로 영향을 주고받지만, 그 실체는 이제야 조금씩 이해하기 시작했다.

뇌의 세로토닌의 작용은 유전요인과 환경요인 모두에 의해 결정된다는 가설을 뒷받침하는 증거도 많이 나오고 있다. 이 중에서 유전자가 중요한 역할을 한다는 것은 굳이 말할 필요도 없다. 생물학적 부모에서 떨어져 혈연관계가 없는 '유모' 에 의해 양육된 붉은털 원숭이의 뇌척수액 중 5-HIAA 농도는 생물학적 부모와 비슷하다. 충동성과 공격성은 인간에서도, 그 외의 동물에서도 유전성이 높은 것으로 밝혀지고 있다. 또 충동성과 자살기도에 관여한다고 추정되는 트립토판 하이드록실라제 (TPH) 유전자도 분리되어 연구되고 있다.

그러나 세로토닌의 기능에는 양육방식이나 사회적 환경도 큰 영향을 미친다. 예를 들어, 긴꼬리 원숭이의 혈중 세로토닌 농도를 보면, 안정적인 집단 속에서 생활하는 경우에는 안정적으로 유지되지만, 집단 내 서열이 바뀌었을 경우, 특히 낮은 서열에서 높은 서열로 이동한 개체의 세로토닌 농도는 상승했다. 또 우두머리였던 수컷을 우리에 가둬 격리하고 같은 집단의 원숭이들과 시각적, 촉각적 접촉을 단절시키면, 혈중 세로토닌 농도가 50%나 떨어졌다. 이 수컷을 다시 속해있던 집단으로 돌려보내자 세로토닌 농도도 원래 수준을 되찾았다.

붉은 털 원숭이의 연구에서 세로토닌의 기능과 사회적 행동에 어미의 영향이 크게 작용하고 있다는 사실도 밝혀졌다. 붉은 털 원숭이를 출생 직후 어미에게서 떼어내서, 다른 어른 원숭이의 영향을 완전히 배제한 채 같은 연령의 원숭이들과 함께 키우면 몇 가지 특징적인 현상이 나타난다.

우선 또래 속에서만 자란 원숭이는 어미가 키운 또래 원숭이에 비해 충동을 잘 제어하지 못한다. 그 때문에 어미가 기른 원숭이보다 훨씬 더 공격적이며, 그 공격성이 순식간에 제어불능 상태가 될 정도로 증폭되곤 한다. 또 알코올을 과도하게 섭취하며, 어린 새끼를 공격하는 경향이 강하며 무리 속에서의 관계가 좋지 않아 상처를 입고 집단에서 소외되는 경향도 높다.

어미가 새끼의 세로토닌 작동 시스템의 발달에 중요한 역할을 하고 있다는 것은 확실해 보인다. 또래 원숭이 속에서 자란 붉은 털 원숭이의 뇌척수액 중 5-HIAA 농도는 어미가 키운 개체에 비해 현저하게 낮았다. 또래 원숭이 속에서 자란 붉은 털 원숭이에게 세로토닌 재흡수 억제약(뇌내의 세로토닌 농도를 증가시키는 항우울제)을 투여하자 공격성과 알코올 섭취량이 억제되었다. 뇌 속에서 일어나는 복잡하기 그지없는 화학 작용들과 신경전달체계의 상호작용을 그저 세로토닌 농도의 증감만으로 설명할 순 없지만, 이 영장류 연구는 공격적이며 자기 파괴적인 행동에 대한 매우 흥미롭고도 귀중한 관점을 제공해주고 있다.

지금까지 살펴보았듯이, 몇 가지 연구조사에서 세로토닌이 폭력적이며 공격적이고 충동적인 행동을 억제하는 기능이 있다고 하는 확실한 증거가 확보되었다. 그렇다면, 이런 행동과 자살 간에 어떤 연관성이 있는 것일까? 몇몇 관찰 결과들을 종합해 보면, 이 둘 사이에 매우 밀접한 관련이 있는 것으로 추측할 수 있다.

우선, 자살행동이 때때로 충동적이라는 것은 이미 알려진 바이다. 즉, 자살행동은 대부분의 경우, 사전에 충분히 심사숙고를 하거나, 결과를 생각하는 과정을 거치지 않고 실행된다. 자살기도 중 50% 이상은 사전계획에 들인 시간이 5분 이내로 매우 짧았고, 자살을 기도했다가 간신히 목숨을 구한 환자뿐 아니라 많은 연구자와 임상의들 역시 자살을 감행하는 데에는 충동성이 상당히 큰 역할을 했다는 점을 강조하고 있다(자살 충동이 있는 대부분의 환자들은 꼼꼼히 자살계획을 세우지만, 실제로 시행하는 시점이나, 결단의 순간을 충동적으로 정해버리는 경우가 자주 있다).

전문적인 필적 감정사라면, 실제로 자살을 한 사람의 유서와 자살 충동이 없는 사람이 같은 말을 써놓은 가짜 유서를 쉽게 식별할 수 있다. 자살자의 필적에는 매우 높은 수준의 '충동성' '공격성' '불안감' 이 나타나 있기 때문이다.

자살 충동을 느끼는 환자들은 그렇지 않은 환자에 비해 충동적이며 폭력적 또는 공격적인 행동을 보이는 경향이 높다. 영국에서 실시된 한 조사에 따르면, 실제로 자살을 한 사람은 연령, 성별, 사회계층이 모두 같은 다른 사람에 비해, 폭력적인 행동을 했던 경우가 세 배나 더 높았다. 또 폭력과 자살 간에 어떤 식으로든 상관관계가 있다는 주장은 살인을 저지른 범인이 사건 후 자살하는 경우가 많다는 국제조사 등 많은 증거에 의해 뒷받침되고 있다. 예를 들면, 영국과 웨일즈에서는 살인자의 33%가 사건 후 자살했다. 이 외의 국가들에서도 살인 후 자살을 한 살인자의 비율은 덴마크가 42%, 호주가 22%, 아이슬란드는 9%로 높은 수준이었다(하지만 미국처럼 살인사건 발생률이 매우 높고, 총기 입수가 쉬운 나라에서는 살인 후 자살을 하는 비율이 상당히 낮다. 예를 들면, 노스캐롤라이나

와 로스앤젤레스에서는 1~2%였고, 필라델피아는 4%였다).

이뿐 아니라, 이런 자극과민함과 폭력성이 자살과 연관이 깊은 몇몇 정신질환에 의해 증폭되는 것을 보여주는 증거들도 연이어 나오고 있다. 물론 우울증, 조울병, 조현병, 인격장애에 시달리는 대부분의 사람은 그렇지 않은 사람들보다 폭력성이 높지 않다. 하지만 질환이 진행되면서 폭력적인 경향을 보이는 단계에 접어들 수가 있다. 특히 조현병 환자가 급성 망상이나 흥분상태를 보일 때나, 조울병 환자가 혼재성 상태에 있을 때, 또는 조증일 때에는 폭력성이 증가될 수가 있다. 조증 환자의 약 50%는 한 번 이상 신체적 폭력을 휘두른 경험이 있다. 이런 경향은 조증에 흔히 동반되곤 하는 음주문제에 의해 더욱 복잡해진다. 극단적인 자극과민함도 기분장애의 증세 중 하나인데, 조증과 우울증 환자의 80%, 혼재성 상태인 환자의 경우는 100%가 이 증세를 나타내고 있다.

신경전달물질의 작용과 우울증 간에 상관관계가 있다는 것이나 세로토닌의 작용과 충동적 공격적 행동 간에 상관관계를 보여주는 조사 결과가 계속해서 발표되고 있다는 사실을 생각하면, 자살 충동을 느끼는 정신질환 환자와 그렇지 않은 정신질환 환자사이에 세로토닌 작용이 어떤 차이를 보이는지 또한 발표되었다. 그중에서도 가장 일관성이 있었던 것은 자살 위험과 뇌척수액 중의 세로토닌 대사물질인 5-HIAA 농도가 반비례한다는 점이었다. 이런 연구 기법이나 결과에 이견을 표시하는 연구자가 없는 것은 아니지만, 의사에 의해 기분장애, 알코올 의존, 인격장애, 조현병이라는 진단을 받은 환자들을 대상으로 한 20건 이상의 연구에서 5-HIAA 농도와 자살 위험도는 반비례한다는 의미있는 관련성이 지적되었다. 평생에 걸친 심각한 공격적 행동과 자살기도도 모두 5-HIAA 농도와 연관이 있다는 점이 밝혀진 바 있다.

예를 들면, 스웨덴의 카롤린스카 연구소의 마리 오스베리 박사팀을 비롯한 세계 각국의 연구자들이 자살 기도한 기분장애 환자의 뇌척수액에서 5-HIAA 농도를 측정하여 농도가 특히 낮은 환자들은 높은 환자에 비해 1년 이내 자살로 인한 죽음에 이를 가능성이 상당히 높다는 것을 밝혀냈다. 즉, 5-HIAA 농도가 낮다는 것은 정신질환으로 인한 급성 정서혼란 상태나 심한 정신병 에피소드를 겪는 동안에 충동적이고 폭력적인 행동을 보이는 경향과 상관이 있다고 할 수 있다.

높은 자살 위험 이외에 정신병적 이상행동을 보이는 환자 대부분에서도 뇌척수액 중 5-HIAA 농도가 낮았지만, 이런 증상은 자살과 마찬가지로 충동조절 문제와 연관이 있다고 볼 수 있다. 예를 들면, 조급한 공격성을 드러내거나 동물을 잔인하게 학대하는 아이나, 공격성이 뚜렷하게 나타나는(술에 취하지 않았을 때에도) 알코올중독자, 눈에 띄게 논쟁적이며 동료나 고용주와 자주 충돌하거나 때때로 경찰 신세를 지는 우울증 환자, 거식증이나 뚜렛장애(다양한 운동 틱, 음성 틱, 외화증, 반향언어증 등이 나타나는 증후군) 환자, 방화 등 충동적인 범죄를 반복적으로 저지르는 사람 등이 이에 해당한다. 한편 고도로 강박적이고 억제된 사람들, 예를 들면, 신경성 식욕부전, 강박장애 등을 앓고 있는 사람들은 5-HIAA 농도가 비교적 높은 경향을 보인다(흥미롭게도 강박장애는 심각한 우울증만 동반하지 않는다면 주요 정신질환 중에서도 자살위험도가 높지 않은 몇 안 되는 질환 중 하나이다). 흡연(자살자의 흡연자 비율은 자살을 기도하지 않은 사람에 비해 훨씬 많으며, 조현병, 알코올 의존, 우울증, 반사회성 인격장애 환자 중에도 흡연자가 많다)도 낮은 5-HIAA 농도와 연관이 있는 것으로 여겨지고 있다. 흡연이 세로토닌의 기능을 방해하기 때문인지, 세로토닌 기능이 약화되어 있기 때문에 담배를 끊지 못하는 것인지는 현 단계에서 아직 밝혀지지 않고 있다.

세로토닌과 자살이 관련있다고 하는 학설을 뒷받침하는 또 하나의 증거가 자살자의 뇌에 대한 사후연구이다. 자살자의 전전두엽 피질(행동 억제와 밀접한 관계를 갖는다)의 세로토닌 기능이 제대로 작동하지 않는다고 하는 강력한 증거가 나왔다. 전전두엽 피질의 세로토닌 기능이 감퇴하면서 탈억제를 유발하여 이것이 자살에 대한 생각이나 감정을 부추기게 한다고 보는 학자들도 있다.

자살자의 뇌를 조사해보면 노르아드레날린계 뉴런의 숫자도 크게 감소해 있다. 이 사실에서도 수면조절, 우울증, 주의, 수면 및 각성 주기에 관여하는 신경전달물질인 노르에피네프린의 회로에 이상이 발생한 것이라고 짐작할 수가 있다. 노르아드레날린계 시스템에 이러한 변화가 일어나는 원인으로는 뇌의 발달이상, 급성 또는 만성 스트레스의 영향 등을 생각할 수 있다. 우울증, 알코올 의존, 치명적인 감정억제, 급성 또는 만성 스트레스가 세로토닌 기능 약화의 도화선이 되어 뇌 내의 생체작용을 교란시켜 치명적인 결과를 유발할 수 있는 것이다.

스트레스에 대한 반응을 조절하는 화학물질 생성을 일차적으로 관장하는 곳은 시상하부와 뇌하수체, 그리고 부신이다. 정상적인 상황에서는 코티솔과 아드레날린(에피네프린) 등의 스트레스 호르몬이 방출되면 심박수가 올라가고 공복감이 줄어들고, 근육으로 가는 혈류량이 많아진다. 즉, 스트레스에 적응 반응을 보인다. 그런데 유아기에 받은 마음의 상처, 유전적 요인, 정신질환 등의 이유로 인해 이 스트레스 반응이 멈추지 않고 계속되면, 내분비적 변화가 장기화되면서 위험한 결과가 발생하게 될 수도 있다. 출생 시에 심한 스트레스를 경험하거나, 젖도 못 뗀 시기부터 어미와 떼어놓은 쥐는 사회성이나 인식능력 면에서 회복될 수 없는 손상을 받는다. 반대로 유아기에 어미가 열심히 털을 손질해주거나 핥아준 쥐는 그 후의 학습능력, 탐구심, 무리 속에서의 관계 형성 등의 능력이 뛰어났다.

인간의 경우, 생물학적 요인이든 경험적 요인이든, 스트레스 반응이 지나칠 경우에도 기분, 면역기능, 세로토닌 기능을 저해할 수 있다. 병적인 수준의 불안이나 흥분 등 자살과 관련된 반응이 일어나는 일도 드물지 않다. 자살자의 부검 소견을 주의 깊게 검증해 보면 시상하부–뇌하수체–부신 축에 활동항진이 있었음을 보여주는 흔적이 남아 있다. 이는 스트레스가 자살에 큰 역할을 한다는 학설을 뒷받침하는 증거라 할 수 있다.

지금까지 많은 연구자가 양전자방출단층촬영(PET)과 같은 뇌영상 연구를 이용하여 우울증, 조현병, 조울병 환자들의 뇌에 중요한 병리적 이상이 있음을 발견했다. 예를 들면, 조울병 환자는 감정 발생과 기분 조절에 관여하는 편도체가 커져 있고, 뇌 조직의 수분량과 관계되는 뇌백질 고신호 강도가 증가해 있으며 뇌의 발달에 관여하고 신경세포에 성장인자와 영양분을 공급하는 신경교세포의 숫자가 크게 감소되어 있다. 따라서 정신병이나 우울증이 반복적으로 발병하면 안 그래도 약해져 있는 뇌의 화학작용이 더욱 악화된다고 생각할 수 있다.

만성 조현병 환자의 뇌에서 일어나는 구조적 변화가 자살기도와 연관이 있고 알츠하이머병 환자의 백질 병변이 자살 충동에 관여한다는 학설에 대한 증거도 나오고 있다. 듀크대학 에일린 에이언 박사 팀은 현재 스트레스 반응과 생체리듬에 관여하는 뇌실 주변부의 고신호 강도와 자살과의 관련성에 대해 연구 중이다. 이런 연구는 어디까지나 예비연구 차원이며, 정신질환 치료제로 인해 뇌에 변화가 일어났을 가능성도 고려해야 하는 만큼 복잡한 문제지만 새로운 자살연구 분야를 제시하고 있다고 할 수 있다.

연구자들은 콜레스테롤이나 고도 불포화필수지방산 등의 혈청지질이 우울증과 자살에 미치는 영향에 대해서도 주목하고 있다. 콜레스테롤 수치가 낮은 사람(선천적으로, 또는 식습관의 변화, 콜레스테롤 수치를 낮추는 치료약의 영향 등으로)이 자살로 요절할 가능성이 높다는 보고에 관심을 가진 연구자들이 그 관련성을 규명하려고 하고 있다. 현재까지 이루어진 모든 연구가 자살과 콜레스테롤 수치에 어떤 관련성을 보여주는 것은 아니지만, 이 연구주제가 진지하게 탐구할 만한 의미가 있다는 것을 보여주기에는 충분한 결과가 도출되었다.

자살과 낮은 콜레스테롤 수치의 상관성에 대해서는 몇 가지 학설이 제시되고 있다. 일부 연구자들은 자살자 중 콜레스테롤 수치가 낮은 사람이 많은 것은 자살의 진짜 원인인 우울증에 따른 '인위적 결과에 불과하다고 주장한다. 즉, 인간은 우울증세가 나타나면 대부분의 경우, 체중이 줄고, 이에 따라 콜레스테롤 수치도 낮아진다. 따라서 원인이라고 생각되었던 것이 실은 부차적으로 발생한 현상이었다는 것이다. 그러나 체중감소와 식생활을 관리하면서 조사한 한 연구에서 자살과 낮은 콜레스테롤 수치 사이에 어떤 연관성이 있다는 것을 밝혀낸 사례도 많지는 않지만 존재한다.

노스캐롤라이나 보먼 그레이 의과대학의 제이 카플란교수를 필두로 한 과학자들은 콜레스테롤 섭취량이 세로토닌의 기능과 행동에 결정적인 영향을 미친다고 주장한다. 붉은털 원숭이에 대한 일련의 연구에서 카플란과 동료 연구자들은 사회적 행동과 혈장지질의 관계를 조사했다. 붉은털 원숭이를 두 그룹으로 나누어 2년 동안 한 쪽에는 포화지방과 콜레스테롤이 높은 먹이를 또 한쪽은 콜레스테롤이 낮은 먹이를 주면서, 원숭이들이 도망치고, 공격하고, 털을 다듬고, 사회적으로 고립되는 양상을 조사하여 등급을 매겼다. 그 결과 저지방 먹이를 준 그룹은 그렇지 않은 그룹에 비해 신체적 폭력성이 극단적으로 높았다. 다른 연구에서도 콜레스테롤 수치가 낮으면 세로토닌의 기능이 떨어진다는 사실이 밝혀졌다.

카플란과 동료 연구자들은 콜레스테롤과 공격성, 그리고 세로토닌의 관계가 진화 과정에서 중요한 역할을 하고 있다는 학설을 발표했다. 즉, 동물성 지방이 많이 함유된 음식이 풍부할 때에는 결과적으로 뇌 내의 세로토닌 기능이 비교적 높아지며 '행동 만족도' 도 높아지지만, 먹을 것이 충분치 않고 특히 동물성 지방이 적은 음식일 때에는 혈장콜레스테롤 수치가 낮아져 이것이 공격적인 수렵활동이나 약탈 등과 같은 충동적이고 위험한 행동을 유발한다는 것이다.

콜레스테롤 및 세로토닌 기능과 자살의 관계는 학문적으로 중요한 개념인 동시에 임상적으로도 결정적인 중요성을 가질 가능성이 있다. 그러나 지금까지 그 증거가 충분히 정리되지 못했기 때문에 결론을 도출하기 위해서는 앞으로의 연구 결과를 기다릴 수밖에 없다.

우울증과 자살에 콜레스테롤이 핵심적인 역할을 한다고 주장하는 연구자 중에 미국국립보건연구소 세포막 생물물리학 및 생화학 연구실의 조셉 히블린 박사가 있다. 그는 지질 중에서도 중요한 역할을 하는 것은 콜레스테롤이 아니라, 오메가-3 필수지방산이라고 확신하며, 최근 수십 년 동안 자살과 우울증이 증가하고 있는 것은 포화지방산의 섭취량이 늘고 어패류에 포함된 오메가-3 필수지방산의 섭취량이 감소했기 때문일 수도 있다는 가설을 내놓았다. 선택적으로 신경조직 안에 집중된 그같은 필수지방산의 낮은 농도는 뇌척수액 속의 5-HIAA 농도와 연동된다. 어패류를 대량 소비하는 사회(예를 들면, 일본이나 대만)는 그렇지 않은 사회(예를 들면, 독일, 뉴질랜드)보다 꼭 자살은 아니더라도 우울증이 더 적은 것으로 보인다.

히블린 등의 연구자들에 따르면 구석기인이나 근대의 수렵채집 민족은 현대인보다 포화지방산 섭취량이 훨씬 적었다(단 고도불포화지방산의 섭취량은 현대인보다 훨씬 많았다). 농업이 점점 전문화되면서 몇몇 작물만을 집중적으로 재배하게 되자, 그간 주 식량 공급원인 동물에서의 지방산 의존도가 낮아지고 지방산 공급원의 불균형이 해소되었다. 히블린 팀의 추측에 따르면 인류의 진화 초기 포화지방과 불포화지방의 섭취 비율은 1 대 1이었다고 한다. 현재는 이 비율이 25대1까지 벌어졌다. 과거 50년 동안 유아용 분유가 널리 보급되었지만, 분유는 모유와 달리 고도불포화지방을 거의 함유하고 있지 않기 때문에 미세한 신경적 결손이 발생하여 인간의 기분이나 행동뿐 아니라 자살률에도 어떤 식으로든 영향을 미칠지도 모른다. 단, 오메가-3 필수지방산 연구에서 나온 결과는 아직 예비조사 단계로 그 중요성을 확립하려면 앞으로 추가적인 연구가 이 필요하다.

콜레스테롤과 필수지방산과 관련된 연구들은 신경계 발달, 식사와 우울증, 공격성, 자살과의 관계, 나아가 잠재적으로 임상적 평가와 치료(스코틀랜드의 연구자인 데이비드 호로빈같은 연구자들은 지방산 대사 이상과 조현병에는 어떤 상관관계가 있을지도 모른다는 가설을 제안한 바 있다)에 핵심적인 문제들을 제기한다. 지금까지의 연구 결과들이 사실을 입증하는 결정적인 증거를 내놓지는 못했지만, 매력적인 학설임에는 틀림없다.

자살과 관련된 많은 부분이 인간의 생물학적 요인에 의해 결정된다. 대략적으로 말해보면, 우리의 기질은 유전자에 의해 결정되고, 그 기질에 의해 자신이 어떤 환경을 선택하고 어떤 환경을 피할 것인가를 결정한다. 기질은 또한 우리의 환경에 반응하는 방식이나 환경의 영향을 어떤 식으로 받을 것인가도 결정한다. 자제력이 강하고 안정적인 사람이라면 실망이나 거절, 실직, 결혼생활의 파탄, 오랜 기간의 우울증이 힘들고 괴로운 일임에는 틀림없겠지만, 자신의 생명을 위협하지는 않을 것이다. 그러나 성질이 급하고 과격하며 충동적인 사람이라면 좌절이나 병을 경험하게 될 때, 훨씬 더 위험한 영향을 받는다. 이들의 신경시스템은 마치 기름에 젖은 도화선처럼 위험천만할 것이다. 연인과 다투거나 도박에서 돈을 잃거나 소송에 휘말리는 등의 스트레스 상황이 벌어지거나, 정신질환으로 민감한 감정에 휩싸이게 되면, 자살 반응을 보일지도 모를 일이다.

살면서 겪게 되는 스트레스나 상실에 직면했을 때, 대부분의 사람은 이런 문제에 그럭저럭 또는 상당히 잘 대처할 수 있다. 사실 대부분의 사람은 신체적, 정신적 고통이 아무리 끔찍하고, 또 오랫동안 지속되더라도 스스로 목숨을 끊지는 않는다. 그러나 사소해 보이는 이유 때문에, 뭔가에 싸우기라도 할 듯이 총을 들고, 대들보에 밧줄을 거는 사람들이 있다. 이렇게 생물학적 취약성이 있는 사람들이 스트레스에 견딜 수 있는 한계치(스트레스 역치)는 매우 낮다. 즉, 하찮은 계기로도 그들의 도화선에는 불꽃이 옮겨 붙는 것이다. 또 어떤 사람의 경우에는 약한 스트레스에는 견디지 못하지만, 자살로는 이어지지 않는 사람들도 있다. 그러나 이런 사람의 경우에도 우울증, 조현병, 알코올 의존, 비정상적인 수준의 불안감 등이 겹쳐지면 스트레스 역치는 위험한 수준까지 떨어질 수 있다.

유전적인 자살 소인이 있는 사람이 모두 자살로 생을 마치는 것은 아니다. 도화선에 불을 붙이기에 충분할 정도의 스트레스가 쌓이거나, 파괴적이고 급격한 스트레스를 받았을 때, 비로소 자살은 보다 쉽게 떠올릴 수 있는 선택 방법으로서 의미를 갖게 된다. 이런 관점에서 보았을 때, 유전적 자살 소인 역시 다른 많은 건강상태를 특징짓는 유전형질과 다를 바 없다. 심장병이나 암, 천식 또는 당뇨병, 겸상적혈구증의 유전자를 가지고 있다고 해서 반드시 그 병에 걸리는 것은 아니다. 단지, 흡연이나 운동부족, 식습관, 고령화, 스트레스 등의 생활 습관이나 건강상태에 따라서는 이런 유전자가 없는 사람보다는 그 질환이 발병할 가능성이 높을 수 있다는 것을 의미할 뿐이다. 유전적 취약성이 그 질병에 미치는 영향력의 정도에 따라 유전자적 소인이 발현할 수도, 발현하지 않을 수도 있는 것이다. 헌팅턴병처럼 유전성이 극단적으로 높은 질병의 경우라면 그 유전자를 가진 사람은 언젠가는 발병하게 된다. 하지만 유전적 특징이 더 복잡하거나, 유전적 소인의 영향이 그 정도로 강하지 않다면(다른 유전자들의 저항을 받는다면), 개인의 행동이나 처해진 환경이 질환의 발병에 미칠 영향력이 더 커지게 되는 것이다.

어떤 자살은 돌발적으로 일어난다. 또 계속된 절망과 비참한 환경을 비관하며 오랫동안 고민한 끝에 선택하는 자살도 있을 것이다. 그리고 대부분의 자살은 이 두 가지 성격을 모두 가지고 있다. 즉, 자살은 끔찍한 절망의 시간이 계속되는 가운데 일어난 충동적이고 순간적인 행동인 것이다. 정신질환의 가족력, 또는 뇌 내의 화학물질과 관련된 자살 소인을 가지고 있는 사람들은 갑작스러운 죽음을 맞이할 가능성이 있다. 이들은 바짝 마른 장작더미와도 비슷하다. 이 장작더미에는 어떤 덮개도 덮여 있지 않기 때문에, 삶이 필연적으로 내뿜는 불꽃에 무방비 상태로 노출되어 있다. 만약 이들이 충동적이고 다혈질이라면 아슬아슬함을 즐기는 그 성격 때문에 자신이 일부러 불꽃을 발생시키는 일도 있을 것이다. 이런 사람들은 자신이 먼저 싸움을 걸고 문제를 일으킨다. 그 속에 뛰어들어 문제를 더 복잡하게 만든다. 위험한 게임이나 도박을 즐기고, 외줄타기 같이 아슬아슬한 행동에 나서기도 한다. 게다가 인간관계에서 갈등을 빚는다. 이들은 산불 연구가인 스티븐 핀이 저서 《세계의 불》에서 '온갖 곳에 불꽃을 흩뿌리는 횃불을 든 채, 풀이 자라는 대륙 중에 가장 뜨겁고 메마른 대륙을 걷고 있다' 고 묘사한 호주 원주민과도 같다. 충동적인 자살로 치달을 위험이 높은 이들은 기질적으로 쉽게 흥분하며 쉽게 화를 낸다. 조증이 야기하는 불안정한 회전폭죽의 희생양이 되거나, 인격장애나 알코올중독 등과 관련된 동요와 혼란의 삶을 살게 될 가능성이 높다.

한편, 계속되는 고통과 정신질환 또는 만성적인 스트레스를 오랜 세월 견디다 못해 스스로 목숨을 끊는 사람도 있다. 젊은 시절, 가슴에 총을 쏴서 자살을 기도했다가 기적적으로 목숨을 건졌던 조셉 콘라드는 이렇게 썼다. '자살은 상당수가 그저 정신적 피폐의 결과물이 아닐까하는 생각이 든다. 흉포한 에너지의 소행이 아니라 완전한 정신적 붕괴의 마지막 단계 증상이 아닐까.' 많은 사람들에게 자살이란 쌓여가는 절망에 더 이상 견딜 수 없게 되면서 일어나는 행위이다. 자기말살에 저항하는 마음의 시스템의 제어장치가 안쪽에서 점점 부식되는 것이다. 자살이 경제적 파탄이나 실연, 수치 등 인생의 고뇌에 대한 반응이며, 충분히 이해할 수 있는 선택이라는 시각은 물론 그럴 듯하지만 이런 좌절과 상처는 인간이라면 누구나 살면서 한 번쯤은 경험하는 일들이다. 상상할 수 없을 정도로 단조로운 인생을 보내고 있는 사람이나, 깨어질 만큼의 희망을 가져본 적도 없는 사람, 또는 잃을까 봐 두려워할 만큼 누군가를 사랑해 본 적도 없는 사람, 태어나서 죽을 때까지 이 세상의 갈등을 접해본 적이 없는 사람이 아니라면 살면서 한 번쯤은 그런 슬픔이나 고통을 경험한다. 하지만 이런 슬픔과 스트레스가 죽음의 원인이 되는 것은 극소수의 사람뿐이다. 슬픔이나 스트레스 때문에 자살한 것으로 추정되는 사람 주변에는 자살하지 않은 사람이 몇 천만명이나 더 있는 것이다. 마음이 병을 앓고 있는 경우가 아니라면, 사람은 아무리 큰 상실이나 심각한 타격을 받았다고 하더라도 자살을 막을 수 있는 방패를 가지고 있다.

뉴욕 주립 정신의학연구소의 존 만 박사 연구팀은 자살을 선택할 가능성이 높은 생물학적 소인과 그 도화선의 요인의 관계를 설명하기 위해 '스트레스 취약성(Stress-Diathesis)' 가설을 제시했다. 자살 유전자가 발현하려면 몇 가지 요인이 필요한데, 이 요인들이 복합적으로 작용하여 스트레스 역치(자극에 대해 반응을 일으키는 최소 자극 강도)가 설정된다는 것이다. 여기서 말하는 요인에는 가족력이나 뇌 내 세로토닌 기능 장애 등의 유전적 요소, 공격성, 충동성 등의 기질적 문제, 만성적인 알코올 또는 약물남용, 만성적인 신체질환, 또 부모의 요절이나 사회적 고립, 유년기의 신체적 또는 성적 학대 등의 사회적 요인 등이 포함된다. 이 스트레스 역치는 신앙, 자녀 유무, 경제적 안정, 강력한 사회적 지원, 행복한 결혼생활 등으로 어느 정도까지는 끌어올릴 수 있다(즉, 자살을 어느 정도 막을 수 있다). 그러나 강력한 자살 소인을 가진 사람에게는 이런 방어 요인들도 제한적인 가치밖에 되지 않는다.

정신질환, 알코올이나 약물 중독, 개인적 경제적 위기, 주변인물의 자살 등의 스트레스와 같은 유발 요인들이 자살 촉진제로 작용한다. 스트레스 역치 요인과 자살촉진 요인의 상관관계는 복잡하게 얽혀있다. 조울병의 유전적 소인을 가지며 세로토닌 기능이 저해되어 있고, 가족 중에 자살한 사람이 있는 사람은 자살 위험도가 높다. 게다가 이 사람이 우울 증상이나 조증 증상을 보일 때 알코올을 섭취한다면 이 위험도는 더 높아질 것으로 예상된다. 그만큼 인간관계나 업무에 문제가 생길 가능성이 높아지기 때문이다. 또 음주 때문에 병세가 악화되거나, 치료효과가 줄어들거나, 세로토닌 기능이 약화될 가능성도 커진다.

유전적 소인이든 유발요인이든, 단 하나의 위험요인만 작용한다면 자살 가능성이 약간 올라가고 말지도 모른다. 하지만 유전적, 혹은 다른 생물학적 소인과 같은 어떤 위험요인이 특히 심각한 정신질환과 겹쳤을 때는 한층 더 심각해진다. 선천적으로 스트레스 역치가 낮게 설정되어 있기 때문에 이 짧은 도화선에 어떤 계기로 불이 붙게 되면, 자살 가능성은 손쓸 도리도 없을 만큼 높아지고 만다. 이런 사람들은 정말 별것 아닌 모욕이나 상실을 경험하기만 해도 순식간에 자살행동을 감행할 수 있다. 이는 불씨나 마찬가지라고 할 수 있다. 마른 풀과 강한 바람은 그 자체로는 불이 붙을 가능성이 있는 위험한 요인에 불과하지만, 여기에 번개가 치면 불이 발생할 가능성은 걷잡을 수 없이 높아진다.

단독으로 자살을 촉진시키는 요인으로 가장 일반적이며 가장 위험한 것이 급성 정신질환이다. 우울증, 조울병, 알코올중독, 조현병 등을 앓는 사람들은 대부분 자살하지 않지만 이런 질환에 시달리는 환자들의 자살률이 다른 원인에 의한 자살에 비해 매우 높다는 것은 사실이다. 이 중에서는 질병 그 자체의 특성, 예를 들면, 조증과 우울증이 섞인 혼재성 상태에서 비롯되는 극심한 자극과민성과 충동성 또는 중증 우울증이 회복하거나 악화되는 시기에 발생하는 정신적, 신체적 초조 때문에 스트레스 역치가 낮아진 경우도 있다. 또 뇌척수액 중 5-HIAA 농도가 위험수준까지 떨어져 있고, 기질적으로 공격적이며 무모한 성격의 사람은 만성적으로 잠재되어 있는 자살 성향이 정신질환으로 인해 촉진 될 수도 있다. 자살취약성이 있는 사람에게 심리적 스트레스가 얼마나 중대한 영향을 미치는지는 앞에서도 설명했다.

불면증은 조증 증상을 유발시키는 최대의 요인으로 지적되는데, 조증은 우울증, 혼재성 상태, 나아가 자살로 이어질 가능성을 극단적으로 증폭시킨다. 스트레스, 슬픔, 출산, 시차적응, 급격한 수면 패턴의 변화를 요하는 업무(군대 훈련, 교대 근무, 전쟁, 인턴 의사들의 근무 등), 계절에 따른 급격한 일조량 변화, 알코올이나 약물남용 등으로 인한 급격한 수면시간 감소 등은 뇌 내의 생물학적 반응을 크게 변화시킨다. 또 항우울제나 스테로이드제 등의 약물은 취약한 사람에게 심한 기분변화, 초조함이나 안절부절못함을 유발할 수도 있다. 갑상선 장애, 쿠싱병, 심근경색, 수술 후 상태, 혈액투석, 에이즈, 두부 외상, 뇌졸중, 감염에 의해서도 비슷한 결과가 초래될 수 있다. 콜레스테롤 수치를 낮추는 식사나 오메가-3필수지방산이 부족한 식사를 계속 섭취하는 경우에도 스트레스 역치가 낮아질 수 있다. 하지만 이런 식단이 어느 정도까지 스트레스 역치의 저하에 관여하는지에 대해서는 현 단계에서는 밝혀지지 않았다. '조울병 발병은 의외일 정도로 외적인 영향과는 관계가 없을지 모른다' 라고 지금으로부터 100여 년 전에 에밀 크레펠린이 말했지만 주요 정신질환과 행동, 물리적 환경 사이에 복잡한 인과관계가 존재함은 의문의 여지가 없다. 이런 요인들이 맞물리면서 자살로 치닫기 쉬운 생물학적, 기질적 취약성에 강한 영향력을 발휘하는 것이다.

이 외에도 자살에 큰 영향을 미치는 요인들이 있다. 이 중에서도 연령은 중요한 역할을 한다. 이미 알려져 있듯이, 12세 미만의 아동은 거의 자살을 하지 않는다. 사실 15세 미만 아동의 자살은 전체 자살자의 1%에 불과하다. 그러나 15세에서 30세 사이의 자살자는 전체의 무려 25%를 차지한다. 어째서 이토록 급격하게 자살률이 늘어나는 것일까?

일부 연구자들은 12세 미만의 아이들이 자살하지 않는 것은 죽음을 매우 비현실적인 것으로 파악하고 있기 때문이라고 주장한다.

예를 들면, 6세에서 11세까지의 어린이 중 반 이상이 죽음은 되돌릴 수 있는 것, 즉 죽어도 다시 살아날 수 있다고 생각한다. 그러나 그런 믿음이 어떻게 아이들의 자살을 막는지는 확실하지 않다. 이보다는 자살을 계획하고 실행에 옮길 수 있을 만큼, 아이들의 인지능력이 충분히 발달하지 않았기 때문이라는 가설이 더 설득력이 있을 것이다. 연령이라는 면에서 가장 중요한 것은 어린 아이들에게는 정신병리학적 문제들(기분장애, 알코올 및 약물남용, 정신병)이 거의 없다는 점이다. 사춘기 이전보다는 사춘기 이후의 시기에 중증 정신질환이 처음 발병하는 경우가 훨씬 많다.

일반적으로 12세부터 14세 사이에 시작되는 사춘기는 자살률이 의미있는 상승을 보이는 최초의 연령층이다. 또한 사춘기는 불안정한 호르몬의 작용과 주요 정신장애가 증가하는 시기이기도 하다. 정신질환 별 평균 발병 연령을 보면, 조울병은 18세, 약물 및 알코올 남용과 조현병은 21세, 중증 우울증은 26세였다. 게다가 중증 정신질환 발병률과 자살률 증가는 정비례하기 때문에 연령이 중요한 위험요인으로 지적되는 것이다.

연령과 마찬가지로 성별도 자살에 결정적인 영향력을 미친다. 자살이 남녀 간에 어떤 차이가 있는지에 대해서는 이미 앞 장에서 일부 설명한 바 있다. 예를 들면, 여성은 남성에 비해 우울증에 걸리기 쉽고, 자살을 하는 경향도 높지만 실제로 죽음에 이르는 비율은 남성이 더 높다. 우울증이 상당히 진행되기 전까지는 자신이 우울증을 앓고 있다는 것을 인식하고 치료를 받으려는 남성이 여성에 비해 적으며, 정신적인 불안정함을 과음으로 풀려고 하거나, 또 자신을 죽이기 위해 총을 비롯한 치명적인 수단을 선택하는 경향이 높기 때문이라는 것이 대부분의 학자들의 의견이다. 세로토닌 기능의 남녀 차는 아직 충분히 규명되지 않았지만, 자살의 소인인 충동성과 폭력성은 남자들의 속성에 더 가까운 듯 하다고 한다. 하지만 일부 연구에서 임신 중의 혈중 세로토닌 농도가 높다고 하는 증거가 나왔는데 이것이 임산부의 자살률을 낮추는 요인일 수도 있다(뇌의 세로토닌 기능을 결정짓는 뇌척수액 세로토닌 농도와는 달리, 혈중 세로토닌 농도는 식사나 다른 요인에 의해 크게 좌우된다). 출산 후 1년 미만 여자의 자살 위험도는 중증 정신질환을 앓은 적이 있는 사람을 제외하면 매우 낮다(하지만 중증 정신질환을 앓은 적이 있는 사람은 그렇지 않은 사람에 비해 산후 자살 위험도가 매우 높다). 또 월경주기에 따른 자살률의 연구는 다소 상반된 결과가 있지만, 대체로 생리 시작 바로 앞주 또는 생리 중에 자살, 자살기도, 자살예방 센터에 건 통화 수가 증가한다. 런던에서 자살한 여성 23명을 대상으로 실시된 부검에서 자궁내막을 조사한 결과, 23명 중 22명이 월경주기 가운데 황체기(생리 시작되기 약 14일 전)였다는 사실을 알아냈다. 등유를 뿌리고 분신자살을 한 힌두교 여성 신자에 대한 부검에서는 22명 중 19명이 월경 중이었다. 또 월경주기의 첫 1주일째에 일어나는 자살기도는 에스트로겐 농도가 낮아지는 것과 연관이 있는 것으로 생각할 수도 있다.

세계적으로 보면, 자살자는 남자가 압도적으로 많지만, 이 경향이 적용되지 않는 나라도 있다. 몰타공화국, 이집트, 파푸아뉴기니, 에티오피아 서부와 중국이다. 1990년, 중국에서는 18만 명 이상의 여자가 자살을 했다(같은 해 중국인 남자 자살자 수는 15만 9천 명이었다). 이 수치는 같은 해 세계의 여자 자살자 수의 50% 이상이다. 하루에 약 500명의 중국인 여자가 자살했다는 계산이 되는데, 이 중에 반 이상은 농촌지역에 거주하는 이십 대 초반의 젊은이였다.

어째서 이렇게나 많은 중국인 여자들이 스스로 목숨을 끊었는지에 대해서는 다양한 관점이 존재하며 한마디로 설명하는 것은 불가능하지만 가장 설득력이 있는 가설은, 물론 그렇다고 모두 설명되는 것은 아니지만, 농촌지역의 여성들이 맹독성인 농약을 입수하기 쉬운 환경에 있기 때문이라는 것이다. 들이킨 약물이 농약이 아니라 다른 약물이었거나 응급처치를 받을 수 있는 환경이었다면, 목숨을 잃지 않을 수도 있었던 충동적인 행동이 특수한 상황 때문에 치명적인 결과로 끝났다는 것이다. 즉, 충동적인 자살기도로 끝났을 행동이 치명적인 자살로 바뀐 것이다.

급격한 시장경제로의 전환이 중국인 여자들의 자살증가 원인일 수도 있다는 주장도 있지만, 경제형태의 변화는 중국에만 국한된 것도 아니고, 이것이 남자보다도 여자에게 더 큰 스트레스로 작용한다는 것도 근거가 희박하다. 또 중국에는 자살을 금기시하는 문화가 없기 때문에 젊은 여자들이 자살을 결심하기가 심리적으로 쉽다는 관점도 있다. 사회학자들은 중국사회의 여성차별을 강조하지만, 여성의 지위가 낮은 것이 사실이라 할지도 여성차별이 중국에만 있는 것은 아니며, 여성의 자살률이 훨씬 낮은 다른 여러 국가에서도 여성들의 지위는 비슷하다. 가족 간의 불화, 부모가 강요한 결혼, 그 외의 가정 내 문제들도 중요한 요인으로 작용한다고 볼 수 있지만, 이 역시도 사람이 사는 사회라면 어디나 존재하는 문제들이다. 따라서 이런 종류의 스트레스와 불화가 자살 충동을 가진 사람의 등을 떠밀 가능성은 있을 수 있겠지만, 이것이 자살의 주된 원인이라고는 볼 수 없다.

현재 중국인들의 자살에 정신질환이 어떤 영향을 미치는 지를 두고 열띤 공방전이 계속되고 있다. 베이징에서 활동하는 캐나다 정신의학자인 마이클 필립스는 정신질환과 관련된 자살이 총 자살의 90%를 차지하는 다른 나라들과 달리 중국인의 경우는 50%에 불과하다. 이 외의 자살은 사실상 충동적인 것이라는 것이 필립스의 주장이다. 이에 대해 대만의 의사인 앤드류 챙은 여러 조사를 통해 대만에서 발생한 자살의 95% 이상이 정신질환과 밀접한 연관이 있다고 하는 결론을 내세워 필립스의 가설을 정면으로 반박하고 있다.

두 의견의 차이점이 정리되어 제대로 된 결론이 도출될 때까지는 앞으로도 시간이 걸릴 것으로 예상되지만, 아무튼 중국의 높은 자살률을 막기 위해 무슨 수든 써야 한다고 하는 점에서는 의견이 모아지고 있다. 최근 중국인 의사들은 우울증 규명과 치료에 힘을 쏟기 시작했다. 농약 취급에도 규제가 마련되고, 자살예방 프로그램도 시작되었다. 또한 젊은 여자들에게 스트레스를 잘 견디며 살아가는 방법을 알려주는 교육프로그램도 실시되었다.

인간은 다른 생물들과 마찬가지로 주기적인 생물로, 태양 주위를 도는 지구와 지구 주위를 도는 달의 운동에 따라 생체 리듬이 달라진다. 우리의 뇌와 몸의 화학작용은 끊임없이 변화 하고 있으며, 지구의 열과 빛 그리고 아마도 자기장의 변화에 적응하고 있는 것으로 생각된다. 즉, 다른 포유류와 마찬가지로 인간의 식사, 수면을 비롯한 신체활동 패턴은 계절에 따라 변화하며, 일조시간과 기온의 변화에 맞춰 달라진다. 유전적으로 설정되어 있는 생체시계는 뇌의 구성성분인 화학물질의 주기를 조절하고, 신체적 환경에 대한 반응을 형성해 가는 역할을 한다.

자살은 하루하루 달라지는 지구의 리듬과 4계절의 변화에 영향을 받는다. 대부분의 자살은 오전 7시에서 오후 4시 사이에 일어나는데, 이를 19세기의 한 연구자(그는 당시 대부분의 유럽 국가들에서 공통되는 자살 패턴이 있다는 것을 파악하고 있었다)는 다음과 같이 설명했다. '충격과 좌절은 가장 바쁜 시간에 동시다발적으로 일어나도록 설정된 모양이다. 안 그래도 인생의 괴로움과 걱정 때문에 지쳐 있는 사람들에게 좀처럼 빛이 보이지 않는 새로운 하루가 시작되는 시간은 때로 견디기 힘든 순간이 될 수 있다.' 입원 환자의 자살은 하루 중 상당히 이른 시간에 일어나는 경향이 있는데, 오전 5시에서 오전 7시 사이에 일어날 확률이 가장 높다. 그 이유 중 하나는 그 시간대에 병원의 활동이 시작되어 시신이 간호사들에게 발견될 가능성이 높다는 점도 있겠지만, 이 보다는 환자 특히 중증 우울증을 앓고 있는 환자의 증상 중 하나인, 태양의 주기에 따른 일주성과 관련된 기분변화가 원인일 가능성이 훨씬 높다. 특히 조울병 환자의 기분은 오전 중에는 극도로 좋지 않고, 그 후에 시간이 가면서 점점 좋아지는 경향이 있다. 기분장애 환자의 주의력, 기억력, 집중력을 포함한 인지장애, 반응시간, 체력은 시간대에 따라 크게 달라진다. 이러한 기분과 인지기능 변화와 자살행동의 주간 패턴 간의 관계에 대해서는 뇌내 화학작용의 일주성 리듬에 대해 설명할 때 좀 더 자세하게 살펴보도록 하자. 자살과 달 사이에 어떤 상관관계가 있다고 하는 증거는 현 단계에서는 확인된 바 없다. 그러나 사람들의 생활에 조명이 사용되기 이전에는 달이 인간의 기분과 행동에 가장 큰 영향을 미치는 존재였을 수도 있다. 또 자살과 생일, 추수감사절, 크리스마스 등의 명절 사이에도 어떤 연관관계는 찾아볼 수 없다(하지만 영국에서 실시된 한 조사에서는 밸런타인데이 당일에 자살기도가 늘어났다).

하지만 월요일에 자살자가 증가하는 것은 상당히 일관성 있는 양상이다. 일부 연구자들은 그 원인을 '어긋난 기대(broken-promise)' 효과로 설명했다. 즉, 심리적으로나, 현실적으로나 뭔가 새로운 시작이 일어나야 하는 한 주의 시작이 그 전날과 아무런 차이도 없다는 것을 알았을 때 절망감 또는 배신감에 사로잡혀 자살로 치닫게 될 수 있다는 것이다. 이 외에도 심한 우울증 환자나 정신적으로 불안정한 사람은 책상 위나 스케줄 표에 새로운 한 주간의 업무가 빼곡히 쌓여 있는 것에 심각한 부담감을 느낄 수도 있다.

계절에 따른 자살자 연구는 가장 확실성과 일관성이 있다. 19세기 말, 유럽 18개국의 자살 사례를 조사했던 엔리코 모젤리는 17개국에서 봄이나 여름에 자살률이 최고치를 기록한다는 사실을 밝혀냈다(반대로 사실상 조사대상이 된 모든 나라에서 자살률이 가장 낮은 계절은 겨울이었다). 몇 년 전, 나 자신도 60건 이상에 달하는 자살사례의 계절적 양상을 조사한 결과 모젤리의 결론과 같은 계절적 양상을 확인했다. 자살이 최고치를 기록하는 것은 아주 드문 경우를 제외하고는 늦은 봄과 여름이라는 것이 밝혀졌다. 또 모든 연구에서 자살률이 가장 낮은 계절은 겨울이었다. 그 후 벨기에, 핀란드, 미국, 중국에서 이루어진 연구조사에서도, 마찬가지로 늦은 봄에서 여름에 자살률이 최고치를 기록하였다. 이런 사실들을 종합해 보면 자살은 어둡고 암울한 계절이 아니라, 봄이나 여름처럼 밝고 낮이 긴 계절과 관계가 있다고 추측해 볼 수 있다. 이 추측을 뒷받침하듯이, 호주, 칠레, 우루과이, 남아프리카 공화국 등 남반구의 국가들에서도 남반구의 봄과 여름에 해당하는 시기에 자살률이 최

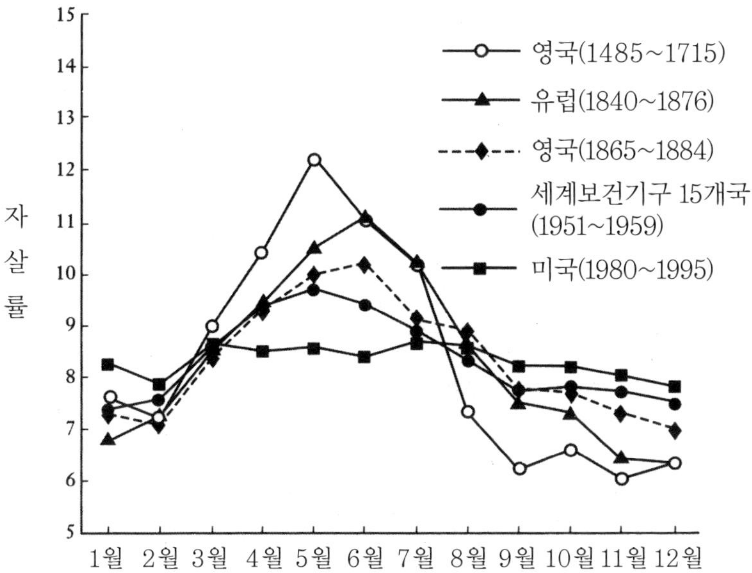

〈 자살의 계절 양상 〉

고치에 달한다는 결과가 발표되었다. 북반구에서 남자는 4, 5월과 여름에 자살이 제일 많은 반면, 여자는 남자와 마찬가지로 최고 절정기는 같으나 하지만, 10월과 12월에도 정도가 약한 두번째 절정기를 보였다.

봄과 여름에 자살률이 최고치에 달한다는 것은 몇 년 전에 발표된 자료뿐만 아니라 15세기 자료에 의해서도 증명되는 사실이다. 그래프는 영국(1485~1715), 유럽(프랑스, 이탈리아, 벨기에, 1840~1876), 영국(1865~1884), 세계보건기구 15개국(1951~1959), 미국(1980~1995)의 월별 자살 양상을 보여준 것이다. 시대나 국가를 불문하고 봄에서 여름에 걸쳐 자살률이 최고치를 기록하고, 겨울에는 감소하는 양상을 확인할 수 있다.

또 이 그래프를 보면, 영국(1485~ 1715)과 유럽(1840~1876)의 계절적 영향이 세계보건기구 15개국(1951~1959)과 미국(1980~1995)에 비해 더 급격한 곡선을 그리고 있다는 점에서 자살에 미치는 계절적 영향은 과거에 더 강했다는 사실을 알 수 있다. 이처럼 시간이 흐르면서 계절적 영향이 감소했다는 것은 덴마크(1835~ 1955년)의 자살의 계절적 요인 연구나, 그 후 실시된 호주, 뉴질랜드, 캐나다, 핀란드, 헝가리, 스웨덴, 미국의 조사에서도 밝혀진바 있다. 독일 막스 플랑크 연구소의 위르겐 아쇼프는 이 현상에 '탈계절화'라는 이름을 붙였는데, 어떤 이유로 이런 현상이 일어나는지에 대해서는 아직까지 밝혀내지 못했다. 원인으로는 조명설비나 중앙난방과 환기시설, 공업화, 도시화로 인해 자연환경에 대한 인간의 생체적 반응이 저하되었기 때문으로 생각해볼 수 있다. 또 항우울제가 개발되어 계절적 요인이 강하게 작용하는 자살을 막을 수 있게 된 덕분일 수도 있다.

19세기, 프랑스의 사회학자인 에밀 뒤르켐은 자살의 계절성이 도시보다 농촌에서 현저하게 나타난다고 지적했는데, 20세기에 실시된 미국의 조사나, 최근 남아프리카에서 이루어진 조사에서도 비슷한 경향이 확인되었다. 도시화에 따라 자연계의 빛이나 열의 리듬에 대한 인간의 생체적 동조성이 둔해졌다는 것이다. 전기, 인공조명, 수면시간의 감소 등을 비롯한 불규칙한 수면 패턴, 중앙난방의 보급 등 모든 것이 뇌와 신체에 대한 자연의 계절적 영향을 약화시켰다. 그렇지만, 계절은 여전히 강력한 영향력을 발휘하고 있다.

자살은 어째서 계절에 따라 늘기도 하고, 줄기도 하는 것일까. 춥고 어두운 계절이 아니라 햇빛이 쏟아지는 계절에 자살이 많이 발생하는 이유는 무엇일까? 하루의 휴식과 활동 주기가 일조량, 기온의 변화와 밀접한 관계를 가진다는 것은 굳이 짚고 넘어갈 필요도 없을 것이다. 동물의 동면은 이를 가장 잘 드러내는 증거이다. 햇빛의 계절적 변화에 따라 동물의 행동, 내분비, 심리 등이 변화하는 것은 잘 알려진 사실이다. 인간의 경우도 계절적 영향에 따라 기분이나 에너지, 수면, 행동에 변화가 나타지만, 그 영향을 가장 크게 받는 것은 기분장애 환자들이다. 사실 기분장애에 영향을 미치는 (아마도 자살에도 영향을 미칠 것으로 생각되는) 신경전달물질 농도, 수면 및 체온조절 호르몬, 멜라토닌, 테스토스테론, 에스트로겐, 갑상선 호르몬 등 신경생물학적 시스템의 작동에도 이 계절적 양상이 뚜렷하게 나타난다. 자살률이 가장 낮은 겨울 동안에는 혈장 L-트립토판(세로토닌의 전구물질) 농도가 최고에 달하며, 멜라토닌과 갑상선 호르몬, 콜레스테롤 수치도 최고에 달하는 것으로 알려져 있다. 이 호르몬들은 모두 기분, 활동, 수면-각성 주기와 밀접한 관계가 있다고 여겨지는데, 계절의 변화가 세로토닌과 그 외의 신경전달물질에 어떤 영향을 미치는 지에 대해서는 아직 확실하게 밝혀지지 않았다.

그렇기는 하지만 자살의 계절성에서 가장 중요한 것은 주요 정신질환인 우울증, 조울병, 조현병의 발병에 계절적 변화가 큰 영향을 미친다는 점이다. 지금으로부터 약 2,000여 년 전, 히포크라테스는 우울증이 봄과 가을에 생기기 쉽다는 것을 발견했으며, 다른 고대의 연구자들도 여름이 조증 발작이 일어날 가능성이 매우 높다는 기록을 남기고 있다. 이런 사실은 현대 과학자들의 체계적인 조사로 밝혀지고 있다. 조증 환자의 입원이 늦봄에서 가을에 많은 것은 이미 많은 연구자가 확인한 사실이다. 또 조현병은 여름에 발병 또는 재발하는 경우가 많은 것으로 알려져 있다.

우울증의 발병 또는 재발에 나타나는 계절적 양상은 조증이나 조현병보다는 더 다양하다. 우울증 환자의 입원은 일반적으로 1년 중 두 번, 봄과 가을에 큰 폭으로 늘어나는데, 이는 우울 증상이 시작된 시기라기보다는 증상이 악화되는 시기라고 보는 것이 더 정확할 것이다. 일반적으로 우울증 환자들은 우울 증상이 심각해지지 않으면 입원하지 않는 경우가 많으며, 겨울에 발병 또는 재발한 우울증이 봄이 되면서 심각해지는 패턴이 많은 것도 사실이다. 이에 비해 조증 환자의 입원 날짜는 증상이 나타난 시기와 더욱 밀접한 관련이 있다. 우울증에 비해 조증 증상은 순식간에 악화되며, 즉각적인 치료가 필요하기 때문이다.

심한 정신질환과 자살의 계절성에는 몇 가지 요인이 복합적으로 작용하는 경우가 대부분이다. 그 중 하나가 기온과 일조시간의 변화에 따른 생체 내 변화이다. 세로토닌 등의 뇌 내 물질 농도의 계절적 변동은 환자의 기질 속에 숨어 있는 자살 소인에 강력한 영향력을 미칠 뿐 아니라, 조증, 폭력성, 우울증, 정신병 등 정신병리 상태에도 큰 영향을 끼친다. 이는 자살에서도 마찬가지이다. 폭력적인 수단에 의한 자살은 그렇지 않은 자살에 비해 매우 강한 계절성을 가지며, 살인을 비롯한 흉악한 범죄들과 마찬가지로 늦봄과 여름이 집중되는 경향이 있다. 이에 대해 조셉 히블린은 오메가-3 필수지방산 농도의 변화 요인(예를 들어, 식량과 야채공급의 계절적 변화 또는 혹한의 겨울방학 동안 고지방 음식 섭취량)이 계절성에 영향을 미칠 가능성이 있다고 지적했다.

조증이나 조현병 환자들은 여름 동안 매우 불안정하고, 초조함을 느끼며, 망상증을 보이는 경향이 있는데, 이런 증상들이 자살과 같은 폭력적이고 충동적인 행동으로 이어질 수 있다. 또한 조증 환자의 대부분은 그 전후에 우울 증상이 나타나기 때문에 이런 시기에 자살 위험이 높아진다. 이런 시기에는 우울증과 조증이 공존하는 혼재성 상태가 나타날 가능성도 높아지는데, 이 혼재성 상태는 가장 자살 위험이 높은 정신병리 상태 중 하나로 지적되고 있다. 또한 혼재성 상태는 우울증에서 조증으로의 이행기, 또는 조증에서 정상으로 돌아오는 이행기에 독립된 증상으로 나타나기도 한다. 봄과 가을에는 우울증과 조증의 발병건수가 최고를 기록하는데 이는 자살건수의 최고치와도 관계가 있다.

우울증은 급성기뿐 아니라 완만한 또는 가끔 폭력성을 동반하는 회복기에서도 자살 위험도가 크게 증가한다. 우울증의 최악의 국면이 끝났을 때, 즉, 환자의 기분이 호전되는 듯이 보이며, 활력을 되찾았을 때에 환자가 자살하는 경우는 결코 드문 일이 아니다. 또 절망으로 막 떨어져 내리는 초기 단계에 자살할 때도 많다. 우울증은 종종 조증 증상들과 미묘하게 섞여 있는 경우가 흔하며, 처음에 우울증이라 진단을 받았다가 면밀한 임상평가를 한 결과 혼재성 상태였다는 것이 밝혀진 사례도 적지 않다.

심한 우울증, 조울병, 조현병은 유전적으로 자살 소인을 가진 사람에게 '제2의 타격' 을 줄 가능성이 있다. 정신장애의 고통과 불안감, 쉬지 않고 일어나는 생체 내 변화, 또는 질환의 재발에 따른 고통과 초조함이 치명적인 상호작용을 일으킬 위험이 있기 때문이다. 흔히 사람들은 봄과 여름은 밝고 희망에 넘치는 계절이라고 표현하지만, 실은 이 계절에는 겨울과 달리 자살을 유발시키는 위험이 도사리고 있다. 어쩌면, 영국의 시인 에드워드 토머스의 말처럼 겨울은 봄이 온 후에도 언제까지나 그 자리에 머물러 있는 것인지도 모른다.

하지만 이것들 역시 봄의 것 –
온 겨울 내내보다

더욱 흐린 잿빛을 띤
길 옆 기슭의 죽은 지 오래된 풀들

작은 달팽이 껍질이 풀밭 속에서
창백하게 바래고,
부싯돌 조각, 조그만 석회암과 작은 새들의 똥이
순백으로 얼룩졌다.

겨울의 폐허 속에서
겨울의 빚을 갚아 줄 무언가를 찾는 사람은
모든 순백의 것들을
제일 처음 피어난 제비꽃으로 오해한다.

북풍이 부는 동안 찌르레기 떼는
끊임없이 지저귀며
가랑비 속에서 기운을 돋우는데
봄은 왔으나 겨울은 가지 않았다.

〈마음의 색깔 : 메리웨더 루이스의 죽음〉

우리는 어떤 문명인도 발을 딛지 못했던, 횡단거리가 최소한 2000마일도 넘는 광대한 대지에 막 첫발을 들여놓으려는 순간이었다. 우리를 기다리고 있는 것이 행운일지 불운일지는 끝나봐야 알 수 있는 시험의 시작이었다.... 흔히 그렇듯 우리의 마음이 어떠하냐에 따라 생의 사건들이 다르게 보이는 법.... 바로 이 출발의 순간이 내 인생에서 가장 행복한 순간으로만 보였다.

– 1805년 4월7일 메리웨더 루이스 –

붉은 머리의 버지니아 젊은이는 원정대가 가지고 가야 할 식량에 대해 충분한 시간을 들여 신중하게 생각하고 있었다. 하지만 계획 수립이 쉬울 리 없었다. 수십 명의 남자가 지금 지도에도 없는 미국의 사막을 횡단하는 8,000마일의 대장정을 떠나려고 하고 있었다.

사막이 얼마나 빠르게 지형을 바꾸어 갈 것인지, 또 얼마나 넓을 것인지 예측할 만한 근거는 거의 없었다. 일반적인 계산이나 경험을 훨씬 초월하는 힘든 탐험이 될 것은 확실했지만, 이 탐험에서 발견될 미지의 땅과 거주민과 자원을 생각하면 감수할 만한 모험이었다.

탐험은 위험하고 힘들 것이며, 완수하려면 2년도 넘게 걸릴 것으로 예상되었다. 하지만 이 원정대의 대장은 스트레스에 굴복하거나 겁을 먹는 인물이 아니었다. 대통령의 두터운 신임 속에서 대장으로 임명된 그는 부하를 통솔하면서 이번 원정의 주요 목적인 과학 조사를 실행하는 자신의 능력에 대한 확고한 신념이 있었다. 그는 이미 신중함과 지성을 발휘하여 여행 준비를 끝냈고, 미지의 대지를 탐험하면서 그 땅을 지도 위에 올려 놓을 수 있는 기회를 부여받았다는 설레는 가슴을 억누르지 못하고 있었다.

미국의 영토는 하룻밤 사이에 두 배나 커졌다. 1803년 7월 4일, 미 의회는 나폴레옹으로부터 루이지애나 지역을 매입했다. 1에이커당 3센트의 헐값에, 국경선 너머 미시시피 강에서 로키 산맥에 이르는 광대하고 경계도 애매한 대지를 사들인 것이다. 미국이 서쪽으로 펼쳐진 산맥을 접수하고, 이제 머지않아 영토를 태평양까지 확대시킬 것이라는 것은 거의 기정 사실과도 같았다. 이를 위해서라도 미국은 그 광대한 대지의 모습을 알아야 했다.

서부 탐험 계획을 입안한 버지니아 출신의 메리웨더 루이스 미 육군 대위는 국경 지역 황야에서 생활했던 경험이 있었고, 인디언의 문화에도 정통했다. 신장 180센티에 활력이 넘치고, 용감무쌍하며, 왕성한 호기심의 소유자이기도 했다. 그는 국경지역 생활뿐 아니라, 행정부의 내부 사정에 대해서도 잘 알고 있었다. 1801년 2월, 대통령 취임일 2주 전, 토머스 제퍼슨은 루이스에게 서한을 보내어

'대통령 신변과 관련한 은밀한 문제' 를 도와주고, '행정부가 입수할 경우 상황을 흥미롭게 끌고 갈 정보를 모으는데 이바지하는 일' 을 도와달라고 요청했다. '서부에 관한, 그 군대에 관한 그곳의 모든 이권과 관계에 관한 지식' 을 가지고 있었던 루이스에게 제퍼슨 대통령의 개인비서가 되는 것은 '바람직한' 자리였다.

그는 원하던 직책에 임명되었고, 그 후 2년 동안, 거의 30세나 차이가 있는 이 두 명의 버지니아 인은 거의 매일같이 식사와 속마음을 나누고, 거의 날마다 몇 시간을 함께 했다. 호기심이 왕성했던 두 사람은 조국의 광대한 대지를 탐험하는 일에 몰두해 있었다. 젊은 대위는 탐험 그 자체에, 대통령은 탐험으로 수집할 정보에 큰 흥미를 느끼고 있었다. 1802년, 제퍼슨 대통령은 루이스에게 태평양까지 이르는 서부 원정 지휘를 맡겨야겠다는 결단을 내리고 루이스를 위해 지리학과 자연사, 의학, 식물학, 천문학 등을 망라하는 종합적인 교육 프로그램을 마련했다.

제퍼슨 대통령은 서부 원정에 큰 기대를 걸고 있었고, 그에게는 엄청나게 많은 의문과 요구사항이 있었다. 1803년 6월 대통령은 루이스에게 이런 서한을 보냈다. '자네의 이번 목표는 미주리 강과 그 주류를 탐험하는 것이네. 나는 이 대륙과 태평양을 잇는 최단 거리의 대륙 횡단 수송로로서 상업적 목적에 이바지할 만한 주류를 찾아내는 것이네.' 루이스 대위는 많은 노력과 정확성을 기울려 위도와 경도를 관찰하고 그 관찰결과를 기록하였다. 또한 이런 기록결과나 메모 등이 없어지거나 손상될 경우에 대비하여 몇 통을 추가적으로 작성했으며, 그 중 한 통은 '습기 때문에 손상될 가능성이 종이보다 낮은 자작나무 껍질'에 적도록 했다. 또한 '인디언 부족들의 명단 및 부족 수, 재산 정도, 영토 넓이와 경계선…언어, 전통, 기념물, 또 농업, 어업, 수렵, 전쟁, 예술에 쓰는 시간의 배분…부족 내에서 유행하는 전염병, 또 그 치료법…관습, 법, 기질 등의 특이점'을 조사하는 임무도 부여받았다.

루이스와 부하들은 '토양과 지형, 그곳에서 자라는 초목과 재배식물…동물, 모든 종류의 광물자원… 화산 지형' 등도 기록해야 했으며. 기후 풍토에 대해서는 '비, 구름, 맑은 날의 비율, 번개, 천둥, 눈, 서리가 시작되는 시기와 끝나는 시기, 계절에 따른 바람 방향, 특정 식물이 싹이 트고, 꽃이 피고, 꽃 또는 나뭇잎이 떨어지는 시기, 특정한 새, 파충류 등이 나타나는 날' 등을 면밀하게 기록해야 했다.

루이스에게 이런 지시를 내릴 수 있었던 것은 제퍼슨이기에 가능했던 일이었다. 루이스와 클라크 원정대의 서한과 기록을 정리한 도널드 잭슨이 썼듯이, '제퍼슨의 지시는 오랜 세월 동안 축적된 연구 결과와 발견을 반영하는 것이며 행정부 동료나 필라델피아 친구들의 지혜를 모은 것이었다. 그의 서한에는 이제 드디어 막연한 추리가 아니라 로키산맥의 지형과 규모, 인디언의 각 부족, 미개척지의 동식물에 대한 정보를 입수할 수 있게 되었다는 그의 흥분이 숨김없이 나타나 있었다.'

자신의 요구에 부응할 수 있는 믿을 만한 인물이 있다고 한다면, 그는 바로 메리웨더 루이스라고 제퍼슨은 믿어 의심치 않았다. '루이스 대위는 용맹하고 사려 깊으며, 숲에 대해서도 잘 알고 있고 인디언의 예절과 성격에도 통달해 있습니다.' 필라델피아의 저명한 의사이자 루이스가 원정대원들을 치료할 수 있도록 의학을 가르칠 예정이던 벤자민 러쉬에게 제퍼슨이 보낸 서한의 한 구절이다. '루이스는 정규 교육을 받지는 못했지만, 미개척지의 자연에 대해 방대하고도 정확한 지식이 있는 만큼, 새로운 경로에서 만나는 새로운 것들을 제대로 선별해 낼 수 있을 것으로 봅니다.' 루이스가 죽은 후, 제퍼슨은 그의 벗이었던 루이스의 기질과 성격을 보다 자세하게 설명했다. '어떤 계절이나 환경도 그의 목적을 방해하지는 못했다.' 루이스는 '이 매력적인 탐험'에 정열을 불태웠고, '진취적이고 대담하며 신중한' 성격이었다. '불굴의 용기'와 '불가능이 아니면 그 무엇도 그가 정한 방향을 바꿀 수 없을 정도로 확고한 목적의식과 끈기'를 가지고 있었다. 그리고 그는 '정직하고 세심하게' 진실을 추구했다.

제퍼슨은 루이스에게 보낸 특별하고도 꼼꼼한 지시서의 마지막 문단에서, 원정 중 루이스가 사망했을 경우에 대비하여 부관을 임명하도록 요구했다. 루이스는 부관이 아니라 공동 대장으로 자신이 높이 평가하는 인물이자, 전에도 함께 복무한 적이 있는 동료 장교인 클라크를 임명했다.

1803년 여름의 끝자락에 원정대는 길을 떠났다. 두 명의 대장과 부하 대원들은 낚시바늘과 텐트, 모기장, 위스키, 소금에 절인 돼지고기, 펜실베이니아 권총과 도끼, 육분의, 망원경, 등불과 주전자와 톱, 생각할 수 있는 모든 영양가 있는 식량과 도중에 만날 것으로 예상되는 인디언과 교환할 물품들(옷감과 사치품들-브로치 500

개, 반지 72개, 거울 12다스, 구슬 3파운드), 큰 도끼와 칼, 줄무늬 실크 리본과 옥양목 셔츠, 담배 130다발을 실은 채 고향을 뒤로 했다. 그리고 원정 중에 피할 수 없을 발열이나 부상에 대비하여 지혈대, 의료용 칼, 약용 차 등도 구비하고 있었다. 원정배낭 안에는 대부분 질환의 통증을 덜어줄 수 있는 아편뿐 아니라, 즉석 양조주나 강장제의 쓴맛을 숨기기 위한 정향과 육두구, 또 말라리아 치료제로 퀴닌 성분이 포함된 기나피도 들어 있었다.

이렇게 싣고 간 물자와 자재 그리고 몸으로 익힌 지식과 기술 덕분에 원정대는 강과 평원을 건너고 배를 만들며 산속에서 살아남을 수 있었다. 인디언들과 물물교환을 하고 스스로 몸을 지킬 수도 있었다. 그리고 루이스와 클라크는 모든 것을 측정하고, 묘사하고, 기록했다. 원정대가 싣고 온 역사 기록을 위한 물품들(깃털 펜 100개, 봉랍 1파운드, 가루잉크 봉지 6개, 놋쇠로 만든 잉크스탠드 6개)을 사용하여 두 대장은 빨간 모로코 가죽으로 표지를 씌운 일지와 엘크 가죽을 댄 측량노트에 28개월에 걸친 미 대륙 횡단 탐험에서 이루어진 정확하고도 매력적인 과학적 발견들을 빼곡히 기록해 갔다.

루이스와 클라크, 부하 대원들, 사냥꾼, 나무꾼, 대장장이, 요리사, 목수로 구성된 '개척부대'는 아직 지도에도 표시되지 않은 미국 영토 안을 누비며 지도를 만들었다. 강과 산을 탐험하고, 미루나무 통나무로 카누를 만들며, 인디언들과 물물교환을 하고, 때로는 인디언 부락에서 함께 지내기도 했다. 물고기를 낚고, 사냥을 했다. 그들은 끝없이 걸으며 대지와 강을 측량했다. 별을 보고 현재의 위치를 확인하고 나서 그 내용을 기록했다. 두 사람은 그 일지에 발견한 초목, 처음 만난 짐승, 강의 흐름과 산맥의 모습, 대원에게 준 약과 규율까지도 상세하게 기록했다.

생생한 현장감이 가득 한 루이스와 클라크의 일지는 읽는 사람들을 미국의 미개척지와 야생동물의 세계로 안내한다. 그럼 여기서, 날씨와 비버꼬리의 맛, 호저의 걸음거리에 대해 기록한 루이스의 일지를 같이 읽어보도록 하자. 때는 1805년 5월, 원정대는 미주리 강을 따라 상류로 향하고 있었다.

1805년 5월 2일(목)

밤새 휘몰아치던 거친 바람은 아침이 되어도 잦아들지 않았다. 동이 트면서 내리기 시작한 눈은 오전 10시까지 계속되었고, 1인치 정도 쌓인 순백의 눈은 꽤 자란 식물들과 멋진 대비를 이루었다. 초원에는 벌써 조금씩 꽃망울을 터트린 꽃들이 여기저기에 보였고, 미루나무 잎사귀는 1달러 지폐 정도의 크기까지 자라 있었다. 사냥에 나섰던 사냥꾼들이 사슴 두 마리, 엘크 세 마리, 들소 몇 마리를 잡아 돌아왔다. 또 저녁때에는 강가에서 비버 세 마리도 잡았다. 비버는 보통 사냥감이 되지 않았기 때문인지 아주 얌전했고, 다른 비버가 총에 맞아도 만들어 놓은 댐에서 떠나려고 하지 않았다. 우리 원정대에서 비버 고기는 맛이 좋다고 해서 인기가 높았다. 나는 특히 맛있는 부위가 꼬리라고 생각한다. 꼬리를 삶으면 신선한 혀 같은 냄새가 나고, 대구같이 생긴 고기가 되는데, 양도 많아서 장정 두 명이 배불리 먹을 수 있을 정도였다.

1805년 5월 3일(금)

엄청나게 많은 들소와 엘크, 꼬리가 긴 사슴, 영양 또는 염소, 비버, 거위, 오리, 흑기러기, 그리고 백조 몇 마리를 보았다. 오늘 열 번째라고 기록한 강의 하구 근처에서 호저(포큐파인)가 이상할 정도로 많이 무리지어 있는 것을 보았다. 그래서 이 강에 포큐파인 강이라는 이름을 붙였다.

조금 걸어 들어가자 모래톱 위에서 자라는 어린 버드나무를 뜯어먹고 있는 호저 두 마리를 만났다. 이 동물은 매우 둔하고, 경계심이 없어서 바로 옆까지 다가갈 수 있었고, 손에 들고 있던 막대로 이 동물을 살짝 건들어 보았다. 강물 위에 떠다니는 부목들 사이에서 발견한 거위 둥지에서 알 세 개를 슬쩍했다. 부목 위에 만든 둥지를 보는 것은 이번이 처음이다. 보통은 부러진 나무 꼭대기에 만든다. 가끔 나뭇가지가 갈라지는 부분에 둥지를 만들기도 하지만 거의 예외 없이 땅에서 15~20피트 정도 되는 곳에 만든다.

루이스와 클라크는 모두 전문 박물학자도 지리학자도 아니었지만, 자신들이 지나온 장소와 만났던 야생생물의 묘사에 세심한 신경을 쏟아 기록을 남겼다. 원정 도중 이들은 제퍼슨과 필라델피아의 연구자들에게 무려 200종도 넘는 초목들, 지금으로 말하자면 '달의 운석' 과도 같은 표본들을 보냈다. 반 이상은 당시의 식물학자들도 처음 보는 것들이었는데, 평원의 풀, 까치밥나무 열매, 야생화, 산쑥, 아마, 나비나리, 가문비나무, 단풍나무 등이 이 표본에 포함되었다. 또 그들은 이런 식물들의 나무뿌리, 씨, 구근 외에도 족제비, 코요테, 다람쥐, 오소리, 새, 영양, 산양 등 다양한 동물의 가

죽이나 뼈를 담은 상자를 수없이 보냈다.

'지금까지 이 정도로 많은 임무를 수행한 탐험가도 또 그 임무를 성공시킨 탐험가도 없었다' 라고 한 기자는 썼다. '그들의 조사 메모는 더 이상 바랄 수 없을 정도로 꼼꼼했고, 그들이 탐사하여 작성한 지도는 그 후 50년 동안 최고의 정보로서 가치를 지녔다.'

1806년 9월, '개척부대' 의 원정은 대성공을 거두었다. 대서양과 태평양을 잇는 '북서 이동로' 를 개척하려던 제퍼슨의 처음 희망은 이루어지지 못했지만, 이를 제외하면 이 원정은 상상하지 못했을 정도의 대 성공을 거두었다. 원정대원들과 함께 루이스와 클라크는 세인트루이스 선착장에 발을 내딛은 그 순간부터 칭송과 무도회, 전국적인 축하 열풍 속에 휩싸이게 되었다. 토머스 제퍼슨은 이렇게 단언했다. '탐험이 이토록 열렬한 기쁨을 미국 전역에 준 적은 일찍이 없었다.' 하지만 그때 불과 32세였던 메리웨더 루이스는 극도로 불안정한 생애의 마지막 3년을 향해 몰락의 길에 접어들고 있었다.

메리웨더 루이스가 내쉬빌에서 70마일 떨어진 통나무집에서 총상으로 숨을 거둔지 200년이 흘렀다. 그의 죽음을 둘러싼 상황은 여전히 논쟁과 회한을 불러일으키고 있지만, 현 단계에서 가장 설득력 있는 사망원인으로 받아들여지는 것은 자살이다. 그렇지만, 자살은 사람들이 그에게 품고 있는 영웅의 이미지와는 어울리지 않았다. 2년 동안 시간을 함께 하며 그를 친아들처럼 대했던 토머스 제퍼슨이나 긴 시간 동안 함께 대장의 자리에서 역경과 승리를 공유했던 윌리엄 클라크, 그리고 루이스의 마지막 시간을 함께 보냈던 사람들은 그의 목숨을 앗아간 총상이 루이스의 손에 의한 것이라는 것을 조금도 의심치 않았다. 하지만 루이스를 만나본 적도 없는 사람들에게는 그의 자살이 있을 수 없는 일이었다. 목격한 사람들이 생을 마치기 전 그가 어떤 정신상태였는지를 말했듯이, 그의 말년 모습은 최고의 용기와 명예, 업적과는 거리가 멀었다. 먹칠당한 그 탐험가의 명예를 '수호' 하려는 사람들은 음모론과 타살 의혹을 제기했다.

그렇다면, 도대체 어떤 증거가 있기에 사람들은 그의 죽음을 자살이라고 판단한 것인가? 그리고 어째서 그의 자살은 단순히 끔찍하고 비극적인 행동이 아니라 명예롭지 않은 행동이라고 했던 것일까?

루이스가 죽기 전 몇 주 동안의 생활 모습은 과음과 비이성적인 사치와 낭비를 일삼으며, 주위 사람들이 그의 안전을 걱정하지 않을 수 없는 행동으로 치닫곤 하던, 혼란과 고통에 시달리는 인간이었음을 여실히 보여준다. 루이스는 서부에서 돌아온 후 루이지애나주의 총독으로 임명되었지만, 주위와의 갈등과 석연치 않는 판단력으로 인해 그 지위를 유지하기도 위태로운 상황이었다. 또한 원정기 집필도 절망적일 정도로 늦어지고 있었다. 제퍼슨은 초조함을 감추지 않았다. 그는 루이스에게 이런 편지를 썼다. '나는 몇 번이나 우리 책이 언제 나오냐는 질문을 받았다네. 편지 왕래하는 프랑스 친구에게 책을 보내준다고 약속한 게 도대체 언제인지, 이젠 나에게 부도수표라는 평판까지 나올 지경일세. 책이 언제쯤 나올 수 있을지 자네 생각을 좀 들려준다면 매우 기쁘겠네.' 대망의 원정기 출판이 이토록 늦어진 것은 루이스의 저작에 진전이 없었기 때문이었지만, 사실 그가 글을 쓰지 못하게 된 것은 이번이 처음은 아니었다. 그의 일기를 보면, 흥미롭게도 매년 8월에서 9월에 걸쳐 똑같은 양상이 나타나는데, 이 '공백'의 시기가 늦가을에서 초겨울까지 장기화되는 때도 있었다(루이스는 1809년 10월 초순에 사망했다). 역시나 공백의 시기였던 1805년 8월, 루이스는 자기 성찰적이고 다소 우울한 일기를 딱 한 편 남겼다.

> *오늘 나는 31번째 해를 마치면서, 인류의 평균수명으로 볼 때 현세에 머물 수 있는 시간의 약 반 정도를 살았다는 생각이 들었다. 되돌아보면 무엇 하나 이루어 낸 것이 없다. 인류의 행복을 증진시키거나, 뒤에 올 세대에게 지식을 제공하거나, 그런 업적을 하나도 남기지 못했다. 나태하게 보내버린 지난날들을 후회하며 되돌아보니, 현명하게 지냈더라면 그 시간 속에서 축적되었을 지식이 지금 내게는 공허하게 비어있는 상황을 가슴깊이 절감한다. 하지만 과거는 과거일 뿐, 시간을 되돌릴 수는 없으니 내 몸에 눌어붙은 음울한 생각들을 떨쳐버리고, 앞으로 지금보다 배로 더 노력해서 최소한 앞에서 말한 인간으로서 성취해야 할 두 가지 커다란 목표를 실현하겠다고 결심했다. 이를 위해서는 자연과 행운이 부여해준 재능을 그 목표를 위해 쓰면서,*

지금까지는 나 자신을 위해 살아왔으니. 앞으로는 인류를 위해서 살아야 하겠다.

1809년 9월 초, 죽기 한 달 전, 루이스는 재정 문제를 정리하고 원정기 출간과 관련한 일을 보기 위해 워싱턴과 필라델피아로 향했다. 루이스의 부채를 정리하는 데 도움을 주려 했던 윌리엄 클라크는 루이스의 정신상태를 걱정했다. '그가 정부에 요청한 청구서 중 몇 개는 지불을 거부당한 상태였다. 우리가 출발하려 할 때 몰려들었던 채권자들은 그를 괴롭히고 있었다. 그때 루이스가 내게 토로한 고충의 말들은 완전히 비정상은 아니었지만 걱정이 되었다. 지금껏 루이스 총독만큼 정직하고 순수한 동기를 가진 사람은 루이지애나에 없었다고 나는 믿고 있다. 그가 안정을 되찾는다면 웃으며 그의 곁을 떠날 수 있으련만.'

세인트루이스를 떠난 후 다음 주에 루이스는 유서를 썼고, 그 2,3일 후에는 멤피스의 피카링 요새에 모습을 나타냈다. 요새의 사령관이었던 길버트 러셀 대위는 루이스가 타고 온 배의 승무원들로부터 그가 두 번이나 자살을 기도했다는 이야기를 들었다. 러셀 자신도 루이스에 대해 과음이 심하며 요새에 도착했을 때에는 이미 '정신적으로 광란 상태' 라고 평가하고 있었다. 루이스가 자살할 것을 우려한 러셀은 배의 모든 수하물을 내리게 하고 루이스가 도망치지 못하게 며칠을 계속 감시했다.

그런 상태로 그는 딱히 드러나는 변화없이 5일 정도를

보냈다. 그동안 회복시키기 위해 생각할 수 있는 모든 효과적인 수단을 강구한 결과, 6일째였던가, 7일째 되는 날에는 착란상태를 벗어나 완전히 제정신을 되찾다. 그런 상태가 약 11~12일 정도 계속되었지만…3~4일 지난 후 또 착란이 시작되었다. 주위에는 그런 상황을 제대로 대응하거나 제어할 수 있는 사람이 한 명도 없었고, 그의 증세는 날이 갈수록 악화되다가 결국, 그린더 씨의 여관에 혼자 남겨진 동안…그의 상상 속에만 존재하는 적에게 말살 당할 것이라는 망상 속에서 그는 소름끼치도록 절망적이고 야만적인 방법으로 스스로를 파멸시켰다.

루이스의 마지막 3주간을 함께 보냈던 치카소 인디안부족 관리관인 제임스 닐리는 루이스가 죽자 바로 제퍼슨 대통령에게 이런 서한을 보냈다. 말할 수 없는 '애통한 마음으로 여기에 북부 루이지애나 주지사 메리웨더 루이스의 서거를 보고합니다. 주지사님은 이달 11일 오전 타계하셨습니다. 안타깝게도 자살이셨습니다.' 닐리는 러셀과 마찬가지로 루이스가 꽤 오래전부터 때때로 '착란' 을 일으키곤 했다는 사실을 보고했다.

루이스의 자살은 그 후 친구이자 저명한 조류학자이기도 한 알렉산더 윌슨의 기록에 의해 그 세부적인 사항이 밝혀졌다. 윌슨은 루이스가 죽음을 맞은 그 여관의 여주인과 면담 한 후, 그 내용을 세세히 문서로 남겼다.

여주인의 이야기에 따르면, 루이스 주지사는 해질 무렵 혼자 찾아와 하룻밤 묶게 해달라고 물은 후, 말에서 내려 안장을 들고 안으로 들어왔다고 한다. 흰색 바탕에 푸른 줄 무늬가 있는 좀 넉넉한 웃옷을 입었고, 혼자 오셨냐고 묻자 하인이 두 명 있는데 조금 있다가 도착할 것이라고 했다. 그 후 루이스는 술을 가져다 달라고 했고, 아주 조금 마셨다. 두 명의 하인이 도착하자…루이스는 화약을 가져오라고 지시했다……(그는) 현관 앞을 왔다 갔다 하면서 혼잣말을 중얼거렸다고 한다.

루이스는 때로 그녀 쪽으로 다가올 것 같이 보이다가도 다음 순간 갑자기 오른쪽으로 돌아 엄청난 속도로 멀어져 갔다고 한다. 저녁 식사가 준비되자 식탁에 앉았지만 한 두 입 먹더니만 갑자기 벌떡 일어나 격한 어조로 혼잣말을 하기 시작했다……. 얼마 동안 담배를 피우던 그는 자리에서 일어나 다시 앞뜰로 나가 왔다 갔다 했다. 그 후 다시 담배를 들고 자리에 앉은 그는 차분해 보였고, 뭔가 고민하는 듯한 눈빛으로 서쪽을 바라보면서, 정말 멋진 노을이라고 중얼거렸다. 그런더 부인은 그를 위해서 침대를 마련하려고 했지만, 그는 바닥에서 자겠다면서 하인에게 곰 털가죽과 들소 외투를 가져오라고 시켰고, 하인은 곧바로 이를 바닥에 펼쳤다. 이미 주위는 어둑어둑해졌기 때문에 그린더 부인은 부엌으로, 두 명의 하인은 약 200야드 정도 떨어진 헛간으로 돌아갔다.

부엌은 루이스의 방에서 몇 걸음밖에 떨어지지 않은 곳에 있었는데 손님의 행동에 심한 불안감을 느꼈던 그린더 부인은 잠을 이루지 못한 채, 밖에서 서성이는 그의 기척에 귀를 기울이고 있었다. 그녀의 말에 따르면, 그런 상태가 몇 시간은 흐른 것 같았는데, 그동안 내내 루이스는 변호사처럼 큰 소리로 말을 하고 있었다고 한다. 그 후 총성이 울렸고, 무언가 무거운 것이 넘어지는 소리와 '오오, 주여!' 라는 소리가 들려왔다. 그 직후에 다시 한 번 총성이 울려 퍼졌고, 몇 분 후, 부엌 문 앞에서 루이스의 큰 목소리가 들렸다. '부인, 물을 좀 주시오, 내 상처를 좀 치료해 주시오!'

통나무들 사이에 틈이 있었고 그 틈을 메우지 않았기 때문에 그린더 부인은 비틀거리다가 부엌과 방 사이의 그루터기에 걸려 넘어지는 루이스의 모습이 통나무 틈새를 통해 보였다고 한다. 루이스는 기어서 조금 전진하더니 그루터기를 잡고 상체를 일으킨 채로 약 1분 정도 앉아 있다가 다시 방으로 돌아갔다. 조금 지난 후 다시 부엌문 앞까지 왔지만, 이번에는 아무 말도 하지 않았다. 그 후 루이스가 국자로 물통을 긁어대는 소리가 들렸다고 한다. 하지만 죽어가는 남자에게는 그러한 목축임조차 소용 없었던 것 같다.

공포에 질려 루이스를 2시간 동안이나 방치했던 그린더 부인은 날이 밝자 두 명의 자녀를 헛간으로 보내 루이스의 하인을 불러왔다. 남편은 부재중이었다. 방으로 뛰어 들어간 하인들은 침대에 누워있는 주인을 발견했다. 루이스는 옷을 들쳐 옆구리의 총상을 보여줬다. 이마의 두개골 일부도 날아가 뇌가 보이고 있었다. 출혈은 그리 많지는 않았다.

루이스는 하인들에게 총으로 머리를 쏴서 뇌를 날려달라고 애원했다. 가진 돈을 다 주겠다고도 했다. 그리고 거듭거듭 '나는 겁쟁이가 아니다. 너무 강해서 숨이 끊어지질 않는 것뿐이다' 라고 말했다. 또 그는 하인에게 해치지 않을 테니 겁내지 말라고 애원했다. 루이스는 약 두 시간 후 숨을 거두었다. 나무들 위로 태양이 떠오르고 있는 시간이었다.

러셀 대위가 묘사한 루이스의 마지막 몇 시간은 더욱 처참했다. 권총으로 두 번 자신을 쏜 후 루이스는 '서류가방 안에 들어 있던 면도칼을 꺼내들고 침대에 앉아 머리부터 발끝까지 정신없이 칼로 그어대고 있었을때 하인 한 사람에게 발견되었다. 동이 트려고 하던 시간이었다.'

윌리엄 클라크는 친구의 죽음에 가슴이 찢어질 듯한 슬픔을 느꼈지만, 그 죽음이 자살이었다는 이야기를 들었을 때에는 그리 놀라지 않았다. 루이스가 세상을 뜬지 2주 후에 클라크는 동생에게 이런 편지를 보냈다. '끔찍한 일이다! 그는 결국 정신의 그 무거운 짐을 이기지 못했서' 또 토머스 제퍼슨은 메리웨더 루이스에 대한 짧은 회고록에서 다음과 같이 썼다.

루이스 주지사는 일찍부터 건강염려증(우울증)을 앓고 있었다. 이는 루이스 가문의 혈족 중 그와 가까운 촌수의 사람들에게 공통되는 체질적인 소인이었으며, 루이스 주지사는 그의 아버지로부터 이 소인을 물려받았다. 그러나 이는 루이스 가문에 불안을 야기할 정도로 강력한 것은 아니었다. 그가 워싱턴에서 나와 함께 생활했던 동안, 때때로 그는 눈에 띄게 우울한 모습을 보이곤 했다. 하지만 나는 그의 우울증이 선천적인 것임을 알고 있었고, 그의 가족들의 증상으로 볼 때, 그렇게 우려할만한 것은 아니라고 판단했다. 서부 원정을 하면서 체력적으로 또 정신적으로 끊임없이 힘든 활동을 하는 동안 그 병은 일시적으로도 모습을 드러내지 않았다. 하지만 세인트루이스로 돌아와 몸을 움직일 일이 거의 없는 직책을 맡게 된 후부터 병은 이전보다 훨씬 더 심한 형태로 재발했고, 친구들과 주변 사람들이 심각하게 우려할만한 상황이 전개되었다. 그는 최근 또 한번의 발작을 겪었고 개인적인 경제문제 때문에 워싱턴으로 떠나야 했을 때, 일이 생긴 것이다.

새벽 3시 경, 루이스는 친구들과 주변 사람들을 깊은 슬픔의 늪에 빠뜨리고, 이 나라에서 가장 소중한 시민의 목숨을 빼앗아 가게 한 그 행동을 감행했다. 그리고 그 결과, 우리 국민들이 루이스 자신의 손으로 이룬 고난과 성공의 이야기이자, 국민을 위해 과학의 한계를 극복하고, 그들에게 이 나라의 광대하고 비옥한 대지, 그들의 자손들이 예술과 과학, 자유와 기쁨으로 채워 넣을 이 대지의 모습을 알리려 했던 그 노력의 이야기를 들을 수 없게 되고 말았다.

친구의 죽음을 설명하는 제퍼슨의 글은 많은 사람에게 용기 있는 인물의 죽음을 전하는 사려 깊고 배려 넘치는 글로 보일 것이다. 그러나 그렇게 생각하지 않는 사람들도 있다. 그중에는 루이스의 현실 속의 삶을 생각할 때, 그가 그 삶을 끝내고 싶어 했다는 사실을 도무지 받아들일 수 없다는 사람들이 있다. 역사가이자 편집자인 올린 던바 휠러도 그 중 한 명이었다. 휠러는 '35세라는 젊음과 광대한 루이지애나 주지사라는 지위를 가지고 워싱턴에 가다가, 게다가 도착하기만 하면 그 지위와 명성에 걸 맞는 영예와 존경을 받을 것이 확실한 그가 스스로 목숨을 끊는다는 것은 있을 수 없는 일이다.' 라고 썼다. 1937년, 전기 작가인 플로러 시모어는 루이스가 자살할 성격이 아니라고 주장했다. '루이스 총독이 끔찍한 병이 들어서 낙담하고, 정의의 실종에 절망하면서 스스로 목숨을 끊었다고 믿는 사람들이 많다. 하지만 서부 원정 때 그 용맹한 젊은 대위와 숙식을 같이했던 대원들은 그런 설명으로는 그의 죽음을 받아들일 수 없다고 느끼고 있다. 그들이 아는 메리웨더 루이스는 어떤 시련에도 용기를 잃지 않고, 냉정함을 유지할 수 있는 사람이었다.'

후대의 전기 작가인 리처드 딜런 역시 루이스의 이름에서 자살이라고 하는 낙인을 지워내기 위해 시모아의 주장을 한 층 더 발전시켰다.

> 루이스의 사인이 자살일 수가 있을까? 있을 수 없는 일이다. 세상에 '자살하지 않을 유형'의 인물이 있다고 한다면, 메리웨더 루이스가 바로 거기에 해당할 것이다. 기질적인 면에서 본다면 그는 투사이며, 포기를 모르는 사람이었다.... 예민한 부분은 있었지만, 신경쇠약이었던 것은 아니다. 루이스는 미국 역사상 가장 진취적인 인물 중 하나이다.
>
> 지금까지 그의 자살설에 대항할 만한 무게를 가진 사망 원인에 대해 충분한 고찰이 이루어졌다고는 하기 어렵다. 그의 용기, 열의, 젊음(35세), 워싱턴에서의 문제를 정리한 후에 세인트루이스에 돌아와 모친을 만나고, 동생 루벤, 친구 윌 클라크와 함께 모피 판매 사업을 시작하려 했던 그 모든 계획들....
>
> 메리웨더 루이스가 진심으로 헌신하려 했던 민주주의의 나라 미국에서는 유죄가 입증될 때까지 용의자는 무죄로 간주된다. 1809년 10월 11일 새벽, 그린더 씨의 여관에서 메리웨더 루이스가 스스로 목숨을 끊었다는 혐의는 아직 입증되지 못했다. 그러므로 그는 무죄로 보아야 하지 않겠는가?

또 이 중에는 루이스의 죽음의 진상이 '조작'되거나 '흠집을 내기 위한 것'이라고 주장하는 사람도 있다. 어떤 사람은 루이스가 살해되었다고 믿은 나머지 그의 죽음을 자살이라고 한 제퍼슨의 결론은 신빙성이 부족하다며 이의를 제기하기도 했다. 몇 년 전, 의사이자 역사학자인 추이너드는 '루이스의 사인을 성급하게 자살이라고 결론 낸 제퍼슨의 태도는 수치스러운 일이라고 생각한다' 라고 주장했다. 퓰리처상을 받은 저널리스트인 데이비드 레온 챈들러는 제퍼슨을 복잡한 음모설의 중심에 놓고 여러 가설들을 전개하면서 '토머스 제퍼슨은 음모의 핵심인물로, 자살설 지지 등을 통해 이 음모를 실행했다…그가 자살설을 받아들인 것은 문제가 더 큰 스캔들로 확대될 것을 두려워했기 때문이다' 라고 못을 박기까지 했다(책 제목은 '제퍼슨의 음모: 메리웨더 루이스 암살에서 대통령의 역할' 이다). 이에 비해 윌리엄 클라크의 아들인 메리웨더 루이스 클라크는 보다 담담하게, '명예롭게 이어받은 이 멋진 이름에' 자살자의 오명을 씌우지 않기를 바란다고 말했다.

자살론, 타살론 공방의 밑바닥에는 몇 줄기 생각의 흐름이 존재한다. 즉, 자살로 인한 죽음은 불명예라는 생각, 루이스는 자살을 선택하기에는 매우 젊다 또는 매우 성공한 인물이라는 생각(물론 젊음도 성공도 자살을 막아줄 방패는 되지 못하지만), 자살은 본질적으로 겁쟁이의 행동이며, 그렇기 때문에 위대하고 용맹한 사람은 그런 행동을 취하지 않는다고 하는 생각도 있다. 또 만약 제퍼슨이 루이스 본인이나 그 가족에게 정신적인 문제가 있었다는 것을 실제로 알고 있었다면 그를 서부원정대의 지휘관으로 임명했을 리가 없다고 주장하는 사람도 있다. 그 주장을 뒷받침하는 것은 지금까지 몇 번이나 반복되어 온 이런 생각이다. 즉, 제퍼슨과 루이스는 2년 동안 함께 생활했고, 아마도 두 사람 모두 굳이 기록으로는 남기지 않을 친밀한 이야기를 수없이 나눴겠지만, 제퍼슨이 루이스 가문의 정신병을 알았을 리 만무하다는 것이다. 제퍼슨과 루이스가 그의 가문과 그 자신에 대해 어느 정도까지 비밀을 공유하고 있었는지는 사실 알 길이 없다. 하지만 만약 제퍼슨이 정말 그렇다고 믿지 않았다면 회상록에 굳이 루이스 가문의 가족력에 대해 언급할 이유는 없다고 생각되기 때문에 그런 복잡한 음모의 그물을 짜 넣기에는 무리가 있다고 본다(흥미로운 점은 루이스의 혈통에는 친가뿐 아니라 외가에도 정신적으로 불안정한 유전자가 있었다고 볼 수 있다는 점이다. 루이스의 모친이 재혼하여 낳은 존 막스 박사는 한 때 '정신적 문제'로 인해 유폐되었던 적이 있었다. 또 이 가문은 근친결혼이 많아 외가인 메리웨더 가와 친가인 루이스 가의 근친결혼은 무려 열두 쌍에 달했다).

루이스의 우울 증상이 그가 몸을 써서 신체적으로 무언가에 열중할 때에는 잠재되어 있었지만, 그 후에 신체활동이 적은 여유로운 생활이 시작되면 다시 표면화되었다고 하는 제퍼슨의 추측은 상당히 통찰력 있는 견해로 우리에게 많은 것을 시사 한다. 특히 이 묘사는 지칠 줄 모르고 정력적이며 충동적인 동시에 쉽게 우울해지는 기질의 특성과 정확하게 일치한다. 스티븐 앰브로스는 메리웨더 루이스에 대한 뛰어난 전기 《불굴의 용기》에서 루이스가 가끔 내보이던 성급함에 대해 꽤 많은 페이지를 할애하여 설명하고 있다. '그러나 그는 네 차례나 화를 폭발했고, 두 차례는 죽여버리겠다고 협박을 했다. 그의 행동은 정상이 아니었고, 원정길의 앞날에 위태로움을 느끼게 하는 것이었다. ……그는 성격이 급했고, 너무나도 자주

이를 행동에 드러냈다…자신의 난폭한 열정을 억누를 수 없었던 것이다'

루이스는 친족뿐 아니라 그 자신도 우울증에 걸렸고 다혈질이며, 침착하지 못하고 과음하는 경향이 있었다. 또 말년에는 무모한 투자로 경제적 문제를 안고 있었으며, 직무상의 책임도 소홀히 했다. 두 번 자살을 시도했고, 동료 장교에게 감시당하는 처지에까지 이르렀다. 그의 친구였던 윌리엄 클라크와 토머스 제퍼슨은 마지막 며칠간의 그의 행동을 목격한 사람들의 말을 믿었다. 이 모든 것이 그의 자살을 입증하는 증거로 작용했다.

그렇다면, 어째서 복잡한 음모설, 말라리아설, 매독설 등이 지금까지 그의 죽음에 대한 '설명'으로 제기되어 온 것일까? '제퍼슨 음모설'에는 설득력 있는 근거가 거의 없다. 타살설은 당치도 않은 억측에 불과하다(그 대부분은 이런 사건이 일어났을 때 필연적으로 생기게 되는 목격자 진술의 모순을 확대한 억측들을 증거로 삼고 있다). 또 매독에 걸렸었던 증거는 전혀 없다고 해도 될 만큼 발견되지 않고 있다. 그가 매독에 걸렸을 가능성을 완전히 배제할 수는 없지만 말이다. 한편, 주변지역에 말라리아가 풍토병이었던 것을 생각하면 말라리아에 걸렸을 가능성은 충분히 있다. 일부 사람들은 그의 '정신착란'의 원인이 이런 질병 때문이라고 주장한다. 때때로 충동적이고 자기 파괴적인 행동을 나타내는 뇌 말라리아는 매우 드문 질환이다(19세기에 보고된 말라리아 증례 및 제1, 2차 세계대전과 베트남전쟁 때 보고된 수만 건의 말라리아 증례 중 뇌 말라리아로 진단된 것은 전체의 2% 미만에 불과했고, 그 중 자살을 초래한 증례는 극소수였다). 비이성적인 행동의 원인으로 신체적 질환을 지목하는 것은 비록 이치에는 맞지 않더라도 일부 역사학자들의 구미에 맞는 일이었을 것이다.

오레곤 역사학회의 더글라스 아데어와 도슨 펠프스가 제기한 의문은 이 문제의 정곡을 찌르고 있다고 생각한다. 두 사람은 이렇게 썼다. '루이스가 자살한 당시, 그를 잘 알고 있던 대부분의 사람들은……. 이미 그의 자살을 예감하고 있거나, 그의 사인이 자살이었다는 것을 증명할만한 설득력 있는 증거를 가지고 있었다. 타살설은 루이스 같은 위대한 인물이 스스로 목숨을 끊을 정도로 정신적으로 황폐해졌거나, 심각한 정신병을 앓고 있었다고는 믿고 싶어하지 않는 미국학자(특히 서부 개척 전문가들)들의 마음을 반영하는 것은 아닐까.'

나 역시 그렇게 생각한다. 위대한 인물이 정신착란을 일으켰다거나, 용맹한 인물이 자살했을지도 모른다는 생각은 학자이든 일반 사람이든 받아들이기 쉬운 것이 아니다. 하지만 그런 영웅들도 자살을 할 수 있다. 그러고 제퍼슨을 매료시켰던 젊은 메리웨더 루이스의 대담하며, 지칠 줄 모르는 기질은 그 등 뒤에 불안정하고 치명적인 절망을 숨기는 경우가 많이 있다. 제퍼슨이 이런 복잡한 인간의 기질을 이해했다는 것은 정말 대단한 일이며, 루이스가 자신의 부족한 부분을 보완해 줄 온화한 성격의 윌리엄 클라크를 공동 대장으로 임명한 것도 대단하다는 생각이 든다.

최근 루이스의 유해를 파내자는 목소리들이 커지고 있다. 그렇게 하면 그의 죽음의 진상을 밝혀낼 수 있다는 주장인데, 논란을 잠재울 수 있다는 면에서는 효과가 있을 수 있다. 즉, 이런 얘기다. 워싱턴 포스트의 한 독자는 메리웨더 루이스가 살해당했다는 것을 증명할 수 있다면, '탐험가의 이름에서 자살자라는 오명을 씻어낼 수 있을 것' 이라는 투고를 했다. 이를 읽고 나는 워싱턴 포스트에 편지를 보냈다. 자살을 '오명' 이라고 보는 것은 잘못된 생각이라고 여겼기 때문이다. 나는 루이스가 조울병을 앓다가 자살한 것이라고 생각할 수밖에 없는 정황들이 확실하며, 그 죽음의 방식은 둘째 치고, 그는 뛰어난 용기와 업적과 비전으로 가득 찬 삶을 살았다고 반박했다. 누구의 죽음이건 간에, 자살은 '오명' 이 될 수 없다. 이는 비극이다. 나는 다른 많은 사람과 마찬가지로 루이스는 어떤 방해도 받지 않고 앞으로도 지금처럼 평화로운 안식을 누려야 한다고 생각한다. 그리고 우리 모두에게 남은 것은 결국 그의 삶이다. 루이스는 앰브로스가 《불굴의 용기》에서 썼듯이, 처음부터 탐험가였고, 마지막에도 그리고 평생 동안 탐험가였다.

> 그는 지칠 줄 모르는 에너지의 소유자였고, 때로는 충동적이었지만 엄청난 자제심으로 이를 다스릴 줄 알았다. 그는 피로의 극한까지 자신을 채찍질하며 전진했고, 한 시간 동안 그날 일어난 일들을 기록했고, 그 후 다시 한 시간 내내, 인간의 경지를 초월한 섬세함과 끈기를 가지고 관찰의 성과를 적어나갔다.
>
> 그의 재능과 역량은 깊기보다는 넓었다. 배를 설계해서 건조하는 기술에서 황야에서 살아남는 데 필요한 기술에

이르기까지 수많은 방법과 기술을 알고 있었다. 동물의 모습을 묘사하고, 식물을 분류하고, 별의 이름을 맞추고, 육분의를 비롯한 다양한 기자재들을 다루고, 미국 제국을 꿈꿀 줄 알았다. 그러나 이 어떤 분야에서도 그는 전문가가 아니었고, 비범한 재능을 가진 것도 아니었다.

그가 어느 누구도 대신할 수 없는 존재로서 타의 추종을 불허하는 재능을 발휘하여 그 위대함을 증명한 것은 탐험가로서의 삶 속에서였다. 탐험은 그의 모든 재능을 필요로 했다. 또한 무엇보다도 그의 리더로서의 능력이 가장 빛날 수 있는 무대였다.

그는 타고난 지도자였고, 지도자로 길러졌으며, 군대에서는 지도력에 대해 공부했고 탐험 중에는 그 지도력을 발휘했다.

메리웨더 루이스는 위대한 인물이었고, 그가 죽어간 모습은 우리에게 견디기 힘든 슬픔을 준다. 그 마음을, 셰익스피어는 마르쿠스 안토니우스의 자살을 그린 장면에서 이렇게 표현했다.

'그토록 위대한 존재가 부서지는 순간에는 거대한 굉음이 따르는 법, 이 둥근 세상이 뒤흔들리며 깨진다... 사자 떼가 도시의 거리로, 시민들이 사자의 우리로 내몰려야 하지 않겠는가.'

제Ⅳ부

죽음에 맞서기

– 자살의 예방 –

그러나 자살은 특별한 언어를 가진다.
목수들처럼 어떤 연장을 써야 하는 지는 궁금해 하면서
결코 묻지 않는다. 왜 써야 하는지는.

– 앤 섹스턴 –

앤 섹스턴(1928~1974년)은 1967년 시집 《사느냐, 죽느냐》로 퓰리처상을 수상했다. 여기서 인용한 시도 이 시집에 수록되어 있다. 몇 번에 걸친 자살기도 끝에 1974년 일산화탄소 중독으로 죽었다. 그녀의 언니와 고모도 자살했다.

제8장

은근한 마법의 힘

- 치료와 예방 -

우울증에는 수컷과 짝짓기한 적이 없는 암컷 양의 머리를 먹는 것이 좋다. 가죽과 털도 함께 고스란히 물에 넣고 충분히 끓이고 …… 뇌를 꺼내서, 계피, 생강, 육두구, 정향 등 향료를 넣는다. 계란이나 묽은 수프에 적신 빵을 곁들여 먹는 것도 괜찮다.

- 로버트 버턴(영국 학자) -

리튬은.... 고체 원소 중에서도 특히 가볍기에 은근한 마법의 힘을 가지고 있다고 해도 놀랄 일은 아닐 것이다.

- G.P 하티건 -

'금잔화가 우울증에 효과가 있다는 것은 충분히 입증되었다' 라고 1621년 로버트 버턴은 썼다. 이 뿐 아니라, 민들레, 물푸레나무, 버드나무, 능수버들, 장미, 제비꽃, 달콤한 사과, 포도주, 담배, 양귀비 즙, 화란국화, 사사프라스 등도 그렇고 당나귀의 오른쪽 앞발굽으로 만든 반지는 무조건 거부할 것은 아니며 목성이 나타나는 금요일에 따 모은 세인트 존스 워트(하이퍼리쿰)는 크게 도움이 된다.

우울증 치료와 자살예방은 능수버들과 화란국화를 사용하는 시대 이후로 계속 발전해 왔으나, 그래도 우리는 여전히 자연에서 자살예방에 가장 효과적인 치료약 리튬(원소 주기율표의 원자번호 3번 경금속)을 얻고 있다. 이 외에도 기분을 안정시키고, 정신병과 싸우며, 불안감, 초조함, 충동을 억누르는 치료약을 몇 개 발견했다. 지금 우리는 자살의 주요 원인인 우울증을 공격적으로 치료할 수 있는 여러 항우울제를 가지고 있다. 정신이상과 자살 충동의 위험을 겪는 사람들을 보호하고 돌보는 병원도 세워졌고, 고통을 줄이며 자살환자가 인생에서 최악의 암흑의 시간을 무사히 지나갈 수 있도록 도와주기 위해 여러가지 정신치료법을 개발했다. 지금 우리는 자살을 막을 방법을 상당히 많이 알고 있다. 하지만 아직도 충분한 것은 아니다. 아는 것을 충분히 또는 폭넓게 응용하고 있다고도 할 수 없다.

자살의 원인은 대부분 개인의 기질적 소인과 유전적 취약성 또는 심각한 정신질환이나 급격한 정신적 스트레스 속에 숨어 있다. 이 중에 단 하나의 요인에만 초점을 맞추어 대응하는 방법으로는 자살을 미연에 방지할 수 없다. 잠재적인 자살위험이 높은 정신질환을 잘못 진단하거나, 치료계획을 그르치거나 또는 자살위험을 과소평가하는 것은 비극적인 결과를 초래할 수 있다. 의사, 환자, 가족이 제대로 협력하여 노력한다면 확실한 성과를 올릴 수 있지만, 이는 힘들고 까다로운 작업이다. 자살 충동을 낳는 절망에서 되 돌아오는 길이 직선대로라고 말하는 사람은 이런 경험을 해본 적이 없는 사람이다.

자살을 기도하는 사람들, 특히 자주 반복하는 대부분의 사람은 사전에 의사나 가족, 친구 등 다른 사람들에게 그 의도를 알리지만 그렇지 않은 사람들도 많다. 그들은 충동적으로 또는 의도를 감춘 채 행동에 나선다. 그렇기 때문에 자기 자신에게도, 주변 사람들에게도 기회를 주지 않는다. 그러나 죽고 싶다는 마음을 알리는 사람은 운이 좋다. 적어도 그 표현으로 인해 치료를 받거나, 자살을 못하도록 감시당할 가능성이 생기기 때문이다. 세인트루이스 워싱턴대학 의학부 엘리 로빈스 박사팀은 134명의 자살자를 조사한 기념비적인 연구에서 다음과 같은 결론을 내렸다.

> 자살이 어느 정도 명시적인 임상적 경계가 없는 충동적이고 전혀 비계획적인 행동으로 나타났다면, 결국 현존하는 임상 기준으로는 효과적인 자살예방법을 찾아낼 수 없다는 이야기나 마찬가지이다. 죽고 싶다는 마음을 표현했던 환자의 비율이 이렇게 높다는 것은 자살이 고심 끝에 내린 결론이며, 그 최악의 결정을 내리기까지 수없이 경고를 보내왔었다는 것을 시사한다.

임상현장에서는 정신질환 치료나 자살예방 노력에 앞서 우선 자살위험 평가를 해야 한다. 이때 환자 본인에게 자살을 생각하고 있는지, 계획을 세운 적이 있는지를 직접 물어보는 병력청취는 병의 진단에 필수적이다. 환자 본인이 말하는 자살계획뿐 아니라 주요 위험요인에 대해서도 평가해야 한다. 여기서 말하는 위험요인이란 심한 불안감, 초조감, 불안정함의 유무, 정신병리의 침투성, 유형, 심각성, 절망감의 정도, 심한 수면장애 또는 혼재성 상태를 겪고 있는지, 현재의 알코올 및 약물남용도, 치명적 수단(특히 총)에의 접근 용이성, 좋은 의학적 심리적 치료를 받고 있는지, 이혼, 실직, 가족의 죽음 등으로 인한 심각한 스트레스 요인이 있는지, 자살 또는 폭력적인 행동과 관련된 가족력, 사회적 고립 또는 친구, 가족관계의 결핍, 처음으로 우울증, 조증, 조현병이 발병한 시기, 정신병원에서 최근 퇴근한 시기 등으로 판단한다.

잠재적으로 자살 충동이 있다고 판단되는 환자로부터 폭력적 또는 충동적 행동에 대한 정보를 종합적으로 유도해내기란 어렵지만 그래도 반드시 필수적으로 필요한 사항이다. 이런 행동이 정신질환과 관련이 있는 경우, 이것이 자살의 발화점이 될 가능성이 있기 때문이다. 이 과정이 어려운 이유는, 많은 환자들, 특히 여성 환자는 자신이 했던 그런 행동들에 대해 인정하기를 꺼리고, 폭력적인 감정이나 행동이 삶의 일부분인 사람은 자신의 폭력적인 행동을 의사나 치료사에게 말해야 할 정도로 비정상적인 일이라고 생각하지 않기 때문이다. 환자에게는 자신의 성미가 급한지, 난폭한지, 또 성질을 못 참고 남들과 충돌하는 일이나, 남에게 폭력을 휘두르거나, 폭언을 퍼붓는 일들이 얼마나 자주 일어나는지, 또 상습적이고 심한 과민 증상을 경험하거나, 사람들과 함께하는 자리를 박차고 나오거나, 달리는 차에서 뛰어내려는 등 충동적인 행동을 한 적이 있는지를 물어야 한다.

치료방향은 자살 위험도의 임상적 평가와 진단된 병에 따라 결정된다. 의사의 일차적인 책임은 환자의 자살 충동이 임박해 있는지를 판단하는 것으로, 필요한 경우에는 환자를 입원 시켜야 한다. 대부분의 사례에서 환자의 자살 충동이 얼마나 심각한지 판단하기란 쉬운 일이 아니다. 그렇기 때문에 심각한 자살 충동이 있는, 즉 자살위험도가 높은 환자는 입원이 요구되기도 하는데, 이는 환자를 보호하면서, 환자의 정신질환을 진단하고 치료하며, 환자의 정신적 강점과 사회적 자산들을 평가하기 위함이다.

정신과적 입원이 일반적으로는 두려운 일이지만, 환자에게는 안심을 줄 수 있다. 물론 입원은 입원했다는 오명을 지니고 다녀야 하고 환자의 개인적, 경제적, 직업적인 면에 어려운 문제를 야기하기도 한다. 그리고 앞에서도 언급했듯이, 입원을 했다고 해서 모든 자살을 막을 수 있는 것도 아니다. 그렇다 하더라도 입원이 수많은 목숨을 구하는 것은 사실이며, 환자 본인만이 아니라 가족이나 친구들이 자신 또는 타인의 생명에 책임을 져야 한다는 무시무시한 부담감에서 벗어날 수 있도록 해준다. 하지만 심각한 문제에 대처하기 위해서 필요한 과정인 이 입원을 환자뿐 아니라 때로는 의사마저도 패배의 상징 또는 마지막 수단으로 인식하기도 한다. 신체질환으로 입원한 환자들을 이런 식으로 보는 일은 거의 없지만 정신질환의 경우에 이런 인식은 흔하고 매우 위험하며 좋은 치료를 방해하는 요인이 된다.

자살 충동을 동반한 우울증으로 입원하면서 이를 '중간 기착지, 연옥'이라 표현한 작가 윌리엄 스타이런은 자신을 병원에 입원시키는 것을 꺼렸던 주치의의 태도를 개탄했다.

> 환자가 얼마나 끔찍한 고통을 겪고 있는지, 또 그 본질이 무엇인지를 이해할 만한 능력도 없어 보이는 많은 정신건강의학과 의사들이 완고한 약물 신앙에 사로잡힌 채, 언젠가는 약물이 효과를 발휘하고 환자가 이에 반응해서 병원이라고 하는 음습한 환경을 피할 수 있을 것이라고 믿고 있다. 나는 지금 확신하고 있다. 나는 벌써 몇 주 전에 입원을 했어야 한다. 왜냐하면 실제로 병원은 나를 구제해 주었을 것이기 때문이다. 조금 역설적으로 들릴지 모르겠지만, 철망과 자물쇠로 막힌 문, 황량한 녹색 복도가 이어지는 이 살벌한 장소, 밤이건 낮이건 10층 아래서 구급차가 찢어지는 듯한 사이렌을 울려내는 이곳에서, 내 뇌 속에 휘몰아치는 광풍을 잠재우는 안식을 찾아냈다. 내 조용한 시골집에서는 찾아낼 수 없었던 안식을 ….

갑작스러운 자살 충동에 사로잡힌 환자는 입원 여부와는 상관없이 집중적인 치료를 받아야 한다. 의사는 환자에게 더 많은 시간을 들여서 감정적인 친밀함을 유지하면서 보다 공격적인 치료약을 투여해야 한다. 또 이 시기에는 집중적인 정신치료와 함께 병원 의료진들의 접촉, 의사, 가족, 친구 간의 적극적인 연계 등이 중요해진다. 정신치료나 가족교육, 참여의 필요성에 대해서는 뒤에서 다시 자세하게 설명하도록 하고, 여기에서는 자살을 막기 위한 몇 가지 치료약의 유효성에 대해 현재 밝혀진 범위 안에서 살펴보도록 하자.

자살은 보통 생물학적 소인, 주요 정신질환, 급격한 스트레스 등의 여러 가지 '충격'들이 복합적으로 작용한 결과로 일어난다. 그러나 치료로 제어할 수 있는 '충격'은 극히 제한적이다. 환자가 받고 있는 스트레스 중 의사가 없애줄 수 있는 것은 거의 없다. 스트레스는 흔히 우연하게 일어나는 만큼, 이를 예측하기란 어려우며, 제어하기는 더욱 어렵기 때문이다. 하지만 생물학적으로 자살로 이어질 가능성이 높은 소인이나 자살행동과 밀접한 관계가 있는 정신질환에 대처할 수 있는 방법은 분명 존재한다.

현재 사용 가능한 치료약 중 가장 효과적이고 널리 연구되었으며 문헌적 증거도 풍부한 자살방지약은 리튬이다. 1949년 그 효과가 확인된 이래, 리튬은 조울병과 관련된 감정의 기복이나 비정상적인 행동을 억제하기 위해서, 또 우울증의 재발 방지를 위해서 사용되어 왔다. 리튬의 자살예방 효과는 자살을 일으킬 수 있는 위험요인에 영향을 미치는 것으로 알려져 있다. 리튬에는 뇌 내의 세로토닌의 대사율을 높이는 효과(동시에 다른 신경전달물질에도 작용한다)가 있는데, 세로토닌 대사율이 높아지면 공격성, 초조함, 충동성이 감소한다. 또한 리튬은 조울병을 앓는 대부분의 환자에게 조증과 우울증을 완화시키거나, 소멸시키는 효과가 있다.

최근 나는 하버드 의대 레오나르도 톤도와 로스 발데사리니와 함께 이미 발표된 28건의 치료 연구보고서를 검토했다. 연구대상이 된 환자는 주요 우울증, 조울병을 합쳐서 17,000명 이상이었다. 그 결과 리튬 치료를 받지 않은 환자는 리튬을 복용한 환자에 비해 자살자, 자살기도자의 비율이 9배 가까이 많았다(다른 조사에서 톤도와 그의 동료들은 리튬 복용을 중단한 지 1년 이내에 자살행동이 16배나 급증했다는 것을 밝혀냈다). 1999년 스웨덴에서 실시된 한 연구조사에서는 리튬 복용으로 자살위험이 77% 감소했다는 결론을 내렸다. 연구자들은 몇 년에 걸쳐 리튬을 꾸준히 복용한 환자를 대상으로, 스스로 자발적으로 참여한 연구에서, 리튬을 복용하지 않은 환자의 자살가능성은 복용하는 환자에 비해 다섯 배 더 높았다고 지적했다.

만약 리튬이 조증과 우울증의 재발방지에 이렇게 효과가 있고, 자살행동 감소에도 효과가 있다고 한다면 모든 주요 기분장애 환자들이 리튬을 복용해야 하지 않을까? 그러나 실상은 그렇지가 않다. 그 이유는 무엇일까? 어째서 자살위험이 있는 모든 사람이 리튬을 복용하지 않는 것일까? 그 답에는 정신건강의학과 약물요법의 가능성과 문제점이 모두 담겨 있다. 우선 첫 번째로 생각해볼 수 있는 것은 모든 사람이 리튬에 치료 반응을 보이는 것은 아니라는 것이다. 리튬에 부분적으로 반응하지 않는 사람도 있고, 전혀 반응을 하지 않는 사람도 드물기는 하지만 있다. 또 의학적인 이유로 리튬을 복용할 수 없는 사람도 있고 부작용을 견디지 못하는 사람도 있다. 그 이외에도, 뒤에서 다시 한 번 설명하겠지만, 처방된 대로 복용하지 않는 사람이 상당수에 이른다. 또 이유가 무엇이든간에 많은 환자는 리튬을 '정신질환자' 라는 낙인을 찍어버리는 약이라고 인식하고 있으며, 독성이 있다고 믿는 환자들도 많다. 의사 중에도 이렇게 생각하는 사람들이 적지 않다는 점도 환자들의 인식개선을 가로막는 요소로 작용하고 있다. 의학 잡지 '란셋' 편집자에게 의료 현장의 어려움을 토로한 의사의 투고가 실리기도 했다. 그는 '정신건강의학과 의사를 비롯한 모든 의사는 '리튬은 까다롭고 잠재적으로 위험한 요소를 가지고 있는 약물' 이기 때문에, 전문의가 아니면 처방해서는 안 된다고 보고 있다 …… '공식적으로 제공되는 리튬의 정보는 매우 질이 낮고 신뢰할 수 없다' 며 많은 의사가 처방 시 참고로 하는 혈장 리튬 농도 허용기준은 15~20년 전에 설정된 것이라 지나치게 높으며, 최신 연구결과들을 전혀 반영하지 못하고 있다고 경고했다. 특히 미국에서 이런 생각이 뿌리 깊게 남아 있는데, 여기에는 많은 요인이 복합적으로 작용하고 있다. 우선 첫 번째로는 리튬을 투여할 때는 중독을 막기 위해 혈중 리튬농도를 감시해야 하고, 상당수의 환자에게 감정 둔화, 사고력 저하, 협조 조정기능 이상 등의 부작용이 나타난다고 하는, 리튬 자체에 기인하는 요인을 들 수 있다.

또 다른 치료약 연구에 중요한 진전이 있었던 것도 리튬의 효과를 과소평가하는 풍조를 부추겼다. 일반의나, 정신건강의학과 의사들의 입장에서 보면, 항경련제(원래는 간질 치료에 사용되었지만, 현재는 조울병 치료에도 사용되고 있다)와 선택적 세로토닌 재흡수 억제제인 시탈로프람(렉사프로), 플루복사민(루복스), 파록셋틴(팍실), 플루옥세틴(프로작), 써르트랄린(졸로프트) 등의 새로운 우울증 치료제가 리튬보다 관리가 쉽다는 이점이 있다.

부담 없이 처방할 수 있다는 것은 큰 장점이지만, 현재 이 때문에 리튬처럼 매우 효과적이고 비교적 싸며 처방과 관리가 그렇게까지 어렵지 않은 치료약을 제치고, 다른 약제들이 우선적으로 처방되는 상황이 벌어지고 있다. 많은 경우에 최고의 치료효과를 올리려면 항우울제와 기분안정제를 병용해야 한다.

최근 정신의학 연구의 발달은 기분개선제 시장의 급성장을 가져왔고, 이를 둘러싼 제약회사 간의 치열한 경쟁이 벌어지고 있다. 리튬에 반응하지 않거나 리튬을 복용하려 하지 않는 환자도 이제는 리튬을 대신할 좋은 약을 구할 수 있게 된 것이다. 이 중에서도 상업적으로 가장 성공을 거둔 항경련제인 발프로에이트는 리튬을 제치고 가장 널리 처방되는 양극성장애(조울병) 치료약이 되었고, 우선하는 일차 처방 약제의 자리를 차지하게 되었다. 이는 처방 패턴의 엄청난 변화라고 할 수 있다. 또 최근 5년간 우울증 및 양극성장애에 대한 처방전 발행건수가 눈에 띄게 증가하는 현상도 나타나고 있다(우울증 치료제 처방에서는 이런 경향이 더 두드러지게 나타나고 있다). 이는 기분장애 환자들이 효과적인 치료를 받기 쉬워졌다는 것을 언론과 대중이 알게 되었다는 것을 반영한다. 즉, 환자의 권익을 대변하는 단체들의 주목할 만한 교육 효과나 주요 제약회사들이 의사나 일반시민을 상대로 펼친 효과적인 마케팅 캠페인 등을 통해 새로운 항우울제에 대한 사회의 인지도가 높아진 것이다.

그러나 항경련제(발프로에이트, 카바마제핀, 가바펜틴, 라모트리진, 토피라메이트)의 자살방지 효과는 아직 입증되지 않았다. 이런 약물에는 기분을 안정시키고, 초조함이나 공격성을 완화시키는 효과가 있으므로, 자살방지에도 도움이 될 것이라는 가설에 입각하여 처방되고 있는 것에 불과하다. 리튬과 항경련제(카바마제핀)를 비교한 한 연구에서 항경련제에 자살방지 효과가 있다고 볼 수 있는 증거는 나오지 않았다. 독일의 의사 그룹은 급성 주요 우울증으로 입원했던 환자 378명(이 중 50%는 양극성 조울병이었다)이 퇴원할 때, 이들을 무작위로 리튬 치료그룹, 카바마제핀 치료그룹, 아미트립틸린(항우울증제) 치료그룹으로 나누어 추적 조사를 했다. 그 후 2년 반 동안, 다섯 명의 환자가 자살했고, 네 명은 자살기도로 거의 목숨을 잃을 뻔했다. 자살을 한 환자는 자살기도까지 포함하여 전원이 카바마제핀이나 아미트립틸린을 복용하는 치료그룹이었다. 리튬 치료그룹은 치료 전에는 자살기도율이 다른 두 그룹보다 높았지만, 퇴원 후에 자살을 기도한 환자는 한 명도 없었다. 이 연구자들은 리튬이 '특히 자살방지에 강력한 효과를 보였는데, 리튬은 항우울 효과보다 자살방지 효과가 훨씬 크며, 자살행동에 미치는 영향은 카바마제핀과 아미트립틸린보다 훨씬 강하다' 는 결론을 내렸다.

그들은 또 리튬이 기분안정 효과가 신통치 않은 환자에서도 자살방지 효과가 있다고 보았다. 최근에는 한 번 이상 자살을 기도한 경험이 있는 환자의 심한 우울증 에피소드를 막기 위해 리튬을 투여하고, 그 반응도를 '현저한 효과 있음', '효과는 의문시 됨', '효과

없음' 등 3가지 그룹으로 나누어 조사한 연구가 발표된 바 있다. 환자들의 우울증 재발률은 큰 차이를 보였지만 자살기도 건수는 모든 그룹에서 크게 감소했다. 베를린 자유대학 부르노 뮐러-오엘링하우젠교수는 연구 결과를 다음과 같이 정리했다. '리튬에 확실한 반응을 보이지 않는 환자에게 리튬복용을 중단시키거나, 다른 치료약으로 바꾸는 것은 최선의 치료법을 찾기 위한 합리적인 단계라고 볼 수 있지만, 이 또한 환자의 죽음을 초래하게 할 수도 있다.'

향후 연구들을 통해 항경련제의 자살방지 효과가 입증될 가능성은 충분히 있다. 항경련제는 많은 환자에게 리튬을 대신하는 현실적이고 중요한 대체약제이다. 그러나 리튬에는 자살위험이 높은 환자의 자살을 막는 효과가 있다는 것을 보여주는 연구결과가 상당수 발표된 데 비해 항경련제의 자살방지 효과를 입증하는 연구는 결정적으로 부족하다는 것을 생각하면 신중한 판단이 요구된다고 하겠다. 물론 임상 치료는 매우 복잡하며, 한 방향만을 고집해서는 안 된다. 우울증이나 조울병 환자 전부가 자살 충동을 가지고 있는 것은 아니다. 만약 환자가 리튬 복용을 거부하거나, 리튬에 반응을 보이지 않는다면, 항경련제는 중요하고도 납득할만한 대체치료약이 될 것이다.

결국, 많은 환자에게 최선의 치료 계획은 자살방지약으로 리튬을 처방하고, 다른 기분안정제 또는 항정신병약, 우울증 치료제 등을 병용하는 것이다. 리튬은 발프로에이트에 비하면 훨씬 싸기 때문에 새로운 항우울제나 항정신병 약물로 대체하거나, 이런 약물들을 추가하게 되면 비용 문제를 고려하지 않을 수 없다. 하지만 이런 신약들은 가격대 성능비가 좋고, 환자의 수용도나 안정성, 약효가 좋기 때문에 임상적으로 충분히 납득할 수 있는 선택이 될 것이다.

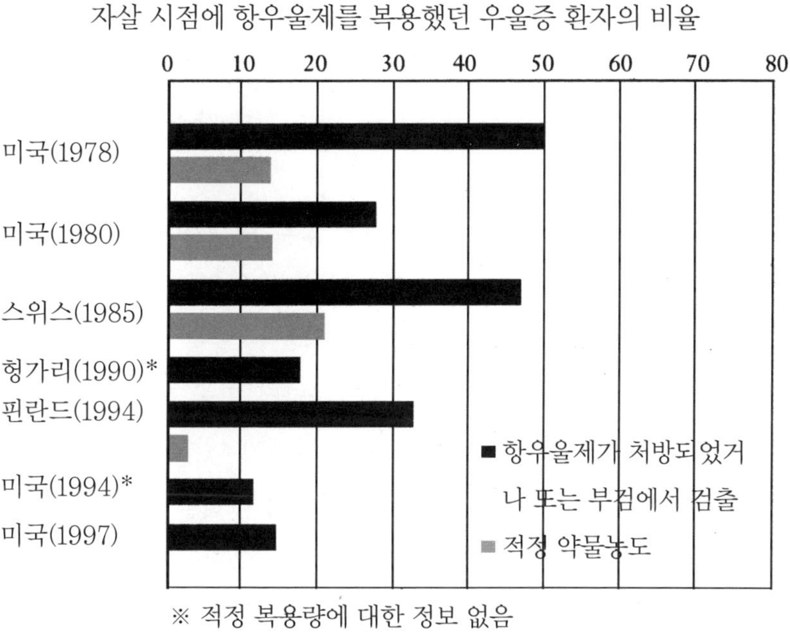

〈 자살 시점의 항우울제 복용 〉

우울증 치료제가 자살에 어느 정도의 영향을 미치는지 정확하게 조사하기에는 여러 가지 현실적인 어려움(자살위험이 높은 환자는 거의 예외 없이 약물 임상시험에서 제외된다는 것도 그 이유 중 하나)이 있기는 하지만, 항우울제가 리튬만큼 확실한 자살방지 효과는 없다고 하는 것이 일반적인 결론이다. 하지만 신세대 항우울제 중 하나인 선택적 세로토닌 재흡수 억제제(SSRI)는 우울 증상을 완화시키고 예방할 뿐 아니라, 분노에 의한 행동, 공격적인 행동, 충동적인 행동을 억제하는 작용도 있다. 이런 자살위험 행동에 대해 효과가 있다고 하는 것은 매우 중요하다. 몇몇 역학적, 임상적 연구에서 항우울제를 복용하면 자살이나 심각한 자살기도를 저지를 가능성이 감소한다는 것이 밝혀졌지만, 어느 정도 감소하는지는 아직 명확하지 않다.

그런데 명확하게 밝혀진 것도 있다. 많은 연구자는 자살자 연구에서 우울증이 제대로 진단되지 않았거나, 항우울제 처방이 제대로 이루어지지 않았다는 점을 지적하고 있다. 처방을 해주긴 하지만 투여량이 적절하지 않았거나, 효과가 나타날 만큼 충분한 기간 동안 투여를 하지 않는 등의 문제가 있는 사례가 대부분이었다. 이렇게 우울증 치료가 철저히 이루어지지 않았다는 것을 보여주는 것이 바로 앞 페이지 도표이다. 이 도표는 우울증이 원인이 되어 자살한 환자가 자살 당시 항우울제를 복용하고 있었는지에 대해, 미국과 유럽에서 실시된 7건의 독성학 및 부검 결과를 토대로 정리한 것이다. 대부분의 환자는 전혀 우울증 치료제를 복용하지 않았고, 치료가 될 만큼의 양을 복용하고 있었던 환자도 극소수에 불과했다는 것을 알 수 있다. 일반적으로 의사들은 증상이 좋아질 가능성이 있는 환자들에게 한심할 정도로 부적절하게 항우울제나 리튬을 처방하고 있다는 결과와 일치하는 도표이기도 하다.

이 외에도 여러 가지 해석을 할 수 있다. 우선 이 도표를 보면 과거에는 항우울제를 복용하던 중에 자살한 환자가 현재보다 더 많았다. 이는 과거에 처방되던 항우울제가 현재에 비해 효과가 약했다는 사실을 보여준다고 생각할 수도 있지만, 어쩌면 선택적 세로토닌 재흡수 억제제가 개발되기 전에 사용되었던 삼환계 항우울제는 훨씬 더 독성이 강하기 때문에 자살위험이 매우 높았던 환자가 치료목적이 아니라 '자살목적'으로 항우울제를 사용했을 가능성도 배제할 수는 없다.

또한 항우울제는 잘못된 '목적'에서뿐 아니라 잘못된 '대상'에게 처방되는 경우도 많다. 이 역시 항우울제가 자살행동 패턴에 미치는 영향을 제대로 파악하는 데 방해요인으로 작용한다. 양극성장애 II형(조울병의 변이형으로, 오랫동안 우울 증상이 지속되다가 짧고 가벼운 조증이 나타나는 것이 특징) 환자에서 자살률이 높은 것은 이미 알려진 바 있다. 이 유형의 환자를 우울증으로만 오진하는 의사들이 많은데, 그 이유로는, 환자 자신이 가벼운 조증을 병이라고 생각하지 않고, 또 의사가 적절한 훈련을 받지 않았기 때문에 제대로 진단을 내리지 못했을 가능성 등을 들 수 있다. 많은 임상의들은 감정 기복, 자극과민성이 양극성장애의 징후가 될 수 있다는 것을 알지 못하며 수면, 기분, 행동 등의 증상들에 대해 구체적으로 물어보고 진단을 내릴 수 있는 능력이 부족하다. 또 가벼운 조증보다는 우울증으로 병원을 찾는 환자가 압도적으로 많다고 하는 사실도 이런 오진을 초래하는 요인이 된다. 이처럼 양극성 조울병에 대한 오진이 흔하게 일어나기 때문에(양극성장애 환자의 3분의 1이 우울증으로 오진되었을 가능성이 있다) 장기적으로는 치료가 오히려 병을 악화시키는 결과로 이어질 수가 있다. 항우울제를 리튬과 같은 기분안정제나 항경련제와 병용하지 않고 단독으로 투여되었을 경우, 조증을 일으킬 가능성이 있을 뿐 아니라 때로는 극심한 초조감이나 자살로 이어질 수 있는 혼재성 상태를 유발하기도 한다.

아동 및 청소년의 정신질환을 정확히 진단하고 적절한 치료를 하는 것은 매우 중요한 일이지만, 현실은 심각하다. 1999년 소아과와 가정의학과 의사를 대상으로 이루어진 조사에서, 소아환자에게 항우울제를 처방한 의사 중 소아 우울증 치료에 대한 적절한 훈련을 받았다고 대답한 의사는 8%에 불과했다. 어린 나이에 조울병, 즉 양극성장애가 발병한 대부분의 아이들은 주의력결핍 및 과잉행동장애(ADHD)라는 잘못된 진단을 받았다는 사실도 밝혀졌다. 아마도 그 이유는, 의사가 소아 조울병 증상을 제대로 포착해내지 못했거나, 아이가 정신질환을 앓고 있는 것보다는 ADHD인 편이 '덜 불명예스럽다' 라고 생각할 부모와 교사의 중압감에 쓸데없이 배려를 했던가, 이 둘 중 하나일 것이다. 조울병과 ADHD는 과잉행동, 주의력 산만, 정서불안 등 공통되는 증상들이 있기 때문에 정확한 진단이 까다로운 것은 사실이지만 현저하게 다른 특징들도 있다. 예를 들면, 조울병을 앓는 아이들은 가족 중에 조울병 또는 우울증 환자가 있으며, 감정의 기복이 심하고, 다행감, 과대성, 과잉성욕, 수면 욕구 감소, 생각에 생각이 꼬리를 물고 자살 충동을 느끼는 등의 경향이 있다. 발병 전까지 주변 사람들의 평가나 학교 성적은 대체로 높지만, 발병과 함께 급격하게 떨어지는 경우가 많다. 정확한 진단이 특히 중요한 이유는 ADHD의 치료에 사용되는 중추신경자극제가 조울병 증상을 악화시킬 우려가 있기 때문이다(조울병에는 일반적으로 리튬 등의 기분안정제나, 항경련제를 투여한다). 소아 또는 청소년 조울병 환자가 항우울제와 자극제를 함께 복용하면 장기적으로 어떤 영향이 나오는지는 아직 밝혀지지 않지만 위험성이 있다는 것만은 확실하다.

항우울제가 실제로 자살행동을 조장할 가능성이 있는지에 대해서는 아직 결론은 나오지 않았다. 널리 임상적, 공중보건적 관점에서 본다면, 항우울제로 인해 자살기도자나 자살자가 늘어나는 일은 없다고 하는 주장을 뒷받침하는 증거들이 우세하다. 하지만 항우울제를 복용한 약물 감수성이 높은 사람 중에 초조함, 안절부절못함, 심각한 불면증에 시달리는 사례가 있는 것은 틀림없는 사실이다. 이런 사례가 많은 것은 아니지만, 그래도 위험한 결과를 초래할 가능성이 있다는 것은 확실하다. 따라서 항우울제를 처방할 때에는 사전에 이런 부작용이 일어날 가능성이 있다는 점, 그리고 만약 이런 부작용이 일어나면 의사에게 말해야 한다는 것을 모든 환자에게 알려둘 필요가 있다(항우울제 제약회사들은 일반적으로 《의사용 탁상 편람》의 제품정보 항목에 다음과 같은 부작용에 대한 경고문을 싣고 있다. '우울증은 본질적으로 자살을 기도할 가능성이 있는 질환이며, 그 가능성은 상태가 크게 개선되기 전까지는 계속되는 경우가 있다. 고위험군 환자에게 약물치료를 시작할 때에는 신중한 감독이 필요하다. 처방전에는……과다복용 위험을 줄이기 위해 가능한 최소량을 처방해야 한다.' 제약회사들은 이 외에도 불안, 신경과민, 불면, 초조, 정좌불능, 중추신경계 자극 등의 부작용도 명시하고 있다).

신세대 SSRI는 항우울 효과에서 구세대 삼환계 항우울제와 큰 차이가 없지만 환자가 받아들이기 쉽다는 장점이 있다. SSRI의 부작용(불면, 초조, 오심, 성기능장애 등이 간혹 일어날 수 있다)이 삼환계 항우울제의 부작용(구강건조, 혈압의 변화, 변비, 어지러움)보다는 견디기 쉽기 때문이다. SSRI는 또 자살 충동을 동반한 알코올 의존 환자에게도 효과가 좋다. 하지만 SSRI의 최대의 임상적 이점은 삼환계 항우울제에 비해 독성이 훨씬 약하기 때문에 음독자살에 이용될 수 없다는 점일 것이다. 예를 들면, 영국 여성들의 약물 과다복용 건수는 지난 20년 동안 늘어났지만, 이 때문에 목숨을 잃은 사례는 3분의 2로 줄었다. 그 주된 이유는 독성이 약한 신세대 항우울제가 널리 사용되게 되었기 때문이다.

우울증에는 이 외에도 몇 가지 치료법이 있다. 현재 사용되는 치료약으로는 노르에피네프린과 세로토닌의 재흡수에 함께 작용하는 약물들, 세로토닌 신경전달 기능에 일차적인 영향을 미치는 약물들이 있다. 지금도 새로운 항우울제들이 개발 중이다. 미국 제약연구개발협회의 보고에 따르면 1998년 현재, 실험 중인 정신질환 치료제는 총 85건에 달하는데, 구체적으로는 알츠하이머병 치료약 23건, 약물의존 치료제 19건, 우울증 치료제 18건, 조현병 치료제 15건, 그 외의 치료제 10건이었다. 이런 약물들은 현재 사용되고 있는 SSRI와 마찬가지로 뇌 내의 세로토닌 경로에 작용하는 것도 있고, 세로토닌뿐 아니라 여러 가지 다른 신경전달물질에 작용하는 약물들도 개발되고 있으며, 노르에피네프린을 비롯한 신경화학 체계를 표적으로 삼은 것도 있다. 예를 들면,, 현재 시험단계에 있는 한 약물은 기분과 감정 조절에 복잡하게 작용하는 편도체와 시상하부에 집중되는 화학물질인 '물질 P'의 농도를 낮추는 작용을 한다.

이 외에도 자살행동 방지에 효력이 있을 것으로 기대되는 약물도 몇 가지 개발되고 있는데, 이 중에는 신경전달물질 글루타메이트에 초점을 맞추어 알코올이나 약물 의존증 환자의 욕구를 억제할 수 있을 것으로 기대되는 약물들도 있다. 또 스트레스 반응을 억제하기 위해 CRH 수용체 길항제로 알려진 약물이 개발되고 있다.

얼마 전부터 하버드 대학에서는 일부 연구자들(모든 연구자는 아니지만)이 우울증과 자살에 모두 관여한다고 추정되는 오메가-3 지방산에 대한 임상실험을 하고 있다. 정신병원에서 퇴원하는 양극성장애 환자에게, 일반적으로 처방되는 발프로에이트나 리튬에 외에 오메가-3 지방산 또는 위약 중 하나를 추가하는 방식으로 연구를 진행했다. 4개월 후, 지방산 복용 그룹의 64%는 증상이 호전되었지만, 위약 복용 그룹은 19%만이 호전되었다. 이 차이가 너무 확연했기 때문에 연구자들은 맹검(어떤 약을 복용하고 있는지 모른다는 의미)을 중단하고, 위약 복용그룹에 속한 환자들에게도 오메가-3 지방산을 처방하도록 압력을 받았을 정도였다. 현 단계까지는 극히 예비적인 조사에 불과하지만 지방산을 처방받은 환자들에게서 심각한 부작용이 확인된 적은 없었다. 265,000명의 일본 성인을 대상으로 17년 동안 실시되었던 어패류 섭취와 관련된 역학조사(오메가-3 지방산을 풍부하게 함유하고 있는 어패류를 대량으로 섭취한 사람들의 자살률이 19% 감소했다는 것이 밝혀졌다)에 의해 우울증에 지방산이 효과가 있다는 가설의 신빙성은 더욱 높아졌다. 하지만 이 가설이 사실임을 증명하기 위해서는 추가적인 연구조사가 필요하다.

세인트 존스 워트(St. John's wort, 노란색 꽃이 피는 하이페리쿰이라는 식물에서 추출되는 약물로 경 · 중도의 항우울 효과가 있다)의 효능에 대해서는 현재 듀크대학 의료 센터의 주관 하에서 대규모 임상조사가 진행되고 있다. 세인트 존스 워트는 유럽에서, 또 최근에 미국에서 널리 이용되고 있지만, 자살방지 효과가 있는 지는 아직 확인되지 않았다. 이 항우울제는 의약품으로 분류되지 않기 때문에 순도나 효능은 미국식품의약청(FDA)의 규제를 받고 있지 않는다. 세인트 존스 워트가 일부 우울증 환자에게 효과가 있다는 것은 의심할 여지없는 사실이지만, 의사의 감독이 이루어지지 않는 곳에서 사용되는 일이 많기 때문에 여러 가지 문제점이 있다. 세인트 존스 워트 등 약초들은 '천연' 물질이므로 안전하다고 생각하는 사람들이 많지만(리튬도 비소도 '천연' 물질이다), 극소수라고는 해도 급격한 기분 변화, 조증 증세, 자살 충동을 일으킬 수 있다는 보고도 있다(이런 부작용들은 FDA에 의해 규제되지 않는 또 다른 우울증 치료법인 광치료에서도 드물기는 하지만 나타난다). 이보다 더 큰 문제는 심한 우울증 등 치명적인 결과를 초래할 가능성이 있는 질환을 앓고 있는 환자들이 의사의 처방없이 구할 수 있는 이런 일반약으로 나을 수 있다는 잘못된 인식을 갖게 되어, 자살 충동이나 우울증 등이 호전되지 않아도 더 효과적인 치료약이나 치료법을 찾으려 하지 않을 가능성이 있다는 점이다.

조현병이나 조울병 치료에도 사용되는 항정신병 약물 역시 항우울제와 마찬가지로 자살방지 효과가 기대되지만 심각한 부작용을 유발할 수 있다. 사용법이 부적절하거나, 의사의 적절한 관리가 이루어지지 않은 상태에서 복용하면, 정좌불능, 극도의 초조감, 근육 불편감, 가성 파킨손니즘 등의 부작용을 유발할 수 있다. 그러나 신중하게 적정량을 처방하면 항정신병 약물은 정신병 환자의 자살률을 줄일 수 있다. 특히 부작용을 최소화한 클로자핀(클로자릴), 리스페리돈(리스페달), 올란자핀(자이프렉사), 쿼티아핀(세로켈), 아빌리파이 등의 신세대 항정신병 약물은 이런 효과가 크게 기대되고 있다.

소위 충격 요법이라 불리는 전기경련요법(ECT)은 몇 십 년 전부터 자살 위험이 극히 높은 환자의 치료법으로 사용되어 왔다. 이 요법이 장기적인 자살방지 효과에 대한 증거는 거의 없지만, 단기적으로는 죽고 싶다는 생각을 상당 부분 없애주는 효과가 있는 것으로 알려져 있다. 갑작스러운 자살위험을 피하는 것은 임상적으로 아주 중요한 최우선 과제이다. ECT는 사람의 생명을 구할 가능성이 있을 뿐 아니라, 최선의 장기치료법을 찾아내는 동안 시간을 벌어줄 수 있는 치료법이기도 하다.

ECT는 때에 따라서는 우울증에 가장 신속하고 효과적인 치료법이지만, 그 이용의 타당성을 놓고 논란이 계속되고 있으며, 특히 미국에서는 그리 활발하지 않다. 그 원인 중 하나로, 매우 부정적인 언론 보도(몇 십 년 전 충격요법 남용되던 시기에는 이런 보도들도 타당한 면이 있었다)를 들 수 있다. 이보다 더 큰 원인은 충격요법을 대신할 간편한 치료법이 등장한 것이다. 하지만 자살위험이 높은 환자와 많은 의사에게 ECT는 여전히 최후의 보루와도 같은 치료법이다. 피츠버그 대학 정신건강의학과 교수 조노선 힘멜호흐가 다음과 같은 글을 남긴 것도 같은 맥락에서 생각해 볼 수 있다.

'자신의 임상경험보다 정치적 입장을 앞세우는 정신건강의학과 의사의 자기도취적인 사고방식 때문에 환자가 끔찍한 고통에서 벗어나지 못하게 되는 일을 용납해서는 안 된다.' 이 글에는 몇 가지 진실이 담겨 있다. 그러나 그렇다고 해서 ECT를 둘러싼 논쟁이 종식되지는 않겠지만 말이다. 현재, 경두개 자기자극술(TMS: Transcranial Magnetic Stimulation)이라고 해서, 환자의 머리 표면에 작지만 강력한 전자기 코일을 붙여서 뇌에 반복적으로 자기장 파동을 보내는 비침습적 치료법의 효과에 대한 실험이 우울증 환자를 대상으로 이루어지고 있다. 이 치료법은 항우울 가능성은 있지만 임상효과와 안전성에 대한 연구는 아직 초기단계에 불과하다. ECT와는 달리 마취를 할 필요가 없고, 발작을 유발하지도 않으며, 적어도 현재까지 기억장애 등 심각한 부작용도 보고된 바 없지만, 자살 충동이나 자살행동에 효과가 있는지는 아직 확실하지 않다.

약물치료와 그 외의 치료법은 자살에 가장 큰 영향을 미치고 있는 정신질환의 고통을 예방하거나 완화시키는 효과가 있으며, 매우 뚜렷한 효과를 보이는 경우도 많다. 하지만 리튬과 항우울제 및 신세대 항정신병 약물 정도를 제외한 다른 치료법들이 자살 가능성을 줄이는지는 그다지 확실하지 않다. 약물, 입원, ECT는 모든 사람은 아닐지라도, 많은 사람의 목숨을 구하는 치료법인 것이다.

정신치료나 의사와 강한 치료적 관계형성 여부도 일부 환자의 생사를 가르는 중요한 요인이 되기도 한다. 정신약리학이 심한 정신질환의 치료에 큰 공헌을 한 것은 사실이지만, 그렇다고 해서 환자의 치료와 생존에 중요한 역할을 하는 정신치료를 과소평가해서는 안 된다. 대부분의 의료보험은 의료기관에서 받은 진료비용은 보장하지만(단, 보장기간은 매우 짧은 경우가 대부분이다), 정신치료 비용은 보장하지 않는다. 예일 대학의 미르나 와이스만과 제럴드 커르만 교수의 일련의 연구에 의하면, 정신치료와 항우울제 치료를 병행하는 편이 어느 한 쪽 치료만 시행한 경우에 비해 우울증 치료 효과가 더 좋다고 했다. 또 미국과 영국의 많은 연구 그룹들도 최근 조사에서 조울병과 조현병에서도 약물치료와 정신치료를 병행하는 것이 약물치료만을 시행하는 경우보다 좋은 결과가 나왔다. 그렇지만, 여전히 많은 정신건강의학과 의사나 연구자들은 심각한 정신질환 치료는 약물치료로 충분하다고 생각하고 있다.

의사가 우울증, 조울병, 중증 인격장애, 조현병으로 고통 받는 환자에게 적극적으로 정신치료를 권하지 않는 이유도 이해할 만하다. 정신치료는 비용이 드는데다가 까다롭고, 치료이든 훈련이든 시간이 많이 필요하다. 또 어떤 종류의 환자나 병에 어떤 치료가 가장 유효한지, 어떤 임상훈련이 필요한지, 적정 기간은 어느 정도인지, 명확한 기준이 확립된 부분이 거의 없다. 정신건강의학과 의사와 임상심리학자 간의 영역 다툼과 수입을 둘러싼 오랜 논쟁은 너무나 유명한데, 이런 문제들 때문에 정신건강의학과 의사와 임상심리학자의 관계가 불신과 분노로 인해 깨지는 경우도 흔히 일어나곤 한다. 하지만 지금까지 정신질환의 심리학적 요인과 생물학적 요인이 너무 단순하게 이분화되어 왔다는 문제를 생각하면, 이러한 분할은 자살로 귀결되는 행동의 원인과 치료법을 개념화하는 데 걸림돌이 되었다고 할 수 밖에 없다.

자살로 치달으려는 마음과 뇌의 복잡한 문제에 맞서기 위해서는 복잡한 임상적 관점과 치료가 요구된다. 자살 충동이 있는 사람의 잠재적인 정신병리와 생물학적 문제를 무시한 채, 또는 치료하지 않은 채, 정신치료만 시행해서는 자살을 막을 수 없을 것이다. 정신병리를 정확하게 파악하고, 약물치료가 필요한 경우에는 정신건강의학과 의사를 소개할 수 있는 능력이야말로 바람직한 임상 진료의 기본이며, 이를 하지 않는 것은 의료 과오이다.

자살위험이 있는 환자의 올바른 치료법에 대해 의료계가 통일된 기준을 확립하지 못했음을 극단적으로 보여준 것이 1994년, 영향력 있는 정신건강의학과 의사이자, 종래의 정신질환의 개념을 통렬히 비판하고, 자살방지를 위한 '강제적' 조치에 단호하게 반대하던 토머스 사스가 소송에서 패소한 사건이었다. 자살방지에 '강제적' 수단을 써서는 안 된다는 사스의 주장은 정신질환과 자살에는 어떠한 연관성도 없다고 하는 그의 강한 신념에 근거하고 있었는데, 이 신념을 뒷받침하는 임상적, 과학적 문헌은 존재하지 않았으며 사스 자신도 이를 입증할 어떠한 자료도 제시하지 못했다. 1960년대와 70년대에 의학계와 대중에게 열렬한 지지를 받았고,

여전히 폭넓게 인용되고 있는 그의 견해를 사스 자신의 말로 소개해 보도록 하자.

어째서 우리는 정신건강의학과 의사에게 자살 가능성이 있는 사람들의 마음을 간섭할 특권을 주고 있는 것인가. 전에도 언급했듯이, 이는 정신의학적 관점에서 본다면, 자살하겠다고 협박하는 사람 또는 이를 실행에 옮기는 사람이 그런 행동을 하는 것은 정신병 때문이니, 정신건강의학과 의사가 의사 행세를 하면서 다른 분야의 의사처럼 인명을 구할 권한을 행사할 수 있다는 발상에 근거한다. 그러나 결혼을 하거나 이혼을 하거나, 안식일에 일을 하거나, 새우를 먹거나 담배를 피거나 하는 행위와 자살을 다르다고 하는 철학적 및 경험적 증거는 기본적으로 존재하지 않는다. 이런 행위를 비롯해 인간의 수없이 많은 행위는 개인적인 결단의 결과이다. 자살을 정신의학적 문제, 더 정확하게는 정신건강의학과적인 응급사태로 간주하기 때문에, 정신건강의학과 의사와 환자는 함께 실존법의 미로에 빠지고 마는 것이다. 하지만 강제적인 자살방지라는 의미 없는 쇼를 포기한다면, 환자와 의사는 서로를 필요로 하는 동등한 인간으로서 함께 고민을 나눌 수 있는 존재임을 발견할 수 있을 것이다.

사스의 주장에 반대하는 사람들과 함께 나도 그 주장에 반대하며

(내 주치의가 사스의 신봉자가 아니어서 천만 다행이었다), 자살 기도가 새우를 먹거나, 안식일에 일하는 것과는 전혀 다르다고 생각한다. 1994년 조울병으로 사스의 치료를 받다가 자살한 의사의 미망인에게 사스가 65만 달러의 위자료를 배상하기로 했다는 기사는 큰 관심을 불러일으켰다. 고소장에 따르면 1990년 6월, 사스는 환자에게 리튬 복용을 중단하도록 권했다고 한다. 그 해 12월, 이 환자는 망치로 자신의 머리를 내리치고, 목의 혈관을 찢고서 전기코드로 목을 매어 자살했다. 또 고소장에는 '통상적이고 수용 가능한 건전한 진료기준에 부합하는 정신과적 돌봄과 치료'를 태만히 했으며, '적절한 진단과 치료를 소홀히 하고', '조울병 치료에 적절한 치료법을 제공하는데 소홀히 했으며' 적절하고 충분한 의무기록을 소홀히 했다고 이어진다. 사스의 변호인은 환자가 자발적으로 리튬 복용을 중단했다는 입장을 고수했고 사스 자신도 의료과실을 인정하지 않았지만, 법정은 위자료로 환자의 미망인에게 65만 달러를 지급하라는 판결을 내렸다. 그러나 사스는 정신의학의 성과물인 '약물치료'를 혐오했으면서도 미국정신의학회의 회원이었던 덕분에, 결국 위자료를 지급한 것은 학회와 의료과실보험을 체결했던 보험회사였다.

자살의 인과관계에 대한 철학과 가설은 사람마다 다 다르고 또 이에 관한 논쟁은 매우 중요하고 필요하지만, 그렇다고 해서 자살에 관한 의학적, 심리학적, 과학적 연구문헌을 무시해도 되는 것은 아니다. 자살행동의 생물학적, 정신병리학적 원인이나 치료법을 무시하는 것은 임상적으로도, 윤리적으로도 변명의 여지가 없는 태만이다. 스스로 목숨을 끊으려고까지 하는 그 고통은 견딜 수 없을 만큼 크다. 하버드 대학의 네드 카셈 박사가 지적하듯이, '치료자는 자살을 원하는 사람들이 호소하는 절망감, 우울함, 고뇌, 분노, 고독감, 공허함, 무의미함을 잘 들어주고, 받아주는 능력이 있어야 한다. 또 '환자는 치료자가 자신의 말을 진지하게 듣고 이해하고 있다는 사실을 알아야 한다.' 임상가에게 중요한 것은 솔직함이며, 어떤 치료법을 쓸 예정인지, 회복되기까지 어느 정도의 시간이 걸리고 어떤 어려움이 예상되는지, 응급시에 어떻게 치료자와 연락을 취할지 정확하게 이야기 해주어야 한다.

재발을 거듭하는 중증 정신병에 시달렸던 영국의 작가 모락 코트는 의사가 자신의 목숨을 구하는 데 어떤 역할을 했는지에 대해 다음과 같이 설명하고 있다.

> 의사들은 내게 많은 신경을 써주었고, 그 중 한 사람이 내가 어떤 것도 믿지 못했던 시기에도 여전히 나를 믿어준 덕분에 나는 목숨을 건졌고, 지금 이렇게 이야기를 하고 있다. 사느냐 죽느냐 하는 순간에 그 운명을 결정하는 것은 응급환자에게 위험한 수술을 하거나 구급약을 투여하는 의사만이 아니다. 자문진료실에서 조용히 앉아 이야기를 나누는 것은 보통 사람에게는 영웅적인 일도 아니고, 드라마틱하게 보이지도 않겠지만, 환자와의 대화도 의학에서 사람의 생명을 구할 수 있는 다양한 방법 중의 하나이다. 환자와의 대화도 그 중 하나이다.

이제까지 대부분의 정신치료 연구 또는 약물치료를 병행한 정신치료 연구는 정신질환 그 자체에 초점을 맞춘 것으로, 자살 충동이나 자살행동의 변화를 측정하는 데에는 주목하지 않았다. 워싱턴대학 심리학자 마샤 라인한 박사는 최근 자살 위험이 높은 환자에게 서로 다른 정신치료를 실시한 스무 사례의 대조 임상 연구를 검토했다. 대부분의 사례에서 한 번 이상 자살기도 경험이 있는 사람이 피험자로 되어 있었다. 가장 효과가 있는 듯한 정신치료, 특히 경계성 인격장애 환자에서 확실한 효과가 있다고 여겨지는 정신치료적 중재에서는 구체적인 자살행동과 자살 사고의 변화에 초점을 맞추고 있었다. 이 치료는 특히 부적응적 행동과 사고를 밝혀내고 조정하는데, 의도적인 자해행위를 줄이는 데 상당히 효과적이었다. 옥스퍼드 대학 키스 호튼 교수도 정신치료와 약물치료 연구를 모두 포함하는 포괄적인 조사에서 라인한과 마찬가지로, 이 두 요법을 병행하면 자살행동을 바꾸는 데 긍정적인 효과가 있다고 했다. 이외에도, 특히 환자의 인간관계 갈등(대부분의 환자는 자살기도 전에 이를 경험했다)을 보다 효과적으로 대처하는 법에 중점을 두는 연구들도 있다. 현 단계에서는 이런 요법이 실제로 자살을 막을 수 있을지, 자살기도라도 방지할 수 있을지는 확실히 밝혀지지 않았다.

정신치료는 환자가 심각한 고통의 시기를 이겨내는 데 버팀목이 되어 줄 수 있을 뿐 아니라 자살 충동에 잘 대처할 수 있는 방법을 배울 수 있는 시간이자, 환자들이 '치료에 불순응' 하는 등의 위험하고도 까다로운 문제를 극복하는 데에도 큰 효과를 발휘할 가능성이 있다. 처방된 치료약을 복용하려 하지 않는다거나 정신치료나 진료 날짜를 지키지 않는 환자들이 많은데, 이는 환자 자신의 목숨을 위태롭게 만들 수도 있다.

치료약을 먹고 싶지 않다거나, 경제적으로 무리가 간다는 이유에서 의사의 처방을 처음부터 지키려고 하지 않는 환자가 많다. 처음 며칠, 몇 주일 또는 몇 달 만에 약을 끊어버리는 환자는 이 보다도 훨씬 많다. 그 이유로는 불쾌하거나 견디기 어려운 부작용이 있거나, 상태가 좋아졌기 때문에 더 이상 약을 복용할 이유가 없다고 생각한다든가, 복용 스케줄이 너무 복잡해서 잘 모르겠다든가, 자신이 정신질환 환자라고 생각하고 싶지 않기 때문이라는 등 다양하다. 장기간 약물 유지요법을 하는 환자 중 약 20%는 '휴가(일정기간 약물복용을 중단하는 것)' 를 낸 적이 있다고 알려져 있는데 이런 '휴가' 는 특히 리튬처럼 몸 밖으로 배출되는 속도가 빠른 약물의 경우, 비극적인 결과를 초래할 위험이 있다.

치료약을 처방받은 대로 잘 복용하는 환자들의 숫자는 모든 만성질환에서 기대되는 수준과는 거리가 멀다(간질, 만성 폐질환, 고혈압, 녹내장 등의 내과질환 환자의 전체적인 준수율은 50~75%). 항우울제 복용 환자의 준수율은 65~80%, 항정신병 약물 복용 환자의 경우에는 약 55%, 리튬 복용 환자는 약 60%였다(리튬과 항경련제인 발프로에이트를 직접 비교한 한 조사에 따르면 준수율은 각각 59%, 48%였다). 자살기도 경험이 있는 환자와 응급실 의료진, 정신병원 입원병동의 사회복지사가 재진 날짜를 잡아준 환자는 특히나 더 이런 준수율이 낮았다.

그런데 정신치료를 시행하면 많은 정신질환 환자의 치료약 복용 순응도가 높아진다. 또 치료가 계속적으로 잘 이루어질 수 있도록 환자와 그 가족뿐 아니라 응급실 의료진에게 자살기도의 심각성과 계속적인 치료의 중요성에 대해 교육시키는 프로그램과 가정방문이나 전화 및 편지로 연락을 계속 취함으로써 계속적인 치료를 쉽게 하는 프로그램 등을 개발하여, 자살행동 위험이 있는 청소년이나 성인들이 치료를 시작하고 이를 잘 유지할 수 있도록 한 사례들도 있다.

과거에 자살을 기도하거나, 심각한 자살 충동을 느낀 적이 있는 사람, 자살과 밀접한 관련이 있는 정신질환을 앓고 있는 사람, 자살자가 많은 가계에서 태어난 사람 등 자살 위험도가 높은 사람의 자살 가능성을 낮추는 방법도 몇 가지 있다. 우선 정신질환에 대해 충분한 정보를 제공받고, 자신의 치료에 적극적으로 임하며, 자신이 질 높은 의학적, 심리적 치료를 받고 있는지 관심을 보이는 것은 매우 좋은 징조이다. 자살방지, 우울증, 정신병, 알코올 및 약물의존에 관한 정보를 알려주는 책이나 강의, 지지 그룹을 적극적으로 찾는 것도 환자와 그 가족에게 힘이 된다. 의사에게 진단결과, 치료법, 예후에 대해 질문을 하는 것도 중요하며, 만일 의료기관의 자세나 치료경과에 불안을 느끼고 있다면 다른 의사의 견해를 구해야 한다.

약물치료를 하는 경우에는 사용하는 약물과 예상되는 부작용, 어떤 부작용이 나타나면 의사에게 바로 보고를 해야 하는지 등에 대해 가능하면 문자의 형태로 정보를 제공하도록 요구해야 한다. 어떤 부작용이 나타나거나 정신질환이 재발한 시기가 자살 충동을 느끼는 시기와 맞물린다면 특히 위험하기 때문에 이런 증상과 부작용(초조함, 고도의 불안, 심각한 불면증, 안절부절못함, 망상, 폭력성, 충동성)은 숨기지 말고 바로 의사에게 알려야 한다. 최근 실시된 몇몇 연구에서는 환자에게 자신의 병 초기증상을 알려주고, 병이 재발했을 때 취해야 할 응급조치들을 명시한 도표를 작성하는 것이 입원, 실직, 친밀한 인간관계의 상실, 자살 등으로 이어질 수 있는 병세의 악화를 막는 데 효과가 있다는 결과가 나왔다.

만약 누군가가 갑자기 자살 충동에 사로잡히거나 자살 가능성이 있으면 총, 면도칼, 알코올, 칼, 유효기한이 지난 약, 독극물은 집에서 없애 버려야 한다. 자살에 사용될 가능성이 있는 약물은 최소량만 또는 엄중한 감시 하에 처방해야 한다. 또 술은 수면상태를 악화시키고 판단력을 흐리게 하며 혼재성 상태 또는 초조함을 유발할 뿐 아니라 약물치료의 효과를 약화시킬 가능성이 있으므로 절대로 마시게 해서는 안 된다.

중증 우울증이나 정신병이 호전되기 시작하는 시기는 특히나 더 어렵고 위험하다. 과거에는 정신병원에 입원해 있는 기간이 보통 몇 년에서 몇 개월로 길었던 것에 비해, 최근에는 며칠 단위까지 단축되었기 때문에 특히 위험도가 높아진다. 때로는 호전되지 않은 환자들까지도 비교적 안전한 환경인 병원에서 원래의 파괴적인 생활과 혼란스러운 기분으로 사회로 돌아가야만 하는 상황이 벌어지고 있다.

지금으로부터 40여 년 전, 실비아 플라스는 일기에 이렇게 적었다. '우리의 삶에 금이 가고, 가장 멋진 거울에 금이 갔을 때, 잠깐 멈춰 쉬고, 한 발자국 물러서서 상처를 고치는 것이 맞는 길이 아닐까?' 그러나 지금 마땅히 받아야 할 치료를 받을 수 있을 만한 시간과 경제력을 가지고 있는 사람은 거의 없다. 약물치료가 어느 정도의 효과를 보이기까지는 고통스럽게 긴 시간을 기다려야 한다. 그리고 회복은 일진일퇴를 거듭하며, 괴롭고 험한 행로를 따라 천천히 진행된다. 간신히 기분이 호전된 후에 다시 찾아오는 우울증은 치명적이지는 아닐지라도 희망을 앗아가기에는 충분한 타격이 된다. 이 시기의 좌절과 냉혹한 마음은 미리 예측할 수 있다. 그리고 의사가 이를 미리 잘 설명해준다면 어느 정도 환자의 괴로움을 달래줄 수 있을 것이다.

가족과 친구들은 거의 필연적으로 자살의 그림자에 지배당하는 고통의 세계에 동참할 수밖에 없다. 이들 역시 환자의 병을 파악함으로써 위안을 얻을 수 있으며 이를 통해 환자를 도와줄 수 있다. 병과 그 치료법에 대해 배우고 회복 전망과 이에 걸리는 시간을 질문하며 환자 지지 및 옹호 단체의 정보를 찾아보는 것도 도움이 될 것이다. 만일 가족이나 친구가 급격한 자살 충동에 사로잡히면, 신용카드, 자동차 열쇠, 수표책을 치우고, 따뜻하지만 확고한 태도로 환자를 응급실 또는 진료를 받을 수 있는 곳으로 데리고 가야 한다. 만약 환자가 난폭하게 굴면 경찰을 부르는 것도 고려해야 한다. 힘들고 괴로운 일이지만 환자에게는 반드시 필요한 일이기 때문이다.

환자의 권익을 옹호하고 지원하는 단체로, 환자들이 직접 운영하고 시카고에 본부를 둔 전국 우울증조울병협회에서는 자살 가능성이 있다고 생각되는 사람의 가족과 친구에게 다음과 같은 구체적인 제안을 하고 있다.

- 그 사람의 말이나 행동을 가볍게 넘기지 마라.
- 침착하자. 하지만 소극적으로 대처하지 마라.
- 다른 사람의 협조를 부탁한다. 위기 상황에 혼자서 대처하려 하거나 자기 자신의 건강이나 안전을 위험에 빠뜨려서는 안 된다. 필요하면 경찰이나 소방서에 신고한다.
- 의사 정신치료 전문의, 위기개입 팀, 또는 응급상황에 대처할 수 있는 훈련을 받은 사람에게 연락한다.
- 걱정되는 바를 얘기한다. 자살할 위험이 있다고 판단하게 된 이유 등을 구체적으로 설명한다.
- 이야기에 주의 깊게 귀를 기울인다. 눈을 맞추며 이야기를 듣는다. 적절하다고 판단될 때 환자 옆에 다가가 앉거나 손을 잡아주는 등 몸으로 얘기한다.
- 단도직입적으로 묻는다. 구체적인 자살계획이 있는지를 밝혀낸다. 가능하면 어떤 자살 방법을 쓸 것인지도 알아낸다.
- 마음을 알아준다. 상대방의 마음을 심판하는 것이 아니라 감정이입을 해야 한다. 하지만 자신의 행동에 책임을 져야 한다는 부담을 덜어줘서는 안 된다.
- 안심시킨다. 문제는 일시적이지만 자살은 영원히 되돌릴 수 없는 결과를 낳는다는 것을 강조한다. 희망을 갖도록 하고 상황을 개

선시킬 방법이 있으며 상황은 반드시 좋아진다는 것을 일깨워 준다.

- 이 일을 누구에게도 말하지 않겠다는 약속은 하지 않는다. 사랑하는 사람을 지키기 위해서는 의사에게 말해야 하는 경우도 있을 수 있다. 사랑하는 사람의 목숨을 위태롭게 할 수 있는 약속을 해서는 안 된다.
- 가능하면 유능한 전문가가 환자를 맡는 것을 확인할 때까지는 환자를 홀로 두지 않는다.

현재 미국에는 훌륭한 옹호연구단체들이 있으며, 그 대부분은 환자와 가족 지지 단체를 운영하며, 자살방지와 정신질환과 관련된 문제들에 적극적으로 관여하고 있다.

자살 위험이 있는 환자의 증상이 호전되거나 안정적인 시기에는 의사, 치료자, 가족, 친구 등이 모두 함께 응급할 때의 대책을 위한 회의를 하는 것도 좋을 것이다. 환자 본인이 감시를 받아야 하거나 혼란 상태에 빠질 가능성이 없을 뿐 아니라 치료에 대해 명확하고 구체적인 희망을 표현할 수 있는 시기이기 때문이다. 즉, 긴급 사태가 발생하면 누구에게 어떤 식으로 연락을 해야 할지, 환자에게 도움이 되는 행동은 무엇이고, 환자에게 전혀 도움이 되지 않는 행동이지만 가족이나 친구들이 무심코 해버릴 가능성이 있는 행동은 무엇인지 등에 대해 사전에 이야기를 나누는 것이다. 환자가 상태가 좋을 때는 또다시 자살 위험이 높아졌을 때 입원을 시켜달라거나 항정신병 약물을 투여해 달라거나 등 자신의 희망을 밝히지만, 실제로 상태가 나빠지면 이런 치료법에 동의할 가능성은 매우 낮아진다. 그래서 일부 지역에서는 환자가 '오디세우스 약속'를 맺기도 한다. 사이렌의 노랫소리에 현혹되어 따라가지 않도록 자신을 배의 돛대에 묶어달라고 부탁했던 그리스 신화의 영웅 이름을 따서 환자가 사전에 자신이 받을 치료법을 결정해 놓는 것이다.

정신질환이나 자살의 가족력이 있는 경우에는 부모가 자녀의 잠재적인 위험을 막을 수도 있다. 가족의 정신병적인 내력을 파악하고 그 증상과 받은 치료법을 같이 공부하며 자녀와도 이 문제를 솔직하고 침착하게 생각해 보는 시간을 축적해 놓으면, 혹시라도 자녀에게 우울증이 나타나거나 음주나 약물을 하기 시작했을 때에 부모에게 도움을 청하는 것이 보다 쉬워진다. 대학생 연령의 자녀는 특히 정신질환이나 자살 위험이 높다. 우울증이나 조현병이 가장 잘 오는 연령이기 때문이다. 대학생이 되면 처음으로 부모 곁을 떠나 새로운 스트레스 환경 속에서 살아가게 된다. 그때까지 보다 더 많은 술을 마시거나 약물에 손을 댈 가능성도 높아지며 급격하게 수면 패턴이 바뀌기도 한다. 이 모든 것이 정신질환을 유발할 수 있는 요인들이다.

대학의 사교클럽이나 스포츠 시설을 체크하고 도서관이나 숙소를 찾아가 졸업생 중 몇 명이 법학전문 대학원, 의대, 대학원 진학률을 알고 싶어 하는 부모들이 학생들을 위한 보건시설의 질이 어느 정도인지, 또 진료를 받기는 수월한지 질문조차 하지 않는 것에 나는 가끔 놀라곤 한다. 상담이나 정신건강을 위한 서비스의 질은 대학에 따라 천차만별이기 때문에 정신질환이 있는 학생에게 학교

보건센터가 어느 정도 신경을 써주고 있는지를 미리 점검하는 것이 좋을 것이다. 가장 가까운 병원이나 대학병원의 정신건강의학과에서 정신질환 치료를 전문으로 하는 유능한 의사 리스트를 입수하는 것도 좋을 것이다. 전국 정신질환자 연합(NAMI : The National Alliance for the Mentally Ill), 국립 우울증조울병 협회 등의 정신보건 옹호단체에게 문의하는 것도 지역의 의사나 지지 단체에 관한 정보를 확보하는 데 도움이 된다. 가능하다면 이런 명단을 들춰볼 일이 없는 것이 가장 좋겠지만, 사전에 입수해 두는 것은 의미가 있다. 자녀에게 에이즈나 성병, 약물남용 등에 대한 지식을 알려주려고 온갖 애를 쓰는 부모도 흔한 병이고 이로 인해 목숨을 잃을 수도 있으며 치료도 간단한 우울증에 대해서는 자녀와 이야기를 하려고 조차 하지 않는 경우가 대부분이다. 그러나 상처받기 쉬운 이 연령대의 젊은이들 사인 중에 자살보다 많은 것은 사고사 밖에 없다는 사실을 잊어서는 안 된다.

다행히 요즘 대학생들이 주체가 되어 학교 내에서 정신질환에 대해 알려주는 활동을 시작하고 있다(대학 측에서도 학부생이나 대학원생의 정신질환 유병율의 심각성을 어느 정도 깨닫고 있으며, 높은 청년 자살율에 충격을 받아 그 대책에 나서는 예가 늘고 있다. 그래도 여전히 그 수준은 미비하다). 나는 지금까지 미국 전역에서 몇 백 명이나 되는 학생들과 만나왔지만, 그 대부분이 오랫동안 심각한 우울증, 조울병, 알코올중독과 싸워 온 경험의 소유자들이었다. 자살을 기도했다가 거의 죽을 뻔했던 학생들도 적지 않았다. 그런데 이런 학생들의 부모나 지도교수는 그 고통이 얼마나 깊은지 이해하려고 하지 않았으며, 강의를 듣고 시험을 보고, 리포트를 내는 것조차 힘에 부칠 정도로 큰 괴로움에 시달리고 있음을 거의 모르고 있었다.

최근 나는 학생들을 대상으로 '정신질환 인식 개선 프로그램'을 만들어낸 하버드 대학의 학생 그룹과 만난 적이 있다. 이 그룹은 강연을 주최하거나 정신건강의학과 교수님에게 조언을 구하고 인터넷 홈페이지를 관리하면서 정신질환을 앓고 있는 학생들을 위한 지원 활동을 하고 있었다. 이 그룹을 창설한 엘리슨 켄트는 조울병을 겪으며 느꼈던 자신의 고통스러운 경험을 타인을 위한 희망과 도움으로 승화시킨 용기 있고 쾌활하며 따뜻한 여성이었다. 그녀는 이렇게 자신의 경험을 들려주었다.

> 전 정신장애를 앓고 있습니다. 병이 시작되었던 1학년 때, '하버드 생활을 위한 비공식 가이드' 등을 비롯한 여러 가지 간행물들을 뒤적이며 정신질환에 대처하는 학생 단체를 필사적으로 찾았던 일이 기억납니다. 하버드에는 없는 그룹이 없다고 생각했기 때문입니다. 자유사고 클럽도 있고, 텍사스 클럽도 있고, 애니메이션 클럽도 있으니, 정신건강처럼 기본적인 문제에 대응하는 그룹이 없을 리가 없다고 생각했던 것이지요. 그런데 정말 없었습니다. 그 대신 제가 찾아낸 것은, 정신질환에 대한 사회의 부정적인 시각이 이곳 하버드에도 만연해 있다는 사실이었습니다....
>
> 한 번쯤은 주위의 학생들을 둘러보시기 바랍니다. 이 병

을 앓고 있는 사람이 저 하나가 아니라는 것을 기억해 주세요. 저희들처럼 정신질환을 앓고 있는 사람들은 종종 자신을 숨기고 있습니다. 그렇지만, 저희들과 같은 환자들은 노숙자 보호시설에만 있는 것이 아니라 하버드의 캠퍼스 안에도 있습니다. 정신질환이 결코 희귀한 질병이 아니라는 것을 여러분 자신과 친구들에게 알려주세요. 그리고 어떻게 해야 정신질환을 가장 잘 치료할 수 있을지 공부해 주세요. 그것이 저희들의 무거운 짐을 덜어주는 도움의 손길이 될 수 있습니다. 우리가 자신의 병에 대한 취약성을 인정하고 타인의 취약성까지도 받아들일 수 있게 될 때에 우리는 정신질환을 가진 사람 뿐 아니라 모든 사람에게 살기 쉬운 세상을 만들어 갈 수 있습니다. 어느 누구도 혼자 울면서 잠자리에 드는 일이 없는 그런 세상을요.

제9장

사회적 차원에서

- 공중보건 -

사회적 차원에서, 우리는 자살에 대해 이야기하는 것을 좋아하지 않는다.

- 데이비드 사처(의학박사, 미국 공중위생국장) -

1993년 5월, 3,000명도 넘는 사람들이 존 윌슨의 장례식에 참석했고 수천 명의 사람들이 워싱턴의 대로변에 늘어서 그의 마지막 행렬을 지켜보았다. 윌슨의 죽음은 그가 시의회 의장으로 일했던 미국 수도 콜롬비아 특별구(워싱턴 DC)에 엄청난 충격을 주었다. 언젠가 그가 시장으로 선출될 것이라고 기대했던 워싱턴DC의 주민들은 카리스마 넘쳤던 윌슨이 49세라는 젊은 나이에 목을 매 자살했다는 뉴스에 경악했다. 몇 개월 전부터 그가 갑자기 화를 내거나 정상으로 보이지 않는 행동을 한다는 소문이 흘러나오기는 했지만 그렇다고 해도 자살은 너무나 큰 충격이었다. 이 충격은 바쁘게 돌아가는 워싱턴에는 어울리지 않는 돌이켜 보는 침묵을 야기했고, 몇 시간 지나지 않아 성급한 의문들이 꼬리에 꼬리를 물고 터져 나왔다. 그렇게 존경받고 사랑받았던 그가 기품 있고 쾌활하고 신랄한 위트에 넘치던 그가 왜 그런 되돌릴 수 없는 일을 저지르고 만 것일까?

그의 자살이, 사람들의 삶과 희망을 산산조각 내는 파괴력을 가질 것이라는 것을 몰랐던 것일까? 아니면 그런 것에 신경 쓸 수 없을 정도의 상태였던 것인가? 그는 삶과 희망의 대변인이 아니었던가? 그의 자살이 수많은 모방 자살을 야기하는 것은 아닌가? 특히 워싱턴 DC의 흑인 남성들의 자살이 늘어나는 것은 아닌가? 그는 치료를 받고 있었을까? 제대로 약을 복용했던 것일까? 복용했다면 어떤 약을? 무엇보다도 사회 또는 의료 시스템은 윌슨의 죽음을 막을 수 있었던 것일까?

존 윌슨에게 우울증은 낯선 존재가 아니었다. 그에게는 우울증의 가족력이 있었다. 그리고 그 자신도 적어도 네 번이나 스스로 목숨을 끊으려 했던 적이 있었다. 손목을 칼로 긋기도 했고, 러시안 룰렛을 한 적도 있었다. 처방받은 항우울제를 대량으로 집어삼킨 일도 있었다. 목을 매려고 한 적도 있었다. 마지막으로 아팠을 때, 그의 정신건강의학과 의사와 가족, 친구들은 병원에 입원하자고 애원했다. 그러나 그는 이를 거부했다. 아마 어떤 것도 자신을 구할 수 없다고 생각했던 것이리라. 그러면서도 언젠가는 시장이 되고 싶다는 꿈이 있었다. 그렇기에 마음속 깊은 곳에 입원은 정치적인 자살이나 마찬가지라고 생각했을지도 모른다. 아니, 어쩌면 그런 생각은 하지 않았을지도 모른다. 어찌되었든, 윌슨은 도시가 은은한 새벽빛으로 물들기 전에 목숨을 끊었다.

윌슨의 마지막 몇 주 동안을 기록한 기사는 누구도 알 수 없는 절망 속에서 서서히 무너져가던 한 남자의 공인으로서의 모습을 보여준다. 워싱턴 포스트지의 피터 펄은 그의 마지막 날들을 이렇게 그려냈다.

> 친구들의 말에 따르면 그는 자신의 몸에 스며들어 지배하려고 하는 회색의 음울함에 끊임없이 시달렸다고 한다. '마지막에 그를 옥죄인 것은 시장선거에 출마할 것인지, 아니면 다른 경력을 쌓을 것인지 하는 문제보다 훨씬 큰 문제였다. 그는 점점 침울해져 갔고, 우울증에 시달리는 기간도 점점 길어졌다. 점점 더 어두워지던 그는 우울증을 뿌리치고 일어날 만큼의 기력도 잃고 있었다.'
>
> 딱 한번, 윌슨은 공식석상에서 우울증의 고통에 대해 이야기를 한 적이 있다. 자살하기 2주 전 5월 7일, 워싱턴 DC 정신보건협회 회의석상에서 정신건강의학과 의사를 비롯한 전문가들 앞에 선 그는 사전에 준비했던 어린이와 폭력에 관한 원고 대신, 자신의 병에 대해 이야기하기 시작했다. '저는 정치가이지만, 그와 동시에 우울증과 싸우고 있는 한 인간입니다. 우울증은 매우 고통스럽고 매우 어려운 질환으로... 길을 잃어버린 것 같은, 몸에 구멍이 뚫린 것 같은 괴로움 속에 빠져들게 됩니다.' 윌슨은 목숨을 걸고 러시안 룰렛을 하는 흑인 사회에서는 우울증은 특히나 더 치명적인 결과를 낳을 수 있다고 설명하고 이렇게 말을

이어갔다. '에이즈, 심장병, 고혈압 등의 여러 신체질환으로 인한 사망자 수보다 훨씬 더 많은 사람을 우울증이 죽음으로 이끌고 있다고 저는 생각합니다. 왜냐하면 우울증은 이 모든 질환을 야기하기 때문입니다.' 청중은 경악했다. 그러나 정신보건협회 이사인 아니타 쉘든에 따르면, 회의가 끝난 후 윌슨에게 다가와 이야기를 나눈 사람 중에 그의 병에 대해 이야기를 한 사람은 한 명도 없었다고 한다.

윌슨은 공개적인 자리에서도 이상한 행동을 하거나 침울해 보이는 일이 점점 많아졌지만, 대부분의 사람은 별것 아닌 감정의 기복이라고 생각했다. 워싱턴 DC 케이블 방송국에서 진행하던 프로그램의 마지막 촬영에서 윌슨은 웃다가 갑자기 말문을 닫았다가 두서없는 말을 내뱉는 행동들을 반복했고, 마지막으로 이런 멘트로 방송을 끝냈다. '그럼 다음 주에 뵙겠습니다. 아마도요.'

5월12일, 캐피털 힐에서 열린 콜롬비아 특별구 예산심의 공청회에서 윌슨은 준비해 놓은 연설 원고를 치워버리고('이걸 쓴 사람들은 내가 이 원고를 읽지 않으면 죽을 텐데. 그러니까 그 사람들은 죽게 될 거야.'), 즉흥적으로 두서없는 말들을 쏟아냈다.

'의장님, 저는 지금 정치 인생의 마지막 순간에 서 있습니다. 저는 지금 정치 인생의 마지막 골목에 접어들고 있습니다. 지금까지, 그렇죠, 이 18년 동안 정부에 헌신해 왔으며... 따라서 의장님, 저는 오늘 지치고 힘들고 머리카락도

다 빠진 노인으로서 콜롬비아 특별구 재정의 죽음이 너무나 너무나 두려운 한 사람으로서 여러분 앞에 섰습니다.… 저는 두렵습니다. 이제 뭘 해야 할지도 모르겠습니다.'

스스로 목숨을 끊기 전날, 윌슨은 사람들로 가득한 공청회의 의장을 맡았다. 그는 명쾌한 발언으로 공청회 진행을 이끌어가다가도 다음 순간에는 종잡을 수 없는 발언을 내뱉는 등 혼란스러운 모습을 보였다. 그러다가 윌슨은 TV 카메라와 공청회장을 가득 메운 사람들 앞에서 갑자기 분노를 폭발시키며 난폭한 발걸음으로 나가버렸다. 그 후 다시 공청회장으로 돌아왔지만, 그의 입에서 나오는 말들은 두서가 없고 지리멸렬했다. 그렇지만, 적어도 그의 친구 한 명은 그의 표정이 밝았다고 했다. '세상 어떤 근심거리도 없는 것처럼 보였다' 고 했다. 다음 날, 그가 출근하지 않았다는 것을 안 운전기사와 그의 아내는 자택으로 달려갔고 지하실에서 목을 맨 채 죽어 있는 그를 발견했다.

뛰어난 정치인이자 저명한 시민운동가였으며, 볼티모어 오하이오 철도 짐꾼의 아들로 태어나 야심만만하게 성공을 손에 쥐었던 존 윌슨은 자신의 손으로 스스로 목숨을 끊었다. 그는 우울증으로 죽었다. 세상 사람들이 자신의 병을 안다면, 또 우울증으로 입원한 적이 있다는 것을 안다면 어떻게 반응할지에 대한 두려움이 그를 죽음으로 몰아넣었다. 그의 병 때문에 주위 사람들이 어떻게 그에게 도움의 손길을 뻗어야 할 지 모르게 만들었기 때문에, 신경쇠약으로 예측할 수 없는 행동을 하는 공직자에게 어떻게 대처해야 하는지 아는 사람이 없었기 때문에 그는 죽었다. 정신보건법이 시민의 자유를 보장해주었지만, 생명까지는 지켜주지는 못했다. 그래서 윌슨은 죽었다. 우리가 심각한 정신질환이나 중독, 자살에 대해 사회적 차원에서 관용으로 이해하며 대처하지 못했기 때문에 그는 죽었다.

이 사회가 어떻게 했더라면 그가 입원을 받아들일 수 있었을까? 어떤 사회적 장치가 있었더라면, 그가 지하실 파이프에 매달려 죽으려고 생각하지도, 할 필요도 없었을까?

의사들은 원래 사람들의 생명을 구하는 전문가지만 동료의사나 자기 자신을 구하는 능력까지 뛰어난 것은 아니다. 우선 생각해 보아야 할 것은, 의사의 자살률이 일반인보다 두 배나 높다는 사실이다. 특히 자살 위험이 높은 것이 정신건강의학과와 마취과 의사들인데 그중에서도 특히 위험한 것이 여의사이다. 실제로 여의사의 자살률은 일반인의 세 배에서 다섯 배나 더 높다(여자 심리학자, 화학자 등(교사는 제외)도 자살률이 높다. 같은 전문직이라도 남자의 경우는 여자만큼 자살률이 높지 않다. 그 이유는 경쟁이 심한 '남자들의 세계'에 뛰어들어 성공을 거둔 여자는 때때로 기분장애와 연관되는 높은 활력과 격한 기질 등의 선행요인이 있는 것인지도 모른다. 또 이런 여자들은 육아, 동료 또는 환자들의 편견, 개인생활과 직장생활의 딜레마 등 남자보다 훨씬 큰 스트레스를 경험한다. 또 의사나 연구자는 치사도가 높은 자살 방법을 손에 넣기 쉬운 환경에 있다는 점도 이유가 될 수 있을 것이다).

의사는 혼자서 자신의 괴로움과 싸워야만 하는 경우가 많다. 대부분의 의사는 남에게 도움을 청하는 것을 힘들어 한다. 아니, 그 이전에 도움을 청할 필요가 있다는 것을 인정하는 것조차도 힘들어 한다. 원래 의사는 자립적이어야 하고 생명과 관련된 결단력과 설명하는 능력을 갖춰야 하며 타인의 고통을 이해하고 달래줄 수 있도록 훈련을 받은 사람들이기 때문이다. 의사들이 속해있는 시스템은 자신에게 필요한 치료를 찾아보려는 마음조차 생기지 않을 정도로 폐쇄적이다. 중독성이 높고 치명적인 약물이 바로 손닿을 데에 있는데다가 스트레스와 우울은 일상이고, 피로와 판단력 저하의 원인이자 정신질환의 도화선이 되기도 하는 수면부족의 나날들이 이어지는 환경에 처해있다는 취약점도 있다. 이런 환경에서 제대로 된 치료가 아닌, 알코올이나 불법약물, 또는 기분 전환 약제들로 자가치료를 하는 것은 파멸적인 결과를 초래할 수 있으나 현실적으로는 이런 일들이 자주 일어난다.

의사는 자신이 담당하는 환자를 돌보는 동시에 자신과 동료의사들의 건강도 돌봐야 한다. 또 정신질환과 자살에 대한 사회의 시각과 편견도 감당해야 한다. 의사들은 연민을 가지고 과학적 지식을 토대로 신체질환 환자를 치료하지만 정신질환 환자를 치료할 때에도 항상 이런 자세로 임한다고는 할 수 없다. 환자의 자살이나 자살행동이 눈앞에서 벌어지면 의사들은 때때로 이를 이해할 수 없는 행동 또는 끔찍한 행동이라고 받아들인다. 예일 대학의 외과 교수 셔윈 누랜드는 이렇게 설명한다. '자살자의 가족이나 친구에게는 이해가 되지 않겠지만 제일 먼저 자살자의 시신을 마주하게 되는 의사로서는 그 외에도 달리 고려해야 할 사항들이 있는데 이 고려

사항들이 연민을 가로막기도 합니다. 자신의 삶을 타인의 병을 고치는 데 헌신한 의사의 입장에서 보면, 이런 극단적인 자기 파괴적 행동은 너무나도 당혹스럽죠. 이 당혹감 때문에 자살자에 대한 동정심이 희미해지거나, 아예 사라지기도 합니다. 제삼자인 그들은 환자의 자살에 당혹하고 좌절하며 그 어리석은 행동에 분노를 느낄 수는 있겠지만 슬픔을 느끼는 일은 없다고 생각됩니다. 그런 의사가 아예 없는 것은 아니지만 이는 극소수에 불과하다. 물론 정신적인 충격은 받습니다. 연민을 느끼는 경우도 있겠지요. 하지만 자살을 애통해하는 의사는 거의 없습니다.'

자살자의 3분의 1 이상이 죽기 1주일 전부터 50% 이상은 1개월 동안 병원에 다닌다. 그러나 거의 대부분이 자살 충동을 느끼고 있다는 것을 의사에게 털어놓지 않았고, 의사도 이에 대한 질문을 하지 않았다. 앞에서도 설명했듯이 정신보건 전문가라도 자살 충동이 있는 환자를 걸러내서 적절한 치료를 하는 것은 결코 쉬운 일이 아니다. 이런 이유에서 일부 의사들은 전문의가 아닌 일반의가 자살 충동이 있는 환자의 선별검사나 치료를 하는 현 의료체제에 회의적인 눈길을 보내고 있다. 또 일반의들이 환자에게 자살에 대해 섣불리 질문했다가, 괜히 자살을 부추기는 결과를 낳을지도 모른다는 생각에서 벗어나지 못하는 사람도 있다. 일반의에게 우울증을 구분해 내는 방법이나 치료법을 교육함으로써 자살률을 줄일 수 있다는 것은 지금까지 몇몇 연구조사에서 밝혀진 바 있다. 1980년대 초반, 스웨덴의 '우울증 예방 및 치료 위원회'는 스웨덴 고틀랜드 섬의 모든 일반의를 대상으로 교육프로그램을 실시했다. 일반의들이 우울증의 원인, 분류, 치료법 등에 대한 포괄적인 강의를 받도록 하고, 이와 병행하여 아동, 청소년, 성인 등의 진단과 치료 등 임상현장의 구체적인 분야에 대한 정보도 제공했다. 추적조사에 따르면 집중교육 프로그램을 수강한 일반의들은 이전에 비해 우울증 환자를 제대로 골라내서 정확한 치료를 할 수 있게 되었고 그 결과, 고트랜드 섬의 자살률은 전국 평균보다 낮아졌다. 특히 우울증이 원인이 된 자살률이 감소했다. 자살률 변화의 통계기법과 변화의 지속성을 둘러싸고 논란이 있기도 했지만, 이 연구조사의 결과는 많은 공중보건 관계자들의 주목을 끌었다. 이들은 말 그대로 주요 사망원인 중 최대의 난제였던 자살에 교육 프로그램이 효과적인 대책이 될 수 있다는 것에 크게 고무되었다.

개인병원의 일반의에 비해 자살위험도가 매우 높은 환자와 자주 그리고 직접적으로 대면하는 종합병원의 의사들은 자살방지에 훨씬 더 큰 책임을 져야할 입장에 놓여 있다. 예를 들면, 응급실에 실려온 자살기도자(즉, 자살할 위험이 높은 환자)를 담당하는 것은 응급의학과 의사들이다. 이 때문에 미국 자살예방협회는 정신건강의학과를 포함한 모든 의사들에게 임상적으로 중요한 자살 예측인자와 자살예방을 위해 의료진이 해야 할 최소한의 조치를 알려주는 포스터를 개발하여, 미국 전역의 응급센터에 비치했다. 정신보건 분야에 대한 전문적인 지식이 없는 의사들과 환자들에게 정보를 제공하는 이런 시도들은 많지는 않더라도 생명을 구하게 할 수 있을 것이다.

그러나 현재 일반의들이 주로 담당하고 있는 우울증 환자의 선별검사는 지금까지 별다른 효과가 있었다고는 볼 수 없는 상황으로,

미국의 질병통제예방센터나 선별검사의 타당성 조사를 위해 설치된 캐나다 특별전담팀도 이를 권장하고 있지는 않다. 하지만 앞으로는 컴퓨터를 활용한 자동화 면담을 실시하여 바쁜 개업의에게 시간적인 부담을 주지 않으면서 환자의 자살 충동이나 알코올 섭취량 등에 대한 보다 정확한 정보를 파악할 수 있는 기법이 일상화될 것으로 예상된다.

자살위험이 높은 환자를 선별해서 적절한 치료를 제공하기 위해서는 의사뿐만 아니라 당연한 이야기지만 많은 사람과 단체의 힘이 필요하다. 1991년부터 시행되고 있는 '미국 우울증 선별의 날' 행사는 원래 매사추세츠의 한 병원이 시범프로그램으로 시작한 기획이었다. 매년 10월이면 미국 전역의 수천 개 클리닉, 병원, 도서관, 기업, 쇼핑몰 등에서 희망자에게 간단한 우울증 체크리스트를 작성하도록 하여 자살예방에 도움을 주고 있다. 응답자가 치료를 원하거나, 검사 결과 우울증의 가능성이 있는 등, 전문가의 자세한 평가가 필요하다고 판단되는 경우에는 필요한 대책이 취해진다(이 검사를 받은 사람 중에 우울증이 의심된다는 진단이 나온 사람 중 20%가 심각한 우울 증상에 시달리고 있었지만, 검사를 받을 당시 어떤 식으로든 치료를 받고 있던 사람은 10%에 불과했다).

91년부터 지금까지 이 프로그램에 참가하여 선별검사를 받은 사람은 40만 명 이상으로 그 대부분은 자살 위험이 상당히 높은 상태였다는 것이 밝혀졌다. 얼마 전, 미국 전역에서 판매되는 잡지 《퍼레이드》에 상담자 전화번호와 우울증 체크리스트가 실리자, 잡지 발매 후 2주 만에 10만 건이 넘는 전화가 걸려왔다.

오늘 자살기도자는 내일 자살자가 될 수 있습니다

가장 자살위험이 높은 자살기도자

자살력	여전히 자살을 생각하고 있다 자살기도 경험이 있다
정신상태	우울증, 조증, 경조증, 중증의 불안감, 또는 이 모든 증상이 혼재되어 있는 상태 약물남용, 또는 기분장애와 관련된 약물남용 자극과민, 초조함, 다른 사람에게 폭력적인 위협을 하거나 망상 또는 환각이 있다.
인구학적 특징	남자, 독신

상기 조건에 해당하는 환자는
정신의학적 평가를 하기 전까지는 퇴원시키지 마십시오.

우울증 징후	우울증에 동반된 조증, 경조증 징후
항상 우울한 기분이다. 일상적인 활동에 대한 관심이나 기쁨이 없다. 체중이 줄거나 늘었다. 잠을 못 이루거나 너무 많이 잔다. 안절부절 못하거나 동작이 느리다 피곤해하고 활기가 없다. 무가치감 또는 죄책감을 느낀다. 자존감이 낮고 자신에게 실망한다. 미래에 희망을 느끼지 못한다. 집중을 못하거나 결정을 못한다. 반복적으로 죽음을 생각한다. 자극과민하고 작은 일에도 화를 낸다.	의기양양하거나, 과대하거나, 과민한 기분이다. 자존감이 너무 높고, 과대망상 수면욕구가 적다. 평소보다 말이 많아지거나 계속 말을 한다. 생각이 연달아 일어나 난무한다. 이야기 도중에 갑자기 주제를 바꾼다. 산만하다. 다양한 활동에 과도하게 참여한다. 초조하거나 안절부절 못한다. 성욕과잉, 과소비, 자신을 억제하지 못하고, 아무 말이나 한다.

환자를 퇴원시키기 전에 다음 사항을 체크합니다.

- 총이나 치명적인 약물을 안전하게 보관했는지, 또는 치워놓았는가?
- 환자를 보살펴줄 사람이 있는가?
- 정신건강 전문가에게 추적 진료 예약을 했는가?
- 긴급 시에 연락할 수 있는 의사의 이름과 전화번호를 알고 있는가?

〈 **응급실 포스터**(출처: 미국자살예방협회 제공) 〉

그러나 이 중 어떤 식으로든 치료를 받은 사람은 극소수에 불과했다.

앞으로 자살 위험 판단에 생물학적 검사가 이용될 것은 확실하다. 그러나 특정 유전자 표시나 세로토닌 기능 측정, 자살 위험 증가와 관련되는 신경화학적 및 해부학적 변화를 알아보는 신경영상검사 등의 검사들을 통해 예측할 수 있는 범위는 극히 한정적일 것이다. 어떤 방법이 되었든 임상적 윤리적 문제에서 자유롭지 못할 것이기 때문이다. 검사 결과의 해석에 애매모호함이나 부정확함은 피할 수 없을 것이고, 그 구체성과 예측가능성 역시 불확실한 것이다. 검사를 받은 개인이나 그 가족에게 심리적인 영향(아마 고용이나 보험가입에서도)을 미칠 것이고, 검사 비용과 접근성의 형평성을 둘러싼 문제도 생길 것이다. 그렇다고 해도 만약 이런 검사가 가능해져서, 자살을 예측하거나 그럴 위험이 높은 환자를 선별해 내는 전문가의 능력을 한층 높여준다면 자살 예방이나 치료에서 큰 진보가 이루어질 것이다.

하지만 현 단계에서 우리가 알고 있는 것이라고는 어떤 사람들은 스스로 목숨을 끊을 위험이 특히 높다는 것 뿐이다. 여기서 말하는 '어떤 사람들' 에는, 심각한 자살기도 경험이 있는 사람, 우울증, 조울병, 알코올중독, 조현병, 인격장애를 앓고 있는 사람, 정신병원에서 퇴원한지 얼마 안 되는 사람, 형무소나 구치소에 수감되어 있는 사람(특히 정신장애가 있거나, 독방 또는 너무 과밀한 공간에서 생활하는 수형자), 경찰관, 노름꾼, 실직 중인 사람, 동성애자와 양성애자(자살기도율은 이성애자보다 높지만 자살률에 대해서는 정확한 자료가 없다), 아메리칸 인디언, 알래스카의 청소년, 그리고 최근 증가세를 보이는 흑인 남성 등이 포함된다. 전 세계적으로는 중국의 젊은 여성과 미크로네시아의 청년층의 자살률이 특히 높다고 알려져 있다.

지금까지 학교, 지역사회, 정부가 각각의 방법으로 자살위험이 높은 고위험군 뿐 아니라 일반인들까지도 위협하는 자살문제에 대처하기 위해서 노력해왔다. 하지만 그 성과에는 큰 차이가 있다. 학교현장에서 이루어지는 자살예방교육은 대부분 의도는 좋지만 모든 학교에서 효과를 올리고 있다고 볼 수 없으며, 이 중에는 정확한 정보 제공이 되지 않아 오해를 부를 수도 있는 내용의 프로그램도 있다. 이뿐 아니라 때로는 오히려 해로운 경우도 있다. 물론 연구자 중에는 자살에 대한 아이들의 생각이나 편견이 개선되었다고 보는 사람도 있고, 자살행동이 감소했다는 보고가 발표되기도 했다. 그러나 호주, 캐나다, 미국의 정부 조사에서는, 현재 시행되고 있는 자살예방 프로그램의 유용성에 의문을 제기하는 보고서가 제출되었다. 일례로 호주의 보고서는 자료들이 '자살방지 프로그램을 교육과정과 연계하는 근거가 되지 못하며, 이 프로그램을 중등교육 현장에서 의무화하는 이유도 제시하지 못하고 있다' 고 결론을 내리고 있다. 마찬가지로 캐나다에서는 '청소년을 위한 자살예방 프로그램의 실시 근거로는 불충분한 증거들' 이라고 지적했으며, 청소년을 위한 자살예방 프로그램에 대한 미국의 포괄적인 조사에서도 이런 교육프로그램을 의무화하는 것은 '타당성 없음' 이라고 보고했다.

어째서 이렇게 신통치 않은 결과가 나온 것일까? 현행 프로그램 자체에 무슨 문제가 있는 것일까? 아니면 이 프로그램뿐 아니라 청소년을 대상으로 한 교육이 원래 어려운 것일까? 현행 프로그램의 문제들이 확인되고 성공 사례들도 존재한다는 사실은 학교 현장의 노력들이 아직 그 가능성을 충분히 실현하지 않았음을 시사한다.

몇 년 전 잡지 《미국 심리학자》에 발표된 광범위하고 비판적인 학교 중심 자살예방교육 프로그램 분석에서는 몇 가지 구체적인 비평을 하고 있다.

> 교과 과정의 일환으로 시행되는 많은 자살예방프로그램에는 청소년 자살의 위험요인에 대한 최신 정보가 반영되어 있지 않다. 자살을 기도하는 대부분의 청소년은 정신질환을 앓고 있다는 사실이 경시 또는 무시된 이런 프로그램들은 오히려 사실을 잘못 전하고 있는 것이다. 이렇게 함으로써 자살에서 오명을 벗겨 낸다고 생각할지 모르지만, 실제로는 자살행동을 정상적인 것처럼 보이게 하고 보호망이 될 수도 있는 금기들을 줄여가고 있는지도 모른다. 자살예방교육에는 자살에 대한 인식 확대와 문제의식 고취라는 목적이 있기 때문에 때때로 청소년의 자살률을 실제보다 높게 알려주기도 한다. 그런데 이렇게 잘못된 정보를 주게 되면 학생들은 자살이 생각했던 것보다 더 일반적인 것이며, 사회적으로도 용납되는 행위일지도 모른다는 잘못된 생각을 가질 수 있다는 문제가 발생한다. 자살발생률을 부

풀렸다는 것만 봐도 자살예방프로그램의 개발자들이 청소년 자살이 갖는 모방 또는 전염효과에 관한 학술 논문에는 별 신경을 쓰지 않았다는 것을 알 수 있다. 또 한 가지 문제는 활자나 영상자료를 이용하여, 자살을 기도한 청소년(자살자, 자살기도자를 모두 포함)의 사례를 소개하는 내용이 포함되어 있다는 점이다. 원래는 학생들에게 자살행동을 할 가능성이 있는 친구를 판별해내는 방법을 알려주기 위한 것이었지만 학생들이 사례에서 묘사된 상황을 자신의 현실과 동일시하다가 자살이 자신의 문제를 해결할 수 있는 현실적인 해결책이라고 생각하게 될 가능성이 있다는 점에서 역효과일 수 있다. 마지막으로 현실적인 차원에서 자살예방프로그램은 원래 그 대상으로 삼는 학생들, 즉 가장 자살위험이 높은 청소년에게는 제공되지 않을 수도 있다는 문제가 있다. 극단적으로 자살률이 높은 것은 수감 중이거나 도피 중인 청소년, 또는 학교 중퇴자이기 때문이다.

다른 연구자들과 의사들도 학교 중심의 자살예방프로그램을 비판했는데, 문제로 지적된 것은 원래 목표로 했던 대상 (자살 위험이 높은 학생)만 대상이 되는 것이 아니라 굳이 교육을 받지 않아도 될 일반학생들까지 교육을 받게 된다는 것과 정보의 부정확함이다. 학교에서 이루어지는 115개의 자살예방 프로그램을 상세하게 조사한 연구에 따르면, 그 대부분 학생들이 받은 교육시간은 약 2시간 미만이며, 내용도 대부분이 자살의 '스트레스 가설' 에만 초점을 맞추고 있다는 것이 밝혀졌다. 즉, 자살은 극단적인 스트레스에 대한 반응이며, 따라서 본질적으로는 심한 스트레스를 받으면 자살은 누구에게나 일어날 수 있다는 식으로 자살을 설명하고 있는 것이다. 이 조사대상이 된 프로그램 중에 자살은 일반적으로 정신질환 때문에 일어난다는 견해를 제시한 내용이 포함되어 있는 것은 불과 4%였다. 또 '자살기도 경험이 있다고 한 학생 (조사대상자 약 11%)은 그렇지 않은 학생에 비해 자살예방교육에 대체적으로 부정적인 반응을 보였고, 대다수의 학생은 프로그램이 재미없다 또는 도움이 되지 않는다고 생각하고 있었으며 프로그램 때문에 당혹스러워 하는 학생들도 있었다. 자살을 기도했던 경험이 있는 학생들을 보면, 자살예방프로그램에 참여하지 않은 학생보다 프로그램에 참여한 대부분의 학생이 오히려 자살에 대한 자신의 관심을 다른 학생들에게 말하고 싶지 않다고 생각하고 있었으며 자신의 문제는 정신보건 전문가도 해결해주지 못할 것이고, 그래서 자살이 그런 문제를 해결할 수 있는 합리적인 선택이라고 했다.'

이런 결과는 무척 실망스럽지만, 자살예방프로그램의 과제를 지적하고 있다는 점에서는 의미가 있다. 확실한 것은 '우선, 해를 끼쳐서는 안 된다' 라는 의료인들의 금언이 학교에서 이루어지는 모든 자살예방프로그램의 핵심이 되어야 한다는 점이다. 또한 학교당국이 자살을 미화해서는 안 되며 정신질환과 알코올 및 약물남용의 인식과 치료를 위한 교육과 선별검사를 기본적인 목표로 삼아야 한다는 것이다.

뉴욕 콜롬비아 대학 데이비드 셰퍼 교수팀은 고등학생들의 자살

예측인자를 효과적으로 검사할 수 있을 것으로 기대되는 체계적인 프로그램을 개발했다 (이 프로그램은 자살에 대한 강의를 하지 않고, 교사나 학생들에게 '정신보건 전문가처럼 행동해야 할' 책임도 강요하지 않는다). 이 프로그램은 우선 학생들에게 자기보고형 설문지를 작성하도록 하고, 그 결과 자살 위험이 있을지도 모르는 학생들에게는 자동화된 컴퓨터 진단 면담을 실시한다. 이어서 컴퓨터가 산출해 낸 '진단결과'를 받아본 의사가 그 학생에게 직접 문진을 해서 치료 필요성이 있는지 여부를 판단하는 단계별 검사가 이루어진다. 치료가 필요하다고 판단되는 경우에는 사례관리자가 부모에게 연락해서 필요한 조치를 할 수 있도록 도움을 준다.

셰퍼 교수팀의 프로그램은 자살 위험이 있는 학생을 판별해서 치료를 받을 수 있게 하는 데 큰 효과를 올리고 있다(선별검사 과정에서 우울증이 확인된 학생 중 치료를 받고 있던 학생은 3분의 1에 불과했다. 또 자살기도 경험이 있는 학생 중 현재 치료를 받고 있다고 대답한 학생은 50%에 지나지 않았다). 이 프로그램은 현재 남아프리카 공화국, 호주, 미국의 학교를 포함한 세계 70개 이상의 기관에서 이용되고 있다.

영국의 자원봉사조직인 '사마리탄'이나 미국의 '자살예방센터'처럼 지역사회가 중심이 되어 실시하는 자살예방프로그램도 자살률을 낮추는 데 확실한 효과가 있다고는 보기 어렵다. 초기 조사에서는 '자살예방센터'가 설치된 지역에서는 자살률이 떨어질 가능성이 있다는 보고가 나왔지만, 그 후에는 실질적으로 모든 조사에서 효과는 거의 없거나 미비한 수준에 그쳤다. 이런 결과는 많은 면에서 예측과 어긋나는 것이지만 그렇다고 해서 놀랄 일은 아니다. 자살예방센터나 소위 생명의 전화는 많은 사람에게 도움이 되는 것이 사실이지만, 아주 심각한 우울증으로 고통 받는 사람들이나 자살 충동을 느끼는 사람들은 거의 이용하지 않는 경향이 있는데, 대부분의 자살은 누군가에게 자신의 고통을 토로할 새도 없이 충동적으로 이루어지기 때문이다. 자살예방센터에 전화를 거는 대부분의 사람들은 도움은 필요하나 자살 위기에 처한 사람은 아니었다.

자살예방은 임상적인 문제에만 그치지 않는다. 사회적 차원에서도 자살에는 전염성이 있으며, 특히 젊은 층에서는 간접적인 영향이 확대되기 쉽다는 점을 인식하고 한 사람의 죽음이 여러 명의 죽음으로 확산되지 않도록 노력해야 한다. 자살의 전염성 특히 자살이 연속적으로 발생할 가능성이 있다는 것은 수백 년 전부터 입증된 사실이다. 고대사회처럼 자살자를 처벌하면 부분적인 억제력이 있다는 것도 알려져 있다. 그리스 로마 시대에 병사나 시민 사이에서 자살이 확산됐던 시기가 있었고, 바이킹 사회의 오딘 숭배자들 사이에서도 자살이 유행했던 적이 있었다. 이럴 때 지도자의 결단력 있는 행동이 비극의 확산을 막기도 했다.

일례로, 기원전 600년경, 당시 로마 황제가 자살자의 시신은 십자가에 못 박아 길거리에 내건다고 선언하자 병사들 사이에서 확산되던 자살이 종식되었다. 또 기원전 4세기에는 그리스의 젊은 여성들 사이에서 자살이 확산되자, 이를 막기 위해 한 지방 집정관이 '목을 매서 자살한 젊은 여성의 시신은 옷을 찢어 발가벗긴 채로 자살에 사용한 밧줄에 묶어 시내를 끌고 다녀라' 라는 행정명령을 내렸다. 그 후 얼마 지나지 않아 젊은 여성의 자살은 사라졌다. 그로부터 몇 세기 후, 마르세유 젊은 여성들의 자살을 막기 위해 비슷한 법령이 제정되었다. 시신을 발가벗겨 길거리에 내걸겠다는 조항이 자살의 연쇄를 끊는 효과를 발휘한 것이다.

보나파르트 나폴레옹의 정예부대에 소속되어 있던 보병 한 명이 자살을 하자 같은 방법으로 또 한 명이 자살을 하는 사건이 있었다. 나폴레옹은 자살이 확산되는 것을 저지하기 위해 즉각적인 행동을 취했다.

> 글로블랑 보병은 실연의 슬픔 때문에 자살을 했다. 그는 다른 많은 면에서는 훌륭한 남자였다. 최근 1달 동안 우리 군단에서는 두 번의 자살이 일어났다. 나 나폴레옹은 국토 방위군에게 다음과 같은 통보를 내린다. 첫째로, 병사는 실연으로 인한 슬픔과 우울함을 극복하는 방법을 익혀야 한다. 남자답게 마음의 괴로움에 견디는 것은 포화 속에서 물러서지 않고 당당히 싸우는 용맹과 다를 바 없는 용기 있는 행동이다. 저항하지 못하고 그 슬픔에 몸을 던져버리는 것, 슬픔을 잊고자 스스로 죽음을 선택하는 것은 정복되기도 전에 진지를 포기하는 것과 마찬가지 행위이다.

이 명령은 효과를 발휘했고, 그 후 오랫동안 자살이 보고되는 일이 없었다고 한다.

자살에는 원래 모방행위를 부추기는 특성이 있는데, 특히 그 죽음이 대대적으로 보도되거나 미화되었을 때 이런 특성은 더욱 큰 힘을 발휘한다. 1774년 9월, 괴테는《젊은 베르테르의 슬픔》을 발표했다. 한 여성을 향한 사랑 때문에 결국은 권총 자살을 하고 마는 젊은이의 고뇌를 그린 이 소설은 베스트셀러가 되었지만, 그와 동시에 많은 자살을 불러 일으켰다. 푸른색 프록코트에 노란색 조끼를 입은 청년이 총탄에 맞은 시체로 발견되는 일들이 연이어 일어났다. 자살 현장에는 괴테의 이 소설이 굴러다니고 있었다. 자살의 확산을 막기 위해 이탈리아, 독일, 덴마크에서는《젊은 베르테르의 슬픔》에 발매금지 처분이 내려졌다. 1974년, 사회학자인 데이비드 필립스는 자살이 전염되는 현상을 가리키는 말로 '베르테르 효과'라는 용어를 만들어냈다.

자살은 가족이나 지인 뿐 아니라 타인에게도 전염된다. 올리브 앤더슨은 저서《빅토리아 왕조와 에드워드 왕조 시대의 영국인 자살》에서 이렇게 묘사했다.

> 한 가족 안에서 특정 자살 방법이 반복적으로 사용된 사례는 많이 있다. 경험이 많은 검시관은 한 사람의 자살이 같은 수단을 사용한 또 다른 자살을 초래할 수 있다는 것을 알고 있다. 그래서 자살에 사용된 면도칼, 물 컵, 총 등을 유품이라며 돌려받고 싶어 하는 경우에도 절대로 가족에게 돌려주지 않는 것을 철칙으로 하고 있다. 자살에 사용된 도구가 위험한 매력을 가지고 있기 때문이었다. 검시관들은 또 인근지역에서 특이한 수단이 사용된 자살이나, 특이한

장소에서 자살이 발생한 경우, 소문이 확산되지 않도록 노력하기도 했다. 자살이라는 행위 그 자체가 '감정적 전염'의 결과라는 발상에는 여러 가지 의견이 있었지만, 자살 방법이나 장소가 때로 모방된다는 점에 대해서는 대부분이 동의하고 있었다. 자살이 전염되는 곳이 꼭 인접지역이라는 법은 없다. 사건이 일어난 장소와는 상관없이 언론이 선정적으로 또는 '인간적인 흥미'를 유발하는 기사를 전국적으로 내보내면, 후회할만한 치명적인 결과를 유발한다는 사실이 이미 몇 번이나 입증되었던 것이다.

최근에 발생한 연쇄자살도 결코 드물지 않다. 정신병원이나 클리닉에서, 도시 근교(텍사스 플라노, 매사추세츠 레오민스터, 텍사스 클리어 레이크, 미네소타 만카토, 펜실베이니아 벅스컨트리, 버지니아 페어팍스 컨트리, 뉴저지, 사우스 보스턴, 사우스 다코타) 또는 대학 캠퍼스에서 연속자살이 일어났다(일례로 미시건 주립대학에서는 3달 동안 여섯 명이 자살했다). 알래스카의 에스키모 마을, 캐나다의 인디언 거주지, 일본, 영국에서도 연속자살이 일어났는데, 이런 종류의 자살은 말 그대로 자살 형태의 기록을 남기고 있는 세계의 모든 나라에서 확인되고 있다. 연속자살은 주로 젊은 층에서 나타나는 현상이다(하지만 반드시 그런 것은 아니다). 그 메커니즘은 아주 다양하며 논쟁 중인 주제이다. 그 중 모방이 중요한 역할을 하는 것은 확실한데, 누군가의 자살이 안 그래도 자살 성향이 있는 사람의 억제력을 해제시키는 도화선이 되는 것으로 알려져 있다

(예를 들어 텍사스에서 발생한 두 건의 연속 자살사건에 대한 조사를 보면, 한 사례에서는 15개월 동안 같은 학군에 등록되어 있던 십 대 여덟 명이 연달아 자살했고, 또 한 사례에서는 2, 3개월 동안 여섯 명의 십 대 청소년이 자살을 했다. 자살한 청소년들은 대조군의 청소년에 비해 과거에 자살기도, 자살을 암시하는 언동, 자기 파괴적 행동을 한 비율이 높은 경향을 보였다).

또 터무니없는 이유로 자살하는 경우도 있다. 청소년들은 때때로 살면서 받지 못했던 관심이나 용서할 수 없었던 일에 대한 보복을 죽음으로 실현할 수 있다고 생각하거나, 저명인사나 성공한 사람들의 자살을 보고 사회적으로 자살이 용납된다는 생각을 하기도 한다.

많은 연구자는 자살을 대대적으로 보도하는 언론의 태도가 자살행동 증가에 영향을 미치고 있다고 하지만, 그 연관성을 크지 않다고 보는 연구자들도 있다. 그렇기는 해도 대부분의 연구자는 청소년들이 자살 보도에 가장 큰 영향을 받는다는 것을 인정하고 있으며 신문, 라디오, TV, 영화 등 언론매체가 뭐가 되었든, 그 보도내용이나 보도 스타일이 좋든지 나쁘든지 영향을 미친다고 보고 있다. 오스트리아에서는 언론관계자들과 자살문제 전문가의 면밀한 논의 결과에 따라 자살의 유행에 대한 선정적인 보도가 크게 줄었다. 헝가리에서는 1980년대 초반부터, 자살을 주요 뉴스로 다루거나 선정적으로 보도하는 방식은 줄이고 정신질환과 자살의 관계를 중점적으로 보도하고 있다. 독일의 언론도 마찬가지로 자살과 정신장애의 관계에 초점을 맞추는 방향으로 돌아섰다.

1994년, 미국 질병통제예방센터는 자살의 전염 가능성을 최소화하기 위해 언론매체들을 대상으로한 가이드라인을 발표했다. 이 가이드라인은 '자살이 뉴스 가치를 가지고, 대부분 보도되긴 하겠지만, 모든 관계자는 자살보도가 자살의 원인이 될 가능성이 있다고 하는 우려가 과학적 근거에 의한 것임을 알아야 한다.' '공무원들과 뉴스 미디어는 자살에 대해 무엇을 말하고, 무엇을 보도할 것인지를 신중하게 생각해야 할 것이다' 라고 강조하고 있다. 이 센터는 어떤 식의 뉴스 보도가 자살의 유행을 조장할 가능성이 있는지 구체적인 예를 들고 있다.

● 자살의 원인을 단순화하는 보도

자살은 한 가지 요인이나 사건에 의한 결과가 아니라 많은 요인이 복합적으로 작용한 결과이며 과거의 심리적, 사회적 문제가 영향을 미치는 경우가 많다. 공공 직원들과 언론매체들은 최종적으로 자살을 초래한 요인이 된 사건이 자살의 유일한 원인이 아니라는 점을 신중하게 설명해야 한다. 대부분의 자살자는 과거에 정신적, 사회적 문제들을 겪었던 사람들이지만 자살 직후의 혼란 속에서는 이 부분들이 무시되는 경우가 많기 때문이다. 자살을 유발했을 가능성이 있는 문제를 열거할 필요는 없지만, 그런 문제들이 '있었다' 는 것을 짚고 넘어가는 보도 방식이 권장된다.

● **반복적이거나 지속적이고 과장된 보도**

반복적이고 계속적인 보도 또는 주요 뉴스로 자살을 다루는 것은 자살 위험이 높은 사람들, 특히 15세에서 24세까지의 젊은이들에게 자살에 대한 관심을 조장하고 지속시킬 가능성이 있다. 이런 관심이 자살의 전염으로 이어질 수 있다는 증거들이 나오고 있다. 전문가들은 이런 식의 보도와 자살전염의 가능성 간의 연관성에 대한 정보를 언론에 제공할 수 있어야 한다. 공공직원과 언론매체의 대표자는 뉴스 가치가 있는 자살사건의 보도 방식을 바꾸어 가기 위해 다양한 접근법에 대해 논의해야 할 것이다.

● **자살을 선정적으로 보도하는 뉴스**

자살사건 보도는 그 특성상 일반대중에게 자살에 대한 관심을 불러일으키게 한다. 이것이 자살의 전염성과 그 이후의 연속자살에 영향을 미친다고 지적하는 학자들이 많다. 공공직원들은 자살을 공개적으로 이야기할 때에 처참한 상황 설명을 가능한 자제함으로써 선정성을 최소화해야 한다. 뉴스 미디어는 자살사건을 주요 뉴스로 다루지 말고, 자살과 관련된 극적인 사진들(예를 들면, 장례식, 개인의 침실, 자살 현장 등의 사진)은 게재하지 않도록 노력해야 한다.

● 자살방법에 대한 자세한 보도

자살 방법을 상세하게 보도하는 것은 좋지 않다. 예를 들어, 어떤 사람이 일산화탄소 중독으로 사망했다고 보도하는 것은 딱히 문제가 되지 않지만, 그 방법과 순서를 상세하게 보도하는 것은 자살위험이 있는 사람들에게 자살행동을 유발하게 할 수 있다.

● 자살을 어떤 목적을 달성하기 위한 수단으로 설명하는 보도

일반적으로 자살은 정신적으로 불안정하거나 우울증에 시달리던 사람들이 저지르는 매우 드문 행동이다. 자살을 개인적인 문제(실연이나, 부모에 대한 반항 등)에 대처하는 수단으로 보도하는 것은 자살 위험이 있는 사람들에게, '문제의 해결법' 을 잘못 알려주는 것이 될 수도 있다. 개인적인 문제가 자살행동의 도화선이 되곤 하는 것이 사실이지만, 자살에는 이 외에도 정신병리학적인 문제가 반드시 복합적으로 작용한다. 만약 자살을 특정한 목적을 달성하기 위한 효과적인 수단인 것처럼 보도를 하게 되면, 자살 성향이 있는 사람들은 이를 매력적인 해결법이라고 받아들일 수 있다.

● 자살 또는 자살자를 미화하는 보도

지역사회의 애도(추도연설이나 조기 게양, 기념비 건립 등)에 대한 보도를 최소화하면, 언론으로 인한 자살전염성이 줄어들 것이다. 사회의 슬픔을 대대적으로 보도하는 것은 자살 성향이 있는 사람들에게 죽음에 대한 애도라기보다 자살행동 그 자체를 찬양하는 것처럼 보일 수 있기 때문에 자살의 전염성을 높일 수 있다.

● **자살자 생전의 긍정적인 모습에 초점을 맞추는 보도**

유족이나 친구들의 슬픔을 나누기 위한 내용 보도가 자칫하면 자살자 생전의 긍정적인 모습만을 부각시키는 방향으로 흐를 수 있다. 자살자가 안고 있던 문제나 고민을 언급하지 않은 채, 친구들이나 은사가 '멋진 청년 이었다' 라거나, '전도유망한 학생 이었다' 라고 회고한 부분을 인용하여 보도하다 보면 뉴스가 고인을 칭송하는 발언만 담게 될 우려가 있다. 이와 동시에, 그가 안고 있던 문제들도 함께 보도하지 않으면 자살 위험이 높은 사람들은 자살을 매력적인 행동으로 받아들일 수 있다. 특히 남에게 칭찬을 받거나 인정을 받은 경험이 적은 사람일수록 이런 보도에 크게 영향을 받을 수 있다.

이런 가이드라인을 비롯한 여러 다른 시도들을 통해 질병통제예방센터는 공중보건 당국의 적극적인 리더십으로 어느 정도 효과를 올릴 수 있다는 것을 입증했다.

이 외에 사회적으로도 자살을 줄일 방법이 있다. 그중에서도 가장 주목할 만한 것은 치명적인 수단을 구하기 어렵게 하는 방법이다. 미국이 지금 마련하려고 계획하는 대부분의 안전대책은 다른 나라에서는 이미 예전부터 시행되고 있는 것들이다. 올리브 앤더슨은 현대의 자살예방대책의 원형으로서 18, 19세기에 자살 위험이 있는 사람들을 돕기 위해 설립되었던 사회조직들을 들고 있다. 예를 들면, 18세기 말 영국 경찰은 자살을 막기 위해 런던의 공원이나 다리를 주기적으로 순찰했으며, 19세기 중반에는 영국의회가 독약 사용 가능성을 제한하는 여러 법률들(1851년 비소법, 1868년 독극물 판매 및 제약법)을 통과시켰다. 새로운 기술이 개발되면, 필연적으로 새로운 자살 방법(청소용 석탄산, 사진현상에 사용되는 시안화칼륨, 가스 조리기, 새로 개발된 농약, 철도 등을 이용한 자살)이 나타나지만, 이를 규제하는 법률들은 좀처럼 그 속도를 따라가지 못한다. 총기 사용은 규제가 가능하고 실제로 규제되고 있는 지역도 많지만, 면도날이나 밧줄, 철도 노선을 규제하는 것은 불가능하다.

20세기 들어선 후에도 치사도가 높은 자살 방법을 구할 수 있는 기회를 줄이려는 다양한 시도들이 이루어졌다. 가정용 가스의 일산화탄소 함유량의 대폭적인 감축, 정화용 배기 촉매 장치의 도입, 바비튜레이트 등 독성이 강한 약물의 처방 규제, 독성이 적은 항우울제 개발 등이 모두 이런 노력의 일환이다. 이를 통해 자살에 이용하는 방법에 변화가 일어난 것은 확실하지만, 어떤 방법을 쓸 수 없게 되었다고 해서 자살을 포기한 것이 아니라 다른 방법을 사용하게 된 것에 불과하다는 지적도 나오고 있는 등, 설득력 있는 결론은 나오지 않은 채 여전히 뜨거운 논쟁이 이어지고 있다. 가정용 가스의 유해성분 제거나 치명적인 약물 구입 규제 등의 조치로 일부 국가에서 자살률이 감소한 것은 사실이다. 대부분의 사람은 바로 다른 방법으로 바꾸어 자살을 기도하지는 않지만 그런 사람이 있는 것도 사실이다. 어떤 자살 방법에 대한 규제가 다른 방법의 사용증가에 어느 정도 영향을 미치는지는 확실하지 않으며, 또 자살률의 증감을 한 가지 이유로만 설명하는 것은 거의 불가능에 가까운 일이다. 일례로, 페레스토로이카 시절, 당시 소련 총리였던 미하일 고르바초프가 대규모 알코올 소비규제 캠페인을 벌인 적이 있다. 그리 길지 않았던 캠페인 기간에 술값은 천정부지로 뛰어올랐고 이에 따라 알코올 판매량은 급감했다. 그리고 자살률도 크게 감소하여 1984년부터 1988년까지 5년 동안 자살률은 그 이전에 비해 35%나 줄어들었다. 알코올이 우울증이나 충동적인 행동에 미치는 영향을 고려하면, 자살률 하락과 알코올 소비규제에 어느 정도의 상관관계가 있다고 보는 것이 타당할 것이다. 그런데 이 시기는 소련의 사회적 대혼란기이기도 했던 탓에 전체적인 사망률이 증가되어 있었다. 공중보건에 미치는 다양한 요인들 속에서 복잡하게 뒤얽힌 사회적 요인들을 따로따로 구별해내기란 어려운 일이다.

총기 규제(이보다는 덜 엄격하지만, 알코올 규제 역시)는 찬반이 극명하게 갈리는 문제이다. 예를 들어, 미국에서는 총기 규제 문제가 거론될 때마다 열띤 논쟁이 전개된다. 그러나 1996년 미국에서 발생한 자살의 60%가 총기를 이용한 것이었고, 그 수는 같은 해에 총기로 살해당한 사람 수보다도 많았다. 일련의 연구를 통해, 총기 소지가 자살, 특히 젊은이들의 자살과 밀접한 관계가 있다는 사실이 점점 더 확실해지고 있다. 쉽게 손에 넣을 수 있는 치명적인 자살 수단과 충동성이 결합되면 젊은이들의 심리적, 정신병리학적 취약점이 증폭되기 때문이다.

공중보건 관계자, 외상 외과의사, 응급의학과 의사, 법의학자, 정신보건 전문가는 지금까지도 총기를 비롯한 공격용 무기가 만연해 있는 현실에 분노의 목소리를 높여왔다. 이들이야말로 총상으로 인한 출혈을 막지 못해 괴로워해야 하고, 사망진단서를 작성하며 부모에게 연락하고, 부검 보고서를 작성해야 하는 당사자이기 때문이다. 특히 미국소아과학회, 미국소아외과학회, 미국외상학회는 총기에 의한 자살과 타살이 급증하는 추세에 제동을 걸기 위해 다양한 정책들을 도입하고 이를 정부에 제안하고 있다. 외과 및 내과 전문의 1,000명을 대상으로 실시된 1998년 조사에서는 '의사들이 자살 예방을 포함하여 총기에 의한 상해방지를 위해 보다 적극적인 활동을 해야 한다' 고 대답한 응답자는 외과 의사 84%, 내과 의사 72%에 달했다. 그리고 그 대부분은 이 문제에 대한 교육은 거의 또는 전혀 받은 적이 없다고 답했지만, 조사대상 중 거의 전원이 문제해결에 도움이 될 수 있도록 교육을 받을 의향을 표명했다.

미국 국민도 현 상황을 심각하게 보고 있다. 1998년, 미국 성인을 대상으로 실시된 조사에서는 응답자의 88%가 '아동보호형 총기(안전 잠금장치나 쉽게 열 수 없는 곳에 보관되도록 장치가 부착된 총기류)' 에 찬성했으며, 총기의 개인화(소유자의 지문이나 손 크기, 손목에 부착하는 밴드에서 송신되는 특수한 무선정보 등으로 사용자를 인식해야만 발사되는 '스마트 총' 등)를 지지하는 사람은 71%, 탄창이나 클립을 뺀 상태에서는 총이 발사되지 않도록 하는 탄창 잠금장치 이용에 찬성한 응답자는 83%였다. 또 73%는 총에 탄환이 장전되어 있는지를 알려주는 장치를 이용해야 한다고 대답했다. 이는 모두 최소한의 총기규제에 불과하지만, 사회차원에서 취해야 할 조치라고 할 수 있다. 어린이나 청소년들이 '손쉽게' 자살할 수 있는 만드는 일은 그 어떤 이유로도 정당화 하기 어렵다.

자살예방을 추진하기 위한 스웨덴 국가전략에서는 다른 자살 방법의 접근성을 어렵게 만드는 조치들을 우선과제로 삼고 있다. 예를 들면, 수송 분야에서는 운전자가 숨을 뱉어서 그 속에 알코올 성분이 감지되지 않아야만 잠금장치가 풀리는 것이나, 일산화탄소 농도 상승을 감지해서 작동하는 '공회전 차단장치'의 도입, 배기가스 규제 대상물질에 일산화탄소를 추가시킨 조치, 일산화탄소를 이용한 자살을 막기 위한 고성능 배기시스템의 도입, 에어백의 설치 의무화, 기관차 앞부분의 디자인 개량(사람이 부딪치더라도 사람이 깔리지 않고 옆으로 밀려나도록), 사고나 자살이 많은 지하철역에는 다양한 형태의 안전장치 설치하고, 특히 자살이 많이 발생하는 장소(고층 빌딩이나 다리 등)에 안전망이나 철책 등의 안전시설과 SOS 전화기 설치 등의 시책을 추진하라고 권고했다. 무기에 대해서는 총에 '안전 그립'을 부착하고, 총과 탄약을 따로 보관할 것, 무기소지 규제를 입안할 때에는 자살 위험을 고려할 것, 자살 위험이 있는 사람이 무기류에 접근하지 못하도록 제한할 것 등을 권고하고 있다. 마지막으로 처방약에 대해서는 보다 독성이 낮은 약물의 개발, 약물 관리 및 포장형태의 적정화, 신중한 처방, 환자에 대한 세심한 추후 관리와 자살 위험이 있는 환자에게 독성이 있는 약물을 처방할 때에는 투여량을 엄격하게 제한할 것 등을 권고했다.

스웨덴은 노르웨이, 핀란드, 뉴질랜드, 호주 등의 국가들과 함께 자살률을 낮추기 위한 포괄적인 전략을 개발했다. 이 전략들은 일반 국민과 언론을 대상으로 한 교육에 중점을 두고 있는데, 특히 알코올중독, 우울증 및 다른 정신질환에 대한 인식 개선과 치료 확대, 치사도가 높은 자살 방법에의 접근성 차단, 공중보건 등 전문가의 집중적인 육성이 그 골자를 이루고 있다. 한편 세계보건기구(WHO)가 자살예방을 위한 6단계 기본 대책을 발표했는데, 그 핵심 내용은 자살 방법에의 접근성 차단이었다. 이 외에는 보다 효과적인 정신질환 치료의 실현, 총기 소지 규제, 가정용 가스의 무독화, 자동차 배기가스의 무독화, 독극물의 접근 규제, 언론의 자살보도 자제 등이 포함되어 있다.

몇 년 전, 영국정부는 국민건강캠페인에 구체적인 목표를 설정했다. 2000년까지 국민의 자살률을 15% 감소시킨다는 목표였다. 이에 따라 왕립 정신건강의학과 의사협회는 영국 전역에서 '우울증 박멸 캠페인'을 적극적으로 추진했다. 이 캠페인의 목표는 우울증과 관련된 부정적인 선입견과 편견의 퇴치와 국민을 대상으로 한 우울증과 그 치료법에 대한 교육, 우울증을 앓고 있는 사람들에게 조기에 치료받도록 유도하는 일이었다. 예비연구의 결과를 보면, 캠페인을 통해 우울증이나 심리 상담에 대한 국민의 인식은 개선되었지만, 항우울제가 상담보다 효과가 없다거나 한번 복용하기 시작하면 끊지 못한다고 생각하는 국민이 여전히 많았다. 영국정부의 대응이나 왕립 정신건강의학과 의사협회의 캠페인이 자살감소에 미친 영향이 나타나려면 아직도 시간이 더 필요할 것이다.

대부분의 국가가 그렇듯이 영국에서도 정신보건서비스 이용성과 그에 대한 국민의 인식 사이에는 차이가 있었다. 1999년 4월, 런던의 정신보건협회는 3천 명을 대상으로 만약 자신이 또는 자신이 아는 사람이 당장 정신건강의학과 의사의 도움이 필요한 상황이 되었을 때 전화를 걸 전화번호를 묻는 설문 조사를 실시했다. 그 결과, 응답자의 50%는 지역 또는 국가의 핫라인, 또는 지역의 사회 서비스기관의 전화번호를 대지 못했다. 또 30%는 지역의 국민건강보험 지정 정신보건서비스 기관의 전화번호를 찾아내지도 못했다.

미국은 20세기가 거의 끝나려는 무렵에야 비로소 자살방지를 위한 일관성 있고 포괄적인 국가전략을 수립했다. 물론 그전에도 미국 각지에서 좋은 자살방지 프로그램이 실행되고 있었지만 이를 총괄하는 개념이나 정부의 리더십은 존재하지 않았다. 1997년, 이 결의안을 상원에 상정한 것은 네바다 주 해리 레이드 상원의원이었다. 자신의 아버지를 자살로 잃었고, 미국에서 가장 자살률이 높은 네바다 주 출신인 그는 자살을 심각한 문제로 인식하고 있었다. 만장일치로 통과된 결의안에는 다음과 같은 내용이 포함되어 있다.

미합중국 상원은 다음과 같이 결의한다.

1. 자살을 국가적인 문제로 인식하고 자살방지를 국가적 우선과제라고 선언한다.
2. 모든 국민 또는 지역사회를 위해 하나의 자살예방 프로그램이나 노력만으로는 적절하지 않음을 인정한다.

3. 아래의 내용을 목표로 하는 시책들을 촉진한다.

A. 자살방지

B. 자살 위험이 있는 사람들 및 자살기도 경험이 있는 사람들에 대한 대응

C. 자살행동의 위험이 있는 사람들을 위한 안전하고 효과적인 치료의 촉진

D. 자살로 소중한 사람을 잃은 사람들에 대한 지원

E. 자살방지를 위한 효과적인 국가전략 개발

4. 적정 비용으로 쉽게 정신보건서비스를 받을 수 있는 관계기관을 개발하고 홍보하는 한편, 자살에 대한 사회의 부정적인 인식을 개선함으로써 자살의 위험이 있는 모든 사람이 주변의 눈을 두려워하는 일 없이 치료를 받을 수 있도록 한다.

이 상원의결은 매우 중요한 첫 걸음이었고, 미국의 많은 공중보건기관, 자살방지 프로그램, 정신보건 옹호 그룹, 그리고 창의적이고 적극적인 활동을 전개 중인 풀뿌리 민간조직 '자살예방 옹호 네트워크'를 탄생시킨 기폭제가 되었다. '자살예방 옹호 네트워크'는 활동가들의 연합 조직으로 대부분 자살로 가족을 잃은 사람들이 주체가 되어 활동을 전개하고 있다. 이 단체는 레이드 상원의원과 협력하여 최근 개최된 여론형성 집회에 큰 자극을 주었고, 이것이 자살방지 국가전략을 탄생시키는 계기가 되었다. 이 그룹들은 미국공중위생국 국장 데이비드 사처의 지도아래 하나로 뭉쳤다. 의사이자 질병통제예방센터 소장을 역임한 사처 국장의 뛰어난 지도력과 지

성 그리고 따뜻한 마음은 이 그룹들의 연합체 구성에 핵심적인 역할을 했고, 그 결과 자살방지 국가전략을 수립할 수 있었다. 1999년, 그가 발표한 '자살에 관한 공중위생국 국장 보고서'는 200년에 달하는 공중위생국의 역사상 처음 발표된 자살에 관한 보고였다. 보고서는 자살과 그 위험 요인에 대한 국민의 인식 확대, 인구기반 임상 의료서비스의 개선, 자살예방을 위한 과학적 연구에 대한 투자의 필요성을 촉구하는 내용이었다.

자살문제 해결을 향해 연방정부는 좋은 시작을 했다. 하지만 국민의 지지와 연방의회 및 주의회의 재정적 지원 없이는 앞으로 나아갈 수 없다. 이뿐 아니라 정신질환을 앓고 있으면서도 건강보험이 없거나, 가입한 보험의 보장대상이 아니라는 등의 이유로 수백만 명의 미국인들이 치료를 받을 수 없는 현 상황이 달라지지 않는다면, 또 중증 환자가 입원을 하더라도 며칠 내에 퇴원을 할 수밖에 없는 상황이 개선되지 않는다면, 나아가 수많은 시민이 고통 속에서 살아간다는 것을 사회가 인식하지 못하는 상황이 계속된다면, 자살을 막겠다는 국가 전략은 성공할 수 없을 것이다. 길거리나 감옥은 정신질환을 앓고 있는 사람들이 있을 곳이 아니다. 국가전략의 앞날에는 여전히 많은 도전이 기다리고 있다. 하지만 그 성공사례가 늘어난다면, 사회의 움직임도 바람직한 방향으로 향하게 될 것이다. 자살의 효과적인 예방법을 찾아내기 위해서는 앞으로도 더 많은 연구가 필요하지만, 확신에 찬 목소리로 공중위생국 국장이 호소했듯이, 지금 현 단계에서도 우리가 할 수 있는 일은 많이 있다.

자살하기 얼마 전, 워싱턴 DC 시의회 의장 존 윌슨은 정신보건 협회 회원들 앞에서 흑인사회의 자살과 정신질환에 대해 이렇게 말했다. '자살은 이십대 흑인의 사망원인 1위입니다. 그러나 우리는 이를 '총기에 의한 사망'이라고 부르지요. 자살이라는 말을 입에 담기도 꺼려합니다. 우리는 우울증에 대한 미국의 인식을 바꾸어가야 합니다.' 늘 그랬듯이, 그의 말은 옳았다.

나는 존 윌슨이 너무나 그립다. 그리고 내 귀에는 열정적이고, 누구도 흉내 낼 수 없는 독특한 어조로 그가 이렇게 말하던 목소리가 아직도 생생하다. '***이 모든 것을 하나님께만 맡길 수는 없습니다. 하나님은 너무 바쁘시거든요.***'

제10장

반만 아문 상처

- 남겨진 사람들 -

시간은 치유해주지 않는다.
상처를 반만 아물게 할 뿐
상처는 언제든 다시 벌어질 수 있으며
처음과 다름없는 온전한 슬픔이 찾아오리라.

- 엘리자베스 제닝스(영국 시인) -

몇 달 전, 우리 부부는 남편의 오랜 친구인 정신건강의학과 의사와 함께 저녁식사를 했다. 식사가 끝나갈 무렵, 그가 요즘 무슨 일을 하냐고 묻기에, 자살에 대한 책을 쓰고 있다고 대답했다. 나 자신이 자살을 입에 올린 것을 보고, 아마 '괜히 조심할 필요 없겠다' 고 생각한 모양이다(그런 사람들이 가끔 있다). 짧은 침묵이 흐른 후, 그는 확신에 찬 말투로, 하지만 30년 동안의 임상경험이 있다는 사람이라고는 믿을 수 없을 만큼 빈약하고 편견에 찬 '자살론' 을 펼쳤다.

'저도 한번 자살을 생각해 본 적이 있죠. 열여덟 살 때였습니다.

하지만 자살을 할 수는 없다고 마음을 굳게 먹었습니다. 제 가족과 친구들에게 끔찍한 일일 테니까요. 지금은 더 못하죠. 전 의사니까요. 제 환자들이 뭐라고 생각하겠습니까? 얼마나 이기적이라고 하겠어요!'

희미한 도덕적 우월감이 공기를 타고 전해져 왔다.

나는 테이블 아래에서 남편의 정강이를 차서 웨이터에게 계산서를 가져오게 하라고 신호를 보내고는 남편의 친구에게 내가 몇 번이나 자살을 기도한 적이 있고, 죽음의 문턱까지 갔던 적도 있다는 것을 다시 한 번 일깨워줬다. 그는 이미 이 모든 일을 남편에게 들어서 알고 있었다. 그리고 내게 자살은 이기적이라든가, 이기적이 아니라든가 하는 문제가 아니었다는 것도 설명했다. 자살은 더 이상 견딜 수 없는 고통이 끝난다는 의미에 불과했다. 이제 더 이상 다음날 아침에 눈을 뜨고 또다시 끝없이 가라앉는 기분과 머릿속에 떠오르는 암흑의 영상들과 싸우면서 또 하루를 살아가야 한다는 것을 상상하지 않아도 된다는 것을 뜻했다. 이는 괴롭고, 절대로 이길 수 없다고 생각되는 질병의 종착역이었다. 나를 사랑하고, 내가 사랑하는 사람이 아무리 많아도(당시 내게는 이런 사람들이 아주 많았다) 도움이 되지 않았다. 따뜻한 가족도, 멋진 직업도 그 고통과 절망감을 없애주진 못했다. 정열적이고 낭만적인 사랑도, 아무리 그 감정이 강렬하다 하더라도, 나의 상황은 달라지지 않았다. 살아있는 어떤 따뜻한 존재도 내 고통의 껍질을 깨고 들어오지 못했다. 난 평생을 이 고통 속에서 보내야 하고, 가족과 친구들, 그리고 환자들에게 내가 차라리 없는 편이 더 나을 거라는 생각이 들었다. 그리고 무엇보다도 어차피 '나 자신'은 이제 거의 남아있지 않았기 때문에 내가 죽으면 이 껍질만 남은 나를 위해 쓸데없이 사용되는 에너지와 선의의 노력을 더 이상 낭비하지 않아도 된다고 생각했다.

하지만, 남편의 친구가 한 말은 모두 사실이었다. 자살은 그 후의 현실을 끌어안고 살아가야 하는 사람들에게는 어떤 말로도 표현할 수 없는 고통이다. 자살자의 부모, 자녀, 형제, 친구, 의사, 환자 중 이와 달리 말할 사람은 누구도 없을 것이다. 자살이라는 '행위' 자체만 본다면 대부분의 사람들 역시 '이기적인' 행동이라고 말할 것이다. 큰소리로 외치지는 못할지라도 마음속으로 울부짖을 것이다. '어떻게 내게 이런 고통을 줄 수 있어!' 라고 말이다. 그리고 남겨진 사람들은 몇 번이고, 몇 천 번이고 되물었을 것이다. 왜냐고, 내가 어떻게 했어야 했냐고, 왜?

아놀드 토인비도 말했듯이 죽음의 가시는 언제나 '죽은 사람보다도 남겨진 사람에게 더 날카로운 아픔을 남긴다.' 토인비는 또 이렇게 말했다. '이는 삶과 죽음의 관계를 둘러싼 가장 중요한 사실이다. 죽음은 죽은 자와 산 자 모두에게 고통을 남기지만, 그 고통의 배분은 산 자에게 더 큰 타격을 남기는 쪽으로 이루어진다.'

자살 후 남겨진 사람들은 죄책감과 분노를 다스리며 행복했던 추억과 나쁜 기억을 골라내고, 설명할 수 없는 행위를 이해해야 하는데 많은 시간을 보내야 한다. 그리고 무엇보다도 남겨진 이들은, 태어날 때부터 운명의 끈으로 이어져 있던 부모나 자녀를 잃은 슬픔을 견디고, 같은 침대를 쓰며 사랑과 신뢰를 나누던 배우자를 그리워하고, 오랜 세월동안 마음을 털어놓고 우정을 쌓아가던 친구를 잃은 상실감에 괴로워할 수 밖에 없는 것이다.

남겨진 사람들의 그 인생을 생각한다면, 자살이란 지극히 이기적이고, 잔인하며 경솔한 행동이라고 밖에 할 수 없다. 하지만 자살은 원래 이성이나 배려와는 거리가 먼 행동이고, 거의 예외없이 불합리한 선택의 결과이지만, 동시에 그 당사자에게는 괴로움과 공허감 또는 환청이나 절망감에 종지부를 찍을 수 있는 최선이라고 생각되는 방법인 것이다. 자살을 하겠다는 결심은 주변 사람들의 슬픔을 생각해서 의지로 억누를 수 있을 정도로 일시적인 발상에서 나온 것이 아니다. 자살은 오랫동안 쌓여온 극심한 고통에 시달리다 못해 충동적으로 터져 나오는 행동이다. 주변 사람들에 의해 이런 자살 충동이 더 커질 수도 있고 진정될 수는 있지만, 자살 충동에 사로잡힌 사람들은 대부분 주변 사람들의 미래나 행복을 의식하지 못한다. 설사 의식한다 해도, 사람들의 인생에서 병적이고 우울증이 심하며 폭력적이거나 정신질환을 앓고 있는 자신의 존재를 지우는 것이 그들의 보다 밝은 미래를 위한 길이라는 방향으로 생각하게 된다. 한 젊은 화학자는 자살 전에 이런 내용의 간단한 메모를 남겼다. '자살이 친한 친구나 가족에 대한 이기적인 행동이 아니냐는 질문에는 대답할 수 없고 얘기할 만한 의견도 없다. 그러나 확실하게 말할 수 있는 것은 오랜 생각 끝에 이대로 살아가는 것보다 죽는 것이 그들의 상처를 줄이는 길이라는 결론을 내렸다는 점이다.'

자살은 다른 어떤 형태의 죽음과도 다르며 남겨진 사람들은 그 현실과 싸우면서 세상의 어떤 고통과도 비교할 수 없는 고통을 겪게 된다. 이들은 충격과 '만약 그랬더라면' 이라는 끝없는 자문, 그리고 분노와 죄책감 그리고 때때로 찾아오는 끔찍한 안도감 속에서 살아가야 한다. 질문의 형태로 또는 의혹의 눈길로 물어오는 '자살의 이유', 수많은 질문의 홍수 속에서 살아가야 한다. 또 이들은 충격받고 당혹스러워하며, 애도의 마음도 표현하지 못하는 주변 사람들의 침묵 속에서 살아가야 한다. 그리고 뭔가 상황을 바꿀 수도 있었을 것이라는 타인의 그리고 자기 자신의 '가정' 의 세계 속에서 살아갈 수 밖에 없다.

가족과 친구들은 가장 아픈 질문을 자기 자신에게 던지게 되는 사람들이다. '그 사람 없이 어떻게 살란 말이야.' '내가 앞으로 살아갈 수 있을까?' 2년 전, 손자를 자살로 잃은 지 한 달 정도 지났다던 한 노년 부인의 편지를 받은 적이 있다. '21살 생일을 앞둔 손자가 총으로 목숨을 끊었습니다. 저와 정말로 마음이 잘 통하는 아이였지요. 저는 그 아이를 제 목숨보다도 사랑했습니다. 치료를 너무 늦게 시작했던 것이 문제였어요. 그리고 그 아이는 약을 먹으려 하지 않았습니다.... 손자를 잃고, 제 가슴에는 평생 메울 수 없는 구멍이 생겼습니다.' 가슴에 뚫린 구멍처럼 무서운 것은 없다. 충격이 진정되고 죄책감을 억누르며 마음의 안식을 찾더라도 가슴에 뚫린 구멍은 언제까지라도 사라지지 않는다.

의외일지도 모르겠지만, 누군가를 자살로 잃은 사람들의 감정적 측면들은 만성질환이나 사고, 타살 등으로 가족이나 친구를 잃은 사람들과 크게 다르지는 않다. 남겨진 사람들은 모두 충격에 휩싸이고, 부정, 분노, 우울, 외로움, 그리고 끈질긴 상실감에 시달린다. 그러나 죽음이라는 면에서 자살에는 몇 가지 고유의 특징이 있다. 우선 자살에 의한 죽음은 대부분의 경우, 갑작스럽고 예기치 못한 형태로 찾아오기 때문에 가족은 죽음의 가능성을 의식하고 마음의 준비를 하거나, 화해를 하거나, 작별인사를 할 시간도 없이 그를 떠나보내게 된다. 물론 모든 자살이 갑작스러운 것은 아니다. 약 50% 정도의 자살은 어떤 식으로든 예상된 죽음이라고도 볼 수 있다('그가 자살했다는 전화를 받은 순간 올 것이 왔구나 하는 생각이 들었다' 라는 진술 등이 이런 경우일 것이다).

부고를 접한 사람들은 흔히 죽음을 믿으려 하지 않는 반응을 보이는데 자살에 의한 죽음인 경우에는, 그 '죽음의 방식' 을 부인하려는 반응이 겹치면서 문제가 복잡해지는 일도 종종 일어난다. 자살로 자녀를 잃은 부모는 그의 죽음은 받아들여도 그가 자살했다는 것은 끝까지 믿으려 하지 않는 경우도 있다. 특히 자녀가 십대 초반이나 중반일 경우, 이런 경향이 특히 강하다. 메릴랜드 주의 검시관 이야기에 따르면, 아동이 유서를 써놓고 목을 매거나 총을 머리에 쏴서 자살한 경우에도 부모 중에는 끝까지 아이의 죽음이 사고사라고 주장하는 사람들도 있다고 한다(약물 과다복용이나 익사, 혼자서 차를 몰고 가다가 사고로 사망한 경우 등 자살의도를 확실하게 밝히기 어려운 경우에는 특히 더 자살에 의한 죽음이라는 것을 받아들이기 힘들어 한다).

자살이라는 악몽을 더욱 복잡하게 만드는 문제는 이 외에도 많다. 예를 들면, 자살은 폭력적인 죽음인 경우가 대부분인데, 그러면 가족은 심하게 손상된 시신을 발견하든가 확인해야 하는 상황에 놓인다. 경찰이 관여하기 때문에 더욱 그 죽음이 범죄와 관련된 것처럼 보이는 등 유족의 마음을 불편하게 하는 요소들이 늘어나게 된다. 또 유족의 경제적인 문제를 좌우할 보험회사 조사원이 남겨진 사람들의 마음을 짓밟거나 상처를 주는 질문을 하여 상황을 악화시키는 일도 적지 않다. 친구들과 이웃들이 자살이 아니었다면 응당 보여주었을 애도와 도움의 손길을 내밀어 주지 않는 경우도 있다. 사실 3분의 1에 달하는 유족들이 자살로 인해 '자살자의 가족'이라는 낙인이 찍혔다고 생각하고 있다는 보고도 있다.

자살은 흔히 정신을 좀먹는 죄책감을 남기고 간다. 부모, 형제, 자녀, 남편, 아내, 친구, 동료, 또 조금이라도 친분이 있었던 사람들은 지나간 모든 일들, 했던 일과 하지 않았던 일들을 떠올리며 괴로워한다. 말싸움, 무관심했던 일, 기다린다는 것을 알면서도 걸지 않은 전화, 의사에게 연락을 하지 않은 일, 집에서 치워버리지 않은 총, 약, 정신병원 입원을 미루거나 포기한 일 등.... 자살은 대부분, 불안과 난폭한 감정, 바닥난 은행 잔고, 빚, 적의, 반감, 혐오감 등 심각한 스트레스 환경 속에서 일어난다. 끈질긴 정신질환은 환자 본인은 물론이요, 환자와 함께 살아가야 하는 사람들에게도 고통과 괴로움을 준다. 우울증, 조울병, 조현병, 알코올 및 약물의존에서 빠질 수 없는 것이 분노와 불신 그리고 소란이다. 자살한 사람을 향한 사랑이 아무리 컸다 하더라도, 곁에서 그를 잡아주며 힘이 되어 주던 사람들조차 마지막에는 지쳐 탈진해버렸거나 완전히 그 손을 놓아버린 상태였을 것이다. 자살 충동을 동반하는 우울증의 절대적인 절망감은 본질적으로 전염된다. 그 절망감이 원래는 이들을 도와줄 수 있는 힘을 가진 사람들조차 무력하게 만드는 것인지도 모른다. 스스로 목숨을 끊은 사람들은 지난 날 사랑받고 함께 있음으로써 기쁨이 되었던 그 남편, 아내, 아들, 딸과는 완전히 다른 사람이 되어 있을 수도 있다. 10가족 중 1가족에서 유족 전원이 자살을 해서 이제 그 기나긴 고통이 끝났다는 안도감을 느끼고 있다는 고백은 등줄기가 서늘해지지만 놀랍지는 않은 현실이다. 자녀를 사고로 잃은 부모와 자살로 잃은 부모를 비교한 연구가 실시된 적이 있다. 다음에 소개하는 것은 자녀의 죽음이 가족에게 '예상치 않은 이익을' 을 가져왔느냐는 질문에 대한 양쪽 부모의 대답을 정리한 것이다.

> 자살자 부모 그룹과 사고사망자 부모 그룹 모두에서 비슷한 수의 부모들이 남겨진 가족에게 죽음이 긍정적인 영향을 가져왔다고 대답했다. 사고사망자 부모 그룹은 괴로움이 남은 가족들의 유대감을 키웠다라고 대답했다. 한편, 자살자 부모 그룹은 긍정적인 영향으로 '끊임없이 걱정을 하지 않아도 돼서 평온을 되찾았다' 라고 대답했다. 이렇게 대답한 부모는 대부분이 정신질환이나 약물의존에 시달리던 아들을 돌보느라 가족 전체가 큰 스트레스와 긴장 속에서 생활했던 사람들이었다. 자살은 모든 부모에게 괴롭고 힘든 일이지만 부모 자신과 자녀들의 고통과 괴로움에서 해방되었다는 측면도 존재하는 것이다.

자살은 평온한 임종의 순간과는 거리가 먼 죽음이다. 이는 주변 사람들의 인생과 신념을 갈기갈기 찢어버리고 남겨진 사람들을 길고 파멸적인 여행길로 내모는 것과 같은 행위이다. 이 여행은 왜 자살을 했는지, 그 자살이 남겨진 사람들에게 어떤 의미를 가지는지를 묻고 또 묻는 '고통스러운 심문의 길'이라고 표현할 수 있을 것이다. 한 부모는 그 과정을 연구자에게 이렇게 묘사했다. '한밤중에 문득 눈을 뜨면 그 아이가 머리에 총구를 대고 저쪽에 앉아 있는 것 같아요. 그 아이가 그때 머릿속에서 무슨 생각을 하고 있었는지 그 답을 찾아내려고 밤새 생각하고 또 생각하는 거죠.' 또 한 부모는 이렇게 말해다. '머릿속에 항상 물음이 떠나질 않아요. 왜 그랬냐고?'

자녀를 자살로 잃은 부모의 여행길은 특히 더 황폐하고 파멸적이다. 아무리 시간이 가도 아들을, 딸을 자살로 잃었다는 충격에서 벗어나지 못할 뿐 아니라 죄책감에 시달린다. 자녀가 그 인생의 가장 치명적인 순간에 있었는데도 도와주지 못했다는, 자녀가 얼마나 큰 괴로움에 고통 받고 있었는지 알아주지 못했다는, 마지막 신호를 알아차리지 못했다는 죄책감에서 벗어나지 못하는 것이다. 많은 부모는 자신이 부모로서의 능력이 부족했다고 탓하며 분노와 죄책감은 물론 깊은 수치심에 시달리게 된다. 남은 아이마저 자살할까 봐 공포에 사로잡혀 아이를 과잉보호하는 사례도 자주 볼 수 있다. 애틀랜타의 상담센터 소장인 아이리스 볼튼은 아들을 자살로 잃은 경험을 담은 저서에서, 당시 20세였던 아들이 자신의 손으로 쏜 총에 의해 사망하자, '어째서? 어째서 나는 그때 집에 없었을까? 어째서 내 아들이 이렇게 죽어야 하는 거지?' 라는 죄책감에 사로잡혀, 자신의 자동차에 '제 아들은 자살했습니다. 저는 실패한 엄마입니다' 라는 커다란 간판을 매달고 달리는 듯한 기분이었다고 고백했다. 하지만 많은 부모들과 마찬가지로 그녀는 아들의 자살이 나머지 형제들에게 미칠 영향을 우려했고, 남편이 그 큰 슬픔을 혼자 삭이고 있다는 것을 알게 되었다. 그 후 그녀는 한 목사와 함께 유족들을 돕는 모임을 만들었다. 그리고 그 속에서 아들 없이도 인생을 살아가는 방법과 자녀를 자살로 잃은 모든 부모가 '죽을 만큼 회복할 수 없을 정도로 깊은 상처를 입었다' 는 사실을 받아들이는 방법을 찾아냈다(어머니는 특히 자녀가 자살한 후 우울증에 빠지는 경우가 많으며, 다섯 명 중 한 명은 반년 이내에 상당히 심각한 우울증을 보인다). 볼튼은 또 자녀의 자살에 대해 아버지와 어머니는 각기 다른 반응을 보인다고 말했다.

> 지난 10년 동안, 나는 자녀의 자살을 경험한 많은 부모들을 만나 왔다. 대부분의 부모는 비슷한 감정에 휩싸인다. 하지만 한 가지 성별 차이는 아버지들이 아이와 함께 할 수 있는 미래가 사라진 것에 대해 이야기하는 것에 비해, 어머니들은 자신들의 현재가 사라졌다고 느끼고 있다는 점이다. 일리노이 주 출신의 간호사로 슬픔을 다스리는 법을 가르치는 낸시 호건은 그 차이를 이렇게 설명한다. 아버지는 대부분의 시간을 집 밖에서 아이들에게 보다 좋은 미래를 열어주기 위해 일을 하기 때문에 아버지의 상실감은 아이

와 함께 할 미래가 사라졌다는 사실에 기인하는 측면이 있다. 항상 꿈꿔왔던 아이의 졸업식, 딸의 결혼식에서 딸의 손을 잡고 결혼식장 안으로 걸어 들어가는 순간들이 이제는 사라진 것이다. 그렇기 때문에 일을 해야 할 의미도 사라졌다고 생각하기도 한다. 이에 비해 어머니의 생활은 이웃들과 교대로 아이들을 차로 통학시키거나, 아이들의 옷장을 정리하고, 학교행사나 농구 연습 등 아이들의 하루하루의 활동과 밀접하게 연관되어 있는 경우가 많다. 그런 만큼 자녀의 죽음과 동시에 어머니는 '현재의 시간'을 잃고 마는 것이다. 아버지에게도 어머니에게도 상실감은 마찬가지로 고통스러운 것이지만 잃어버린 것은 다르다.

볼튼은 그녀의 저서 《아들아…내 아들아》의 서문에서, 자녀를 자살로 잃은 모든 부모가 직면하는 딜레마를 토로했다.

나는 그 이유를 알지 못한다
앞으로도 영원히 알 수 없을 것이다.
그 이유를 난 알 필요도 없다.
알고 싶지 않다.
이제 내가 해야 하는 일은 내 삶에 대해
선택 하는 것이다.

그러나 이런 심경에 이르기까지, 부모들은 당사자 외에는 어느 누구도 알 수 없을 극심한 경악과 고통, 당혹감에 시달린다. 나는 19살 된 아들을 총기자살로 잃은 친구이자 동료인 한 여성의 말을 아직도 잊을 수 없다. 그 누구보다도 따뜻하고 쾌활하며 아들을 지극히 사랑했던 어머니이자 의사였던 그녀는 아들을 잃은 직후, 충격 속에서 이렇게 말했다. '난 엄마 동물이 된 것 같아. 내 새끼를 찾아 한없이 헤매고 있어.'

그런데 지금까지 발표된 임상연구 문헌에서는 자살이 남겨진 형제들에게 미치는 영향은 완전히 무시되어 왔다. 형제간에도 서로가 긴밀한 정신적 유대감이 있으며 그들은 유전자나 환경을 공유하고 있다. 그렇다면 남겨진 형제들이 자살을 할 가능성은 형제 중에 자살자가 없는 경우에 비해 높다고 보아야 할 것이다. 남겨진 아이들도 슬픔에 잠긴 부모와 마찬가지로 괴로움과 크나큰 불안을 경험한다. 임상적으로 말하면, 이들은 형제의 죽음으로 인해 엄청난 상실감뿐 아니라 죄책감과 책임감에도 시달리게 되는 것이다. 자살이라는 죽음의 특성상 주위 아이들의 잔인한 억측이나 '자살자 가족'이라는 손가락질에 시달리며, 자신들도 자살할지도 모른다는 불안감을 느끼게 된다.

그러나 자살한 20명 청소년의 남겨진 형제를 대상으로 실시한 3년간의 추적조사에서, 남겨진 형제들에게 장기적인 심리적 악영향이 나타난 사례는 비교적 적었던 것으로 보인다. 그렇지만, 사건 직후 반년 동안에 우울 증상을 보인 아이들이 많았고, 네 명 중 한 명은 임상적으로 우울증으로 진단되었다. 당연한 일이지만, 가족 중 또는 그 자신이 정신장애를 앓는 경우에는 그렇지 않은 아이들에 비해 우울증이 나타날 확률이 높았다. 자살자의 동생이고 나이가 어리다면(동생들은 손위형제의 영향을 많이 받으며, 집에서 지내는 시간이 길기 때문이라고 생각된다) 자살자의 손위 형제보다 부정적인 영향을 받을 확률이 높다는 것이 밝혀졌다. 청소년에게 형제의 자살이 자신에게 미친 영향을 물어보자, '남들보다 빨리 어른이 되었다', '좀 더 빨리 자란 것 같다'는 대답이 많았다.

청소년의 자살은 자주 뉴스거리가 되는데 별 생각없이 하는 선정적인 보도방식은 형제나 부모에게 또 다른 고통과 당혹감을 준다. 현재 뉴저지 중부지역 청소년 자살방지 프로젝트의 감독인 카렌 듄맥심은 16살 남동생 팀이 통근전차에 '뛰어들었다'는 내용 만을 실은 기사를 내보냈을 때 자신과 가족이 느꼈던 공포를 지금도 잊을 수 없다고 말했다. 팀의 인생에 대해서는 아무런 설명도 없었기 때문에, '자살'이라는 죽음의 방식이 그의 죽음 그 자체보다도 더 큰 중요성을 가지는 것처럼 느껴졌다고 했다. 그 후 그녀의 부모님은 롱아일랜드의 신문 『뉴스데이』에 가족이 알고 있는 팀의 모습에 대한 기사를 실을 수 있냐고 타진했고, 신문사측은 이를 받아들였다.

> 팀은 단 한 번도 우등생 명단에 오르지 않은 해가 없었다. 중학교 때에는 졸업기념 앨범 편집장을 맡았고, 그 아이가 혼자 힘으로 만든 반전영화는 록빌 센터 도서관에서 상영된 적도 있다. 첼로 연주로 상을 받은 적도 있고, 얼마 전에는 보이스카우트 일원으로서 스위스에 등산을 다녀오

기도 했다. 그는 총명하고 감수성이 뛰어난 소년이었다. 그를 사랑했던 사람들은 언제까지나 이렇게 되물을 것이다. 어째서 그가 죽은 걸까?

놀랍게도, 자살이 형제에게 미치는 영향에 대한 연구가 거의 이루어지지 않은 것처럼, 친구에게 미치는 영향에 대해서도 현 단계에서는 밝혀진 바가 거의 없다. 친한 친구나 동료가 자신을 잘 알고 있었던, 또는 함께 일을 했던 사람의 죽음을 어떻게 이해하고, 이를 어떻게 받아들이고 있는지에 대한 문헌은 없다고 할 수 있을 정도이다. 사례 중심의 임상 경험에 따르면, 친구 또는 동료를 자살로 잃은 사람들은 죄책감(그가 그렇게 힘들어했는데도 내가 왜 몰랐을까? 내가 그때 전화만 했더라도, 편지만 보냈더라도, 잠깐 집에 들렀더라면, 내가 그의 아내에게 또는 의사에게 알렸더라면)에 시달리며, 그 죽음이 자살에 의한 것임을 받아들이지 못하는 경향을 보인다고 한다. 이 때문에 때로 비상식적인 일이라고 밖에 볼 수 없는 행동의 의미를 이해하고자 갖은 애를 쓰기도 한다. 이들이 자살의 원인을 인생의 사건(인간관계의 파탄이나 갈등, 경제적인 문제, 업무 상 스트레스 등)에서 찾으려 하는 것은 당연하다고도 할 수 있다. 어떤 회사에서는 때로 고용주가 나머지 종업원들에게 가장 일반적인 자살의 원인에 대해 교육하고 우울증이 무엇인지, 도움이 필요할 때에 취할 수 있는 방법이 무엇인지 등에 대한 정보를 제공하는 경우도 있지만 안타깝게도 이런 직장은 아직도 아주 드물다. 오히려 사망원인에 대해서는 가능한 또는 아예 언급하지 않고 넘어가는 경우가 대부분이기 때문에, 억측이 정확한 정보나 연민의 마음보다 더 빠른 속도로, 더 큰 설득력을 가지고 전파된다.

유족들이 자살을 인정하려 하지 않은 탓에, 친구나 동료가 더 어려운 상황에 몰리게 되는 경우도 있다. 내 동료이자, 조울병을 앓고 있었던 저명한 과학자가 몇 년 전 스스로 목숨을 끊었다. 제 정신을 잃은(충분히 이해할 만한 상황이었지만) 그의 아내는 남편이 자살했다는 사실을 끝까지 인정하지 않았고, 장례식과 추도식에서도 자살은 언급하지 않았으면 좋겠다고 자신의 의사를 밝혔다. 그녀는 알지 못했겠지만, 그녀의 이런 태도는 그의 동료 교수들, 대학원생, 연구실 연구원들이 그의 죽음을 받아들이고 자신의 인생을 다시 살아가는 과정을 훨씬 더 어렵게 만들었다. 그가 세상을 떠난 1년 후가 될 때까지도, 그의 지도를 받았던 학생들과 동료교수들은 정열적이고, 창의력이 뛰어나며 카리스마 넘치던 그를 그리워하면서 함께 이야기를 나누는 것조차 제대로 할 수 없었다. 언젠가 그의 학생은 이런 말을 했다. '교수님은 그 삶 자체보다도 훨씬 더 큰 존재였습니다. 저희들의 실험 하나하나에도 생명과 기쁨을 주셨죠. 실험실은 언제나 교수님의 정열로 가득 차 있었습니다. 저는 이제야 실험실로 다시 돌아갈 마음이 생겼지만, 교수님이 안 계신 세상은 너무나 어둡네요. 당연히 교수님을 구할 수 있어야 했다는 생각을 떨칠 수가 없습니다. 만약 제가 그런 경우였다면, 교수님께서는 절 구해주셨을 테니까요.' 한참 동안 말을 잇지 못하던 그는 눈물을 참으며 이렇게 말했다.

'하지만 교수님은 자살하신 건 아니겠죠. 그렇지요?'

아내나 남편의 자살은 결혼생활 동안 겪었던 강한 감정적 경험과 복잡한 문제들의 기억을 한꺼번에 불러일으킨다. 따라서 그 상실감은 단순히 친밀했던 관계만이 아니라, 말싸움, 신체적 폭력, 경제적 궁핍, 정서적 위축 등 부부사이의 모든 관계와 경험에 대한 것이며, 그 감정은 매우 복합적일 수밖에 없다. 자살 이전에 부부 간에 문제가 있거나 별거를 했던 경우에는 그런 문제가 없었던 부부에 비해 남겨진 한 쪽이 느끼는 죄책감과 책임감은 훨씬 더 크다. 자살자와 한 침대를 쓰고 있었거나, 자녀를 둔 경우에는 상대방의 자살을 자신에 대한 거절로 생각하는 사람들이 많았다. 그리고 자살은 보통 다른 사람들의 눈에는 막을 수 있었던 또는 피할 수 있었던 죽음으로 비치기 때문에 남은 한 쪽은 동네의 소문이나 다른 가족들의 비난의 화살이 되는 경우도 많다. 자살 직후에 이어지는 경찰의 개입(살인이 아니라는 것을 입증하기 위한 이 개입은 유족에 대한 배려가 완전히 결여된 경우가 대부분이다) 역시 사태에 조금도 도움이 되지 않는다.

자살자가 오랫동안 앓고 있던 질환이 있거나 정신질환 병력이 있는 경우, 이런 질환으로 인해 치러야 했던 희생들(분노, 화, 외도, 절망감, 신체적 또는 언어적 학대, 관계 단절 등) 때문에 남겨진 배우자는 절망감과 동시에 안도감을 느끼며, 그런 자신에게 당혹스러워하기도 한다. 12년 동안 재발하는 우울증으로 고통 받던 아내를 자살로 잃은 남편이 그 직후에 보인 반응은 남겨진 자의 그런 모순된 감정을 잘 보여준다. '나라는 인간이 셋으로 분열된 것 같은 이상한 감정이었습니다. 한 인간은 충격을 받은 상태였고, 또 한 인간은 묘한 안도감에 젖어 있다. 이제 정신건강의학과 의사도, 약도, 충격요법도, 병원도 없는 인생을 살 수 있다. 그런 기분이었지요. 세 번째 인간은 그런 두 사람을 물끄러미 바라보면서 말합니다.'

'저 울부짖는 바보 좀 봐, 저기 저 바보는 또 12년이나 그렇게 같이 고생해 놓고서, 아내가 죽은 게 언제라고 저렇게 가슴을 쓸어내리고 있네.'

배우자를 자살로 잃은 사람들은 갑작스럽게 배우자를 잃은 사고사망자의 배우자보다 더 극심한 죄책감에 시달리지만, 장기적인 심리적 영향은 양쪽 그룹 모두 비슷하다는 것이 대부분의 연구결과로 밝혀졌다. 남겨진 배우자의 대부분은 특히, 젊을 경우, 시간이 지나면서 그 죽음을 잘 받아들이는 경향을 보인다. 대부분의 사람이 사건 직후에 우울한 상태를 보이지만, 이를 극복한 후에는 사람들의 상상처럼 큰 정신적 문제를 일으키는 일 없이 재혼을 하거나 자녀들을 키우거나 하며 인생을 살아간다. 그러나 사람들의 상상처럼 큰 문제를 일으키지는 않는다고 해서 전혀 문제가 없다는 것은 아니며, 다시 일어서기까지는 오랜 시간을 필요로 한다.

세 아이의 어머니이자, 뉴저지 사회복지사 조세핀 페사레시는 정신건강의학과 의사였던 남편을 자살로 잃었다. 심한 초조성 우울증에 시달리던 끝에 남편이 스스로 총을 쏘아 목숨을 끊었을 때 아이들은 10살, 15살, 16살이었다. 그녀는 그 후의 나날을 다음과 같이 회상했다.

남편이 죽은 그 순간부터 사람들은 이유를 알고 싶어 했어요. 왜? 왜? 왜? 아, 정말 진저리가 났다. 내 가슴을 방금 막 갈기갈기 찢어 놓은 그 일을 나보고 설명하라는 사람들. 자살에 따라붙는 그 불명예스러운 낙인, 그 끔찍한 낙인은 우리를 너무나 힘들게 했다....

상실감은 점점 생생해지기 시작했다. 그와 동시에 죄책감과 책망의 감정도 더욱 커져 갔다. 나는 남편이 얼마나 깊은 고통에 시달리고 있었는지 알아차리지 못했던 나 자신을, 그를 입원시키지 않았던 나 자신을 책망했다. 아이들도 죄책감을 느끼고 있었다. 한창 사춘기를 겪고 있었던 아들은 남편과 자주 말다툼을 하곤 했다. 큰딸은 뭔가 끔찍한 일이 벌어질 것이라는 것을 알고 있었으면서도 수영장에 가지 말고 집에 있어야 한다는 직감을 따르지 않은 자신을 책망했다. 막내딸은 자기 방에서 아빠와 테이프를 듣기로 한 약속을 지키지 않았기 때문에 이런 일이 일어났다고 생각하고 있었다.

'만약 그랬더라면' 이라는 죄책감은 특히 내 경우, 끝도 없이 점점 커져만 갔다. 시부모님은 남편의 우울증이 내 탓이라고 책망하며, 우리 집에 오는 것을 거부했다. 그 사건이 일어나기 전까지 우리는 정말 사이좋은 고부간이었다....

남편이 죽은 후, 아이들과 나는 무언의 약속을 맺었다. 만약 내가 자신의 소굴에서 기어 나와 옷을 입고, 식료품을

> 사러 외출하고, 아이들을 각각 학교나 과외활동에 데려다 준다면 아이들도 최선을 다해 평소대로 생활한다는 약속이었다. 하지만 우선 나부터 약속을 지켜야 했다. 제대로 살아가야 했다. 아이들에게 엄마는 나 하나였으니까. 우리는 모두 깊은 상처를 입고 있었지만, 그래도 누군가가 일어서서 함께 그 일을 해나가자는 약속이었다. 아이들은 내게 힘든 요구들을 들이밀었다. 그것은 고문과도 같았고, 애들 때문에 미치도록 화도 났지만 그래도 그 빌어먹을 차에 올라탔고 애들도 따라 탔다. 남편이 내게 이 아이들, 사랑과 신뢰 속에서 잉태되었던 이 아이들을 길러내야 한다는 미완결의 과제를 남기고 갔다는 것을 알고 있었다. 노력한다면, 우리는 함께 극복할 수 있을 것이라고 믿었다..... 그리고 우리는 해냈다. 우리의 일상 속에 다시 미소가 조금씩 스며들기 시작했다. 내 침대 머리맡에 붙여놓으라며 큰딸이 선물해 준 메모판에는 이런 글귀가 적혀 있다. '상담사를 부를까요? 아니면 우리끼리 다 망쳐버릴까요?'

아이들은 부모의 자살에 엄청난 충격을 받으며 그 상처를 영원히 떨쳐버리지 못하지만, 그래도 대부분은 심각하거나 장기적인 정신질환으로 발전하는 일 없이 극복해 간다. 그러나 자살이 남긴 혼란 속에서 어른들과 마찬가지로 아이들 역시 깊은 슬픔과 죄책감과 불안에 시달린다. 그리고 이런 상태는 몇 년까지는 가지 않더라도 몇 개월 동안 계속되는 경우도 있다. 특히 아이가 정신장애를 앓은 적이 있는 경우에는 반응이 훨씬 더 심각하며 장기화되기도 한다. 일례로, 11세의 한 소년은 아버지가 자살한 지 약 1년 후, 한 의원에서 이런 평가를 받았다. '이 마르고 창백하고 소심한 소년은 정서적으로 위축되어 있고 무표정하며 생기를 찾아볼 수 없다' 라고. 입원 시킨 의사는 이렇게 썼다. '고개를 숙이고 멍한 눈으로 바닥을 바라보고 있었다. 무슨 생각을 하는지 너무 골몰해 있어서 거의 아무 말도 하지 않았고 반응도 매우 둔했다. 그의 몸짓은 인생을 포기한 패배자처럼 보였지만 때때로 자신의 팔이나 입술을 만지작거리기도 했다. 어쩌다가 무슨 말을 했다 싶으면 그 입에서 나오는 것은 엄청난 고독감, 아버지의 자살에 대한 죄책감, 아버지의 자살 후 가족에게 아무런 도움도 되지 못했다는 무력감, 그리고 자신은 아무런 가치도 없는 존재임을 표현하는 말들뿐이었다.'

부모가 자살했을 때 그 상황을 아이에게 처음 어떻게 설명하는가에 따라 아이가 그 자살을 받아들이고 극복해 가는데 큰 차이가 생기며, 또한 남은 한쪽 부모의 감수성이 특히 아이들에게 영향을 미친다는 연구 결과가 있다. 영국에서 진행된 이 연구에 따르면, 아들에게 '엄마는 너무 우울하고, 불행하고, 지쳐서 약을 너무 많이 먹고서 스스로 목숨을 끊으셨단다' 하고 설명해주는 아버지가 있는가 하면, 3살 아이에게 '그 멍청이가 정신이 나가서 가스 오븐에 머리를 처박고 죽었다' 라고 말하는 어머니도 있다는 것이다. 정신건강의학과 의사인 남편이 자살했을 때, 사회복지사인 조세핀 페사레시는 몇 분 지나지 않아 아이들에게 이렇게 말했다. '아빠는 아무도

고칠 수 없는 암이랑 비슷한 힘든 병을 앓고 계셨단다.'

아이들에게는 그들이 이해할 수 있는 범위 안에서 솔직하게 최대한 빨리 자세히 해야 한다. 아이들을 지킨다거나 보호하겠다는 노력은 오히려 왜곡과 오해와 '침묵의 음모' 라는 복합적인 문제를 초래하기 때문에 거의 예외 없이 안 좋은 결과로 끝나고 만다. 죽음의 진상을 그 당시에는 아이에게 숨겼더라도, 훗날 친구의 이야기나 우연히 엿들은 어른들의 대화를 통해 밝혀지는 경우가 종종 있다. 진상을 나중에 알게 되는 것은 조기에 알게 되는 것보다 훨씬 큰 충격을 가져오며, 그 만큼 아이들이 불필요한 타격을 입게 될 수 있다. TV프로그램의 작가이자 연출자인 크리스토퍼 루카스는 모친, 조모, 이모, 외삼촌, 그리고 형(작가 안소니 루카스)을 모두 자살로 잃었다. 그는 심리학자인 헨리 세이덴과 공동집필한 《조용한 슬픔》에서 어머니의 죽음을 둘러싼 침묵과 거짓 음모에 대해 이렇게 회상했다.

> 1941년의 무더웠던 8월 오후, 33살이었던 어머니는 코네티컷에 있는 정신건강의학과 의사의 집을 나와 정원에서 자신의 목을 칼로 그었다. 불행하지만 성공한 변호사였던 아버지는 뉴욕 사무실에서 그 죽음을 알리는 전화를 받고 집으로 돌아왔다. 그날, 의사의 집에는 외할머니도 함께 계셨다. 외할머니는 그해 여름 내내, 어머니를 의사에게 데리고 다니셨다. 치료는 오랜 조울병 때문이었다. 6살이었던 나와 2살 위인 형(그때 캠프에 가 있었다)에게 이 죽음을

어떻게 전해야 할지를 두고, 외할머니와 아버지는 의견이 엇갈렸지만, 결국 아버지께서 원하는 대로 하셨다. 그 후 10년 동안, 그 죽음의 진상은 숨겨진 채였지만 모든 친척과 친구들은 어머니가 자살했다는 것을 알고 있었다.

진실을 알게 된 것은 16살 때의 일이었다. 나는 그때 아버지와 함께 기차역에 앉아 있었다. 역시나 무더운 8월의 하루였다. 그때 난 막 기차에 올라타려던 참이었다. 아버지께서 그 순간에 어머니의 자살을 말해준 것은 그 이야기를 길게 할 자신이 없었기 때문이 아니었을까 싶다. '왜?' 하고 나는 퉁명스럽게 물었다. '네 엄만 아팠단다.' 아버지의 짧은 대답은 더 이상 설명할 게 없다는 무언의 선언이었다. 아버지와 내가 그 일을 입에 올리는 일은 그 후 한 번도 없었다.

영화《미스터 로버츠》,《피크닉》,《남태평양》,《버스정류장》,《사요나라》 등의 감독이자 각본가이기도 한 조슈아 로건은 인생의 절반을 조울병에 시달렸다. 입원과 퇴원을 반복하던 그가 또 한 번의 퇴원을 경험한 후 새로운 정신건강의학과 의사를 찾아가서, 어린 시절의 기억을 모두 털어놓았던 때의 일이다.

어린 시절을 이야기하던 중, '아버지께서는 내가 세 살 때 시카고 병원에서 폐렴으로 돌아가셨습니다' 라고 무슨 대사라도 읊는 듯한 어투로 말했다.

짧은 침묵이 흐른 뒤, 의사 무어가 조용히 말을 꺼냈다. '아버지께서는 시카고의 요양원에서 주머니칼로 목을 그어서 돌아가셨습니다. 이제 사실을 아셔도 될 때가 아닐까 싶은데요.'

너무나도 놀랐기 때문에 의사 무어에게 세 번, 네 번, 같은 말을 되풀이하게 만들고는 어떻게 나도 모르는 일을 선생님이 알고 있냐고 따져 물었다....

잠시도 지체할 수 없어 나는 진찰실에서 뛰쳐나와 택시를 잡아타고 나는 듯이 집에 돌아와서 급히 루이지애나에 사는 삼촌에게 전화를 걸었다.

'그렇단다, 조쉬' 라고 윌 삼촌은 말했다. '사실이란다.'

'하지만' 하고 나도 말했다. '다들 아버지는 폐렴으로 돌아가셨다고 했잖아요.'

'폐렴으로 돌아가신 건 사실이야. 목에서 터져 나온 피가 폐로 들어갔으니까.'

'그럼 왜 아무도 사실을 알려주지 않은 거예요? 어째서 어머니도 말해주지 않은 거죠?'

'너에게 알리고 싶어 하지 않았기 때문이란다, 조쉬, 이유는 나도 모른다. 하지만 아마도 네 어머니는 그 사실이 네게 너무 큰 아픔일 거라고 생각하셨을 거다.'

'아프지 않아요, 윌 삼촌. 오히려 마음이 편안해요. 이제야 진실을 알았으니까요. 종기를 잘라내서 이제 통증도 사라졌어요. 아프기는커녕 정말 오랜만에 마음이 상쾌해요.

이걸로 내 아버지를 이해할 수 있게 되었어요. 그것도 태어나서 처음으로 아버지에게 친근감을 느끼는걸요. 아마 아버진 저와 상당히 비슷하신 분이었던 것 같아요.'

'그렇단다.' 라고 윌리 삼촌은 말했다. '정말 많이 닮았지. 하지만 네 어머니한테는 내색하지 않는 게 좋을 것 같구나.'

조쉬 로건처럼 자신의 부친이 자살했다는 사실을 알고 나서 오히려 안도감을 느끼고, 아버지와 자신을 잘 이해하게 된 사람들도 있다. 하지만 또 어떤 사람들은 부모의 폭력적인 종말의 충격에서 벗어나지 못하고, 자살이라는 사념에 사로잡힌 채, 자신의 인생에 어떤 영향이 미칠지 끊임없이 두려워한다. 부친, 고모와 마찬가지로 그 자신도 자살한 미국의 시인 존 베리먼은 '자살에 대하여 라는 시에서 이렇게 고백한다. '자살과 내 아버지에 대한 생각이 나를 사로잡고 있다./…자살에 대해 나는 끊임없이 생각한다.' 어네스트 헤밍웨이의 자살 소식을 들은 그는 이런 시를 남겼다. '엽총과 아버지의 자살에서 우리를 구하소서. / …오 아버지!, 방아쇠를 당기지 마세요. / 안 그러면 난 평생 당신의 분노로 인한 고통에 시달리게 될 거에요. / 당신이 시작해 놓은 일을 지우기 위해 하지만 아버지의 자살에 대해 그의 가장 강력한 메시지가 담겨 있는 것은 시집 《꿈의 노래》에 있는 이 시이다.

날은 다 저물고 꽃 한송이 없이, 기울어진 묘비

들끓는 분노로 나는 지금 아버지의 무덤 위에 서 있다.

자주, 전에도 자주

나는 이 끔찍한 순례의 길을 왔었다.

나를 찾아올 수 없는, 자신의 시간을 서둘러 끝내버린 이에게 앞으로도 더 오겠지

나는 이 저주스러운 은행가의 무덤에 침을 뱉는다.

플로리다의 새벽녘 자신의 심장에 총알을 박은 그에게.

어떻게 사람들은 이토록 엄청난 슬픔과 분노 속에서 살아남을 수 있는 것일까? 어떻게 하면 그 죄책감과 슬픔에 시달리면서도 망가지지 않고, 남은 인생을 제대로 살아나갈 수 있는 것일까? 가족과 친구들의 도움, 종교, 시간의 경과, 정신치료, 상담 등 그 방법은 많다. 하지만 그중에서도 가장 효과적인 방법 중 하나는 뒤에 남겨진 사람들이 자신의 힘으로 일어설 수 있도록 도와주는 그룹에 참가하는 것이다. '미국자살예방협회'와 '미국자살학협회'는 미 전국을 아우르는 주요 조직들로서, 자살에 과학적으로 접근하고, 옹호, 교육을 위한 프로그램뿐 아니라, 각지의 지지그룹과의 폭넓은 네트워크 활동을 제공하고 있다. 각지의 지지그룹은 친구나 가족의 자살을 경험한 사람들이 모여 서로 지원과 정보를 나누고, 서로 격려하며 의미 있는 미래를 만들어가는 활동의 장이다. 자신이 겪는 것과 같은 고통을 극복하고 살아가는 사람들의 이야기를 들으며 새로 들어온 사람들이 다시 일어설 수 있도록 도와주면서, 사람들은 괴로움을 극복하고 자신의 발로 자신의 인생을 살아나가는 방법을 배우게 된다. 남겨진 사람들은 학교나 교회의 교육프로그램에 적극적으로 참여하게 되는 경우가 많다. 자살과 자살을 초래할 가능성이 높은 정신질환에 대한 인식을 조금이라도 확대시키려는 바람이 있기 때문이다. 또 이 중에는 주나 국가 차원에서 법률을 바꾸거나 자살예방프로그램과 이와 관련된 연구를 위한 자금조성을 위해 활동하는 사람들도 있다. 이들은 모두 자신이 겪었던 아픔을 조금이라도 좋은 방향으로 살릴 수 있는 방법들을 찾으려 애를 쓰고 있다. 그리고 이 노력의 대부분은 성공을 거두고 있다.

그렇지만 여전히 대부분의 사람들은 대답 없는 물음을 안고 살아갈 수밖에 없다. 스코틀랜드의 작가이자 젊은 날에 자살을 기도했던 적이 있는 루이스 그라식 기번은 3부작《스코틀랜드 콰이어》의 1부인《황혼의 노래》에서 주인공 크리스 거스리가 모친을 자살로 잃은 후, 어머니의 자살을 이해하고자 몸부림치는 모습을 묘사한 부분이다.

> 그때처럼 그녀는 호수를 향해 기어 올라갔다. 그게 언제였더라? 그녀는 눈을 뜨고 생각했다. 이윽고 이에 지치자 다시 한 번 눈을 감고, 이상한 웃음소리를 냈다. 그건 지난해 6월이었다. 어머니가 쌍둥이들과 함께 독약을 마시고, 죽은 바로 그 날이었다.
>
> 아주 오래전의 일 같기도 하고, 바로 며칠 전 같기도 한 그 시간과 나날을 넌 어둡고 차가운 그리고 어떻게 해도 벗

어날 수 없는 웅덩이 같다고 생각했지. 하지만 넌 벗어났어. 햇빛에 그 어두운 습기는 사라졌고 세상은 계속되었어. 그 하얀 얼굴들과 웅덩이에서 들려오던 흐느끼는 소리도 사라졌어. 넌 예전의 모습으로 돌아갈 수는 없겠지만, 세상은 계속 돌아갔고, 너도 그 세상 속에서 살고 있어. 쌍둥이들과 같이 죽은 것은 어머니만이 아니었어. 네 마음속의 무언가도 그날 죽었고, 어머니와 함께 킨래디 교회묘지에 묻혔지. 네 마음속의 아이는 그때 죽었어. 여기 저기 길마다 경고 표지판이 반듯이 세워져 있고, 놀이에 너무 빠져 위험한 줄 모르고 벼랑 끝에 선 순간 언제나 달려와 붙들어줄 손이 있었던 그 언덕 들판이 자신을 위한 놀이터라고 믿었던 그 아이는 죽었어. 아이는 죽었고, 책과 꿈을 좋아하던 크리스도 같이 죽었어. 어쩌면 넌 그걸 얇은 종이에 싸서 어릴 적에 보았던 그 어둡고 조용한 시체 옆에 놓아두었는지도 모르지.

그러고 나서 문로 부인은 어머니 시신을 씻고, 잠옷을 입혔어. 푸른 리본이 달린 그 옷은 어머니가 가진 제일 좋아하신 아름다운 옷이었지만 몇 년이나 입지 않고 보관해 두셨지. 문로 부인은 어머니를 하얗게 화장해 주었어. 아주 곱게 말이야. 그런 어머니의 모습을 보고 네 눈에서는 피처럼 뜨거운 눈물이 솟았지. 하지만 그 눈물도 금세 멈췄지. 그런 식으로 오랫동안 울다가는 죽고 말테니까. 그 눈물 대신 머릿속에서는 길고 긴 울부짖음이, 아무도 대답해주지 않는 물음이 끝없이 계속되고 있었어. 아아, 엄마, 엄마, 왜 그런 짓을 한 거예요?

에필로그

이 책을 쓰는 것이 이렇게까지 마음을 힘들게 하는 작업이 될 것이라고 생각하지 못했던 내가 너무 순진했던 것 같다. 물론, 책을 쓰려면 사람들을 만나 그들 생애의 가장 힘들고 개인적인 순간의 이야기를 듣는 일임을 알고 있었고 그런 과정들이 지난 수년에 걸쳐 치러진 내 자살과의 전쟁 역시 떠올려야 함도 알고 있었다. 책을 쓰는 작업이 매력적이고 즐거울 것이라고 예상한 것은 아니지만, 나는 아직 그 희생자 수조차 제대로 파악되지 않은 채 확산되고 있는 자살을 어떻게든 막아보고 싶었고, 내가 할 줄 아는 것이라고는 책을 쓰는 일밖에 없었다. 나는 기질상 낙천적인 사람인지라 처음부터 자살과 관련하여 쓸 것이 많이 남아 있다고 생각했고, 이것이 사람들에게 용기를 줄 수 있으리라고 믿고 있었다.

임상가로서 나는 생명을 구할 수 있는 치료법이 많다고 생각했다. 우아하고 심오한 뇌 과학자들의 세계를 들여다보며, 나는 생물학에 대한 기본적인 이해가 정신질환과 자살에 대한 인식을 급격하게 변화시키고 있다고 생각했고, 또 젊은 의사들과 대학원생들을 가르치는 입장에서, 자살 충동을 느끼는 고통받는 환자들이 과학적 지식을 바탕으로 인간애가 깃들인 치료를 받을 수 있으리라 생각했다.

물론 지금도 이런 생각은 바뀌지 않았다. 2년 전, 이 책의 근거가 될 자료들을 조사하기 시작했을 때보다도 이 믿음은 오히려 더 확고해졌다. 지금은 이 분야의 연구는 눈부시게 발전하고 있으며, 뇌의 구조는 그 최소 구성요소 하나하나까지, 유전자 하나하나까지 밝혀지고 있다. 심리학자는 자살을 유발하는 암호들을 풀어내고, 그 요인들을 활성화 시킬 가능성이 있는 생활환경이 무엇인지를 밝혀내는 단계에 이르렀다. 그리고 스칸디나비아에서 호주에 이르는 전 세계 곳곳에서 공중보건 관계자들이 자살로 인한 사망률을 낮추기 위해 매우 합리적인 전략을 수립하고 있다.

그렇지만 아직도 느긋하게만 보인다. 미국에서는 17분마다 한 명씩 스스로 목숨을 끊고 있다. 사회의 목소리와 격분은 어디로 갔는가? 집필을 끝낸 지금, 오히려 나의 이 답답한 심정은 더욱 커져만 갈 뿐이다. 자살 감소의 길을 가로막고 있는 문제들이 무엇인지 더 뼈저리게 되었기 때문이다. 나는 지금 스스로 목숨을 끊은 사람들의 부모, 자녀, 친구, 그리고 동료의 마음속에서 보았던 절망과 혼란, 그리고 죄책감을 잊지 못하고 있다. 또, 열두 살 아이의 부검사진, 졸업한 지 1년도 안 되어 자신의 입에 총구를 넣고 자살한 또 학생기숙사 맨 꼭대기에서 몸을 날린 청년의 고교 졸업 댄스파티 사진을 뇌리에서 떨쳐버릴 수가 없다. 그 엄청난 자살자 수, 자살에 이르기까지의 고뇌, 그리고 남겨진 사람들의 아픔을 보라! 이런 자살의 진실을 직시하는 것은 힘든 일이다. 과학이 발전하는 매순간, 정치적 목적을 달성하는 매순간, 그 모든 순간에도 자살이라는 끔찍한 현실은 일어나고 있다. 젊은이들의 죽음, 폭력적인 죽음, 불필요한 죽음이…

자살을 연구하는 많은 동료와 마찬가지로 나 역시도 몇 번이나 과학의 한계를 통감했고, 뛰어난 의사들을 만나 그들의 연구 성과를 들을 수 있는 특권을 누리기도 했지만, 일부 의사들의 무신경하고 무능한 치료에 경악한 적도 있다. 그리고 무엇보다도 우리가 살고 있는 이 사회가 삶을 끝내고 싶다고 생각될 정도로 깊은 절망에 빠진 사람들의 생명을 구하는 일에 전혀 가치를 부여하지 않고 있다는 것에 큰 충격을 받았다. 자살이 드물다는 것은 이 사회의 집단적 환상에 불과하다. 결코, 그렇지 않다. 자살이라는 치명적인 결과를 낳는 정신질환은 절대로 희귀병이 아니다. 이는 이환율이 높을 뿐 아니라 암이나 심장병과는 달리 젊은 층이 희생되는 경우가 극단적으로 많은 질환이다.

자살기도로 거의 목숨을 잃을 뻔했던 그날로부터 몇 주가 지난 어느 날, 나는 캘리포니아 로스앤젤레스 주립대학(UCLA) 캠퍼스 길 건너의 성공회 교회를 찾았다. 거의 가본 적도 없는 교회였지만, 사실 나는 그곳의 신자였다. 그 문을 관 속에 누워서가 아니라 내 발로 걸어 들어갔다는 사실을 깨달았을 때, 나는 문득 신과 나 사이에 아직도 무언가가 남아 있는지 한번 확인해보고 싶어졌다. 좀 더 부담 없이 들어가기 위해 나는 그 예배당에서 열리는 바흐 연주회 표를 구입했다. 교회에 도착했을 때에는 아직 시작 시간까지 여유가 있었다. 머릿속은 여전히 멍했고 갈가리 찢겨버린 것 같은 몸과 마음은 완전히 탈진상태였다. 그럼에도 불구하고, 아니 어쩌면 그랬기 때문에 나는 그 자리에서 무릎을 꿇고 양손을 모아 쥐고 내가 유일하게 외우고 있는, 그럴 정도로 좋아하는, 기도를 올렸다. 처음 부분은 입에서 술술 흘러나왔다. '하나님께서 저의 머리속에 함께 하소서. 저의 지식 속에 함께 하소서' 혼잣말인지 하나님을 향한 기도인지도 몰랐다. 하나님께서 저의 눈 속에 함께 하소서, 제가 보는 것들에 함께 하소서.' 머리는 멍하니 안개가 끼어 있었지만, 기도는 자연스럽게 흘러나왔다. 그런데 마지막 부분에 이르렀을 때, 갑자기 머릿속이 새하해지면서 아무것도 떠오르지 않았다. 나는 신과의 화해를 위해 시작했던 이 기도를 어떻게든 끝내려고 안간힘을 썼다. 하지만 아무리 머리를 쥐어짜도 다음 구절은 떠오르지 않았다.

이렇게까지 생각이 나지 않는 것은 몇 주 전 집어삼켰던 엄청난 양의 리튬 때문이라고 멍하니 생각하고 있는데, 문득 기도의 마지막 구절이 떠올랐다. '내 생의 마지막 날에, 나 길 떠날 때에 주님께서 함께 하소서.' 그 순간 몸을 찌르는 듯한 수치심과 슬픔이 나를 엄습했다. 그때까지 한 번도 느껴보지 못한, 그리고 그날 이후로도 느껴보지 못한 느낌이었다. 그동안 하나님은 어디에 계셨던 것일까? 나는 그 의문에 대답할 수 없었다. 그리고 지금도 대답할 수 없다. 내가 말할 수 있는 것은 단 한 가지, 그날 나는 죽었을 수도 있었지만 살아났고, 많은 사람에게는 주어지지 못했던 기회를, 다시 살아갈 기회를 받았을 정도로 운이 좋았다는 사실뿐이었다.

이 책을 쓰는 동안 줄곧 내 책상 위를 지킨 한 장의 사진과 짧은 시 한 구절이 있다. 비행학교를 배경으로 전투기 옆에 선 젊고 잘 생긴 사관후보생이 사진 속에서 웃고 있다. 그의 자살은 이 책에서 가장 쓰기 힘든 부분이었다. 푸른 하늘이 펼쳐진 어느 겨울날, 1년에 몇 주만 방문해 학생들을 가르치고 있는 스코틀랜드의 세인트 앤드루스 대학 도서관에서 나는 그 에세이를 쓰기 시작했다. 그의 의무기록을 펼쳤지만, 너무 마음이 아파 차마 들여다볼 수 없었기에 나는 자리에서 일어나 창가에 서서 북해를 바라보며, 그의 참담한 삶 속에서 조금이라도 구원이 될 만한 무언가를 떠올리려 헛된 노력을 해봤다. 한참 동안 마음을 잡은 후에, 나는 그를 자살로 몰고 간 무자비한 질병의 경과가 적혀 있는 의무기록을 다시 읽어 내려가기 시작했다. 내 마음을 아프게 사로잡았던 그의 사진이 언제부터인가 날 위로해줬다. 드루 소피락이라는 청년을 알아가는 것은 멋진 일이었다.

항상 내 책상 위에 놓여 있는 시구절은 나를 새 삶으로 이끌어 준 시의 한 구절이다. 더글러스 던의 《각성》이라는 시의 마지막 구절이다.

살아있는 것들을 보아라. 사랑하라. 놓지 마라.

<부 록1>

자살한 작가, 화가, 과학자

작가 : Francis Ellingwood Abbott, Ryuunosuke Akutagawa, Takeo Arishima, James Robert Baker, Thomas Levell Beddoes, Walter Benjamin, John Berryman, Charles Blount, Barcroft Boake, Tadeusz Borowski, Richard Brautigan, William Clark Brinkley, Charles Buckmaster, Eustace Budgell, Don Carpenter, Paul Celan, Thomas Chatterton, Charles Caleb Colton, Hart Crane, Thomas Creech, John davidson, Osamu Dazai, Tove Ditlevsen, Michael Dorris, Stephen Duck, Sergey Esenin, Aleksander Fadeyev, John Gould Fletcher, Romain, Gary, Adam Lindsay Gordon, Richard Harris, Thomas Heggen, James Leo Herlihy, Ernest Hemingway, Ashihei Hino, Robin Hyde, William Inge, Shungetsu Ikuta, B.S.Johnson, Michioi Katokoku Kitamura, Heinrich von Kleist, Arthur Koestler, Jerzy Kosinski, Letitia E. Landon, Primo Levi, Vachel Lindsay, Ross Lockridge Jr., Anthony Lukas, Philipp Mainlander, F.o.Matthiessen, Vladimir Mayakovsky, Charlotte Mew, Hugh Miller, Walter M. Miller Jr., Yukio Mishima, Yves Navarre, Gerard de Nerval, Arthur Nortje, John O' Brien, Cesare Pavese, Sylvia Plath, Qu Yuan, Ferdinand raimund, Jacques Rigaut, Anne Sexton, Sir John Suckling, Eiko Tanaka, Robert Tannahill, Sara Teasdale, Frank Tilsley, John Kennedy Toole, George Trakl, Marina Tsvetayeva, Frances vemon, Anna Wickham, Virginia Woolf, Constance Fenimore Woolson, Paolo Yashivili, and stefan zweig.

자살 가능성 시사 작가 : Robert Burton, Eugene Izzi, Randall Jarrell, and Jack London.

자살기도 작가 : Anna Akhmatova, A. Alvarez, James BaldWin, Konstanin Batyushkov, Charles Baudelaire, Hayden Carruth, Joseph Conrad, William Cowper, Isak Dinesen, Afansy Fet, F. Scott Fitzgerald, Gustav Froding, Lewis Grassic Gibbon, Maxim Gorky, Graham Greene, Nikolai Gumilyov, Ivor Gurney, Herman Hesse, JMR Lenz, Osip Mandelstam, Eugene O' Neill, Dorothy Parker, Edgar Allan Poe, Laura Riding, Percy Bysshe Shelley, Francis Thompson, Evelyn Waugh, and Mary Wollstonecraft.

화가 : Ralph Barton, James Carroll Beck-With, Francesco Borromini, Patrick Henry Bruce, Dora Carrington, John Currie, Edward Dayes, Rosso Fiorentino(probably), Richard Gerstl, Mark Gertler, Vincent van Gogh, Arshile Gorky, Benjamin Haydon, William Morris Hunt, Emst Ludwig Kirchner, Wilhelm Lehmbruck, Francois Le Moyne, Alfred Maurer, Jules Pascin, Eric Pauelson(Poulsen), Mark Rothko, Jean-Louis Sauce, Jochem Seidel, Nicolas de Stael, Pietro Testa, Henry Tilson, William Walton Brett Whitely, Johannes Wiedewelt, Ezra Winter, Emanuel de Witte, and Jacob de Wolf

자살기도 화가 : Paul Gauguin, George Innes, Frida Kahlo, and Dante Gabriel Rossetti.

자살 과학자, 수학자, 발명가 : Ludwig Blotzmann 통계역학 창시자, Paul Ehrenfest 이론 물리학자, Turing 수학자 및 컴퓨터 이론 선구자, Emil Fischer 당과 푸린에 관한 연구로 노벨화학상을 수상, 카페인과 바르비투르산염 합성, Paul Kammerer 생물학자, *The Transformation of Species* 저자, Robert Fitzroy 수로학자 및 기상학자, Wallace Carothers 나일론 및 합성고무 발명가, Meriwether Lewis 탐험가, Yataka Taniyama, 수학자. 자살기도 수학자 G. H. Hardy, Srinivasa Aaiyanger Remanujan

<부 록II>

자살과 관계된 정보

1. 생명 지키기 7대 선언
2. 보건복지부, 자살예방협회 대한민국 자살현황 연간보고서
3. 자살예방 및 생명존중문화 조성을 위한 법률
4. 정신건강 자살 위기상담전화(1577-0199, 129) 운영 체계도
5. 정신건강 자살 도움이 될 수 있는 기관 및 웹사이트

1. 생명 지키기 7대 선언

생명 지키기 7대 선언은 자살을 비롯한 생명 경시 풍조를 지양하고 생명의 소중함을 모든 국민들에게 알리기 위하여 한국자살예방협회에서 초안하고 김수환 추기경 외 종교계, 의료계, 복지계, 교육계 등 사회 각 계층의 지도층 인사 77명의 동참을 받아 세계 자살예방의 날인 2005년 9월 9일 세계자살예방의 날 기념식에서 생명의 존엄성과 자살예방의 중요성을 온 국민에게 알리고자 선포한 내용이다.

1) 생명은 최우선의 가치로 존중되어야 한다.

생명은 인간의 지고지선의 가치로 그 무엇보다도 중요시되고 그 무엇으로도 바꿀 수 없는 최상위의 가치를 가진 것이라는 것을 강조한 것이다.

2) 생명에 대한 위협은 어떤 경우에도 허용될 수 없다.

자살 및 타살도 있어서는 안 될 일이므로 인간의 생명이 자신의 생명은 물론 타인의 생명까지 어떠한 이유로도 위협되어서는 안 된다는 것을 강조한 것이다. 자신의 생명과 함께 타인의 생명도 중요함을 강

조하였다.

3) 자살은 어떤 이유로도 미화되거나 정당화되어서는 안 된다.

자살을 미화하거나 정당화하는 사회에서는 자살이 많은 것으로 알려져 있다. 아무리 힘든 상황에서도 자살은 올바른 선택이 될 수 없으며 그 누구의 자살도 미화하는 것은 제2, 제3의 자살을 불러올 수 있다는 것을 강조한 것이다.

4) 자신과 타인의 생명은 문제해결 수단이 될 수 없다.

자살로 문제가 해결되지 않는다. 그러나 일부에서는 자살 또는 자살시도를 통하여 문제를 해결하려는 매우 위험한 생각을 가지고 있는 것이 사실이다. 인간 생명은 그 자체가 존엄한 것으로 자살과 같이 신체를 훼손하는 것이 문제 해결의 수단이 될 수는 없다.

5) 모든 사람은 자신과 타인의 생명을 구할 의무가 있다.

인간은 자신뿐만 아니라 타인의 생명에도 관심을 가지고 이를 구하기 위한 노력을 해야 함을 강조한 것이다. 어려움에 처하여 극단적인 방법으로 자살을 생각하는 주변사람들, 특히 사회로 소외받고 있는 자살 취약계층에게 관심과 사랑을 베푸는 사회가 되어야 한다.

6) 개인과 사회는 자살예방활동에 적극적으로 동참해야 한다.

개인뿐만 아니라 학교 및 사회전체가 자살예방에 관심을 가지고 이를 실현하기 위하여 적극적인 노력을 해야 한다는 것으로, 자살은 예방이 가능한 것이므로 사회 전체가 적극적으로 나서면 자살률을 줄일 수 있음을 강조한 것이다.

7) 정부는 생명존중사회 구현을 위한 정책을 최우선적으로 추진해야 한다.

사회뿐만 아니라 정부도 생명이 존중되고 자살률이 낮은 복지국가를 만들기 위하여 각종 정책에서 생명이 존중되는 정책을 우선적으로 펴도록 촉구한 내용이다.

2. 보건복지부, 자살예방협회 대한민국 자살현황 연간보고서

◆ 연도별 자살률의 변화

연도별 자살률은 전반적으로 증가 추세를 보이고 있다. 1997년 경제 위기를 이후 급격하게 증가하고 이후 다소 감소하는 모습을 보였으나, 2000년도 이후 전반적으로 증가하는 추세를 보이고 있다. 2010년 10만 명당 평균자살률은 31.2명이다.

그림1. 연도별 자살률의 변화

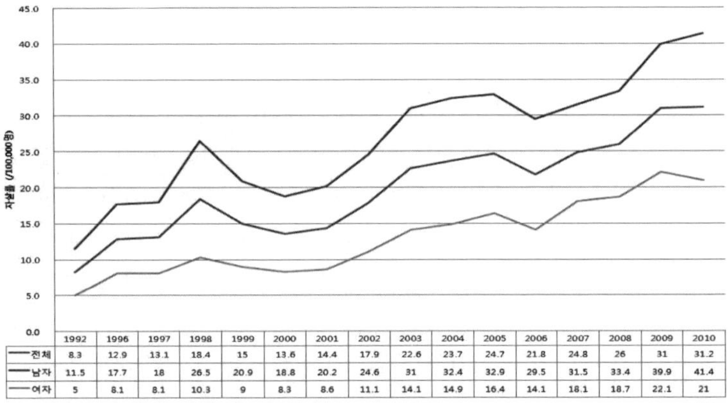

	1992	1996	1997	1998	1999	2000	2001	2002	2003	2004	2005	2006	2007	2008	2009	2010
전체	8.3	12.9	13.1	18.4	15	13.6	14.4	17.9	22.6	23.7	24.7	21.8	24.8	26	31	31.2
남자	11.5	17.7	18	26.5	20.9	18.8	20.2	24.6	31	32.4	32.9	29.5	31.5	33.4	39.9	41.4
여자	5	8.1	8.1	10.3	9	8.3	8.6	11.1	14.1	14.9	16.4	14.1	18.1	18.7	22.1	21

통계청

◆ 사망 원인 중 자살의 순위

2010년도 통계청 조사 결과에 따르면, 자살은 암, 뇌혈관 질환, 심장 질환에 이어, 4번째로 주요 사망원인으로 자리 잡고 있다.

그림2. 2010년 사망원인

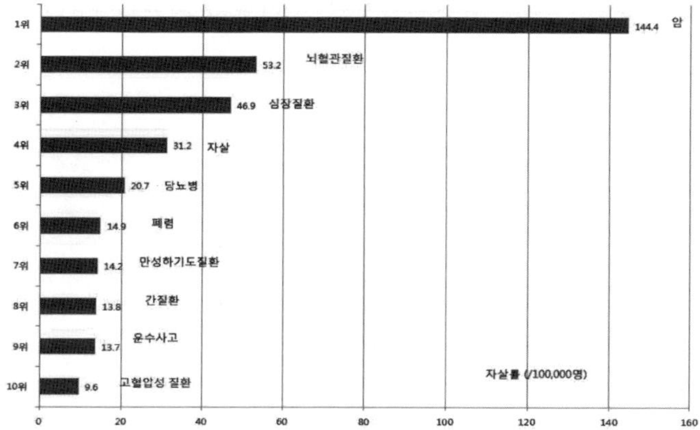

◆ 사망 원인 연도별 추이

1992년 자살은 전체 사망원인 중 10번째 해당했으나, 2010년 현재 자살은 전체 사망원인 중 4위에 해당하고 있다. 반면 1992년 4위에 해당하였던 운수사고는 9위로 떨어졌다.

표 1. 사망원인 연도별 추이

	1위	2위	3위	4위	5위	6위	7위	8위	9위	10위
1992	암	뇌혈관 질환	심장질환	운수사고	간질환	고혈압성 질환	당뇨병	만성하기도질환	호흡기 결핵	자살
1998	암	뇌혈관 질환	심장질환	운수사고	간질환	당뇨병	자살	만성하기도질환	고혈압성 질환	호흡기 결핵
2010	암	뇌혈관 질환	심장질환	자살	당뇨병	폐렴	만성하기도질환	간질환	운수사고	고혈압성 질환

통계청

◆ 지역별 자살사망자수

지역별 자살자 수는 서울특별시와 경기도가 많으나, 10만 명당 자살률은 충청남도 강원도가 높았다.

그림 10. 2010년 지역별 자살자수

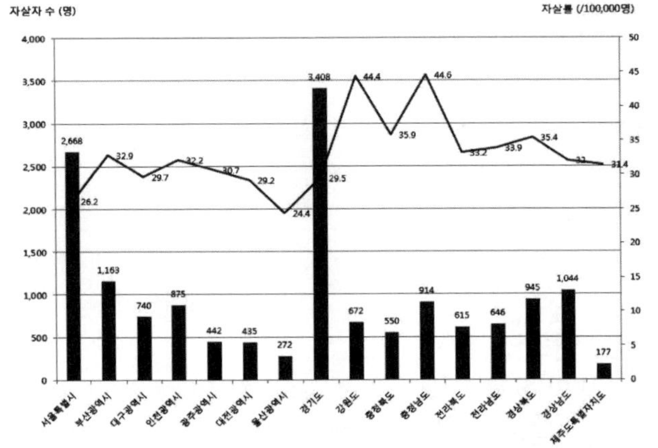

통계청

3. 자살예방 및 생명존중문화 조성을 위한 법률

⊙ 자살예방 및 생명존중문화 조성을 위한 법률(제정 11.330, 시행 12.3.31)

1. 목적 : 자살에 대한 국가적 차원의 책무와 예방정책에 관하여 필요한 사항을 규정함으로써 국민의 소중한 생명 보호 및 생명존중문화 조성
2. 주요 내용

▶ 국가 및 지방자치단체, 사업주의 책무 규정 (제4조, 제5조)

• 자살 예방과 자살확산 방지를 위하여 자살과 관련된 각 단계별 정책을 수립 • 시행해야 하는 책임을 규정

• 사업주는 자살예방정책에 적극 협력하고 근로자의 정신적인 건강 유지를 위하여 필요한 조치를 강구

▶ 자살예방기본계획 및 시행계획 수립 • 시행 (제7조): 5년마다 자살예방 기본계획을 수립하고, 매년 자살예방 시행계획을 수립 • 시행 • 평가

• 자살예방센터 설치 운영 (제13조): 자살시도자 사후관리, 자살관련 상담 등을 위하여 중앙 및 지방 자살예방 센터를 설치 • 운영

▶ 자살예방의 날 (제16조)

• 매년 9월 10일을 자살예방의 날로 정하고 교육 • 홍보사업을 실시

▶ 자살유해정보 예방체계 구축 (제19조)

• 자살유해정보가 유통되는 것을 차단하고 이를 조기 발견하여 신속히 대응하기 위한 자살유해정보 예방체계를 구축 • 운영

▶ 자살 시도자 등에 대한 지원 (제20조)

• 자살시도자 등에게 심리적 영향을 완화하기 위한 심리상담, 상담치료 지원

• 비밀누설금지 (제24조) 및 벌칙조항 (제25조) 규정

4. 정신건강 자살 위기상담전화(1577-0199, 129) 운영 체계도

마음이 힘들 때, 우울하거나 죽고 싶을 때, 함께 나눌 수 있는 곳입니다. 전화상담, 사이버상담, 직접상담 등 원하시는 방법으로 시도해 보시기 바랍니다. 많은 도움이 되실 것입니다.

5. 정신건강, 자살, 도움이 될 수 있는 기관 및 웹사이트

♥ 전화 상담

- 권역별 응급의료센터 1339, 안전신고센터 119, 여성 1366
- 자살예방핫라인(전국) 1577-0199, 보건복지콜센터 희망의 전화 129
- 생명의 전화 1588-9191
- 한국청소년상담원 1388, 한마음한몸자살예방센터(청소년) 1599-3079

♥ 사이버 상담

- 한국자살예방협회 사이버상담실 www.counselling.or.kr
- 생명의 전화 사이버상담실 www.lifeline.or.kr 02-763-9195
- 서울시자살예방센터 사이버상담실 www.suicide.blutouch.net
- 수원시자살예방센터 사이버상담실 www.csp.or.kr 031-228-3279
- 경기도정신보건센터 사이버상담실 www.mindsave.org 031-212-0437
- 대한정신건강의학과개원의협의회 온라인상담실 www.onmaum.com
- 보건복지콜센터 www.129.go.kr
- 희망클릭 www.hopeclick.or.kr
- 중앙정신보건사업지원단 www.nmhc.or.kr 02-747-3070
- 한국자살예방협회 www.suicideprevention.or.kr 02-423-0892
- 서울시정신보건센터 www.bluetouch.net, 서울시자살예방센터 02-2231-2188
- 서울시 소아청소년보건센터 www.youthlove.blutouch.net 02-3444-9934
- 인천광역시정신보건센터 www.icmh.or.kr, 인천시자살예방센터 032-468-9911

- 경기도정신보건사업 www.mentalhealth.or.kr,
  경기도광역정신보건센터 031-212-0435
- 부산시자살예방센터 www.busanmind.org 051-242-2575
- 강원도광역정신보건센터 www.gwmh.or.kr 033-251-1970
- 충남광역정신보건센터 www.chmhc.or.kr 042-710-5600
- 전라북도 광역정신보건센타 www. jbmhc.or.kr 063-251-0650~1
- 대구광역정신보건센타 053-256-0199
- 광주광역정신보건센타 062-600-1930

역자 약력

■ 박민철 교수

1950년 전남 광주 출생
1975년 전남의대 졸업
1980년 전남대학병원 전공의 수료, 신경정신과 전문의
1984년 원광대학교 의과대학 신경정신과학 교실 개설
1986년 전남대학교 대학원, 의학박사
1989년 영국 런던대학 정신치료 및 정신분석 연수
1989년 미국 웨인대학 기분장애 클리닉 방문교수
1991년 원광의대 부속 제2병원장
2002년 원광대학교 보건환경대학원장 겸 의과대학장
2006년 대한정신약물학회 회장
2007년 한국정신분석학회 회장
2010년 대한 우울조울병학회 회장
현재 원광대학교 의과대학 정신건강의학과 교수
전라북도 정신보건사업지원단 단장

역서 간추린 집단정신치료(하나의학사, 1990)
지지 정신치료(하나의학사, 1997)
조울병 나는 이렇게 극복했다(하나의학사, 2000)
언제나 새로웠어요(하나의학사, 2011)

저서 신경정신과학(하나의학사, 1997, 공저)
의료행동과학(중앙문화사, 2004, 공저)
의료윤리학(하나의학사, 2001, 공저)
의사소통과 면담(하나의학사, 2005, 공저)

자살의 이해

초판 인쇄 2012년 09월 10일
초판 발행 2012년 09월 20일
2쇄 발행 2019년 12월 20일

지 은 이 Kay Redfield Jamison
옮 긴 이 박 민 철
펴 낸 이 소 정 영
펴 낸 곳 도서출판 **하나의학사**
주 소 서울시 서대문구 거북골로 7-7(홍은동) 하나빌딩 1층
등 록 번 호 제25100-2013-000061호(1988. 4. 1)
전 화 (02)730-2555, 2556
팩 스 (02)730-2557
홈 페 이 지 www.hanampc.co.kr
이 메 일 hanampc1@naver.com

정가 22,000원

▪ 역자와의 합의로 인지생략
▪ 잘못된 책은 구입처에서 교환하여 드립니다.
ISBN 978-89-92141-87-1 03180